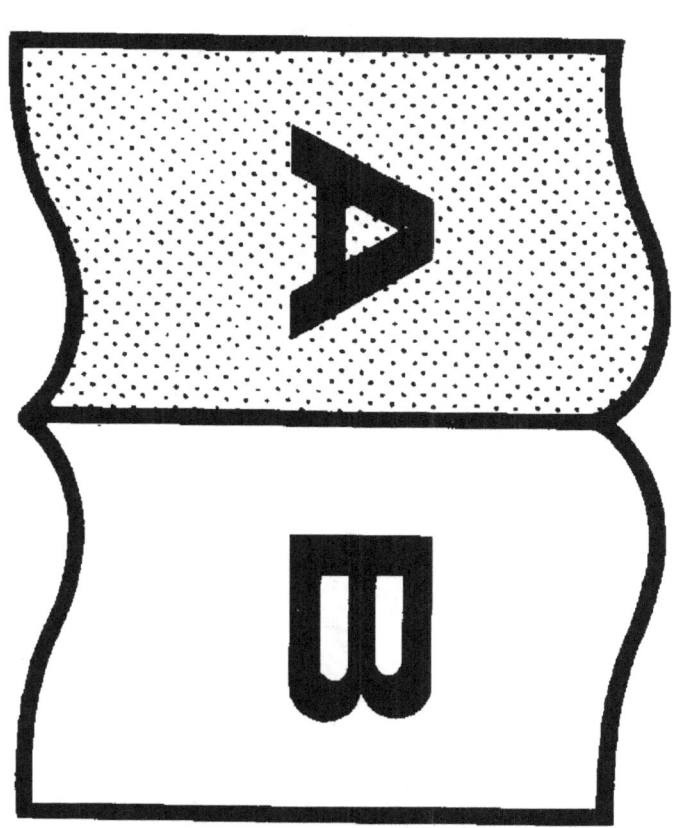

Contraste insuffisant
NF Z 43-120-14

RÉPERTOIRE

DE LA

LITTÉRATURE

ANCIENNE ET MODERNE.

IMPRIMERIE DE COMINEL
A AVALLON.

RÉPERTOIRE
DE LA
LITTÉRATURE
ANCIENNE ET MODERNE,

CONTENANT :

1° LE LYCÉE DE LA HARPE, LES ÉLÉMENTS DE LITTÉRATURE DE MARMONTEL ; UN CHOIX D'ARTICLES LITTÉRAIRES DE ROLLIN, VOLTAIRE, BATTEUX, etc ;

2° DES NOTICES BIOGRAPHIQUES SUR LES PRINCIPAUX AUTEURS ANCIENS ET MODERNES, AVEC DES JUGEMENTS PAR NOS MEILLEURS CRITIQUES TELS QUE :

D'Alembert, Batteux, Bernardin de Saint-Pierre, Blair, Boileau, Chénier, Delille, Diderot, Dussault, Fénelon, Fontanes, Ginguené, La Bruyère, La Fontaine, Marmontel, Maury, Montaigne, Montesquieu, Palissot, Rollin, J.-B. Rousseau, J.-J. Rousseau, Thomas, Vauvenargues, Voltaire, etc;

Et MM. Amar, Andrieux, Auger, Burnouf, Buttura, Chateaubriand, Duviquet, Feletz, Gaillard, Le Clerc, Lemercier, Patin, Villemain, etc ;

3° DES MORCEAUX CHOISIS AVEC DES NOTES.

TOME VINGT-TROISIÈME.

A PARIS,
CHEZ CASTEL DE COURVAL, LIBRAIRE-ÉDITEUR,
RUE DE SAVOIE, N° 6.

M DCCC XXVII.

RÉPERTOIRE
DE LA
LITTÉRATURE
ANCIENNE ET MODERNE.

~~~~~~

QUESTION. Toute discussion philosophique ou oratoire suppose un doute à éclaircir, et l'objet du doute est la question, le point de la question. *Toutes nos idées viennent-elles des sens? La pensée peut-elle être un mode de la matière?* Voilà des questions métaphysiques. *Est-ce dans le vide ou dans un fluide que les corps célestes se meuvent? et agissent-ils l'un sur l'autre par un milieu ou sans milieu?* Voilà des questions de physique. *Le vice n'est-il pas toujours un faux calcul de l'amour-propre? Y a-t-il rien de plus intéressant pour l'homme en société, que d'être juste et bon?* Voilà des questions de morale.

On voit que les questions philosophiques sont communément générales : elles le sont toujours dans leur principe et dans leur résultat, lors même que la discussion roule sur un objet particulier, comme de savoir, par exemple, si Socrate n'eût pas mieux fait, en s'échappant de sa prison, d'éviter à ses juges le crime de sa mort; si Caton d'Utique n'eût pas mieux fait d'imiter Solon et de survivre à la liberté, pour tâcher d'être encore utile à sa patrie, en inspirant quelque pudeur à l'ambition de César.

Les questions oratoires sont aussi générales dans ce que les rhéteurs appellent le genre *indéfini*, c'est-à-dire le genre philosophique, orné de formes oratoires. Mais, comme je l'ai dit ailleurs, toutes les fois que la question n'en est pas réductible à des espèces particulières, l'éloquence est perdue; son objet doit être usuel, et quelque essor que prenne la spéculation, son but doit être la pratique. L'épervier s'élève jusqu'aux nues, mais c'est pour fondre sur sa proie avec plus de rapidité : c'est l'image de l'éloquence qui attaque les vices et les abus, et singulièrement de l'éloquence de la chaire.

Dans le genre délibératif, où il s'agit d'une résolution à prendre, il est évident que la question est particulière; elle l'est de même dans le genre de controverse où il s'agit d'un jugement à prononcer. Mais dans l'un et l'autre, il est rare qu'elle ne tienne point à quelque principe général.

Rien ne semble plus isolé qu'une question de fait; elle ne laisse pas de conduire souvent à la solution d'un problème : comme de savoir, par exemple, à quel degré de certitude peuvent s'élever les probabilités, ou quelles sont les forces respectives des témoignages et des indices.

Lorsque l'existence du fait ou de la chose est décidée, et que l'on ne dispute que de la qualité, la solution dépend toujours d'un principe qui peut lui-même être reçu ou contesté entre les deux parties.

Milon a-t-il tué Clodius ? Voilà un fait que Cicéron conteste, mais faiblement, et ce n'est pas l'endroit où il prétend se retrancher. Mais *lequel des deux, de Clodius ou de Milon, a eu dessein d'attaquer l'autre et lui a tendu des embûches ?* C'est ici le point capital. Ce n'est donc plus de l'existence, mais de la qualité de l'action qu'il s'agit : si elle est attaque ou défense, si elle est comprise dans ce principe, qu'*un citoyen qui tue un citoyen est coupable et digne de mort;* ou exceptée par celui-ci, que *tout homme a le droit de conserver et de défendre sa propre vie.* C'est là ce qu'on appelle l'état de la question.

Le principe n'est pas plus contesté dans le procès qu'Eschine intente à Démosthène : ils conviennent tous les deux qu'un mauvais citoyen, un homme corrompu, un orateur pernicieux est indigne des honneurs destinés au mérite et à la vertu. Mais que Démosthène ait été ce mauvais citoyen, ou que son zèle, son dévoûment, la noblesse de ses conseils et les services signalés qu'il a rendus à sa patrie lui aient mérité la couronne d'or que Ctésiphon lui a décernée, c'est le problème de cette grande cause où Démosthène a déployé toute la vigueur de cette dialectique qui est le nerf de son éloquence.

Lorsque c'est le principe même qui est en question, l'éloquence et la philosophie s'y déploient en liberté, et ce sont les plus belles causes. Telle fut celle de Marc-Antoine, lorsque, forcé d'avouer que Norbanus avait soulevé le peuple contre Cœpion, il osa faire l'apologie d'une sédition populaire. *Toute sédition est criminelle.* Cela est faux, disait Antoine, *toute sédition est un malheur sans doute, mais quelquefois un malheur nécessaire, et c'est alors une action légitime : souvenons-nous que c'est à des séditions que Rome a dû sa liberté.*

Quand l'orateur a réfuté le principe de l'adversaire, et qu'il a établi le sien, il lui reste encore le plus souvent à faire voir que la question agitée tient au principe qu'il a posé, et que ses conclusions en sont les conséquences. La cause a donc alors deux points de controverse : d'abord le principe de droit, et puis l'espèce et le rapport de la cause avec ce principe. Alors Cicéron recommande de se tenir, le plus qu'on peut, dans la question générale, parce qu'elle offre un champ plus vaste à l'éloquence, et que l'orateur y est placé comme dans un poste éminent d'où il domine sur la cause. Il me semble pourtant que l'attention de l'orateur, comme celle du général d'armée, doit se porter sur le point le plus faible, et que le principe une fois solidement prouvé, si c'est le fait qui demeure équivoque, c'est vers l'endroit qui périclite que l'éloquence doit se hâter de réunir tous ses efforts. *Voyez* PREUVE.

MARMONTEL, *Éléments de Littérature.*

QUINAULT.

QUINAULT (PHILIPPE) naquit à Paris, le 3 juin 1635, année de la fondation de l'Académie française, dont il devint membre en 1670, à l'âge de trente-cinq ans. On croit être certain aujourd'hui qu'il était fils d'un boulanger, * quoique l'abbé d'Olivet ait regardé cette allégation de Furetière comme dictée par la médisance et par la colère. « Quand cela serait vrai, ajoute l'abbé, » Quinault n'en mériterait que plus d'estime pour » avoir si bien réparé le tort de sa naissance. »

Après avoir fait quelques études, le jeune Quinault eut le bonheur de s'attacher à Tristan l'ermite, auteur de *Mariamne*, qui le prit en affection, et l'associa à l'éducation qu'il donnait lui-même à son fils unique. Le vieux poète reconnaissant dans son élève une grande facilité et un goût décidé pour la poésie, encouragea ses heureuses dispositions, et ne tarda pas à recueillir le fruit de ses soins. Dès l'âge de quinze ans, selon Perrult, il composa des pièces de théâtre, et à dix-huit ans il donna au Théâtre français, sous la protection de Tristan, sa première comédie des *Rivales*, 1653. On rapporte que c'est à l'occasion de cette pièce que fut établi le droit de part des auteurs sur une portion de la recette des comédiens, tandis que précédemment le prix était débattu avec les auteurs, et une fois payé.

---

* Des recherches qui ont été faites à cet égard par M. Beffara, qui en a publié de semblables sur Molière et Regnard, prouvent que Philippe Quinault était «fils de Thomas Quinault, maître boulanger, et de Perrine Riquier, sa femme, demeurants rue de Grenelle.» C'est ce qui résulte des registres de la paroisse Saint-Eustache où il fut baptisé.

La pièce des *Rivales* et celles qui la suivirent eurent un grand nombre de réprésentations. « Lorsqu'il fit ses premières pièces, dit Ménage, elles étaient tellement goûtées et si fort applaudies, que l'on entendait le brouhaha à deux rues de l'hôtel de Bourgogne. » Cependant Quinault eut la sagesse, très-rare à son âge, de ne point se laisser éblouir par de si brillants succès; et le parti qu'il prit, d'après les conseils de ses amis, d'entrer chez un avocat, pour étudier quelque chose de plus solide que le théâtre, prouve qu'il avait en partage un jugement précoce et d'excellents amis. La noblesse de ses sentiments, la bonté de son cœur, l'aménité de son caractère et l'agrément de son esprit lui permettaient en effet de compter déjà des amis, dans un âge où les liaisons ne sont d'ordinaire que de frivoles connaissances. Il joignait à toutes ces qualités la vraie modestie qui en rehausse le prix et une flexibilité d'humeur qui lui a fait trouver le bonheur et la tranquillité dans une carrière où il est très rare de les rencontrer.

Il fallait sur-tout que le jeune Quinault eût une grande ardeur pour le travail puisqu'en consacrant une partie de son temps aux études de sa nouvelle profession, il en trouvait encore pour composer des comédies qui se succédaient au théâtre chaque année sans interruption. *L'Amant indiscret*, qu'il fit représenter en 1654 fut couvert d'applaudissements. Cette comédie se distingue entre celles de Quinault par un style plus vif et plus comique; et l'on pense que Voltaire l'a mise à profit pour sa comédie de *L'Indiscret*.

Après la mort de son bienfaiteur et de son second père, auquel il avait donné les soins les plus tendres et les plus délicats, Quinault continua à travailler pour le théâtre, et donna, en 1655, *la Comédie sans comédie*, dans laquelle il réunit les différents genres de composition théâtrale : pastorale, comédie, tragédie, et tragicomédie à machines ou opéra. L'année suivante, parut sa première tragédie, la *Mort de Cyrus*, en cinq actes, qui avait été précédée, dans la même année, des *Coups de l'amour et de la fortune*, tragi-comédie, aussi en cinq actes. On voit avec quelle rapidité se succédaient les ouvrages de notre poète, qui s'abandonnant de plus en plus à sa trop grande facilité, ne pouvait guère leur donner toute la perfection désirable.

Depuis la tragédie de la *Mort de Cyrus*, Quinault donna successivement six autres pièces jusqu'en 1661 que parut la tragédie d'*Agrippa, ou le faux Tibérinus*, qui fut jouée deux mois de suite, et reprise plusieurs fois. C'est vers cette même année que l'on peut placer l'époque du mariage de Quinault. Il prit alors le titre d'avocat en parlement, et acheta une charge de valet de chambre du roi.

Donnant désormais aux soins et aux plaisirs de son ménage une partie du temps qu'il consacrait auparavant à la littérature, il s'écoula trois ans sans que Quinault fît rien paraître. Enfin, en 1664, le succès prodigieux d'*Astrate* vint mettre le comble à sa réputation. Pendant trois mois cette tragédie attira une telle affluence de spectateurs, que les comédiens doublèrent le prix des places. Mais Boileau, qui apparemment ne tenait aucun compte du produit des recettes, ne voulut pas y reconnaître des preuves de mérite, et son jugement, motivé en quatre vers contre l'Astrate l'emporta, et devait en effet l'emporter contre celui de tous les spectateurs et de tous les panégyristes.

Jusqu'alors notre poète n'avait encore rien produit qui fût vraiment digne des suffrages des connaisseurs et de la postérité. Les succès amenaient les succès; car il est a remarquer qu'aucune de ses pièces ne reçut un mauvais accueil, si ce n'est *Bellérophon*, son avant-dernière tragédie, qui tomba dès la première représentation. Mais sa comédie de la *Mère coquette*, ou les *Amants brouillés*, représentée en 1665, aurait suffi pour faire vivre la mémoire de son auteur, et raffermir sa réputation dramatique qui avait souffert quelque atteinte.

Pausanias, qu'il fit représenter en 1666, fut sa dernière tragédie. Il n'était alors âgé que de trente-un ans, et avait donné seize pièces au théâtre français, tant comédies que tragédies et tragi-comédies. En 1670, il reçut la plus noble et la plus digne récompense de ses travaux : les portes de l'Académie lui furent ouvertes.

La première tragédie-opéra donnée par Quinault fut représentée le 1.er février 1673. Cette pièce intitulée : *Cadmus et Hermione*, quoique loin de la perfection à laquelle il parvint plus tard, annonçait déjà que Lulli, qui avait obtenu le privilège de l'opéra, ne s'était pas trompé dans son choix en préférant Quinault aux autres poètes de son temps, pour de semblables compositions. « Il » disait qu'il était le seul qui pût l'accommoder, » et qui sût aussi bien varier les mesures et les » rimes dans la poésie, qu'il savait lui-même varier » les tours et les cadences en musique. » L'alliance de ces deux talents éleva bientôt la scène lyrique française au-dessus de toutes les autres, mais avec cette différence que la musique du compositeur a passé de mode, et que les vers du poète seront toujours goûtés, tant que subsistera la langue française.

Déjà gratifié par le roi d'une pension de deux mille livres, et décoré du cordon de Saint-Michel, notre poète reçut, en 1674, une nouvelle marque de l'estime que l'on faisait de ses talents et de ses connaissances : il fut nommé membre de l'Académie des inscriptions et belles-lettres.

Pleins de zèle et d'ardeur pour servir les plaisirs du roi, Lulli et Quinault continuèrent à élever la renommée de l'opéra français jusqu'en 1686, que parut *Armide*. Ce fut le dernier ouvrage et le chef-d'œuvre de Quinault. Depuis cette époque il cessa entièrement de travailler pour le théâtre. Quelques auteurs ont pensé qu'il prit cette résolution dans la crainte de rester inférieur à lui-même. Un tel excès de prudence n'est guère le propre du génie, il faut des causes plus puissantes pour en comprimer tout-à-coup les ressorts. Il paraît plus vraisemblable que, pressé par les sollicitations de sa femme, qui lui avait communiqué ses sentiments religieux, il ne voulut plus composer de vers que pour chanter les louanges de Dieu; ce qui donna occasion à Perrault de rappeler les quatre premiers vers d'un poème que Quinault avait commencé sur la destruction de l'hérésie.

Je n'ai que trop chanté les jeux et les amours;
Sur un ton plus sublime il faut nous faire entendre:
 Je vous dis adieu, Muse tendre,
 Et vous dis adieu pour toujours.

Quinault mourut le 26 novembre 1688, à l'âge de cinquante-trois ans. Il fut, dit-on, l'un des hommes les plus aimables et les plus agréables de son siècle, comme il en fut l'un des plus distingués par son esprit.

Les *œuvres* de Quinault ont été imprimées avec sa *Vie*, Paris, 1739 et 1778, 5 vol. in-12. M. Crapelet a publié pour la première fois, dans le format in-octavo, les *Œuvres choisies* de Quinault, précédées d'une *Notice*, qu'il a composée, sur la vie et les ouvrages de ce poète, et dont celle-ci est extraite.

JUGEMEMENTS. *

I.

On ne peut trop aimer la douceur, la mollesse, la facilité et l'harmonie tendre et touchante de la

---

* Voyez les jugements de Marmontel sur Quinault, *Art.* PROLOGUE et OPÉRA. Le même critique caractérise ainsi Quinault dans son *Épître aux Poètes* :

 Chantre immortel d'Atys et de Renaud,
  O toi, galant et sensible Quinault,

QUINAULT.

poésie de Quinault. On peut même estimer beaucoup l'art de quelques-uns de ses opéra, intéressans par le spectacle dont ils sont remplis, par l'invention ou la disposition des faits qui les composent, par le merveilleux qui y règne, et enfin par le pathétique des situations, qui donne lieu à celui de la musique, et qui l'augmente nécessairement. Ni la grâce, ni la noblesse, ni le naturel, n'ont manqué à l'auteur de ces poèmes singuliers. Il y a presque toujours de la naïveté dans son dialogue, et quelquefois du sentiment. Ses vers sont semés d'images charmantes et de pensées ingénieuses. On admirerait trop les fleurs dont il se pare, s'il eût évité les défauts qui font languir quelquefois ses beaux ouvrages. Je n'aime pas les familiarités qu'il a introduites dans ses tragédies : je suis fâché qu'on trouve dans beaucoup de scènes, qui sont faites pour inspirer la terreur et la pitié,

> L'illusion, aimable enchanteresse,
> Mêla son philtre à tes vives couleurs.
> Le dieu des vers, le dieu de la tendresse,
> T'ont couronné de lauriers et de fleurs.
> Et qui jamais ouvrit à l'harmonie
> Un champ plus vaste, un plus riche trésor?
> En créant l'art, ton cœur fut ton génie.
> En vain ta gloire en naissant fut ternie;
> Elle renaît plus radieuse encor.
> Dans tes tableaux quelle noble magie !
> Dans tes beaux vers quelle douce énergie!
> Si le Français, par Racine embelli,
> Lui doit la grâce unie à la noblesse,
> Il tient de toi, par ton style amolli,
> Un tour liant et nombreux sans faiblesse.

F.

des personnages qui, par le contraste de leurs discours avec les intérêts des malheureux, rendent ces mêmes scènes ridicules, et en détruisent tout le pathétique. Je ne puis m'empêcher encore de trouver ses meilleurs opéra trop vides de choses, trop négligés dans les détails, trop fades même dans bien des endroits. Enfin je pense qu'on a dit de lui avec vérité qu'il n'avait fait qu'effleurer d'ordinaire les passions. Il me paraît que Lulli a donné à sa musique un caractère supérieur à la poésie de Quinault. Lulli s'est élevé souvent jusqu'au sublime par la grandeur et par le pathétique de ses expressions ; et Quinault n'a d'autre mérite à cet égard que celui d'avoir fourni les situations et les canevas auxquels le musicien a fait recevoir la profonde empreinte de son génie..... Avec des talents si aimables que ceux de Quinault, et la gloire qu'il a d'être l'inventeur de son genre, on ne saurait être surpris qu'il ait des partisans très-passionnés, qui pensent qu'on doit respecter ses défauts mêmes. Mais cette excessive indulgence de ses admirateurs me fait comprendre encore l'extrême rigueur de ses critiques.... Les beautés que Quinault a imaginées demandent grâce pour ses défauts ; mais j'avoue que je voudrais bien qu'on se dispensât de copier jusqu'à ses fautes. Je suis fâché qu'on désespère de mettre plus de passion, plus de conduite, plus de raison et plus de force dans nos opéra que leur inventeur n'y en a mis.

VAUVENARGUES, *Réflexions critiques sur quelques poètes.*

Despréaux n'a jugé de Quinault que par ses

défauts, et les amateurs du poète lyrique n'en jugent que par ses beautés.

Le même. *Supplément; Réflexions et Maximes.*

II.

Que Despréaux ait écrit :

. . . . Pour trouver un auteur sans défaut,
La raison dit Virgile, et la rime Quinault;

c'est de la satire, et de la satire même assez injuste en tous sens * (avec le respect que je lui dois); car la rime de *défaut* n'est point assez belle pour rimer avec *Quinault;* et il est aussi peu vrai de dire que Virgile est sans défaut que de dire que Quinault est sans naturel et sans grâces.

Voltaire. *Lettre sur le Temple du Goût.*

Despréaux, par un ordre exprès du dieu du goût, se réconciliait avec Quinault, qui est le poète des grâces, comme Despréaux est le poète de la raison.

Mais le sévère satirique
Embrassait encore en grondant
Cet aimable et tendre lyrique,
Qui lui pardonnait en riant.

*Boileau, dans la Préface de la dernière édition de ses œuvres, a dit cependant, que dans le temps où il écrivit contre Quinault, tous deux étaient fort jeunes, et que Quinault n'avait pas fait alors beaucoup d'ouvrages qui lui ont acquis dans la suite une juste réputation.

Je ne me réconcilie point avec vous, disait Despréaux, que vous ne conveniez qu'il y a bien des fadaises dans ces opéra si agréables. Cela peut bien être, dit Quinault; mais avouez aussi que vous n'eussiez jamais fait *Atys* ni *Armide*.

> Dans vos scrupuleuses beautés,
> Soyez vrai, précis, raisonnable :
> Que vos écrits soient respectés;
> Mais permettez-moi d'être aimable.
>
> Le même, *Temple du Goût*.

III.

Quoiqu'on se plaise aujourd'hui à venger la mémoire de ce poète des satires de Despréaux, ceux qui le réduisent au seul mérite de ses opéra, ne lui rendent pas encore une justice entière. Ses tragédies sont, à la verité, faibles et romanesques; mais il faut observer qu'elles avaient toutes précédé l'*Andromaque* de Racine; que le style en est naturel, assez pur pour le temps, et qu'enfin nous avons vu de nos jours reparaître l'*Astrate*, non sans quelque succès. Boileau, que l'habitude des grands modèles et la sévérité de son goût avaient élevé à des idées de perfection bien supérieures, eut raison cependant d'être rigoureux envers ces productions molles et négligées, dont la réussite eût perdu le théâtre.

La comédie de *la Mère coquette* est encore une de nos plus agréables comédies d'intrigue : elle eût suffi seule pour assurer à Quinault une réputation distinguée, sur-tout si l'on réfléchit combien alors les bons modèles étaient rares.

Ces observations ne peuvent qu'ajouter à la gloire de cet auteur, qui d'ailleurs est suffisamment établie par ses belles tragédies lyriques. Il semble que ce poète était né pour donner à un grand roi des fêtes nobles et majestueuses. Personne, en effet, n'a su lier avec plus d'art que lui, des divertissements agréables et variés à des sujets intéressants; personne n'a porté plus loin cette molle délicatesse, cette douce mélodie de style, qui semble appeler le chant; personne enfin n'a si bien connu la quantité précise de sentiment qui convenait à ce genre, dont il a été le créateur et le modèle.

Mais que les détracteurs de Boileau ne se hâtent pas de triompher. On ne doit pas dissimuler qu'il y a dans le genre de l'opéra un vice radical, qui a suffi pour indisposer contre lui les meilleurs esprits, tels que Boileau, Racine, La Fontaine, La Bruyère, etc. Tous ces grands hommes, qui avaient bien acquis le droit d'être difficiles, ne pouvaient tolérer que l'on mît au rang des chefs-d'œuvre, des poèmes ordinairement dépourvus de vraisemblance, libres des trois unités, et dans lesquels presque toutes les règles de l'art sont nécessairement violées. Ce spectacle si pompeux, si varié, ne présentait souvent à leurs yeux qu'un magnifique ennui. Et, véritablement, sans être taxé de trop de rigueur, on peut dire, de l'aveu du goût, que le meilleur des opéra ne sera jamais un excellent ouvrage.

PALISSOT, *Mémoires sur la Littérature.*

IV.

Examen du Théâtre de Quinault.

§ I.

Le grand Corneille vieillissait, et la jeunesse de Racine était encore ignorée, lorsqu'un homme qui se fit depuis un grand nom en devenant le créateur et le modèle d'un nouveau genre de poème dramatique se rendait déjà célèbre au théâtre par des ouvrages qui eurent à la vérité plus de succès que de mérite, mais qui annonçaient de l'esprit et de la facilité. C'était Quinault, qui, avant de faire ses opéra, qui lui ont donné un beau rang dans le siècle de Louis XIV, s'essaya d'abord dans la comédie, la tragédie et la tragi-comédie. Quoique dans ces deux derniers genres il n'ait rien produit qui ait pu se soutenir jusqu'à nous, cependant la grande réputation qu'il s'est faite sur la scène lyrique m'autorise à dire un mot des efforts qu'il fit sur un autre théâtre, ne fût-ce que pour montrer par un exemple de plus qu'avec beaucoup de talent on peut ne pas s'élever jusqu'à la tragédie. D'ailleurs deux de ses pièces ont eu l'honneur assez rare d'être jouées pendant quatre-vingts ans, *le faux Tibérinus* et *Astrate*. Le peu de réussite qu'elles eurent aux dernières reprises les a fait disparaître de la scène il y a environ trente ans. Le sujet du *faux Tibérinus* est entièrement dans ce goût romanesque que Thomas Corneille soutint long-temps, malgré l'exemple de son frère, et que Racine proscrivit absolument. Il est vrai que la pièce est intitulée tragi-comédie; mais il n'en est pas moins extraordinaire que l'intrigue d'un drame sérieux ait le même ressort que celle des *Ménechmes*. Rien ne fait mieux voir combien on fait de chemin dans tous les arts avant de trouver le naturel et le vrai beau, et combien la contagion du goût espagnol et cet amour du merveilleux, cette mode des romans mis en action, luttèrent long-temps contre les vrais principes de l'art et les leçons des grands maîtres.

Agrippa, prince du sang des rois d'Albe, avait avec le roi Tibérinus une ressemblance dont on peut juger par ce vers que l'auteur met dans la bouche de Mézence, neveu de Tibérinus :

Pour les bien discerner, quelque soin qu'on pût *prendre*,
Leur rapport était tel, qu'on s'y pouvait *méprendre*,
Et qu'après les avoir cent fois considérés,
Je m'y trompais moi-même à les voir séparés.

Cette ressemblance si parfaite fait naître à l'ambitieux Tyrrhène, père d'Aggrippa, le dessein d'en profiter pour mettre son fils sur le trône. Il saisit le moment où le roi se noie au passage d'une petite rivière, n'ayant avec lui que Tyrrhène, Agrippa et trois autres personnes. Tyrrhène engage ces trois témoins à se prêter à la fourbe qu'il médite, à reconnaître Agrippa pour roi sous le nom de Tibérinus, en faisant croire au peuple que ce même Agrippa a été assassiné par Tibérinus, à qui cette ressemblance exacte du sujet avec le monarque avait enfin porté ombrage. Pour appuyer encore mieux cette imposture, le hasard fait que ces trois témoins périssent peu de temps après dans un combat, en sorte qu'il ne reste plus dans le secret que Tyrrhène et son fils Agrippa. Celui-ci même est blessé à la main de manière à ne pouvoir plus s'en servir, autre incident que Tyrrhène regarde comme une faveur du Ciel. Il dit à son fils :

Votre main sans ce coup eût même pu vous nuire ;
On vous eût pu connaître à la façon d'écrire.

Sans s'arrêter à tout ce qu'il y a de forcé et d'invraisemblable dans cet exposé qui forme l'avant-scène, on voit déjà combien doit être vicieux un édifice dramatique bâti sur un pareil échafaudage. Mais il faut voir ce qui en résulte. Le Tibérinus mort était amoureux d'une Albine, sœur d'Agrippa ; et Agrippa, qui est à présent le faux Tibérinus, aimait Lavinie, princesse du sang royal. Il s'ensuit que Lavinie voit dans le roi, qui est en effet son amant, l'assassin de son amant, et qu'Albine voit dans son frère le meurtrier de son frère ; car Tyrrhène croit qu'il est indispensable pour la sûreté du faux Tibérinus que le secret ne soit révélé à personne ; et quoique son fils ait la plus grande envie de détromper sa sœur, et sur-tout sa maîtresse, l'autorité paternelle l'en empêche jusqu'au quatrième acte. On excuserait peut-être cet *imbroglio*, si du moins il produisait ou s'il pouvait produire des situations fortes et pathétiques. Mais tel est l'inconvénient de ces sortes de fables, que l'incroyable est trop près du ridicule pour devenir jamais tragique. Que, par des révolutions dont il y a plus d'un exemple, un jeune prince, tel qu'Égisthe, enlevé à sa mère dès le berceau, passe dans la suite aux yeux de cette mère abusée pour le meurtrier du fils qu'elle pleure, il n'y a rien là qui ne soit dans l'ordre naturel, et la raison ne s'oppose en rien à l'intérêt : mais comment se figurer que pendant cinq actes une femme ne reconnaisse pas son amant? Celui qu'on aime peut-il jamais ressembler à un autre? Il faut donc aussi supposer la ressemblance de la voix comme celle du visage; il faut supposer qu'on puisse se méprendre à la voix qui a répété mille fois : *je vous aime!* Que de suppositions moralement impossibles! Et ce qu'il y a de pis c'est qu'en les admettant, on laisse encore le poète dans un embarras dont il ne peut pas raisonnablement se tirer. Quand le faux Tibérinus finit par avouer à Lavinie qu'il est Agrippa, qu'arrive-t-il? Ce qui doit arriver; qu'elle ne sait ce qu'elle en doit croire, parce qu'il est également possible que la chose soit ou ne soit pas, puisqu'on a établi qu'il n'y avait aucune différence entre le mort et le vivant, et que l'œil même de l'amour a pu les méconnaître. Il atteste son père Tyrrhène; mais celui-ci, obstiné à ne rien découvrir, dément son fils, et persiste devant Lavinie à soutenir qu'il est le vrai Tibérinus, meurtrier d'Agrippa. Cette situation, qui contribua beaucoup au succès de la pièce, dans un temps où l'on trouvait un grand mérite dans cet embarras d'incidents qui se croisent, a fini par ne paraître que ce qu'elle est, froide et puérile; car si Lavinie elle-même ne connaît ni ne peut connaître son amant, comment puis-je m'intéresser à un pareil amour; et qu'importe au fond pour elle, et par conséquent pour moi, que ce soit ou que ce ne soit pas Agrippa, puisque le sentiment qu'elle a pour lui tient uniquement, non pas à ce qu'il est ni à ce qu'il peut être, mais seulement à ce qu'elle en voudra croire? Ce n'est point en embarrassant l'esprit que l'on touche le cœur. Ces sortes de quiproquo sont trop près de la comédie, et plus faits pour exciter le rire que la terreur ou la pitié : ce qu'ils ont de singulier et de piquant peut plaire un moment à la curiosité, mais ne peut jamais faire naître un intérêt soutenu.

Je n'ai pas cru qu'il fût inutile de faire sentir le vice de ces plans bizarrement fabuleux. Comme l'incroyable est mille fois plus aisé à trouver que le vraisemblable, et qu'il en coûte infiniment moins pour combiner une foule d'incidents que pour écrire une scène passionnée et remplir un sujet simple, l'impuissance dans les écrivains et la satiété dans les spectateurs vont tout à l'heure nous ramener à ce point d'où nous étions partis. L'*imbroglio* va de nouveau s'emparer de la tragédie comme de la comédie, et cette mode durera jusqu'à ce que l'on se dégoûte de la folie, comme on s'est dégoûté de la raison.

Mais pour finir ce qui regarde *le faux Tibérinus*, la conduite de Tyrrhène est tout aussi mal conçue que les situations sont mal amenées, et ses déguisemens continuels le mettent sur le point de causer tous les malheurs qu'il prétend détourner. Il expose son fils par une dissimulation mal entendue, lorsqu'il n'y avait nul péril à dire la vérité. En effet on a dit, dans les premiers actes, que ce Tibérinus, que représente Agrippa, était odieux à la cour et au peuple par ses cruautés. Le meurtre prétendu d'Agrippa lui fait encore de nouveaux ennemis? de sorte qu'Agrippa est près d'être la victime de la haine qu'il inspire sous un nom qui n'est pas le sien. Lavinie, qui croit venger son amant, engage Mézence, prince vicieux et pervers, qui a de l'amour pour elle, à conspirer contre le roi. Albine, de son côté, qui le croit coupable de la mort de son frère, et qui de plus voit dans le prétendu Tibérinus un inconstant qui l'abandonne pour Lavinie, ne respire que la vengeance. Il arrive, par une suite d'évènements qui seraient trop longs à déduire, que la vie d'Agrippa se trouve à la merci de sa sœur et de sa maîtresse, qui ne l'épargnent que par un mouvement involontaire, qui est l'effet de l'amour et de la force du sang. Enfin le roi échappe aux conjurés qui devaient le tuer dans un sacrifice; il rassemble des soldats, et finit par être le plus fort. Mézence se tue, et Tyrrhène révèle tout aux deux princesses, que sa seule imprudence a exposées à frapper ce qu'elles ont de plus cher. Il n'est pas besoin de dire combien toute cette intrigue est mal ourdie : c'est une faute inexcusable dans le personnage qui la conduit, que tout dépende du hasard, et non pas de ses mesures. Il est trop évident que, pour ménager des surprises, on a sacrifié le bon sens; et il est bien rare que, dans ces compositions monstrueuses, les effets qu'on obtient rachètent les fautes que l'on se permet.

Astrate, sans être une bonne pièce, à beaucoup près, vaut pourtant mieux que *le faux Tibérinus*: les situations ont plus de vraisemblance et d'intérêt; mais il manquait à l'auteur de savoir en tirer parti. Voltaire a dit qu'il y avait de très belles scènes : cela veut dire des scènes dont le fond est théâtral, si l'exécution y répondait. Le sujet pouvait fournir une tragédie. Élise, reine de Tyr, possède un trône que son père a usurpé sur le roi légitime. Elle a fait périr ce roi et deux de ses fils : le dernier est échappé, et un oracle la menace de la vengeance de ce jeune prince. Ce prince est Astrate, cru fils de Sychée, et qui, élevé sous ce nom, a rendu les plus grands services à l'État et à la reine. Elle l'aime, et veut l'épouser : Astrate ne l'aime pas moins; il est prêt à recevoir sa main et sa couronne lorsque Sychée lui apprend ce qu'il est. Sychée a formé une conspiration en faveur de l'héritier du trône, sans le faire connaître aux conjurés. Astrate, toujours occupé du salut de la reine, en a découvert les principaux complices, et veut en instruire Élise, quand Sychée se déclare le chef du complot, et ajoute qu'il ne l'a formé que pour les intérêts d'Astrate, et la vengeance de sa famille. Tous ces ressorts, au premier coup-d'œil, paraissent tragiques, et pourtant les effets ne le sont pas, parce que l'auteur n'a pas su déterminer les impressions qui doivent émouvoir le spectateur. Cette Élise, qui n'est coupable que dans l'avant-scène, paraît dans toute la pièce un personnage sans caractère, dont la bonté va jusqu'à la faiblesse, dont la conduite est indécise, et dont la tendresse langoureuse forme une disparate trop forte avec les crimes qu'elle a commis. Boileau s'est moqué de *l'anneau royal,* qui n'est en effet qu'un incident très-inutile ; mais le plus grand défaut, c'est que tout se passe en conversations élégiaques quand il est question de crimes et de vengeance. Les acteurs se lamentent au lieu d'agir, et ne sont que plaintifs au lieu d'être passionnés. La conspiration de Sychée découverte devrait le mettre dans le plus éminent danger, et il n'y est pas un moment. Astrate y est encore moins ; et la reine, qui s'empoisonne, a l'air de mourir uniquement pour tirer Astrate d'embarras. Le résultat de ces observations, c'est qu'avec de l'esprit on peut arranger des ressorts dramatiques, mais qu'il faut du talent pour les mettre en œuvre ; et Quinault en avait très-peu pour la tragédie.

§ II.

Le premier qui, profitant des leçons de Molière, quitta le romanesque et le bouffon pour une intrigue raisonnable et la conversation des honnêtes gens, fut le jeune Quinault, qui donna sa *Mère coquette,* en 1665, sous le titre des *Amants brouillés.* Elle s'est toujours soutenue au théâtre, et fait voir que Quinault avait plus d'un talent : elle est bien conduite : les caractères et la versification sont d'une touche naturelle, mais un peu faible. On y voit un marquis ridicule, avantageux et poltron, sur lequel Regnard paraît avoir modelé celui du joueur, particulièrement dans la scène où le marquis refuse de se battre. Il y a des détails agréables et ingénieux, et de bonnes plaisanteries : telle est celle d'un valet fripon, à qui l'on donne un diamant pour déposer que le mari de la Mère coquette est mort aux Indes, quoiqu'il n'en soit rien. Il doute un peu du diamant : il demande s'il est bon ; on le lui garantit.

Enfin (dit-il) s'il n'est pas bon, le défunt n'est pas mort.

Les deux jeunes amants, Isabelle et Acante, sont un peu brouillés par de faux rapports de valets que la Mère coquette a gagnés. Cependant Isabelle voudrait s'éclaircir davantage : elle écrit pour Acante ce billet qui est très joli :

Je voudrais vous parler, et nous voir seuls tous deux.
Je ne conçois pas bien pourquoi je le désire.
  Je ne sais ce que je vous veux ;
  Mais n'auriez-vous rien à me dire ?

§ III.

De l'Opéra, dans le siècle de Louis XIV, et particulièrement de Quinault.

L'OPÉRA est venu d'Italie en France, comme tous les beaux-arts de l'ancienne Grèce, qui, long-temps dégradés dans le Bas-Empire, ressuscitèrent successivement à Florence, à Ferrare, à Rome, et enfin parmi nous. Ce fut Mazarin qui fit représenter à Paris les premiers opéra, et c'étaient des opéra italiens. Voltaire dit à ce sujet que c'est à deux cardinaux que nous devons la tragédie et l'opéra. Il nous fait redevables de la tragédie à la protection que Richelieu accorda au grand Corneille; mais n'est-ce pas faire à ce ministre un peu trop d'honneur, et lui devons-nous la tragédie parce qu'il donnait une petite pension à Corneille, et qu'il le faisait travailler aux pièces *des cinq auteurs*, et qu'il fit censurer *le Cid* par l'Académie? On faisait des tragédies en France depuis plus d'un siècle, mauvaises à la vérité; mais enfin la théorie de l'art était connue : et si l'auteur des *Horaces* et de *Cinna* sut porter cet art à un très haut degré, s'il nous apprit le premier ce que c'était que la tragédie, c'est à lui que nous le devons, ce me semble, et non pas à Richelieu, comme ce n'est pas à Richelieu, qu'il dut son génie, mais uniquement à la nature.

A l'égard de l'opéra, il est sûr que Mazarin nous donna la première idée de ce spectacle, jusqu'alors absolument inconnu en France; et quoique ses efforts pour l'y faire adopter n'eussent aucunement réussi, quoique les trois opéra qu'il fit représenter au Louvre, à différentes époques, par des musiciens et des décorateurs de son pays, n'eussent produit d'autre effet que d'ennuyer à grands frais la cour et la ville, et de valoir au cardinal quelques épigrammes de plus, c'était pourtant nous faire connaître une nouveauté; et ses tentatives, toutes malheureuses qu'elles furent, renouvelées après lui sans avoir beaucoup de succès, étaient en effet les premiers fondements de l'édifice élevé depuis par Lulli et Quinault.

Nous avons vu à l'article de *la Toison d'Or*, de Corneille, que le marquis de Sourdeac fit représenter cette pièce, d'un genre extraordinaire, dans son château de Neubourg en Normandie. Ce n'était pas encore un opéra; mais du moins il y avait déjà dans ce drame un peu de musique et des machines. C'est ce marquis de Sourdeac qui se mit en tête de naturaliser l'opéra en France. Il s'était associé avec un abbé Perrin, qui faisait de mauvais vers, et un violon nommé Cambert, qui faisait de mauvaise musique : pour lui, il s'était chargé de la partie des décorations. Le privilège d'une *Académie royale de musique* fut expédié à l'abbé Perrin, et l'on représenta sur le théâtre de la rue Guénégaud, *Pomone*, et *les Peines et les Plaisirs de l'Amour*, avec assez de succès pour donner l'idée d'un spectacle qui pouvait être agréable. Mais comme toute entreprise de cette espèce est, dans ses commencements, plus coûteuse que lucrative, les entrepreneurs s'y ruinèrent, et finirent par céder leur privilège à Lulli, surintendant de la musique du roi, qui joua d'abord dans un jeu de paume, et peu après sur le théâtre du Palais-Royal, devenu vacant après la mort de Molière. Lulli eut le bonheur de s'associer avec Quinault, et cette association fit bientôt la fortune du musicien et la gloire du poète après sa mort.

Remarquons, en passant, qu'un des grands obstacles, qui s'opposèrent d'abord à ce nouvel établissement, ne fut pas seulement l'ennui qu'on avait éprouvé à l'opéra italien, mais la persuasion générale que notre langue n'était pas faite pour la musique. On voit que ce n'était pas une chose nouvelle, que le paradoxe qui fit tant de bruit il y a trente ans, quand Rousseau nous dit : *Les Français n'auront jamais de musique; et s'ils en ont une, ce sera tant pis pour eux.* Son grand argument était que la prosodie de notre langue est moins musicale que celle des Italiens : c'est comme si l'on disait que les Français n'auront jamais de poésie, parce que leur langue est moins harmonieuse et moins maniable que celle des Grecs et des Latins. Mais ce qu'on ne peut dissimuler, c'est que ce fut un étranger qui nous fit croire pendant long-temps que nous avions de la musique à l'opéra français, et qu'à ce même opéra ce sont encore des étrangers qui nous ont enfin apporté la bonne musique.

Avant de parler de Quinault et de ceux qui l'ont suivi, je crois devoir commencer par quelques notions générales sur ce genre de drame, dont il a été parmi nous le véritable créateur.

Quoique l'on ait comparé notre opéra à la tragédie grecque, et qu'il y ait effectivement entre eux ce rapport générique, que l'un et l'autre est un drame chanté, cependant il y a d'ailleurs bien des différences essentielles. La première et la plus considérable, c'est que la musique, sur le théâtre des Grecs, n'était évidemment qu'accessoire, et que, sur celui de l'opéra français, elle est nécessairement le principal, surtout en y joignant la danse qu'elle mène à sa suite, comme étant de son domaine. L'ancienne mélopée, qui ne gênait en rien le dialogue tragique, et qui se prêtait aux développements les plus étendus, au raisonnement, à la discussion, à la longueur des récits, aux détails de la narration, régnait d'un bout à l'autre de la pièce, et n'était interrompue que dans les entr'actes, lorsque le chant du chœur, différent de celui de la scène, était accompagné d'une marche cadencée et religieuse, faite pour imiter celle qu'on avait coutume d'exécuter autour des autels; et qu'on appelait suivant les diverses positions des figurants, la strophe, l'antistrophe, l'épode, etc. Ces mouvements réguliers étaient constamment les mêmes; et lorsque le chœur se mêlait au dialogue, il n'employait que la déclamation notée pour la scène. Il y a loin de cette uniformité de procédés à la variété qui caractérise notre opéra, aux chœurs de toute espèce, mis en action de toutes les manières, et changés souvent d'acte en acte, tandis que celui des Anciens n'était qu'un personnage toujours le même, toujours passif et moral; à la musique plus ou moins brillante de nos *duo*, inconnus dans les pièces grecques; à nos fêtes, aux ballets formant une espèce de scènes à part, liées seulement au sujet par un rapport quelconque; enfin, à ce merveilleux de nos métamorphoses, dont il n'y a nulle trace dans les tragiques grecs. Je ne parle pas des airs d'expression, qui sont aujourd'hui l'une des plus grande beautés de notre opéra : c'est une richesse nouvelle que Lulli ne connaissait pas, puisqu'il ne demandait point de ces airs à Quinault; mais tous ces accessoires que je viens de détailler étaient absolument étrangers à la tragédie grecque, et sont la substance de notre opéra. La raison de cette diversité se retrouve dans le fait que j'ai d'abord établi, que la musique n'était qu'un ornement du seul spectacle dramatique qu'ait eu la Grèce, et qu'elle est devenue le fond du nouveau spectacle, ajouté, sous le nom d'opéra, à celui que nous offrait le théâtre français.

De cette différence de principe a dû naître celle des effets. Les Grecs, se bornant à noter la parole, ont eu la véritable tragédie chantée, et, en la déclamant en mesure, lui ont laissé d'ailleurs tout ce qui lui appartient, n'ont restreint ni l'étendue de ses attributs, ni la liberté du poète. Au contraire l'opéra, quoique nous l'appelions tragédie lyrique, est tellement un genre particulier, très distinct de la tragédie chantée, que, lorsqu'on a imaginé de transporter sur le théâtre de l'opéra les ouvrages de nos tragiques français, il a fallu commencer par les dénaturer au point de les rendre méconnaissables ; en conservant le sujet, il a fallu une autre marche, un autre dialogue, une autre forme de versification. Nous n'avons certainement point de compositeur qui voulût se charger de mettre en musique *Iphigénie* et *Phèdre*, telles que Racine les a faites ; et les musiciens d'Athènes prirent la *Phèdre* et l'*Iphigénie* des mains d'Euripide, telles qu'il lui avait plu de les faire.

Lorsque, arrivé à l'époque du dix-huitième siècle, je rencontrerai sur mon passage la révolution produite sur le théâtre de l'opéra par celle que la musique a tout récemment éprouvée, il sera temps alors d'examiner s'il y a quelques fondements à cette prétention nouvelle de faire de l'opéra une vraie tragédie. * Je m'efforce, autant que je le puis, de n'anticiper sur aucun des objets que j'ai à traiter. Je ne me détourne point de ma route pour courir après l'erreur : c'est bien assez de la combattre quand on la trouve sur son chemin.

L'opéra, tel qu'il a été depuis Quinault jusqu'à nos jours, est donc une espèce particulière de drame, formé de la réunion de la poésie et de la musique, mais de façon que la première, étant très subordonnée à la seconde, elle renonce à plusieurs de ses avantages pour lui laisser tous les siens. C'est un résultat de tous les arts qui savent imiter par des sons, par des couleurs, par des pas cadencés, par des machines; c'est l'assemblage des impressions les plus agréables qui puissent flatter les sens. Je suis loin de vouloir médire d'un aussi bel art que la musique : médire de son plaisir est plus qu'une injustice, c'est une ingratitude. Mais enfin il convient de mettre chaque chose à sa place ; et si quelqu'un s'avisait de contester la prééminence incontestable de la poésie, il suffirait de lui rappeler que la musique, quand elle a voulu devenir la souveraine d'un grand spectacle, non-seulement a été forcée de traîner à sa suite cet attirail de prestiges dont la poésie n'a nul besoin, mais encore a été contrainte d'avoir recours à celle-ci, sans laquelle elle ne pouvait rien, et que, pour prendre la première place, elle a demandé qu'on

---

* Voyez tome XX, l'article OPÉRA, par LAHARPE.

QUINAULT.

la lui cédât. Elle a dit à la poésie : Puisque nous allons nous montrer ensemble, faites vous petite pour que je paraisse grande; soyez faible pour que je sois puissante; dépouillez une partie de vos ornements pour faire briller tous les miens; en un mot, je ne puis être reine qu'autant que vous voudrez bien être ma très humble sujette. C'est en vertu de cet accord que la poésie, qui commandait sur le théâtre de Melpomène, vint obéir sur celui de Polymnie. Heureusement pour elle, ce fut Quinault qui le premier traita en son nom, et se chargea de la représenter. Il était précisément ce qu'il fallait pour ce personnage secondaire; il n'avait ni la force, ni la majesté, ni l'éclat, qui auraient pu faire ombrage à la musique : celle-ci, en sa qualité d'étrangère, obtint d'abord tous les hommages, bien moins par sa beauté, qui était alors fort médiocre, que par une pompe d'autant plus éblouissante qu'elle était nouvelle; mais avec le temps, il en est résulté ce qui arrive quelquefois à une grande dame magnifiquement parée, suivie d'un cortège imposant, et qui se trouve éclipsée par une jolie suivante qui a de la fraîcheur, de la grâce, un air de douceur et de négligence, et des ajustements d'une élégante simplicité. Ce sont les tours de la muse de Quinault, et il a fait oublier Lulli. L'un n'est plus chanté, et l'autre est toujours lu. Il est demeuré le premier dans son genre, quoiqu'il ait eu pour successeurs des écrivains de mérite : c'est là sur-tout ce qui a fait reconnaître le sien. L'autorité d'un suffrage illustre, celui de Voltaire, a contribué encore à entraîner la voix publique, et à infirmer celle de Boileau. Mais si l'on a reproché au satirique d'avoir méconnu les beautés de Quinault, on accuse le panégyriste d'avoir été un peu trop loin, et de ne s'être pas assez souvenu des défauts. Au moins ce dernier excès est-il plus excusable que l'autre; car il semble que ce soit un titre pour obtenir l'indulgence, que d'avoir essuyé l'injustice. Aujourd'hui que la balance a été long-temps en mouvement, il doit être plus facile de la fixer dans son équilibre.

Avant tout, ne faisons point les torts de Boileau plus grands qu'ils ne sont, et rétablissons des faits trop souvent oubliés. Quand il parla de Quinault dans ses premières satires, le jeune poëte n'avait fait que de mauvaises tragédies qui avaient beaucoup de succès, et le censeur du Parnasse faisait son office en les réduisant à leur valeur. Il est vrai que long-temps après, dans la satire contre les femmes, il s'élève contre

> Ces lieux communs de morale lubrique,
> Que Lulli réchauffa des sons de sa musique;

et quoique Lulli eût déjà travaillé sur d'autres paroles que sur celles de Quinault, les deux vers du critique, appliqués à l'auteur d'*Armide*, ont été trouvés injustes, et avec raison, s'ils portent généralement sur le style d'*Armide* et d'*Atys*, et des autres bons opéra de Quinault, qui sûrement sont autre chose que des *lieux communs*, sans parler de *la morale lubrique*, expression déplacée et indécente. Il n'est pas vrai non plus que Lulli ait *réchauffé* ces ouvrages, puisqu'ils ont survécu à la musique; et l'on a dit la vérité dans ces vers, où l'on a pris la liberté de retourner la pensée de Boileau contre lui :

> Aux dépens du poëte, on n'entend plus vanter
> Ces accords languissants, cette faible harmonie
> Que réchauffa Quinault du feu de son génie.

Mais pourtant ces *accords* et cette *harmonie* avaient alors un si grand succès, qu'on pouvait pardonner à Despréaux de croire avec toute la France qu'ils donnaient un prix aux vers de Quinault : et si l'on suppose que ceux du critique ne tombent que sur les paroles des divertissements, on ne peut dire qu'il ait tort. Il n'y a qu'à les prendre à l'ouverture du livre, et voir si le chant, quel qu'il fût n'était pas nécessaire pour faire passer des vers tels que ceux-ci :

> Que nos prairies
> Seront fleuries !
> Les cœurs glacés,
> Pour jamais en sont chassés.
> Ces lieux tranquilles.
> Sont les asyles
> Des doux plaisirs
> Et des heureux loisirs
> La terre est belle
> La fleur nouvelle
> Rit aux zéphyrs.
> . . . .
> C'est dans nos bois
> Qu'amour a fait ses lois.
> Leur vert feuillage

Doit toujours durer.
Un cœur sauvage
N'y doit point entrer.
La seule affaire
D'une bergère
Est de songer
A son berger.

Il y en a un millier de cette espèce : on ne pouvait pas exiger que l'auteur de l'*Art poétique* les trouvât bons.

Il dit dans une de ses lettres : « J'étais fort jeune » quand j'écrivis contre M. Quinault, et il n'avait » fait aucun des ouvrages qui lui ont fait depuis » une juste réputation. » Quelques lignes d'éloge jetées dans une lettre ne compensaient pas suffisamment des traits de satire, qui se retiennent d'autant plus aisément, qu'ils sont attachés à des vers d'une tournure piquante. Mais je suis persuadé que Boileau était de bonne foi, et que la nature lui avait refusé ce qui était nécessaire pour sentir les charmes d'*Atys*, d'*Armide*, et de *Roland*, et pour en excuser les défauts. Des ouvrages où l'on parlait sans cesse d'amour, et assez souvent en style lâche et faible, ne pouvaient pas plaire à un homme qui ne connaissait point ce sentiment, et qui ne pardonnait à Racine de l'avoir peint qu'en faveur de la beauté parfaite de sa versification.

Nos jugements dépendent plus ou moins de nos goûts et de notre caractère, et nous verrons dans la suite Voltaire trompé plus d'une fois dans ses décisions par sa préférence trop exclusive pour la poésie dramatique, comme Boileau par l'austérité de son esprit et de ses principes. Que l'on examine le jugement qu'il porte de Quinault dans ses *Réflexions critiques* : le poéte lyrique était mort réconcilié avec lui, et l'on ne peut guère le soupçonner ici d'aucune passion. Voici comme il en parle :

« Quinault avait beaucoup d'esprit et un talent » tout particulier pour faire des vers bons à être » mis en chant; mais ces vers n'étaient pas d'une » grande force ni d'une grande élévation. » Jusqu'ici il n'y a rien a dire : c'est la vérité. Il continue : « C'était leur *faiblesse* même qui les rendait d'au- » tant plus propres pour le musicien auquel ils » doivent leur principale gloire. » La première moitié de cette phrase est encore généralement vraie : le temps a démontré combien la seconde est fausse. Mais en avouant cette *faiblesse*, qui devient sensible, sur-tout par la comparaison du style de Quinault avec celui de nos grands poétes, et dont pourtant il faut excepter quelques morceaux d'élite où il s'est rapproché d'eux, voyons combien de différents mérites rachètent ce qui lui manque, et lui composent un caractère de versification dont la beauté réelle, quoique secondaire, a échappé aux yeux trop sévères de Boileau, qui ne goûtait que la perfection de Racine.

Quinault n'a sans doute ni cette audace heureuse des figures, ni cette éloquence de passion, ni cette harmonie savante et variée, ni cette connaissance profonde de tous les effets du rhythme et de tous les secrets de la langue poétique : ce sont là les beautés du premier ordre ; et non-seulement elles ne lui étaient pas nécessaires, mais, s'il les avait eues, il n'eût point fait d'opéra, car il n'aurait rien laissé à faire au musicien. Mais il a souvent une élégance facile et un tour nombreux : son expression est aussi pure et aussi juste que sa pensée est claire et ingénieuse. Ses constructions forment un cadre parfait, où ses idées se placent comme d'elles-mêmes dans un ordre lumineux et dans un juste espace; ses vers coulants, ses phrases arrondies, n'ont pas l'espèce de force que donnent les inversions et les images; ils ont tout l'agrément qui naît d'une tournure aisée et d'un mélange continuel d'esprit et de sentiment, sans qu'il y ait jamais dans l'un ou dans l'autre ni recherche ni travail. Il n'est pas du nombre des écrivains qui ont ajouté à la richesse et à l'énergie de notre langue : il est un de ceux qui ont le mieux fait voir combien on pouvait la rendre souple et flexible. Enfin, s'il paraît rarement animé par l'inspiration du génie des vers, il paraît très familiarisé avec les Graces; et comme Virgile nous fait reconnaître Vénus à l'odeur d'ambroisie qui s'exhale de la chevelure et des vêtements de la déesse, de même, quand nous venons de lire Quinault, il nous semble que l'Amour et les Graces viennent de passer près de nous.

N'est-ce pas là ce qu'on éprouve lorsqu'on entend ces vers d'Hiérax dans *Isis?*

    Depuis qu'une nymphe inconstante
A trahi mon amour et *m'a manqué de foi,*
Ces lieux jadis si beaux n'ont plus rien qui m'enchante,

Ce que j'aime a changé : tout est changé pour moi.
. . . .
L'inconstante n'a plus l'empressement extrême
De cet amour naissant qui répondait au mien ;
Son changement paraît en dépit d'elle-même :
   Je ne le connais que trop bien.
Sa bouche quelquefois dit encore qu'elle m'aime ;
Mais son cœur ni ses yeux ne m'en disent plus rien.
. . . .
Ce fut dans ces vallons, où, par mille détours,
L'Inachus prend plaisir à prolonger son cours,
  Ce fut sur ce charmant rivage,
   Que sa fille volage
  Me promit de m'aimer toujours.
Le zéphyr fut témoin, l'onde fut attentive
Quand la nymphe jura de ne changer jamais ;
Mais le zéphyr léger et l'onde fugitive
Ont bientôt emporté les serments qu'elle a faits.

En vérité, si Despréaux était insensible à la douceur charmante de semblables morceaux, il faut lui pardonner d'avoir été injuste ; il était assez puni.

Écoutons les plaintes que ce même Hiérax fait à sa maîtresse :

Vous juriez autrefois que cette onde rebelle
Se ferait vers sa source une route nouvelle,
Plutôt qu'on ne verrait votre cœur dégagé.
Voyez couler ces flots dans cette vaste plaine :
C'est le même penchant qui toujours les entraîne ;
Leur cours ne change point, et vous avez changé.

Elle lui représente que ses rivaux ne sont pas mieux traités. Que lui répond-il ?

Le mal de mes rivaux n'égale point ma peine.
La douce illusion d'une espérance vaine
Ne les fait point tomber du faîte du bonheur :
Aucun d'eux comme moi n'a perdu votre cœur.
  Comme eux à votre humeur sévère
  Je ne suis point accoutumé.
  Quel tourment de cesser de plaire
Lorsqu'on a fait l'essai du plaisir d'être aimé !

Ces quatre derniers vers ne sont, si l'on veut, que la paraphrase de ce vers heureux et touchant :

Aucun d'eux comme moi n'a perdu votre cœur.

mais ils le développent, ce me semble, sans l'affaiblir : ce n'est pas le poète qui revient sur son idée ; c'est le cœur qui revient sur le même sentiment ; et quand l'amour se plaint, ce n'est pas la précision qu'il cherche.

Personne n'a su mieux que Quinault donner à la galanterie cette grace qui la rend intéressante. Jupiter, dans ce même opéra d'*Isis*, descend sur la terre pour voir Io. Il se fait annoncer par Mercure, qui parle ainsi :

Le dieu puissant qui lance le tonnerre,
 Et qui des cieux tient le sceptre en ses mains,
 A résolu de venir sur la terre
 Chasser les maux qui troublent les humains.
Que la terre avec soin à cet honneur réponde.
Échos, retentissez dans ces lieux pleins d'appas :
Annoncez qu'aujourd'hui, pour le bonheur du monde,
  Jupiter descend ici bas.

Le dieu s'adresse ensuite à la jeune Io :

C'est ainsi que Mercure,
Pour abuser des dieux jaloux,
Doit parler hautement à toute la nature;
Mais il doit s'expliquer autrement avec vous.
C'est pour vous voir, c'est pour vous plaire,
Que Jupiter descend du céleste séjour;
Et les biens qu'ici bas sa présence va faire
Ne seront dus qu'à son amour.

Y a-t-il un contraste plus agréable et un compliment plus flatteur? Quinault excelle aussi dans ce dialogue vif et contrasté, qui est si favorable à la musique, et qu'elle oblige le poéte de substituer aux grands mouvements du dialogue tragique. Prenons pour exemple cette scène de Jupiter et d'Io.

IO.

Que sert-il qu'ici bas votre amour me choisisse?
L'honneur m'en vient trop tard : j'ai formé d'autres nœuds.
Il fallait que ce bien, pour combler tous mes vœux,
Ne me coûtât point d'injustice
Et ne fit point de malheureux.

JUPITER.

C'est une assez grande gloire
Pour votre premier vainqueur,
D'être encor dans votre mémoire
Et de me disputer si long-temps votre cœur.

IO.

La gloire doit forcer mon cœur à se défendre.
Si vous sortez du Ciel pour chercher les douceurs
D'un amour tendre,

Vous pourrez aisément attaquer d'autres cœurs
    Qui feront gloire de se rendre.

JUPITER.

Il n'est rien dans les cieux, il n'est rien ici-bas
    De plus charmant que vos appas.
Rien ne peut me toucher d'une flamme si forte.
    Belle nymphe, vous l'emportez
    Sur toutes les autres beautés;
    Autant que Jupiter l'emporte
    Sur les autres divinités.
Voyez-vous tant d'amour avec indifférence?
Quel trouble vous saisit? où tournez-vous vos pas?

IO.

    Mon cœur en votre présence,
    Fait trop peu de résistance.
      Contentez-vous, hélas!
      D'étonner ma constance,
      Et n'en triomphez pas.

JUPITER.

Et pourquoi craignez-vous Jupiter qui vous aime?

IO.

    Je crains tout : je me crains moi-même.

JUPITER.

Quoi! voulez-vous me fuir?

IO.

      C'est mon dernier espoir.

JUPITER.

Écoutez mon amour.

IO.

Écoutez mon devoir.

JUPITER.

Vous avez un cœur libre et qui peut se défendre.

IO.

Non, vous ne laissez pas mon cœur en mon pouvoir.

JUPITER.

Quoi ! vous ne voulez pas m'entendre !

IO.

Je n'ai que trop de peine à ne le pas vouloir !
Laissez moi.

JUPITER.

Quoi ! sitôt !

IO.

Je devais moins attendre.
Que ne fuyais-je, hélas ! avant que de vous voir !

JUPITER.

L'amour pour moi vous sollicite,
Et je vois que vous me quittez.

IO.

Le devoir veut que je vous quitte,
Et je sens que vous m'arrêtez.

Boileau, qui a vanté dans Horace le baiser de Licymnie,

Qui mollement résiste, et, par un doux caprice,
Quelquefois le refuse afin qu'on le ravisse,

ne pouvait-il pas reconnaître ici précisément le même tableau mis en action ? et parce que Quinault était moderne, ce tableau était-il moins séduisant chez lui que dans un ancien?

Mais un dialogue vraiment admirable, un modèle en ce genre, c'est la scène d'Atys et de Sangaride, quoiqu'on en ait répété si souvent le premier vers en plaisanterie.

ATYS.

Sangaride, ce jour est un grand jour pour vous.

SANGARIDE.

Nous ordonnons tous deux la fête de Cybèle ;
L'honneur est égal entre nous.

ATYS.

Ce jour même un grand roi doit être votre époux.
Je ne vous vis jamais si contente et si belle.
    Que le sort du roi sera doux!

SANGARIDE.

L'indifférent Atys n'en sera point jaloux.

ATYS.

Vivez tous deux contents, c'est ma plus chère envie.
J'ai pressé votre hymen, j'ai servi vos amours;
Mais enfin ce grand jour, le plus beau de vos jours,
    Sera le dernier de ma vie.

SANGARIDE.

O dieux!

ATYS.

    Ce n'est qu'à vous que je veux révéler
Le secret désespoir où mon malheur me livre.
Je n'ai que trop su feindre : il est temps de parler.
    Qui n'a plus qu'un moment à vivre,
    N'a plus rien à dissimuler.

SANGARIDE.

Je frémis : ma crainte est extrême.
Atys, par quel malheur faut-il vous voir périr?

ATYS.

Vous me condamnerez vous-même,
Et vous me laisserez mourir.

SANGARIDE.

J'armerai, s'il le faut, tout le pouvoir suprême.

ATYS.

Non rien ne peut me secourir.
Je meurs d'amour pour vous : je n'en saurais guérir.

SANGARIDE.

Qui! vous!

ATYS.

Il est trop vrai.

SANGARIDE.

Vous m'aimez!

ATYS

Je vous aime.
Vous me condamnerez vous-même,
Et vous me laisserez mourir.
J'ai mérité qu'on me punisse.
J'offense un rival généreux,
Qui par mille bienfaits a prévenu mes vœux.
Mais je l'offense en vain; vous lui rendez justice.
Ah! que c'est un cruel supplice
D'avouer qu'un rival est digne d'être heureux!
Prononcez mon arrêt : parlez sans vous contraindre.

SANGARIDE.

Hélas!

ATYS.

Vous soupirez ! je vois couler vos pleurs !
D'un malheureux amour plaignez-vous les douleurs ?

SANGARIDE.

Atys, que vous seriez à plaindre
Si vous saviez tous vos malheurs !

ATYS.

Si je vous perds et si je meurs,
Que puis-je encore avoir à craindre ?

Il semble en effet qu'il n'y ait point de réponse à ce que dit Atys : il y en a une pourtant, et bien frappante :

C'est peu de perdre en moi ce qui vous a charmé :
Vous me perdez, Atys, et vous êtes aimé.

Je ne connais point de déclaration (celle de Phèdre exceptée) qui soit amenée avec plus d'art et d'intérêt. D'un aveu qui est le bonheur le plus grand de l'amour, faire le comble de ses maux, est une idée très-dramatique, et pour en venir là il fallait toute la gradation qui précède. Mais que dirons-nous du poëte qui, dans la réponse d'Atys, enchérit encore sur ce qu'on vient de voir ?

ATYS.

Aimé ! qu'entends-je, ô Ciel ! quel aveu favorable !

SANGARIDE.

Vous en serez plus misérable.

ATYS.

Mon malheur en est plus affreux :

Le bonheur que je perds doit redoubler ma rage.
Mais n'importe, aimez-moi, s'il se peut, d'avantage,
Quand j'en devrais mourir cent fois plus malheureux.

Certainement il y a là du sentiment, et même de la passion. Ce ne sont point des fadeurs d'opéra; et si l'on songe que l'auteur, travaillant dans un genre de drame où il ne pouvait rien approfondir, a trouvé le moyen de produire ces effets dans des scènes qui ne sont pour ainsi dire qu'indiquées, l'on conviendra que ces scènes prouvent beaucoup de ressources dans l'esprit, et que Quinault avait *un talent particulier*, non pas seulement, comme le dit Boileau, *pour faire des vers bons à être mis en chant*, mais pour faire des drames charmants, d'un genre qu'il a créé et que lui seul a bien connu.

On peut juger des études qu'il y faisait par le progrès qui marque ses différents ouvrages depuis *Cadmus* jusqu'à cette immortelle *Armide*, le chef-d'œuvre du théâtre lyrique.

Je compte à peu près pour rien les *Fêtes de l'Amour et de Bacchus*, pastorale qui fut son coup d'essai. C'est un mélange de fadeur et de bouffonnerie, qui n'annonçait pas ce que l'auteur devait un jour devenir. Voltaire veut qu'on y distingue une imitation de l'ode d'Horace, qu'on a cent fois traduite,

Donec gratus eram, etc.
(*Carm. III*, 9.)

Mais cette imitation est une des plus faibles qu'on ait faites d'un des plus charmants morceaux de l'antiquité, et la pièce n'est remarquable que parce qu'elle fut l'époque de l'union de Quinault et de Lulli, qui dura pendant toute la vie du poète.

Cadmus est la première pièce qu'on ait appelée *tragédie lyrique,* et je ne sais pourquoi. C'est une mauvaise comédie mythologique, dont le sujet est la mort d'un serpent, et qui est remplie, en grande partie, des frayeurs ridicules que ce serpent cause aux compagnons de Cadmus. C'était la suite de cette coutume bizarre dont j'ai parlé ailleurs, de mettre partout des personnages bouffons. Il y a encore dans *Alceste* et dans *Thésée,* qui suivirent *Cadmus,* des scènes d'un froid comique, des galanteries de soubrettes; mais c'est du moins pour la dernière fois, et elles ne paraissent plus dans les opéra de Quinault, qui finit par purger son théâtre de toute bigarrure, comme Molière en avait purgé le sien.

Alceste est fort supérieur à *Cadmus* : il y a un nœud attachant, du spectacle, une marche théâtrale, un dénoûment fort noble et digne du rôle d'Hercule, qui, étant amoureux d'Alceste, la délivre des enfers et la rend à son époux. Mais indépendamment de ce comique déplacé qui gâte tout, les scènes ne sont guère que de froides esquisses : il a des fêtes mal amenées, et le dialogue est peu de chose. Voltaire cite ces vers que dit Hercule à Pluton, qui sont en effet ce qu'il y a de mieux :

> Si c'est te faire outrage
> *D'entrer par force* dans ta cour,
> Pardonne à mon courage,
> Et fais grace à l'amour.

Ces deux derniers sont nobles; les deux premiers sont trop prosaïques et manquent d'harmonie. Le choix qu'en fait Voltaire, qui pourtant ne pouvait pas mieux choisir, prouve que la versification d'*Alceste* est bien faible, et que la muse de Quinault n'était pas encore très avancée. Un morceau beaucoup meilleur, mais dans un autre genre, c'est celui que chantent les suivants de Pluton. Cependant Voltaire ne va-t-il pas un peu trop loin quand il dit *qu'il ne connaît rien de plus sublime!* Ils sont en général d'une précision remarquable, quoiqu'il y ait des répétitions et des négligences.

>Tout mortel doit ici paraître :
>>On ne peut naître
>>Que pour mourir.
>
>De cent maux le trépas délivre :
>>Qui cherche à vivre,
>>Cherche à souffrir,
>
>Venez tous sur nos sombres bords.
>>Le repos qu'on désire
>>Ne tient son empire
>
>Que dans le séjours des morts.
>Chacun vient ici-bas prendre place ;
>>Sans cesse on y passe;
>>Jamais on n'en sort.
>
>C'est pour tous une loi nécessaire
>>*L'effort qu'on peut faire*
>>*N'est qu'un vain effort.*
>>>Est-on sage
>>De fuir ce passage ?
>>C'est un orage
>>Qui mène au port.

Le style de Quinault s'affermit dans *Thésée*; il est plus soigné et plus soutenu : l'intrigue est bien menée, et le caractère de Médée bien tracé. On voit dans cette pièce une situation empruntée de Racine : c'est celle où Médée fait craindre sa vengeance à sa rivale, à la maîtresse de Thésée, au point de la forcer à feindre qu'elle ne l'aime plus, comme Junie dans la scène avec Britannicus quand Néron les écoute. On s'attend bien que l'imitateur doit être inférieur au modèle; mais le fond de cette scène est toujours théâtral à l'opéra comme dans la tragédie.

Madame de Maintenon préférait *Atys* à tous les autres poëmes de l'auteur; c'est celui où l'amour est le plus intéressant, et le dénoûment le plus tragique. C'est un moment terrible, que celui où Cybèle, après avoir égaré la raison d'Atys, qui dans sa fureur a tué Sangaride, lui dit avec une joie cruelle ces deux beaux vers :

Achève ma vengeance, Atys, connais ton crime,
Et reprends ta raison pour sentir ton malheur.

Je ne sais cependant si cette barbarie de Cybèle ne va pas à un degré d'atrocité trop fort pour un opéra, et peut-être aussi pour une divinité qu'on appelait *la bonne Déesse*. Il serait mieux placé dans une divinité des enfers, ou dans un personnage réputé méchant, tel que Junon. Cybèle s'en repent et change Atys en pin; mais ces métamorphoses, fort à la mode du temps de Quinault, qui a mis sur le théâtre une partie de celles d'Ovide, ne nous plaisent plus aujourd'hui. Ce merveilleux de machines est tombé, parce qu'il n'est que pour les yeux, et qu'il leur fait toujours trop peu d'illusion. Le merveilleux qu'il faut préférer est celui qui parle à l'imagination : elle est en nous ce qu'il y a de plus facile à tromper. Aux dernières reprises, le dénoûment d'*Atys* a fait de la peine aux spectateurs, et l'on a pris le parti de le faire ressusciter par l'Amour, l'agent le plus universel du théâtre de l'opéra.

C'est dans *Atys* et *Isis* que le talent de Quinault parut avoir acquis toute sa maturité. Les morceaux que j'en ai cités suffiraient pour le prouver, et je pourrais en citer plusieurs autres. Mais le sujet d'*Isis* est moins intéressant : les deux derniers actes languissent par l'uniformité d'une situation trop prolongée, celle d'Io, que la jalousie de Junon livre au pouvoir d'une Euménide, et qui est transportée tour à tour dans les sables brûlants de la zône torride et dans les déserts glacés de la Scythie. Cette manière de tourmenter par le froid et le chaud est un peu bisarre, et semble n'avoir été imaginée que pour des effets de décoration : elle est conforme à la Fable; mais toute la mythologie n'est pas également théâtrale, et il faut faire un choix. Les détails descriptifs ne sont pas de nature à relever la faiblesse de ces deux actes; ils sont au contraire très négligés. Le quatrième acte s'ouvre par ces vers que chantent les habitants des climats glacés :

> L'hiver qui nous tourmente.
> S'obstine à nous geler.
> Nous ne saurions parler

> Qu'avec une voix tremblante.
> La neige et les glaçons
> Nous donnent de mortels frissons, etc.

Proserpine est un des opéra de Quinault les mieux coupés, et où l'on trouve le plus de cette variété sans disparate, qui est de l'essence de ce spectacle. C'est aussi celui où l'auteur s'est le plus élevé dans sa versification, témoin ce beau morceau qui sert d'ouverture, et que Voltaire a si justement admiré.

> Ces superbes géants, armés contre les dieux,
> Ne nous donnent plus d'épouvante.
> Ils sont ensevelis sous la masse pesante
> Des monts qu'ils entassaient pour attaquer les cieux ;
> J'ai vu tomber leur chef audacieux
> Sous une montagne brûlante.
> Jupiter l'a contraint de vomir à nos yeux
> Les restes enflammés de sa rage mourante.
> Jupiter est victorieux,
> Et tout cède à l'effort de sa main foudroyante.

On peut remarquer que le redoublement des rimes en épithètes, qui est le plus souvent une des causes de langueur du style, est ici une beauté, parce qu'elles sont toutes harmonieuses et pittoresques, et qu'elles donnent à tout ce tableau une seule et même couleur qui en détermine le caractère. La douleur de Cérès, après l'enlèvement de sa fille, est touchante, et l'épisode des amours d'Alphée et d'Aréthuse est agréable et bien adapté au sujet. C'est un progrès que l'auteur avait fait; car, dans ses premiers opéra, les amours épisodiques sont froids et de mauvais goût.

Le Triomphe de l'Amour et *le Temple de la Paix* sont des ballets pour la cour, des fêtes du moment, qu'il ne faut pas compter parmi les ouvrages faits pour rester. Le premier fut représenté à Saint-Germain-en-Laye, et la famille royale y dansa, ainsi que toute la cour, avec les acteurs de l'Opéra, sous le costume de différents personnages de la Fable. Le plan du ballet était disposé de manière qu'on adressait au princes, aux dames et aux seigneurs, des compliments en vers. C'était bien du monde à louer; et la louange, quand il y a concurrence, est délicate à distribuer. On ne peut pas assurer que tout le monde fut content; mais ce qui est sûr, c'est que le poète se tira fort bien de cette dépense d'esprit, qui ordinairement ne vaut pas ce qu'elle coûte. Dans *Persée* et dans *Phaéton*, où il a répandu plus que partout ailleurs les brillantes dépouilles d'Ovide et les merveilles de ses *Métamorphoses*, il a mis moins d'intérêt que dans la plupart des ses autres poèmes; mais on trouve dans *Persée* un morceau fameux, qui, avec celui que j'ai rapporté de Proserpine, est ce qu'il y a dans Quinault de plus fortement écrit; c'est ce monologue de Méduse :

J'ai perdu la beauté qui me rendit si vaine.
 Je n'ai plus ces cheveux si beaux,
 Dont autrefois le dieu des eaux
Sentit lier son cœur d'une si douce chaîne.
 Pallas, la barbare Pallas,
 Fut jalouse de mes appas,
Et me rendit affreuse autant que j'étais belle,
Mais l'excès étonnant de la difformité

Dont me punit sa cruauté,
Fera connaître, en dépit d'elle,
Quel fut l'excès de ma beauté.
Je ne puis trop montrer sa vengeance cruelle.
Ma tête est fière encor d'avoir pour ornement
Des serpents dont le siflement
Excite une frayeur mortelle.
Je porte l'épouvante et la mort en tous lieux :
Tout se change en rocher à mon aspect horrible.
Les traits que Jupiter lance du haut des cieux
N'ont rien de si terrible
Qu'un regard de mes yeux.
Les plus grands dieux du ciel, de la terre et de l'onde,
Du soin de se venger se reposent sur moi.
Si je perds la douceur d'être l'amour du monde,
J'ai le plaisir nouveau d'en devenir l'effroi.

Il y a pourtant des fautes dans ces vers; et il faut les remarquer avec d'autant plus de soin, qu'elles sont entourées de beautés. Je n'aime point, je l'avoue, que *les cheveux* de Méduse soient *une douce chaîne dont le cœur de Neptune a été lié.* C'est un abus de mots : on ne lie point un *cœur* avec des *cheveux*; et ce jeu d'esprit qui pourrait passer dans un madrigal, n'est point du ton sévère de ce magnifique morceau. *La difformité dont on punit la cruauté* est une faute de français. Heureusement e sens est clair; mais *être puni d'une difformité* signifie *être puni d'être difforme*, et non pas en devenant difforme. On dit bien *puni de mort;* mais on ne dirait pas *la mort* dont *vous m'avez puni,* pour signifier *la mort qui a été ma punition.* Tout le reste de ce monologue est comparable, pour l'énergie, la noblesse, le nombre, la marche poétique, aux endroits les mieux écrits des *Cantates* de Rousseau, et la critique grammaticale que j'en ai faite me donne occasion d'ajouter que rien n'est si rare dans les opéra de Quinault, qu'une faute de langage : il est classique pour la pureté.

Voltaire cite le prologue d'*Amadis* comme celui dont l'invention est la plus ingénieuse. On ne peut se dissimuler que la plupart de ces prologues où les mêmes éloges sont répétés jusqu'à satiété, où il est toujours question du *plus grand roi du monde*, ne soient aujourd'hui très-fastidieux, quoiqu'ils ne fussent dans leur temps que l'expression fidèle de ce que pensait toute la nation, enivrée de la gloire de son roi. Il faut pardonner à l'orgueil national, sentiment utile et louable en lui-même, de s'exalter par la continuité des succès et par l'éclat d'un règne qui éclipsait alors toutes les puissances. Le seul tort que l'on eût dans cette profusion de panégyriques, c'était d'y mêler l'insulte et le mépris pour ces puissances humiliées, sans songer qu'elles pouvaient ne l'être pas toujours. Mais l'expérience prouve que c'est trop demander aux hommes, que d'attendre d'eux qu'ils se souviennent, dans la prospérité, des retours de la fortune. Un ancien disait * que le poids de la prospérité fatiguait la sagesse même ; et nous avons vu dans ce siècle celle de toutes les nations rivales de la nôtre, qui a le plus reproché à Louis XIV l'ivresse de la fortune, abuser tout comme lui de la puissance, et en être puni comme lui. Ces leçons,

---

* *Secundæ res sapientum animos fatigant.* (Sallust. *Catil.* XI.)

si fréquentes dans l'histoire, ne cesseront pas de se répéter, et ne corrigeront personne.

Un autre défaut de ces prologues, c'est de ne tenir en rien au poème, de faire comme une pièce à part, qui n'a d'autre objet que de louer, et qui ne fait point partie du drame qu'elle précède, et auquel cependant on a l'air de l'attacher. Mais quand un usage est établi, on n'examine guère s'il est bien raisonnable; et les prologues de Quinault, qui avaient du moins l'excuse de l'à propos, eurent tant de vogue, qu'il devint de règle de ne point donner d'opéra sans un prologue à la louange du roi. Cet usage subsista près d'un siècle, et il n'y a pas long-temps qu'on s'en est lassé. *

Le prologue d'*Amadis* a l'avantage particulier d'être lié au sujet. Urgande et Alquif, que le poète suppose enchantés et assoupis depuis la mort d'Amadis, s'éveillent au bruit du tonnerre et à la lueur des éclairs, et l'idée du prologue est expliquée dans ces vers que dit Urgande :

Lorsque Amadis périt, une douleur profonde
    Nous fit retirer dans ces lieux.
Un charme assoupissant devait fermer nos yeux
 usqu'au temps fortuné que le destin du monde
Dépendrait d'un héros encor plus glorieux.

C'était du moins mêler adroitement l'éloge du roi à l'action du poème : celui d'*Amadis* est ingé-

* Marmontel loue beaucoup le ton ingénieux que Quinault savait donner à la louange dans les prologues, et il fait de ces morceaux aujourd'hui peu connus une revue intéressante. Voyez t. XXII, p. 481 et suiv. de ce recueil, l'article **PROLOGUE**

H. P.

nieux. Le magicien Arcalaüs et sa sœur la magicienne Arcabonne ont de l'amour, l'un pour Oriane, l'autre pour Amadis, qui s'aiment tous deux; car dans les opéra, comme dans les romans de féerie, les enchanteurs sont toujours éconduits, et les génies toujours dupes. Mais il arrive ici que cet Arcalaüs et cette Arcabonne balancent le pouvoir et combattent la méchanceté l'un de l'autre, parce que le magicien ne veut pas que sa sœur se venge sur Oriane, et la magicienne ne veut pas que son frère se venge sur Amadis. Cette concurrence fait le nœud de l'intrigue, amène des situations, et prolonge à la fois le péril et l'espérance des deux amants, jusqu'à ce que la fameuse Urgande vienne les délivrer. L'apparition de l'ombre d'Ardancanil,

Ah! tu me trahis, malheureuse, etc.

est d'un effet théâtral, et il y a de beaux détails dans le dialogue de la pièce. On a cité ces vers d'Arcabonne à son frère :

Vous m'avez enseigné la science terrible
Des noirs enchantemens qui font pâlir le jour.
    Enseignez-moi, s'il est possible,
Le secret d'éviter les charmes de l'amour.

On peut citer encore cette réponse si noble d'Oriane quand Arcalaüs se vante faussement d'avoir vaincu Amadis :

Vous, vainqueur d'Amadis! Non, il n'est pas possible
    Qu'il ait cessé d'être invincible.
Tout cède à sa valeur, et vous la connaissez,

Quinault, dans ses trois derniers ouvrages,

Amadis, *Roland* et *Armide*, passa des anciennes fables de la Grèce aux fables modernes des romans espagnols et des poèmes d'Italie. Il puisa dans l'Arioste et dans le Tasse, comme dans Ovide, et ne traita aucun sujet d'histoire. C'est une preuve qu'il regardait l'opéra comme le pays des fictions, et comme un spectacle trop peu sérieux pour la dignité de l'histoire et pour des héros véritables.

Nous verrons combien ce système était judicieux quand j'aurai à parler de la révolution que ce théâtre a éprouvée de nos jours.

Voltaire avait une admiration particulière pour le quatrième acte de *Roland* : il le regardait comme une des productions les plus heureuses du talent dramatique, et il est difficile de n'être pas de l'avis d'un si bon juge en cette matière. C'est sans doute une situation vraiment théâtrale que celle de Roland, qui vient, plein de l'espérance et de la joie de l'amour, au rendez-vous indiqué par Angélique, et qui trouve à chaque pas les preuves de sa trahison. La gaieté naïve des bergers qui célèbrent les amours d'Angélique et de Médor, et déchirent innocemment le cœur du héros malheureux, forme un nouveau contraste avec la fureur sombre qui le possède.

Quand le festin fut prêt, il fallut les chercher.
Ils étaient enchantés dans ces belles retraites.
    On eut peine à les arracher
    De ce lieu charmant où vous êtes.

ROLAND.

Où suis-je ? juste Ciel ! où suis-je ? malheureux !

Quand le célèbre Piccini vint embellir cet ouvrage de sa musique enchanteresse, notre parterre, apparemment plus délicat que la cour de Louis XIV, et plus connaisseur que Voltaire, trouva cet endroit de Roland fort ridicule. Ce jugement étrange vint probablement de ce qu'on prétendait, depuis quelque temps, que l'opéra fût la tragédie; et il est sûr que cette scène n'est pas d'une couleur tragique. Mais il eût fallu se souvenir que *Roland*, quoique intitulé, suivant l'usage, *tragédie lyrique,* parce que les deux principaux personnages sont une reine et un héros, n'est pourtant pas une tragédie : c'est une pastorale héroïque, dont le sujet n'est autre chose que la préférence qu'une reine donne à un berger aimable sur un guerrier renommé. Rien dans ce sujet n'est traité d'une manière tragique, et le quatrième acte est du ton de tout le reste de la pièce. Il n'y a donc aucun reproche à faire au poète, si ce n'est que, cet acte excepté, le fond de ce drame est un peu faible, et que l'intrigue est peu de chose. L'amour d'Angélique et de Médor n'éprouve aucun obstacle étranger, et on les voit dès le commencement à peu près d'accord. Il s'ensuit que c'est un mérite dans l'auteur d'avoir relevé son action par l'intéressant tableau du désespoir de Roland; et les rieurs du parterre attaquaient précisément ce qu'il y avait de plus louable; mais aussi ce n'était pas à Quinault qu'on en voulait.

Qui n'a pas entendu répéter cent fois, par ceux qui ont l'oreille sensible à la mélodie des vers lyriques, ce monologue de Roland?

Ah! j'attendrai long-temps : la nuit est loin encore.
Quoi! le soleil veut-il luire toujours !
Jaloux de mon bonheur, il prolonge son cours
Pour retarder la beauté que j'adore.
O nuit! favorisez mes désirs amoureux ;
Pressez l'astre du jour de descendre dans l'onde;
Déployez dans les airs vos voiles ténébreux.
Je ne troublerai plus, par mes cris douloureux,
Votre tranquillité profonde.
Le charmant objet de mes vœux
N'attend que vous pour rendre heureux
Le plus fidèle amant du monde.
O nuit! favorisez mes désirs amoureux.

Ce n'est même que dans *Roland* et dans *Armide* que Quinault s'élève jusqu'au sublime des grands sentimens; car on peut qualifier ainsi ce trait de Roland, lorsqu'il lit sur l'écorce des arbres le nom de Médor :

Médor en est vainqueur! Non; je n'ai point encor
Entendu parler de Médor.

Ce mouvement est d'un héros.

Enfin, le poète a tellement soigné ce quatrième acte, que le style en est soutenu jusque dans les paroles des divertissements, si souvent négligées dans Quinault, et qui sont ici pleines d'élégance et de douceur. Qu'on en juge par celles-ci :

Quand on vient dans ce bocage,
Peut-on s'empêcher d'aimer ?
Que l'amour, sous cet ombrage
Sait bientôt nous désarmer!
Sans effort il nous engage

> Dans les nœuds qu'il veut former.
> Que d'oiseaux sous ce feuillage !
> Que leur chant nous doit charmer !
> Nuit et jour par leur ramage
> Leur amour veut s'exprimer.
> Quand on vient dans ce bocage,
> Peut-on s'empêcher d'aimer ?

Horace et Anacréon n'auraient pas désavoué la naïveté amoureuse de ces deux chansons :

> Angélique est reine : elle est belle ;
> Mais ses grandeurs ni ses appas
> Ne me rendraient pas infidèle.
>   Je ne quitterais pas
>   Ma bergère pour elle.

> Quand des riches pays arrosés par la Seine
>   Le charmant Médor serait roi,
> Quand il pourrait quitter Angélique pour moi,
>   Et me faire une grande reine,
>   Non, je ne voudrais pas encor
>   Quitter mon berger pour Médor.

Quinault eut, comme Racine, ce bonheur assez rare, que le dernier de ses ouvrages fut aussi le plus beau. Sa muse, qui mit sur la scène les fabuleux enchantements d'Armide, était la véritable enchanteresse : c'est là que l'élégance du style est la plus continue, que les situations ont le plus d'intérêt, qu'il y a le plus d'invention allégorique, le plus de charme dans les détails. L'exposition est très belle : c'est Armide plongée dans une sombre tristesse, entre deux confidentes qui s'empressent à l'envi l'une de l'autre à lui vanter sa gloire, sa fortune, ses succès dans le camp de Godefroi.

> Ses plus vaillants guerriers, contre vous sans défense,
> Sont tombés en votre puissance.

Elle répond par ce vers qui suffit pour annoncer son caractère, ses ressentiments et le sujet de la pièce :

> Je ne triomphe pas du plus vaillant de tous.

La scène finit par un songe qui n'est pas, comme tant d'autres, un lieu commun; c'est un récit simple et touchant.

> Un songe affreux m'inspire une fureur nouvelle
> Contre ce funeste ennemi.
> J'ai cru le voir, j'en ai frémi;
> J'ai cru qu'il me frappait d'une atteinte mortelle,
> Je suis tombée aux pieds de ce cruel vainqueur.
> Rien ne fléchissait sa rigueur;
> Et, par un charme inconcevable,
> Je me sentais contrainte à le trouver aimable
> Dans le fatal moment qu'il me perçait le cœur.

La scène suivante, avec Hydraot, est terminée par un trait sublime.

> Le vainqueur de Renaud, si quelqu'un le peut être,
> Sera digne de moi.

Il suffit de rappeler cet admirable monologue :

> Enfin, il est en ma puissance, etc.

Peu de morceaux de notre poésie sont plus généralement connus, et il y a peu de tableaux au théâtre aussi frappants. C'est dans le rôle d'Armide qui se trouvent les seuls endroits où le poète ait osé confier à la musique des développements de passion qui se rapprochent de la tragédie. Tel est ce monologue, et tel est encore la scène où Renaud se sépare d'Armide, et où l'auteur a imité quelques endroits de la Didon de Virgile. A la vérité, il ne l'égale pas : et qui pourrait égaler ce que Virgile a de plus parfait? Mais il n'est pas indigne de marcher près de lui, et c'est beaucoup. La passion n'est-elle pas éloquente dans ces vers, quoique bien moins poétiques que ceux de Didon ?

Je mourrai si tu pars, et tu n'en peux douter.
  Ingrat, sans toi je ne puis vivre.
Mais après mon trépas ne crois pas éviter
  Mon ombre obstinée à te suivre.
Tu la verras s'armer contre ton cœur sans foi ;
  Tu la trouveras inflexible
  Comme tu l'as été pour moi,
  Et sa fureur, s'il est possible,
Égalera l'amour dont j'ai brûlé pour toi.

Armide soutient son caractère altier, lorsque, maîtresse du sort de Renaud, indignée de ne devoir qu'à ses enchantements tout l'amour qu'il lui montre, elle s'efforce de le haïr, et appelle la Haine à son secours. C'est la plus belle allégorie qu'il y ait à l'Opéra, et jamais ce genre de fiction, qui est si souvent froid, n'a été plus intéressant. Ce ballet de la Haine n'est pas une fête de remplissage, comme il y en a tant ; c'est une peinture morale et vivante. L'on reconnaît le cœur humain, et l'on plaint Armide lorsqu'elle s'écrie :

Arrête, arrête, affreuse Haine!
Laisse-moi sous les lois d'un si charmant vainqueur;
Laisse-moi, je renonce à ton secours horrible.
Non, non, n'achève pas; non, il n'est pas possible
De m'ôter mon amour sans m'arracher le cœur.

Et la réponse de la Haine!

. . . .
Tu me rappelleras peut-être dès ce jour;
   Mais ton attente sera vaine.
   Je vais te quitter sans retour.
Je ne puis te punir d'une plus rude peine,
Que de t'abandonner pour jamais à l'amour.

Le seul défaut de cette pièce, c'est que le quatrième acte forme une espèce d'épisode, qui tient trop de place et arrête trop long-temps l'action; c'est un trop grand sacrifice fait à la danse et au spectacle. L'auteur a suivi pas à pas la marche du Tasse, qui fait revenir Renaud à lui-même à la seule vue du bouclier de diamant qui lui montre l'indigne état où il est. Cette idée ingénieuse peut suffire dans un poème épique, rempli d'ailleurs d'une foule d'autres événements; mais dans une pièce où celui-ci est capital, je crois que les combats du cœur d'un jeune héros entre l'amour et la gloire seraient d'un plus grand effet que cette révolution subite et merveilleuse qui se passe en un moment.

LAHARPE, *Cours de Littérature.*

QUINTE-CURCE (QUINTUS CURTIUS RUFUS), auteur latin, a donné une Histoire très-estimée d'Alexandre le Grand. On ne sait point précisément dans quel temps il a vécu : les uns le font contemporain d'Auguste ou de Tibère, d'autres de Constantin ou de Théodose; quelques-uns même prétendent que son ouvrage porte un nom supposé, et n'est qu'une production du moyen âge. *Adhuc sub judice lis est.*

L'édition la plus récente de Quinte-Curce et l'une des plus estimées est celle qui fait partie de *la Collection des Classiques latins* de M. Le Maire, Paris, 1822, 2 vol. in-8°. La traduction française qu'en a donnée Vaugelas en 1647 passa long-temps pour un chef-d'œuvre. On dit que Vaugelas avait employé trente ans à composer cette version. Balzac écrivit à ce sujet que l'*Alexandre de Quinte-Curce était invincible et celui de Vaugelas inimitable.* Toutefois Beauzée a surpassé cette prétendue *inimitable* traduction par celle qu'il publia en 1784, et qui réunit l'élégance à la fidélité.

Parmi les écrits à consulter sur la vie et l'ouvrage de cet auteur, nous ne saurions trop citer l'*Examen critique des historiens d'Alexandre* par de Sainte-Croix, et l'article *Quinte-Curce* de la *Biographie universelle*, par M. Daunou.

JUGEMENTS.

I.

Il a écrit l'*Histoire d'Alexandre le Grand* en dix livres, dont les deux premiers ne sont pas venus jusqu'à nous : ils ont été suppléés par Freinshémius. Son style est fleuri, agréable, rempli de réflexions sensées et de harangues fort belles, mais pour l'ordinaire trop longues, et qui sentent quelquefois le déclamateur. Ses pensées ingénieuses, et souvent très-solides, ont néanmoins un éclat et un brillant affectés, qui ne paraissent pas marqués tout-à-fait au siècle d'Auguste. Il serait assez étonnant que Quintilien, dans le dénombrement qu'il fait des auteurs latins, n'eût fait aucune mention d'un historien aussi recommandable que Quinte-Curce, s'il avait vécu avant lui.

On lui reproche plusieurs défauts d'ignorance par rapport à l'astronomie, à la géographie, aux dates des évènements, et même aux effets de la nature les plus connus, comme d'avoir pensé que la lune s'éclipse indifféremment quand elle est nouvelle, et quand elle est pleine.

Rollin, *Hist. anc. Des historiens latins.*

II.

Parmi les historiens de la première classe on peut encore placer Quinte-Curce, quoique inférieur à ceux dont je viens de parler. On ne sait pas bien précisément dans quel temps il a écrit : il est très-vraisemblable que c'était sous Vespasien. Il a renfermé dans un volume assez court la vie d'Alexandre, divisée en dix livres. Freinshémius a suppléé les deux premiers et une partie du dernier. Le style de Quinte-Curce est très orné et très fleuri ; mais il convient à son sujet : il écrivait la vie d'un homme extraordinaire. Il excelle dans les descriptions des batailles : sa harangue des Scythes est un morceau fameux. Il a de la noblesse et du feu quand il raconte ; mais, lorsqu'il fait parler ses personnages, il laisse trop paraître l'auteur. On l'accuse aussi, et avec raison, de plusieurs erreurs de dates et de géographie ; et en tout, il est beaucoup moins exact qu'Arrien, qui a servi à le rectifier. Mais je ne sais si l'on est bien fondé à croire qu'il s'est permis, dans l'histoire de son héros, beaucoup d'embellissements romanesques. Alexandre, chez les autres historiens qui ont parlé de lui, ne paraît pas moins singulier, moins outré que dans Quinte-Curce ; et il y a des hommes dont l'histoire véritable ressemble fort à un roman, seulement parce que ces hommes-là ne ressemblent pas aux autres. Dans ce siècle même, Charles XII l'a suffisamment prouvé. Quinte-Curce ne dissimule et n'a aucun intérêt de dissimuler aucune des fautes ni des mauvaises qualités d'Alexandre. Il dit le bien et le mal, et n'a point le ton d'un enthousiaste, ni même d'un panégyriste. Quant à la vérité des faits, si l'on consulte une dissertation de Tite-Live sur le succès qu'aurait pu avoir Alexandre, s'il eût porté ses armes en Italie, on verra que les Romains s'étaient procuré de très bons mémoires sur ce prince lorsqu'ils conquirent la Macédoine.

J'ai déjà cité la harangue des Scythes à Alexandre, comme un des morceaux qu'on a le plus remarqués dans Quinte-Curce. On a su gré à l'auteur d'y avoir parfaitement saisi le ton sentencieux et figuré de l'éloquence propre à ces peuples, qui s'énoncent volontiers en maximes et en paraboles, comme on a toujours fait dans l'Orient et dans le Nord. . . . .

« Si les dieux avaient proportionné ta stature à
» ton ambition, le monde ne te contiendrait pas.
» Tu toucherais l'orient d'une main, le couchant
» de l'autre, et tu voudrais encore savoir où vont
» s'ensevelir les feux de l'astre divin qui nous
» éclaire. C'est ainsi que * tu désires toujours plus
» que tu ne peux embrasser. Tu passes d'Europe
» en Asie, tu repasses d'Asie en Europe; et, si tu
» avais soumis tout le genre humain, tu ferais la
» guerre aux forêts, aux montagnes, aux fleuves
» et aux bêtes sauvages. Quoi donc! ignores-tu
» que les grands arbres sont long-temps à croître,
» et sont déracinés en un moment? Insensé celui
» qui ne regarde que leurs fruits sans mesurer
» leur hauteur! prends garde, en voulant parve-
» nir au sommet, de tomber avec les branches
» que tu auras saisies. Quelquefois le lion a servi
» de pâture aux plus petits oiseaux, et la rouille
» détruit le fer. Il n'y a rien de si fort qui ne
» puisse craindre même ce qui est faible. Qu'y a-t-il
» entre toi et nous? Nous n'avons jamais approché
» de ton territoire. Dans les vastes forêts où nous
» vivons, ne nous est-il pas permis d'ignorer qui
» tu es, et d'où tu viens? Nous ne pouvons pas
» servir, et nous ne voulons pas commander. Veux-
» tu connaître la nation des Scythes? Un attelage
» de bœufs, une charrue, une flèche, une coupe,

---

* Contresens. *Sic quoque* signifie *même ainsi*. . . Tel que tu es, tu désires encore plus que tu ne peux embrasser.

J. V. Le Clerc.

» voilà ce qui nous a été donné, ce qui est à notre
» usage pour nos amis et contre nos ennemis. A
» nos amis, nous donnons les fruits de la terre,
» produits par le travail de nos boeufs; et ces amis
» partagent le vin dont nous faisons avec eux des
» libations. Pour nos ennemis, nous les combattons
» de loin avec la flèche, et de près avec la pique.
» C'est avec ces armes que nous avons battu le roi
» de Syrie, celui des Perses et des Mèdes, et que
» le chemin nous a été ouvert jusqu'en Egypte. Mais
» toi, qui te vantes de faire la guerre aux brigands,
» es-tu autre chose que le voleur de tant de pays
» usurpés? Tu as pris la Lydie, la Syrie, tu t'es
» emparé de la Perse et de la Bactriane; tu as
» attaqué l'Inde; et voilà enfin que tu étends tes
» mains avares et insatiables jusqu'à nos trou-
» peaux. Et qu'as-tu besoin de tant de richesses,
» pour n'y trouver que la disette? tu es le premier
» pour qui la satiété ait produit la faim, puisqu'à
» mesure que tu as plus, tu désires davantage.
» Mais ne vois-tu pas depuis combien de temps la
» Bactriane seule te tient arrêté? Pendant que tu la
» soumets, la Sogdiane s'arme contre toi, et pour
» toi la guerre naît de la victoire; car, quoique tu
» sois plus grand et plus vaillant que tout autre,
» personne cependant ne veut souffrir un maître
» étranger. Passe seulement le Tanaïs, tu verras
» jusqu'où s'étendent les Scythes, et tu ne les at-
» teindras pas. Notre pauvreté sera plus agile que
» l'opulence de ton armée, qui traîne la dépouille
» de tant de nations : et, lorsqu'ensuite tu nous
» croiras bien loin, tu nous verras aux portes de

» ton camp; car nous fuyons et poursuivons l'en-
» nemi avec la même vîtesse. On dit que dans vos
» adages grecs, on se moque des solitudes des
» Scythes; mais nous aimons mieux des déserts in-
» cultes que des villes et de riches campagnes. Pour
» toi, serre à deux mains ta fortune : elle glisse, et
» on ne la retient pas en dépit d'elle. C'est l'avenir
» plus que le présent qui donne un bon conseil.
» Mets un mors à ton bonheur, tu le maîtriseras
» plus aisément. On dit chez nous que la fortune
» est sans pieds : elle n'a que des mains et des
» ailes, et, quand elle nous présente les unes, elle
» ne laisse pas prendre les autres. Enfin, si tu es
» un dieu, tu dois faire du bien aux hommes, et
» non pas leur ravir le leur : si tu n'es qu'un
» homme, songe toujours que tu es un homme.
» Il y a de la folie à ne se souvenir que de ce qui
» nous porte à nous oublier. Tu n'auras pour vrais
» amis que ceux à qui tu n'auras point fait la
» guerre; car entre égaux l'amitié est ferme, et
» ceux-là sont censés égaux qui n'ont point mesuré
» leurs forces. Quant aux vaincus, garde-toi de les
» prendre pour des amis : point d'amitié entre le
» maître et l'esclave : la paix même est entre eux
» un état de guerre. Au reste, ne crois pas que
» les Scythes jurent l'amitié : notre serment, c'est le
» respect pour notre parole. Nous laissons aux
» Grecs ces précautions de signer des pactes et
» d'attester les dieux : pour nous, nous mettons
» notre religion dans notre fidélité. Ceux qui ne
» respectent par les hommes trompent les dieux;
» et l'on n'a pas besoin de l'ami dont la volonté est

» suspecte. Il ne tient qu'à toi de nous avoir pour
» gardiens de tes limites d'Europe et d'Asie. Nous
» ne sommes séparés des Bactriens que par le
» Tanaïs : au-delà, du côté opposé, nous touchons
» à la Thrace, qui confine, dit-on, à la Macé-
» doine. Placés aux deux extrémités de ton empire,
» nous veux-tu pour amis ou pour ennemis?
» Choisis. »

LAHARPE, Cours de Littérature.

QUINTILIEN. Il paraît que Quintilien est né la seconde année de l'empereur Claude, qui est la quarante-deuxième de Jésus-Christ. M. Dodwel le conjecture ainsi dans ses *Annales* sur Quintilien; et il sera mon guide par rapport à la chronologie, sur ce qui regarde la naissance, la vie, et les occupations de notre rhéteur, qu'il a rangées dans un ordre fort clair, et fort vraisemblable.

On dispute sur le lieu de sa patrie. Plusieurs disent qu'il était de Calagurris, ville d'Espagne sur l'Ebre, nommée présentement *Calahora*. D'autres croient avec assez de fondement qu'il était né à Rome.

On ne sait point certainement s'il était fils, ou petit-fils de l'orateur Fabius dont Sénèque le père a dit quelque chose, et qu'il a mis au nombre de ces orateurs dont la réputation meurt avec eux.

Quintilien fréquenta sans doute à Rome les écoles des rhéteurs, où la jeunesse se formait pour l'éloquence. Il employa un autre moyen encore plus efficace pour arriver à ce but, qui était de se rendre le disciple des grands orateurs qui avaient le plus de réputation. Domitius Afer tenait alors parmi eux le premier rang. Quintilien ne se contentait pas d'entendre ses plaidoyers au barreau; il lui rendait aussi de fréquentes visites; et ce vénérable vieillard, qui faisait l'admiration de son siècle, ne dédaignait pas d'entrer en conversation avec un jeune homme en qui il voyait de grands talents et de grandes espérances. C'est le service important que peuvent rendre à de jeunes avocats ceux qui ont vieilli avec gloire dans cette illustre profession, sur-tout lorsqu'ils ont quitté la plaidoirie, et qu'ils se sont retirés. Leur maison alors devient comme l'école publique de la jeunesse qui aspire à la gloire de l'éloquence, et qui s'adresse à eux comme à des oracles pour apprendre de leur bouche par quelle route on y peut arriver.* Quintilien sut bien profiter de la bonne volonté d'Afer, et il paraît, par les questions qu'il lui proposait, que son but était de se former dans ces entretiens le goût et le jugement. Il lui avait demandé un jour lequel d'entre les poètes il croyait approcher le plus près d'Homère. *Virgile*, dit Afer, *est le second, mais beaucoup plus près du premier que du troisième.*** Il eut la douleur de voir ce grand homme, qui avait fait si long-temps l'honneur du barreau, survivre à sa propre réputation, pour n'avoir pas

---

* Frequentabunt ejus domum optimi juvenes more veterum, et veram dicendi viam velut ex oraculo petent. Hos ille formabit, quasi eloquentiæ parens. *Quintil.* XII, 11.

** Utar verbis iisdem, quæ ex Afro Domitio juvenis accepi : qui mihi interroganti, quem Homero crederet maximè accedere, *Secundus*, inquit, *est Virgilius, propior tamen primo quam tertio* Quintil. X, 1.

su profiter du sage conseil * d'Horace, et avoir mieux aimé succomber que se retirer ; c'est le reproche qu'on lui fit : *malle eum deficere, quàm desinere*. Domitius Afer mourut la 59e. année de l'ère de Jésus-Christ ; et Juvénal vint au monde cette même année.

Deux ans après, Néron envoya Galba dans l'Espagne Tarraconnaise en qualité de Gouverneur. On croit que Quintilien l'y suivit ; et qu'après y avoir enseigné la rhétorique, et exercé la profession d'avocat pendant plus de sept ans, il revint à Rome avec lui.

Ce fut sur la fin de cette année-là même que Galba fut déclaré empereur, et que Quintilien ouvrit à Rome une école de rhétorique. Il fut le premier qui l'y enseigna par autorité publique, et aux gages de l'état ; de quoi il eut l'obligation à Vespasien. Car, selon Suétone, ce prince fut le premier qui assigna sur le trésor public aux rhéteurs tant grecs que latins des pensions qui montaient par an à douze mille cinq cents livres **. Avant cet établissement il y avait des maîtres de rhétorique qui l'enseignaient sans être autorisés du public. Outre ce que ces rhéteurs recevaient du public, les pères dont ils instruisaient les enfants leur donnaient une somme, que Juvénal trouve fort modique par comparaison à celles qu'ils employaient pour des dépenses frivoles. Car, selon lui, rien ne

---

* Solve senescentem maturè, sanus, equum ; ne
Peccet ad extremum ridendus, et ilia ducat,
Horat. Epist. I, 1
** Primus è fisco latinis græcisque rhetoribus annua centena constituit.

coûtait moins à un père que son fils*, et il plaignait tout pour son éducation : *Res nulla minoris constabit patri quàm filius.* Cette somme montait à deux cent cinquante livres : *duo sestertia.* Quintilien remplit la chaire de rhétorique pendant vingt ans, avec un applaudissement général.

Il exerça en même temps et avec un pareil succès la fonction d'avocat, et se fit aussi un grand nom dans le barreau. Quand on distribuait les différentes parties d'une cause à différents avocats, comme c'était autrefois la coutume, on le chargeait pour l'ordinaire du soin d'exposer le fait, ce qui demande un esprit d'ordre et une grande netteté. Il excellait aussi dans l'art d'émouvoir les passions ; et il avoue, avec cet air de franchise modeste qui lui était naturel, qu'on le voyait souvent, lorsqu'il plaidait, non-seulement répandre des larmes, mais changer de visage, pâlir, et donner toutes les marques d'une vive et sincère douleur**. Il ne dissimule pas que c'est à ce talent qu'il devait la réputation qu'il s'était faite au barreau. En effet c'est par cet endroit principalement que l'orateur se distingue, et qu'il enlève les suffrages.

Nous verrons bientôt combien il était propre pour instruire la jeunesse, et comment il venait à

---

* Hos inter sumptus sestertia Quintiliano
Ut multùm duo sufficient. Res nulla minoris
Constabit patri quàm filius.
Juvenal. Satyr. VII, 186.

** Hæc dissimulanda mihi non fuerunt, quibus ipse, quantuscumque sum aut fui, (nam pervenisse me ad aliquod nomen ingenii credo) frequenter motus sum, ut me non lacrymæ solùm deprehenderint, sed pallor, et vero similis dolor. *Quintil.* VI, 3.

bout de s'en faire aimer et respecter. Entre plusieurs illustres disciples qui fréquentèrent son école, Pline le jeune est celui qui lui a fait le plus d'honneur par la beauté de son génie, par l'élégance et la solidité de son style, par la douceur admirable de son caractère, par sa libéralité envers les gens de lettres, et sur-tout par sa vive reconnaissance pour son maître, dont il lui donnera une illustre preuve dans la suite.

Après avoir employé de suite et sans interruption vingt années, tant pour instruire la jeunesse dans l'école, que pour défendre les particuliers dans le barreau, il obtint de l'empereur Domitien la permission de quitter ces deux emplois également utiles et pénibles. Instruit par le triste exemple de Domitius Afer son maître, il crut qu'il fallait songer à la retraite avant qu'elle lui devînt absolument nécessaire, et qu'il ne pouvait mettre une fin plus honnête à ses travaux qu'en y renonçant dans un temps où on le regretterait : *Honestissimum finem putabamus, desinere dum desideraremur;* au lieu que Domitius avait mieux aimé succomber sous le fardeau, que le déposer. C'est à cette occasion qu'il donne aux avocats un sage conseil. *L'Orateur, dit-il, s'il m'en croit, battra en retraite avant que de tomber dans les pièges de la caducité, et gagnera le port pendant que son vaisseau est encore bon et entier*[*].

Quintilien n'avait pourtant alors que quarante-six ans, qui est un âge encore vert et robuste.

---

[*] Antequam in has ætatis veniat insidias, receptui canet, et in portum integra nave perveniet. *Quintil.* XII, 11.

Peut-être que ses longs travaux avaient commencé d'affaiblir sa santé. Quoiqu'il en soit, son loisir ne fut point un loisir de langueur et de paresse, mais d'activité et d'ardeur, de sorte qu'il devint, en un certain sens, encore plus utile au public, qu'il ne l'avait été par tous ses travaux passés. Car enfin ceux-ci furent renfermés dans les bornes étroites d'un certain nombre de personnes et d'années, au lieu que les ouvrages qui furent le fruit de son repos, ont instruit tous les siècles : de sorte qu'on peut dire que l'école de Quintilien est demeurée ouverte depuis sa mort à tous les peuples, et qu'elle retentit encore tous les jours des admirables préceptes qu'il nous a laissés sur l'éloquence. Il commença par composer un traité *sur les Causes de la corruption de l'éloquence*, dont on ne saurait trop regretter la perte. Ce n'est point certainement celui que nous avons sous le titre de *Dialogue sur les Orateurs*.

Dans le temps qu'il commençait cet ouvrage, il perdit le plus jeune de ses deux fils qui n'avait que cinq ans : et peu de mois auparavant une mort prématurée lui avait enlevé sa femme, qui n'était âgée que de dix-neuf ans, et même un peu moins.

Quelque temps après, pressé par les prières de ses amis, il commença son grand ouvrage des *Institutions oratoires*, composé de douze livres : j'en rendrai compte dans la suite.

Il en avait achevé les trois premiers, lorsque l'empereur Domitien lui confia le soin de deux jeunes princes ses petits-neveux, qu'il destinait pour lui succéder à l'empire. Ils étaient petits-fils de Domi-

tille sa sœur, dont la fille, nommée aussi Domitille, avait épousé Flavius Clemens, cousin germain de l'empereur : elle en avait eu les deux princes dont il s'agit. Ce fut une nouvelle raison pour lui de redoubler ses soins pour perfectionner son travail. Il est bon de l'entendre lui-même : l'endroit est remarquable * « Jusqu'ici, dit-il, en s'adressant à
» Victorius à qui il avait dédié son ouvrage, j'écri-
» vais seulement pour vous et pour moi; et renfer-
» mant ces instructions dans notre domestique,
» quand elles n'auraient pas été goûtées du public,
» je m'estimais trop heureux qu'elles pussent être
» utiles à votre fils et au mien. Mais depuis que
» l'empereur m'a chargé de l'éducation de ses petits-
» neveux, serait-ce faire le cas que je dois de l'ap-
» probation d'un dieu, et connaître le prix de
» l'honneur que je viens de recevoir, que de ne pas

* Adhuc velut studia inter nos conferebamus; et, si parum nostra institutio probaretur à ceteris, contenti fore domestico usu videbamur, ut tui meique filii disciplinam formare, satis putaremus. Cùm verò mihi Domitianus Augustus sororis suæ nepotum delegaverit curam, non satis honorem judiciorum cœlestium intelligam, nisi ex hoc quoque oneris magnitudinem metiar. Quis enim mihi aut mores excolendi sit modus, ut eos non immeritò probaverit sanctissimus Censor? aut studia, ne fefellisse in his videar Principem, ut in omnibus, ita in eloquentiâ quoque eminentissimum? Quòd si nemo miratur Poëtas maximos sæpè fecisse, ut non solùm initiis operum suorum Musas invocarent, sed provecti quoque longiùs, cùm ad aliquem graviorem locum venissent, repeterent vota, et velut nova precatione uterentur : mihi quoque profectò poterit ignosci, si quod initio, cùm primùm hanc materiam inchoavi, non fecerim, nunc omnes in auxilium deos ipsumque imprimis, quo neque præsentius aliud, neque studiis magis propitium numen est, invocem; ut, quantum nobis expectationis adjecit, tantum ingenii aspiret, dexterque ac volens adsit, et me, qualem esse credidit, faciat.

» régler sur cette idée la grandeur de mon entre-
» prise? En effet, de quelque manière que je la
» regarde, soit du côté des mœurs, soit du côté
» des connaissances et de l'art, que ne dois-je
» point faire pour mériter l'estime d'un si religieux
» censeur, et d'un prince en qui l'éloquence su-
» prême est jointe à la suprême puissance? Que si
» l'on n'est point surpris de voir les plus excellents
» poètes non-seulement invoquer les muses au
» commencement de leur ouvrage, mais implorer
» de nouveau leur assistance lorsque dans la suite
» il se présente quelque important objet à traiter;
» à combien plus forte raison doit-on me pardon-
» ner, si, ce que je n'ai pas fait d'abord, je le fais
» maintenant, et si j'appelle à mon secours tous
» les dieux, particulièrement celui sous les auspices
» duquel j'écris désormais, et qui, plus que tous
» les autres, préside aux études et aux sciences?
» Qu'il daigne donc m'être favorable, et propor-
» tionnant ses bontés à la haute idée qu'il a donnée
» de moi par un choix si glorieux et si difficile à
» soutenir, qu'il m'inspire tout l'esprit dont j'ai
» besoin, et me rende tel qu'il m'a cru. *Et me,*
» *qualem esse credidit, faciat.* »

Il faut avouer qu'il y a dans ce compliment,
beaucoup d'esprit, de noblesse, de grandeur, sur-
tout dans la pensée qui le termine : *et qu'il me
rende tel qu'il m'a cru.* Mais est-il possible de
pousser plus loin la flatterie et l'impiété, que de
traiter de dieu un prince qui était un monstre de
vices et de cruautés? Je ne sais même si dans cette
dernière pensée il y a autant de justesse que de

brillant : *et qu'il me rende tel qu'il m'a cru.* Il ne l'était donc pas. Et comment ce prétendu dieu a-t-il pu croire qu'il le fût? Encore si, au lieu de relever en lui la régularité et la pureté des mœurs, il s'était contenté de faire valoir son éloquence, et les autres talents de l'esprit dont il se piquait, la flatterie serait moins odieuse. C'est ainsi qu'il le loue dans un autre endroit, où il le met au-dessus de tous les poètes. Il y a beaucoup d'apparence que ce fut pour lors que les ornements consulaires furent accordés à Quintilien.

Le soin de l'éducation des jeunes princes dont Quintilien se trouvait chargé, ne l'empêchait pas de travailler à son livre des *Institutions oratoires.* La considération du fils unique qui lui restait, dont l'heureux naturel méritait toute sa tendresse et toute son attention, était pour lui un puissant motif de hâter cet ouvrage, qu'il regardait comme la plus précieuse partie de l'héritage qu'il devait lui laisser; afin, dit-il lui-même, que si un accident imprévu enlevait à ce cher fils son père, il pût, même après sa mort, lui servir encore de maître et de conducteur.

Continuellement donc occupé de la vue et de la crainte de sa mortalité, il travaillait jour et nuit à son ouvrage; et il en avait déjà achevé le cinquième livre, lorsqu'une mort avancée lui ravit ce cher fils, qui faisait toute sa joie et toute sa consolation. Ce fut pour lui, après la perte qu'il avait déjà faite du plus jeune de ses fils, un nouveau coup de foudre qui l'abattit et le renversa sans lui laisser de ressource. Sa douleur, ou plutôt son désespoir, éclata en plaintes et en reproches contre les dieux mêmes, qu'il accusa hautement d'injustice et de cruauté, déclarant qu'on voyait bien, après un traitement si cruel et si injuste que ni lui ni ses enfants n'avaient pas mérité, qu'il n'y a point de providence qui veille sur les choses d'ici-bas.

De tels discours nous marquent clairement ce qu'était la probité payenne même la plus parfaite : car je ne sais si dans l'antiquité on peut trouver un homme d'un caractère plus doux, plus sage, plus raisonnable, plus vertueux que l'était Quintilien, selon les règles du paganisme. Ses livres sont pleins d'excellentes maximes sur l'éducation des enfants, sur le soin que les pères et les mères doivent prendre pour les préserver des dangers du monde, sur l'attention que les maîtres doivent apporter pour conserver en eux le précieux dépôt de l'innocence, sur le généreux désintéressement que doivent faire paraître les personnes qui sont en place, enfin sur le zèle et l'amour du bien public.

Sa douleur aurait été très juste, si elle avait été modérée ; car jamais enfant ne dut être plus regretté que celui-ci. Outre les grâces naturelles et les talents extérieurs, un son de voix charmant, une physionomie aimable, une facilité surprenante à bien prononcer les deux langues comme s'il eût été également né pour l'une et pour l'autre ; il avait les plus heureuses dispositions qu'on puisse souhaiter pour les sciences, jointes à un goût et à une inclination pour l'étude qui étonnait ses maîtres. Mais les qualités du cœur l'emportaient sur celles de l'esprit. Quintilien, qui avait connu beaucoup de jeunes gens, atteste avec serment qu'il n'avait jamais vu tant de probité, de naturel, de bonté d'âme, de douceur, et d'honnêteté, que dans ce cher fils. Il fit paraître pendant une maladie de huit mois une égalité et une fermeté d'âme, que les médecins ne se lassaient point d'admirer, se roidissant avec force contre les craintes et les douleurs, et sur le point d'expirer, consolant lui-même son père, et tâchant d'arrêter ses larmes. Quel malheur que tant de belles qualités aient été perdues ! mais quelle honte et quels reproches, si des enfants chrétiens étaient moins vertueux !

Après avoir fait trêve avec l'étude pendant quelque temps, Quintilien, revenu un peu à lui-même, reprit son ouvrage ; dont il dit que le public lui devait savoir d'autant plus de gré, que désormais il ne travaillait plus pour lui-même, ses écrits, de même que ses biens, devant passer à des étrangers. Il acheva enfin son plan en douze livres. Il n'y avait guères mis que deux ans ; encore avait-il employé une grande partie de ce temps-là, non à le composer actuellement, mais à le préparer, en amassant, par la lecture d'une infinité d'auteurs qui avaient traité le même sujet, tous les matériaux qui devaient y entrer. Et nous avons vu combien ces deux années avaient été remplies pour lui de troubles et de tristes occupations. Il est étonnant, et presque incroyable, comment un ouvrage si parfait a pu être composé en si peu de temps. Son dessein était de suivre le conseil d'Horace, qui, dans son *Art poétique*, recommande à ceux qui écrivent de ne pas se presser de rendre publics leurs écrits. Il gardait donc les siens, afin de les revoir à loisir et à tête reposée ; de laisser passer ce premier mouvement d'amour propre et de complaisance que l'on a toujours pour ses productions ; et de les examiner, non plus en auteur préoccupé, mais avec le sang-froid d'un lecteur *. Il ne put pas résister long-temps à l'empressement et à l'avidité du public, impatient d'avoir ses écrits ; et il se vit comme forcé de les lui abandonner, se contentant de leur souhaiter un bon succès, et de recommander à son libraire d'avoir grand soin qu'ils fussent bien exacts et bien corrects. Il dut se passer un an au moins, avant qu'ils fussent en état de paraître. Nous avons obligation à M. l'abbé Gédoyn d'avoir mis le public, par la traduction qu'il a faite de Quintilien, en état de juger du mérite de cet auteur.

M. Dodwel croit que ce fut vers ce temps-ci (an de J.-C. 94) que Quintilien, délivré des soins de son grand ouvrage qu'il venait d'achever, songea à un second mariage, et prit pour femme la petite-fille de Tutilius : c'est ainsi que l'appelle Pline le jeune. Il en eut sur la fin de cette année une fille.

Domitien, malgré sa divinité prétendue, fut tué dans son palais par Étienne, qui s'était mis à la tête des conjurés. Cet empereur avait fait mourir Flavius Clémens, son cousin, alors consul ;

---

* Usus deinde Horatii consilio, qui in Arte poëticâ suadet, ne præcipitetur editio, *nonum que prematur in annum;* dabam iis otium, ut refrigerato inventionis amore, diligentiùs repetitos tanquam lector perpenderem.

QUINTILIEN.

et avait banni Flavie Domitille sa nièce, femme de ce Clemens. Il avait aussi banni sainte Flavie Domitille, fille d'une sœur du même consul. Toutes ces personnes souffrirent pour le nom de Jésus-Christ. La mort de Clemens fut ce qui avança le plus celle de Domitien, soit par l'horreur et la crainte qu'elle donna à tout le monde, soit parce qu'elle anima contre lui Étienne, affranchi, et intendant des biens de Domitille, femme de Clemens, dont on l'obligeait de rendre compte, et on l'accusait de n'en avoir pas bien usé. Nerva succéda à Domitien, et ne régna que seize mois et quelques jours. Il eut pour successeur Trajan, qu'il avait adopté, et qui régna vingt ans.

On ignore tout ce qui regarde Quintilien depuis la mort de Domitien, excepté le mariage de sa fille, supposé qu'il en ait eu une. Dès qu'elle fut en âge nubile, il lui donna pour époux Nonius Céler. Pline se signala dans cette occasion par une générosité et une reconnaissance qui lui font, ce me semble, encore plus d'honneur que ses écrits, quelques excellents qu'ils soient. Il avait étudié l'éloquence sous Quintilien. Les ouvrages qu'il nous a laissés sont une bonne preuve qu'il fut un digne disciple d'un si grand maître; mais le fait qui suit ne marque pas moins son bon cœur, et le souvenir toujours présent qu'il conservait des services qu'il en avait reçus. Dès qu'il sut que Quintilien songeait à marier sa fille, il crut devoir lui témoigner sa reconnaissance par un petit présent. La difficulté était de le lui faire accepter. Il lui écrivit sur ce sujet une lettre dont on ne peut trop admirer l'art et la délicatesse. La traduction que j'en insère ici est du célèbre M. de Sacy.

Lettre de Pline à Quintilien*.

« Quoique vous soyez très modeste, et que
» vous ayez élevé votre fille dans les vertus conve-
» nables à la fille de Quintilien, et à la petite-fille
» de Tutilius : cependant, aujourd'hui qu'elle
» épouse Nonius Céler, homme de distinction, et
» à qui ses emplois et ses charges imposent une
» certaine nécessité de vivre dans l'éclat, il faut
» qu'elle règle son train et ses habits sur le rang
» de son mari. Ces dehors n'augmentent pas notre
» dignité, mais ils lui donnent plus de relief. Je
» sais que vous êtes très riche des biens de l'âme, et
» beaucoup moins de ceux de la fortune que vous
» ne devriez l'être. Je prends donc sur moi une
» partie de vos obligations; et, comme un second
» père, je donne à notre chère fille cinquante
» mille sesterces. (6250 livres.) Je ne me borne-
» rais pas là, si je n'étais persuadé que la médio-
» crité du petit présent pourra seule obtenir de
» vous, que vous le receviez. Adieu. »

* Quamvis et ipse sis continentissimus, et filiam tuam ita institueris, ut decebat filiam tuam, Tutilii neptem; cùm tamen sit nuptura honestissimo viro Nonio Celeri, cui ratio civilium officiorum necessitatem quamdam nitoris imponit; debet, secundùm conditiones mariti, veste, comitatu augeri : quibus non quidem augetur dignitas, ornatur tamen et instruitur. Te porrò animo beatissimum, modicum facultatibus scio. Itaque partem oneris tui mihi vindico, et, tanquam parens alter puellæ nostræ, confero quinquaginta millia nummûm · plus collaturus, nisi à verecundiâ tuâ solâ mediocritate munusculi impetrari posse confiderem, ne recusares. Vale. *Epist.* VI, 32.

Cette lettre de Pline nous apprend une circonstance bien glorieuse pour Quintilien : c'est qu'après vingt années d'exercice public employées avec une réputation et un succès étonnant, tant à enseigner la jeunesse, qu'à plaider dans le barreau; après un long séjour à la Cour auprès des jeunes princes, dont l'éducation devait lui donner, et lui avait donné sans doute un grand crédit auprès de l'empereur; il n'avait point amassé de grands biens, et était toujours demeuré dans une louable médiocrité. Bel exemple, mais qui est rarement imité !

Juvénal pourtant fait entendre que Quintilien était fort riche, et qu'il avait un nombre considérable de forêts, d'où il tirait sans doute un très gros revenu.

> Unde igitur tot
> Quintilianus habet saltus?

Il faut nécessairement que ces richesses aient été postérieures au temps où Pline fit à Quintilien le présent dont il a été parlé. On croit qu'elles pouvaient être l'effet de la libéralité d'Adrien lorsqu'il fut parvenu à l'empire; car il se déclara le protecteur des savants. Quintilien avait alors 76 ans. On ne sait point s'il a vécu long-temps après, et l'histoire ne nous apprend rien de sa mort.

Rollin, *Histoire ancienne*.

JUGEMENTS.

I.

On peut dire que la rhétorique de Quintilien, qu'il intitula *Institutions oratoires*, est la plus complète que l'antiquité nous ait laissée. Son dessein est de former un orateur parfait. Il le prend au berceau et dès sa naissance, et le conduit jusqu'au tombeau. Cette rhétorique est renfermée en douze livres. Dans le premier il traite de la manière dont il faut élever les enfans dès l'âge le plus tendre, puis de ce qui regarde la grammaire. Le second expose ce qui doit se pratiquer dans l'école de rhétorique, et plusieurs questions qui regardent la rhétorique même, si elle est une science, si elle est utile, etc. On trouve dans les cinq livres suivants les préceptes de l'invention et de la disposition. Les livres VIII, IX et X renferment tout ce qui regarde l'élocution. Le onzième, après un beau chapitre où il s'agit de la manière de parler convenablement, *De apte dicendo*, traite de la mémoire et de la prononciation. Dans le douzième, qui est peut-être le plus beau de tous, Quintilien marque quelles sont les qualités et les obligations personnelles de l'avocat, comme tel et par rapport à la plaidoirie; quand il doit quitter cette profession, et à quoi il doit s'occuper pendant sa retraite.

Un des caractères particuliers de la rhétorique de Quintilien, est d'être écrite avec tout l'art, toute l'élégance, toute l'énergie du style qu'il est possible d'imaginer. Il savait que les préceptes, quand on les traite d'une manière si nue ne si subtile, ne sont propres qu'à dessécher l'esprit et qu'à décharner, pour ainsi dire, le discours, en lui ôtant toute grâce et toute beauté, en lui laissant seulement des os et des nerfs, qui n'en font qu'un corps maigre et sec, ou plutôt un squelette. Il s'appliqua donc à faire entrer dans ses *Institutions* tout l'agrément dont cet ouvrage était susceptible, non pas, dit-il lui-même, pour faire parade d'esprit, car il pouvait choisir un sujet qui y fût plus propre, mais afin que les jeunes gens invités par l'attrait du plaisir, s'appliquassent plus volontiers à la lecture et à l'étude de ces préceptes qui, dénués de grâce et d'ornement, ne manqueraient pas, en blessant la délicatesse de leurs oreilles, de rebuter aussi leur esprit. En effet, on voit dans ses écrits une grande richesse de pensées, d'expressions, d'images, et sur-tout de comparaisons, qu'une imagination vive et ornée d'une profonde connaissance de la nature lui fournit à propos, sans jamais s'épuiser ni tomber dans des redites ennuyeuses; comparaisons qui jettent dans les préceptes, souvent obscurs et désagréables par eux-mêmes, une clarté et une grâce qui en écartent tout ennui et tout dégoût.

Rollin. *Histoire ancienne.*

II. *Analyse des institutions oratoires de Quintilien.*

SECTION PREMIÈRE.

Idées générales sur les premières études, sur l'enseignement, sur les règles de l'art.

Si quelque chose peut donner un nouveau prix à ce livre immortel, c'est l'époque où il fut composé. C'était celle de l'entière corruption du goût; et ce qu'entreprit Quintilien fait autant d'honneur à son courage qu'à ses talents. Né sous Claude, il avait vu finir les beaux jours de l'éloquence, long-temps portée à son plus haut degré par Cicéron et Hortensius, et soutenue ensuite par Messala et Pollion, mais bientôt précipitée vers sa décadence par la foule des rhéteurs qui ouvraient de tous côtés des écoles d'un art qu'ils avaient dégradé. Il faut avouer aussi que la chûte de la république avait dû entraîner celle des beaux-arts. L'éloquence qu'on nomme délibérative, celle qui traitait des plus grands objets dans le sénat ou devant le peuple, était nécessairement devenue muette lorsqu'il ne fut plus permis à la liberté de monter dans la tribune, et lorsque dans un sénat esclave il ne fut plus question que de déguiser avec plus ou moins d'esprit la bassesse des adulations que l'on prodiguait au despote, dont la volonté était la première des lois, ou d'envenimer avec plus ou moins d'art les lâches accusations que des délateurs à gages intentaient contre quelques citoyens vertueux que le regard ou le silence du tyran avait désignés pour victimes. Il y avait encore des tribunaux, mais ils se sentaient, comme tout le reste, de la dépravation générale. Les grandes affaires ne s'y traitaient plus : il ne s'agissait plus d'y déférer un Verrès, un Clodius, à l'indignation publique : on n'y portait que ces controverses obscures où les avocats songeaient plus au gain qu'à la renommée. Ce n'était plus le temps où le barreau était la première arène ouverte au talent qui voulait se faire connaître ; où, les défenses et les accusations judiciaires étant un des grands moyens d'illustration, les hommes les plus considérables de l'état ne demandaient qu'à se signaler de bonne heure en dénonçant d'illustres coupables, en défendant des accusés contre les plus puissants adversaires; où une ambition honorable cherchait des inimitiés éclatantes. L'art des orateurs n'était plus qu'un métier de jurisconsulte et d'avocat. L'éloquence s'élève ou s'abaisse en proportion des objets qu'elle traite et du théâtre où elle s'exerce. Ainsi pour se faire remarquer dans cette lice obscure, on eut recours à de petits moyens. Les minces ressources du bel-esprit, la puérile affectation des antithèses, la froide profusion des lieux communs, le ridicule abus des figures : en un mot, toute l'afféterie d'un art dépravé qui veut relever de petites choses, voilà ce qu'on admirait dans cette Rome, autrefois la rivale d'Athènes. *Les déclamations* * des écoles avaient achevé de tout gâter. On appelait de ce nom des discours sur des sujets feints, qui étaient les exercices journaliers des jeunes étudiants. Ces sortes de discours prononcés publiquement par les maîtres de rhétorique, ou par leurs écoliers, avaient une vogue incroyable. On se portait en foule à cette espèce de spectacle, le seul qui offrît du moins le fantôme de l'éloquence à ces mêmes Romains qu'elle ne pouvait plus appeler au barreau ni aux assemblées du peuple. Comme les sujets communs des discussions judiciaires ne pa-

* On les nommait ainsi, parce que ces discours étaient déclamés dans les écoles avec emphase ; et s'exercer chez soi au débit et à l'action oratoire, s'appelait aussi déclamer, *declamare*.

raissaient pas aux rhéteurs assez importants pour y faire briller leur esprit et piquer la curiosité, ils imaginaient à plaisir les questions les plus bisarres, les causes les plus extraordinaires, et telles, qu'elles ne pouvaient que très rarement se présenter dans les tribunaux. Nous avons encore des essais de ces controverses imaginaires, les uns de Sénèque, le père du philosophe; d'autres très faussement et très ridiculement attribués à Quintilien. En voici quelques-uns du premier, qui peuvent faire juger des autres. Premier sujet : la loi ordonne que celui qui aura fait violence à une fille libre soit condamné à la mort ou à l'épouser sans dot. Un jeune homme en viole deux dans une nuit. L'une veut l'épouser, l'autre demande sa mort. Plaidoyer pour l'une et pour l'autre. Second sujet : la loi ordonne qu'une vestale coupable d'une faiblesse sera précipitée du haut d'un rocher. Une vestale accusée de ce crime invoque Vesta, se précipite et n'en meurt pas. On veut lui faire subir le même supplice une seconde fois. Plaidoyer pour et contre. Troisième sujet : la loi permet à quiconque surprendra sa femme en commerce adultère avec un homme, de les tuer tous les deux. Un soldat qui avait perdu ses deux bras à la guerre surprend ainsi sa femme, et, ne pouvant se faire justice lui-même, il donne ordre à son fils de percer de son épée les deux coupables. Le fils le refuse, et le père le déshérite. La cause est portée en justice : plaidoyer pour le père et pour le fils.

Voilà les frivoles jeux d'esprit où les rhéteurs et leurs disciples épuisaient toutes les subtilités de la dialectique et toutes les finesses de leur art. Qu'arrivait-il? C'est que les jeunes gens, après avoir passé des années entières à exalter leur imagination et à se creuser la tête sur des chimères, arrivaient au barreau presque entièrement étrangers aux affaires qui s'y traitaient et au ton qu'elles exigeaient. C'étaient de froids et pointilleux sophistes, et non de bons avocats, encore moins de grands orateurs; car on imagine bien que le style de ces compositions bizarres se ressentait du vice des sujets : rien de vrai, rien de senti, rien de sain ; des raisonnements captieux, des pointes, de faux brillants, des tours de force, c'est tout ce qu'on remarque dans ce qui nous reste de ces étranges plaidoiries. Tout l'esprit qu'on y a perdu ne vaut pas une page de Cicéron ou de Démosthène.

C'est de là qu'est venu parmi nous l'usage d'appeler *déclamation*, en vers et en prose, ce défaut aujourd'hui presque général, qui consiste à exagérer ambitieusement les objets, à s'échauffer hors de propos, à se perdre dans des lieux communs étrangers à la question. Dans tous ces cas, plus on veut élever et animer son style, plus on le rend déclamatoire, parce qu'au lieu de montrer un orateur rempli de son sujet, ou un personnage pénétré de sa situation, on nous montre à peu près ce même jeu d'esprit qui était propre aux anciens déclamateurs.

Malheureusement il parut à cette époque un écrivain célèbre, qui, ayant assez de mérite pour mêler de l'agrément à ses défauts, contribua beaucoup à la perte du bon goût. Ce fut Sénèque, qui, né avec beaucoup plus d'esprit que de véritable talent, était plus intéressé que personne à ce que l'esprit tînt lieu de tout, et qui trouva plus commode de décrier l'ancienne éloquence que de chercher à l'égaler. Il ne cessait, dit Quintilien, de se déchaîner contre ces grands modèles, parce qu'il sentait que sa manière d'écrire était bien différente de la leur, et qu'il se défiait de la concurrence. Son style haché, sentencieux, sautillant, eut aux yeux des Romains le charme de la nouveauté, et ses écrits eurent une vogue prodigieuse, que sa longue faveur et sa grande fortune durent augmenter encore. Pour être à la mode, il fallait écrire comme Sénèque. « Rien n'est si dangereux, » dit judicieusement l'abbé Gédoyn, que l'esprit » dans un écrivain qui n'a point de goût. Les » traits de lumière dont il brille frappent les yeux » tout le monde, et ses défauts ne sont remar- » qués que d'un petit nombre de gens sensés. » Ils n'échappèrent point à Quintilien, qui conçut le projet courageux de faire revivre la saine éloquence décréditée, et de la faire rentrer dans tous ses droits. Il commença par la plus efficace de toutes les leçons, mais la plus difficile de toutes, l'exemple. Il parut au barreau avec éclat; et ses plaidoyers, que nous avons perdus, furent regardés comme les seuls qui rappelassent le siècle d'Auguste. On retrouva, on reconnut avec plaisir cette diction noble, naturelle, intéressante, qui depuis si long-temps était oubliée. Son livre *des Causes de la Corruption de l'Éloquence*, qui ne nous est pas parvenu, ouvrit les yeux des Romains; car il y a toujours un grand nombre d'hommes désintéressés qui sont dans l'erreur sans y être attachés, et qui ne demandent pas mieux que de voir la lumière quand on la leur présente. On vit dans Quintilien le restaurateur des lettres. On se réunit pour l'engager à enseigner publiquement un art qu'il possédait si bien, et on lui assigna des appointements sur le trésor public, honneur qu'on n'avait encore fait à personne. L'empereur lui confia l'éducation de ses neveux, et le décora des ornements consulaires. Quintilien, pour mieux répondre à la confiance et à l'estime qu'on lui témoignait, renonça aux exercices du barreau, quelque attrait et quelque avantage qu'ils lui offrissent, et se consacra pendant vingt ans à donner des leçons à la jeunesse romaine. C'est dans la retraite qui suivit ce long travail qu'il composa ses *Institutions oratoires*: il avait alors près de soixante ans. L'antiquité nous a transmis son nom avec les plus grands éloges, et Martial l'appelle *la gloire de la toge romaine*:

Gloria romanæ, Quintiliane, togæ.

Mais son plus bel éloge est sans contredit son ouvrage.

Il est divisé en douze livres. Il prend l'orateur dès le berceau, et dirige ses premières études. Les idées générales qui remplissent les deux premiers livres sont, pour les parents et pour les maîtres, même en mettant à part le dessein particulier de l'auteur, d'excellents préceptes d'éducation. Il combat victorieusement ceux qui prétendent qu'il

ne faut appliquer un enfant à aucune espèce d'étude avant l'âge de sept ans. « J'aime mieux, dit-il,
» m'en rapporter à ceux qui ont cru, avec Chry-
» sippe, qu'il n'y avait dans la vie de l'homme
» aucun temps qui ne demandât du soin et de la
» culture. Qui empêche que, dès le premier âge,
» on ne cultive l'esprit des enfants comme on
» peut cultiver leurs mœurs? Je sais bien qu'on
» fera plus, dans la suite, en un an, que l'on
» n'aura pu faire durant tout le temps qui a pré-
» cédé; mais il me paroît néanmoins que ceux qui
» ont tant ménagé les enfans ont prétendu ména-
» ger encore plus les maîtres. Après tout, que veut-
» on que fasse un enfant depuis qu'il commence à
» parler? car enfin il faut bien qu'il fasse quelque
» chose; et si l'on peut tirer de ses premières an-
» nées quelque avantage, si petit qu'il soit, pour-
» quoi le négliger? Ce que l'on pourra prendre
» sur l'enfance est autant de gagné pour l'âge qui
» suit. Il en est de même de tous les temps de la
» vie. Tout ce qu'il faut savoir, qu'on l'apprenne
» toujours de bonne heure : ne souffrons point
» qu'un enfant perde ses premières années dans
» l'habitude de l'oisiveté. Songeons que pour ses
» premières études il ne faut que de la mémoire, et
» que non-seulement les enfants en ont, mais qu'ils
» en ont même beaucoup plus que nous. Je connais
» trop aussi la portée de chaque âge pour vouloir
» qu'on tourmente d'abord un enfant, et qu'on
» lui demande plus qu'il ne peut. Il faut se garder
» sur-tout de lui faire haïr l'instruction dans un
» temps où il ne peut encore l'aimer, de peur que

» le dégoût qu'on lui aura une fois fait sentir ne
» le rebute pour toujours. L'étude doit être un
» jeu pour lui. Je veux qu'on le prie, qu'on le loue,
» qu'on le caresse, et qu'il soit toujours bien aise
» d'avoir appris ce que l'on veut qu'il sache. Quel-
» quefois, ce qu'il refusera d'apprendre, on l'en-
» seignera à un autre ; c'est le moyen de piquer sa
» jalousie. Il voudra le surpasser, et on lui laissera
» croire qu'il a réussi. Cet âge est fort sensible à
» de petites récompenses ; c'est encore une amorce
» dont il faut se servir. Voilà de bien petits pré-
» ceptes pour un aussi grand dessein que celui
» que je me suis proposé ; mais comme les corps
» les plus robustes ont eu de faibles commence-
» ments, tels que le lait et le berceau, les études
» ont aussi leur enfance. »

Ceux qui ont lu *Émile* croiront entendre Rousseau : on indique ici les idées qu'il a si bien développées. Mais il y en a une sur la mémoire, qui est d'une telle importance, que je ne puis m'empêcher de m'y arrêter. Ce que dit Quintilien de celle des enfants est encore plus vrai de celle des jeunes gens ; et, par malheur, nous savons trop tard quel trésor nous avions alors à notre disposition, et combien il importe de s'en servir dans le temps. Soyons bien assurés que, dans tout ce qui regarde la mémoire et l'intelligence, il n'y a rien dont on ne soit capable depuis dix ans jusqu'à trente : c'est alors qu'on peut tout apprendre et tout retenir. Les organes, encore neufs, ont tant d'aptitude et d'énergie ! la tête est si saine et le corps si robuste ! toutes les idées sont si fraîches !

toutes les perceptions si vives! toutes les images si présentes! et c'est pour cela peut-être que le temps, à cet âge, paraît si long; c'est que tout fait trace dans notre esprit, et que le passé nous est toujours présent. Cette foule de sensations qui ont marqué tous les instants de la durée, nous a laissé comme une longue histoire qui nous semble ne devoir pas avoir de fin. Mais à mesure que nos organes s'altèrent, la multiplicité des objets commence à y mettre de la confusion : l'attention soutenue, le long travail, nous deviennent plus difficiles; les distractions sont plus fréquentes, et les délassements plus nécessaires. S'il était permis raisonnablement de se plaindre d'un ordre de choses qui sans doute, de quelque manière qu'on l'envisage, n'a pu être que ce qu'il est, on serait tenté de murmurer contre la nature, qui d'ordinaire augmente en nous le désir d'apprendre et de connaître lorsque nous en avons moins de moyens. Il semble que dans la jeunesse elle nous aveugle sur nos propres facultés, et permette aux passions de nous en dérober le regret. Ce n'est pas que, dans la maturité, l'esprit n'ait toute sa force pour produire; mais il en a bien moins pour apprendre. L'homme né avec la plus heureuse mémoire s'étonne, à quarante ans, d'être obligé de lire deux et trois fois ce qu'à vingt, une seule lecture rapide aurait gravé dans son souvenir. Cette altération des facultés intellectuelles nous est d'autant plus sensible, que c'est celle à laquelle on s'attend le moins. Tout nous avertit de bonne heure de la faiblesse de nos sens, mais on est long-temps accoutumé à faire à peu près ce qu'on veut de son esprit. Nous avons dans nous je ne sais quel sentiment qui nous porte à croire que les organes de la pensée ne doivent souffrir aucun affaiblissement; et, quand on vient à l'éprouver, on s'étonne, on s'indigne, pour ainsi dire, de sentir échapper une force qu'on avait crue impérissable. Elle ne l'est pourtant pas ; et ceux qui ont apporté en naissant ce goût des connaissances que souvent les séductions de la jeunesse font négliger, et qu'on remet à satisfaire dans un autre temps, ne sauraient trop se redire, que c'est à la première moitié de notre vie qu'appartient particulièrement cet inappréciable don de la mémoire, et que c'est alors qu'il faut en faire usage, si l'on ne veut passer l'autre moitié à la regretter.

Quintilien examine une autre question qui revient encore tous les jours, et sur laquelle les avis sont partagés : si l'éducation domestique est préférable à celle des écoles publiques. On trouve chez lui les mêmes objections et les mêmes réponses qu'on fait aujourd'hui. Il décide pour l'éducation des classes; et sa principale raison, qui paraît assez fondée, c'est qu'il faut de bonne heure accoutumer les jeunes gens à vivre en société. Ce motif, qui, bien examiné, peut s'appliquer à toutes sortes de personnes, est décisif, sur-tout pour celui qui se destine au barreau. « Que celui, dit-il, qui doit
» vivre au milieu de la multitude et dans le grand
» jour d'un théâtre public, s'habitue de bonne
» heure à ne pas craindre l'aspect des hommes;
» qu'on ne le laisse point pâlir dans l'ombre de la

» solitude. Il faut que son esprit s'anime et s'élève,
» au lieu que, dans la retraite, il contracte une
» sorte de langueur, il se couvre d'une espèce de
» rouille, ou bien il s'enfle d'une vaine confiance
» en lui-même; car celui qui ne s'expose point à
» être comparé aux autres, juge toujours trop favo-
» rablement de lui : ensuite, quand il faut hasar-
» der en public le fruit de ses études, le grand jour
» le blesse; tout est nouveau pour lui, parce qu'il a
» eu le tort d'étudier seul avec lui-même ce qu'il
» devait pratiquer aux yeux de tout le monde. »

A cette raison, qui est relative aux disciples, Quintilien en ajoute une qui regarde le maître. Il pense que celui-ci fera toujours beaucoup mieux dans une école fréquentée que dans une maison particulière. « Un maître qui n'a qu'un enfant à
» instruire ne donnera jamais à ses paroles tout
» le poids, tout le feu qu'elles auraient, s'il était
» animé par une foule d'auditeurs; car la force de
» l'éloquence réside principalement dans l'âme :
» il faut, pour que notre âme soit puissamment
» affectée, qu'elle se fasse de vives images des cho-
» ses, et qu'elle se transforme, pour ainsi dire,
» dans celles dont nous avons à parler. Or, plus
» elle est par elle-même noble et élevée, et plus
» elle a besoin d'être ébranlée par un grand spec-
» tacle. C'est alors que la louange lui fait prendre
» un essor plus haut, que l'effort qu'elle fait lui
» donne un élan plus vif, et qu'elle ne conçoit plus
» rien que de grand. Au contraire on sent je ne
» sais quel dédain d'abaisser à un seul auditeur ce
» sublime talent de la parole qui coûte tant de soins

QUINTILIEN.

» et de travaux, et de sortir pour lui seul des bor-
» nes du langage ordinaire. Qu'on se représente en
» effet un homme qui prononce un discours avec
» le ton, les gestes, les mouvements, la chaleur,
» la fatigue d'un orateur, et tout cela pour une
» personne qui l'écoute : ne ressemblera-t-il pas à
» un insensé? Si l'on ne devait jamais parler qu'en
» particulier, il n'y aurait point d'éloquence parmi
» les hommes. »

Quintilien fait passer son élève par tous les genres d'instruction qui doivent occuper les premières années et précéder l'étude de l'éloquence. Il le met d'abord entre les mains du grammairien, qui doit lui apprendre à parler, à écrire correctement sa langue, à lire les poètes grecs et latins, à connaître les règles de la versification, à sentir le charme de la poésie, à prendre une idée générale de l'histoire. Il veut de plus qu'il ne soit pas étranger à la musique ni à la géométrie, afin que l'une lui forme l'oreille, et lui donne le sentiment de l'harmonie, et que l'autre l'accoutume à la justesse et à la méthode. Il sent bien qu'on sera étonné de tout ce qu'il demande de l'élève qu'il veut préparer à l'éloquence. Mais il ne fait en cela que répéter ce que recommande Cicéron dans son *Traité de l'Orateur*, et se justifie comme lui, en disant qu'il ne se règle sur aucun de ceux qu'il connaît, mais qu'il veut tracer le modèle idéal d'un orateur accompli, tel qu'il l'a conçu : dût-il ne jamais exister, chacun, du moins, en prendra ce dont il sera capable, et ira jusqu'où il peut aller. On s'attend bien qu'il n'omet pas la politique ni la jurisprudence, sans lesquelles on ne peut traiter ni les affaires de l'état ni celles des particuliers. Il prévoit qu'on se récriera sur la multitude des connaissances qu'il exige. Il faut voir les raisons et les exemples dont il s'appuie, et dont le détail nous mènerait trop loin de notre objet. Mais l'espèce de péroraison qui termine ce morceau, et finit son premier livre, vous fera d'autant plus de plaisir, que vous verrez combien l'auteur était pénétré de cet amour des arts et de ce noble enthousiasme sans lequel il est impossible d'y exceller, ni de les faire aimer aux autres.

« Avouons que nous grossissons les difficultés
» pour excuser notre indolence. Ce n'est pas l'art
» que nous aimons : nous ne voyons pas dans l'é-
» loquence telle que je l'ai conçue, c'est-à-dire
» inséparable de la vertu; nous n'y voyons pas la
» plus belle, la plus honorable des choses hu-
» maines : nous n'y cherchons qu'un vil et sordide
» trafic. Eh bien ! que, sans tous les talents que je
» demande, on se fasse écouter au barreau, qu'on
» puisse même s'y enrichir, j'y consens; mais celui
» qui aura devant les yeux cette image divine de
» l'éloquence qu'Euripide a si bien nommée la Sou-
» veraine des âmes, celui-là n'en verra pas l'avan-
» tage et le fruit dans un salaire abject, mais dans
» l'élévation de ses pensées, dans les jouissances
» de son âme, jouissances continuelles et indépen-
» dantes de la fortune. Il donnera volontiers aux
» arts et aux sciences le temps que l'on perd dans
» l'oisiveté, dans les jeux, les spectacles, les con-
» versations frivoles, le sommeil et les festins, et

» trouvera plus de douceur dans les études de
» l'homme de lettres que dans tous les plaisirs de
» l'ignorance; car une Providence bienfaisante a
» voulu que nos occupations les plus honnêtes
» fussent aussi les plus satisfaisantes et les plus
» douces. »

A l'égard des auteurs qu'il faut mettre les premiers entre les mains des jeunes gens, c'est une question qui ne lui paraît pas difficile à résoudre. Ce n'est pas que de son temps il n'y eût des gens qui prétendaient que les auteurs les plus médiocres étaient ceux qu'il convenait de faire lire les premiers, et cette opinion a été renouvelée de nos jours. * Le prétexte de ce frivole paradoxe, c'est que la première jeunesse n'est pas à portée de sentir toutes les beautés des écrivains supérieurs. Non, mais elle est très susceptible de se laisser séduire par le mauvais goût avant de connaître le bon; et pourquoi l'exposer à ces impressions trompeuses, qu'on n'est pas toujours sûr d'effacer? Le précepte de Quintilien est fort simple, et n'en est pas moins bon. « Mon avis est qu'il faut lire les meilleurs au-
» teurs dès le commencement, et toujours. » Mais il donne d'abord la préférence à ceux qui ont écrit avec plus de netteté. Il préfère, par exemple, Tite-Live à Salluste; mais il place avant tout Cicéron, et après lui ceux qui s'en rapprocheront le plus. Il ajoute : « Il est deux excès opposés dont il
» faut également se garder. Ne souffrons pas que
» le maître, par une admiration aveugle de nos an-

* Dans le livre intitulé *Adèle et Théodore, ou Lettres sur l'éducation*, par Mme de Genlis.

» tiquités, laisse les enfants se rouiller dans la lec-
» ture de nos vieux auteurs, tels que les Gracches,
» Caton, et autres du même temps : ils y prendraient
» une manière d'écrire dure, sèche et barbare.
» Trop faibles pour atteindre à la force des pensées
» et à la noblesse des sentiments, ils s'attacheraient
» à l'expression, qui sans doute était bonne alors,
» mais qui ne l'est plus aujourd'hui; et, contents
» d'imiter ce qu'il y a de défectueux dans ces grands
» hommes, ils seraient assez sots pour croire qu'ils
» leur ressemblent. D'un autre côté il faut prendre
» garde qu'ils ne se passionnent pour les Modernes,
» au point de mépriser les Anciens et d'aimer
» dans les écrivains de nos jours jusqu'à leurs dé-
» fauts, jusqu'à cette profusion d'ornements qui
» énerve le style. Gardons-nous qu'ils ne se laissent
» séduire par cette sorte de luxe et de mollesse qui
» les flatte d'autant plus, qu'elle a plus de rapport
» avec la faiblesse de leur âge et de leur jugement.
» Quand ils auront le goût formé, et qu'ils seront
» capables de s'en tenir à ce qui est bon, ils pour-
» ront tout lire indifféremment, Anciens et Mo-
» dernes, de manière qu'ils prendront des uns la
» force et la solidité, purgée des ordures d'un siècle
» grossier, et des autres cette élégance, qui est un
» mérite réel lorsqu'elle n'est pas fardée ; car la na-
» ture ne nous a pas faits pires que nos aïeux; mais
» le temps a changé notre goût, et, trop amateurs
» de ce qui flatte, nous avons porté le raffinement
» et la délicatesse plus loin qu'il ne fallait. Aussi
» les Anciens ne nous ont pas tant surpassés par le
» génie que par les principes. »

On voit combien ceux de Quintilien étaient mesurés et réfléchis, combien il était digne de la place qu'il occupait. En les appropriant à notre siècle, nous pourrons en tirer cette conséquence, que les ouvrages de Corneille ne doivent être donnés à un jeune homme dont les lectures seront bien dirigées, qu'après que Despréaux et Racine auront suffisamment formé son goût. Je me souviens très distinctement que plusieurs de mes camarades de rhétorique, qui ne manquaient pas d'esprit, me citaient avec enthousiasme le rôle de Rodelinde, dont ils prenaient la bisarre enflure pour de la noblesse, et celui d'Attila, dont la férocité brutale leur paraissait de la grandeur. Un instituteur éclairé, qui aurait conduit leurs études, les aurait amené par degrés au point de sentir d'eux-mêmes que cette grandeur qu'ils cherchaient était réellement dans *Cinna* et dans les *Horaces*. Un autre genre de défaut peut leur faire illusion dans un auteur tel que Fontenelle; et s'ils ne sont pas bien accoutumés, par la lecture des classiques, à ne goûter que ce qui est sain, l'abus qu'il fait de son esprit et ses agréments recherchés pourront leur paraître ce qu'il y a de plus charmant et de plus parfait.

Comme les mêmes erreurs reviennent assez naturellement aux mêmes époques, on ne s'étonnera pas que, du temps de Quintilien, comme aujourd'hui, il y eût des gens qui soutenaient avec une hauteur qui leur paraissait sublime, et qui n'était que risible, que tout ce qu'on appelle art, règles, principes, était ou des chimères ou des superfluités, et que la nature seule faisait tout. Quintilien veut bien employer deux chapitres à les combattre : non pas qu'il ne sût très bien qu'aux yeux de la raison une assertion si insensée ne mérite pas même d'être réfutée sérieusement ; mais il savait aussi qu'une pareille doctrine peut être du goût de bien des gens, et d'autant plus aisément, qu'il n'y a rien de si commode, rien qui flatte plus l'amour-propre et la paresse, que de pouvoir prendre l'ignorance pour le génie ; car d'ailleurs les sophismes puérils dont on s'efforce de s'appuyer ne peuvent pas résister au plus léger examen. Ce sont toujours de faux exposés hors de la question, et c'est toujours la mauvaise foi qui vient au secours de la déraison. Ils se moquent de l'autorité de tel ou tel, et feignent d'oublier que ce n'est pas tel ou tel qui fait autorité, mais la raison et l'expérience, qui sont des autorités de tous les temps.

Je me rappelle qu'un de ces prédicateurs d'ignorance, après avoir rejeté avec le plus noble mépris toutes les règles du théâtre, admettait pourtant, par je ne sais quel excès de complaisance, l'unité d'action et d'intérêt, *non pas*, disait-il, *comme règle d'Aristote, mais comme règle du bon sens*. Eh ! mon ami, qui jamais t'en a demandé davantage ? Qui jamais fut assez imbécile pour prétendre que c'était le nom d'Aristote qui faisait que telle ou telle règle était bonne à suivre ? Et quand ce serait Lycophron qui aurait dit le premier qu'un poète tragique dans son drame, ou un peintre dans son tableau, ne doit traiter qu'un sujet, il faudrait encore le croire, non pas par respect pour Lycophron, mais par respect pour le bon sens.

N'écoutons donc que le bon sens, et il nous dira que les hommes n'ont que des idées acquises, et que ces idées s'étendent, s'éclairent et se fortifient par la communication des esprits; que les hommes ne font rien que par degrés, et n'arrivent à aucune espèce de connaissances que par une progression plus ou moins lente; qu'en tous genres, après des essais très multipliés et très défectueux, on apprend par la comparaison ce qui est bien et ce qui est mal; qu'alors ce qu'on appelle un art n'est que le résultat de la raison et de l'expérience réduit en méthode; que le but de cet art est d'épargner à ceux qui nous suivront tout le chemin qu'on fait ceux qui nous ont précédés; et qu'il faudrait nécessairement recommencer, si l'on n'avait pas de guides. Qu'y a-t-il de plus simple et de plus clair? Et qui peut nier qu'un tel procédé ne soit bon à quelque chose? — Mais il est arrivé qu'on a fait quelquefois des choses louables sans connaître les règles. — Eh bien! c'est qu'on a fait alors comme ceux qui sont venus les premiers : on a deviné quelque partie par la réflexion et le talent; mais a-t-on été bien loin? Jamais. — Shakspeare a trouvé des effets dramatiques et produit des beautés, et n'a jamais suivi aucune règle. — Vous vous trompez. Quand il a bien fait, il a suivi la nature, la vraisemblance et la raison, qui sont les fondements de toutes les règles; et s'il eût connu celles d'Aristote comme notre Corneille, s'il eût suivi l'exemple des Grecs comme notre Racine, je ne suis pas sûr qu'il les eût égalés (car cela dépend du plus ou du moins de génie), mais je suis sûr qu'il aurait fait de meilleures pièces.

Il y a des gens qui disent que l'arithmétique est inutile, parce qu'en calculant de tête, il leur est arrivé, comme à bien d'autres, par un instinct qui leur montrait le chemin le plus court, de séparer les unités, les dixaines et les centaines. Fort bien : vous avez deviné comment on fait une addition. Mais je vais vous apprendre comment, par un procédé un peu plus compliqué, on multiplie un nombre par un autre, comment on le divise; je vous enseignerai des signes de convention avec lesquels vous comparerez les quantités de toute espèce, comme on calcule par des chiffres les quantités numériques, et vous saurez l'algèbre; et vous serez tout étonné d'avoir appris en quelques matinées ce que vous n'auriez pas deviné de toute votre vie.

Mais pour en revenir à l'éloquence, Quintilien marque avec beaucoup de sagacité les différents préjugés qui peuvent faire croire à la multitude ignorante qu'en parlant ou en écrivant, on a plus de force quand on a moins d'art. « Il n'y a point
» de défaut, dit-il, qui ne soit voisin de quelque
» qualité. Aussi rien n'est plus aisé que de prendre
» la témérité pour la hardiesse, la diffusion pour
» l'abondance, l'impudence pour une noble liberté. Un avocat effronté se permet beaucoup
» plus qu'un autre la violence et l'invective, et
» quelquefois pourtant se fait écouter, parce que
« les hommes entendent assez volontiers ce qu'ils

» ne voudraient pas dire eux-mêmes. De plus,
» celui qui ne connaît aucune mesure dans son
» style, et va toujours à ce qui est outré, peut
» quelquefois rencontrer ce qui est grand ; mais
» cela est rare, et ne saurait compenser tout ce qui
» lui manque. Il se peut encore que celui qui dit
» tout, paraisse abondant; mais il n'y a que l'homme
» habile qui ne dise que ce qu'il faut. En s'écar-
» tant de la question et se dispensant des preuves,
» on évite ce qui peut paraître froid à des esprits
» gâtés, et ce qui paraît nécessaire aux bons esprits.
» A force de chercher des pensées saillantes, si l'on
» en rencontre quelques-unes d'heureuses, elles
» font d'autant plus d'effet, que tout le reste est
» plus mauvais, comme les éclairs brillent dans la
» nuit. Consentons qu'on appelle gens d'esprit ceux
» qui écrivent ainsi, pourvu qu'il soit bien sûr que
» l'homme éloquent serait très fâché qu'on fît de
» lui un semblable éloge. La vérité est que l'art
» ôte en effet quelque chose à la composition, mais
» comme la lime au fer qu'elle polit, comme la
» pierre au ciseau qu'elle aiguise, comme le temps
» au vin qu'il mûrit. »

Il me semble qu'il est difficile de penser avec plus de justesse, d'instruire avec plus de précision, et d'avoir raison avec plus d'esprit.

Il n'oublie pas ces déclamateurs emportés, qui sont toujours hors d'eux-mêmes on ne sait pourquoi. « Ceux-là, dit-il, donnent aux écrivains qui
» font le plus d'honneur aux lettres les dénomina-
» tions les plus injurieuses dont ils puissent s'avi-
» ser; ils les traitent d'auteurs *faibles, froids, ternes,*

» *timides, pusillanimes,* etc. « Ne dirait-on pas que Quintilien avait lu la veille nos brochures, nos satires et nos journaux? Il conclut ainsi : » Féli-
» citons-les de se trouver éloquents à si peu de frais,
» sans science, sans peine, et sans étude. Pour
» moi, je charmerai mes loisirs et ma retraite en
» cherchant à rassembler dans ce livre tout ce
» que je croirai pouvoir être utile aux jeunes gens
» d'un meilleur esprit. C'est le seul plaisir qui
» me reste après avoir renoncé aux exercices du
» barreau et à l'enseignement public, dans un
» temps où l'on paraissait encore désirer que je
» continuasse mes fonctions. »

Un des reproches les plus communs et les plus injustes que l'on fasse aux vrais littérateurs, c'est un entêtement aveugle et superstitieux qui veut tout assujettir aux mêmes règles. On va voir si Quintilien sait assigner les restrictions convenables, et si la raison chez lui devient pédantesque, et la sévérité tyrannique.

« Que l'on n'exige pas de moi ce que beaucoup
» ont voulu faire, de renfermer et de circonscrire
» l'art dans des bornes nécessaires et immuables.
» Je n'en connais point de cette espèce. La rhé-
» torique serait une chose bien aisée, si l'on pou-
» vait ainsi la réduire en système. La nature des
» causes et des circonstances, le sujet, l'occasion,
» la nécessité, changent et modifient tout... » Il compare ici l'orateur à un général d'armée qui règle ses dispositions sur le terrain, sur les troupes qu'il commande, sur celles qu'il a à combattre : le parallèle est aussi juste que fécond. « Vous me

» demandez, poursuit-il, si l'exorde est nécessaire
» ou inutile, s'il le faut faire plus long ou plus
» court, si la narration doit être serrée ou étendue,
» si elle doit être continue ou interrompue, si elle
» doit suivre l'ordre des faits ou l'intervertir : c'est
» votre cause qu'il faut consulter.... Il faut se dé-
» terminer suivant l'exigence des cas, et c'est pour
» cela que la principale partie de l'orateur est le
» jugement. Je lui recommande avant tout de ne
» jamais perdre de vue deux choses, la bienséance
» et l'utilité. Son premier objet, c'est le bien de sa
» cause. Je ne veux point que l'on s'asservisse à
» des règles trop uniformes et trop générales : il
» en est peu qu'on ne puisse, qu'on ne doive quel-
» quefois violer. Que les jeunes gens se gardent
» de croire savoir tout, pour avoir lu quelques
» abrégés de rhétorique. L'art de parler demande
» un grand travail, une étude continuelle, une
» longue expérience, beaucoup d'exercice, une
» prudence consommée, une tête saine et toujours
» présente : c'est ainsi que les règles bien appli-
» quées peuvent être utiles, et qu'on apprend éga-
» lement à s'en servir et à ne pas trop s'y astreindre.
» Nous irons donc tantôt par un chemin, et tantôt
» par un autre : si les torrents ont emporté les ponts,
» nous ferons un détour; et si le feu a gagné la
» porte, nous passerons par la fenêtre. Je traite
» une matière qui est d'une étendue, d'une variété
» infinie, et qu'on n'épuisera jamais. J'essaierai
» de rapporter ce que les maîtres on dit, de choi-
» sir les meilleurs préceptes qu'ils aient donnés ;
» et si je trouve à propos d'y changer, d'y ajouter,
» d'y retrancher quelque chose, je le ferai. »

Il faut voir les objets de bien haut pour en apercevoir ainsi d'un coup d'œil toute l'immensité; et il n'appartient qu'aux grands esprits de dire avec Pope :

> Que l'art est étendu ! que l'esprit est borné !

Je pourrais extraire un bien plus grand nombre de ces idées substantielles dont abondent ces deux premiers livres, qui sont comme les prolégomènes de l'ouvrage, ou plutôt je les traduirais tout entiers si je me laissais aller au plaisir de traduire. Mais il faut avancer vers le but, et résister à la tentation de s'arrêter sur la route. On trouve à chaque pas de ces observations simples, mais lumineuses, que l'expérience à confirmées par des exemples frappants. L'auteur, en conseillant aux jeunes élèves de meubler leur mémoire des meilleurs écrits, remarque qu'une citation qui vient à propos, et qui est placée naturellement, nous fait souvent plus d'honneur et produit plus d'effet que les pensées qui sont à nous. Cet avis apparemment parut bon à suivre à ce fameux coadjuteur de Paris, dans une occasion remarquable que lui-même rapporte dans ses *Mémoires*. On venait de lire dans l'assemblée du parlement, où il était, un écrit que le garde-des-sceaux avait remis aux députés de la magistrature, et qui accusait le coadjuteur de brouiller tout pour son intérêt, et de sacrifier l'état à l'ambition d'être cardinal. On s'attendait qu'il allait faire son apologie : elle pouvait être embarrassante, et de plus elle éloignait l'objet de la délibération présente, qui était pour

le moment un coup de partie. Heureusement ce n'était point à lui d'opiner, et il eut le temps de se recueillir. Il sentit qu'il fallait payer d'audace, en trouvant quelque moyen d'échapper à la nécessité de se justifier; qu'il fallait revenir promptement au résultat que l'on voulait éviter. Quand ce fut à son tour de parler, il se leva avec confiance, et du ton le plus imposant : « Je ne puis
» ni ne dois, dans la circonstance présente, dit-il,
» répondre à la calomnie qu'en me rendant devant
» vous, Messieurs, le même témoignage que se
» rendait l'orateur romain : *In difficillimis reipu-*
» *blicæ temporibus urbem nunquam deserui : in*
» *prosperis nihil de publico delibavi, in desperatis*
» *nihil timui.* » *Dans les temps les plus orageux de la république, je n'ai jamais abandonné la patrie : dans ses prospérités, je ne lui ai rien demandé pour moi; et dans ses moments les plus désespérés, je n'ai rien redouté.* Il observe lui-même que ce passage avait en latin une grâce et une force qu'on ne saurait rendre en français. Quoi qu'il en soit, il fit un assez grand effet pour l'enhardir à passer sur-le-champ à l'objet principal de la délibération, et à rejeter loin de lui toute apologie, avec autant de hauteur que Scipion montant au Capitole. Il fit ce jour-là tout ce qu'il voulut. En sortant de l'assemblée, tout le monde alla chercher dans Cicéron le passage qui avait paru si beau. On l'aurait cherché long-temps : il n'y en a pas un mot. Tout ce latin-là était de lui; et cette aventure est assez plaisante pour qu'on se permette de dire qu'*il ne perdit pas son latin.*

SECTION II.

Des trois genres d'éloquence : le démonstratif, le délibératif et le judiciaire.

Quintilien considère la matière qu'il traite sous trois rapports principaux qui la partagent, l'art, l'artiste et l'ouvrage. Les divisions subséquentes sont formées de différentes parties qui sont propres à chacune de ces trois choses. Il examine (et c'est peut-être trop de complaisance qu'il eut pour les rhéteurs et les sophistes de son temps) si la rhétorique doit s'appeler un art, une science, une force, une puissance, une vertu. Toutes ces questions, à peu près aussi frivoles que subtiles, étaient fort à la mode dans les écoles grecques et romaines, et il fallait bien ne pas paraître les ignorer. Heureusement nous sommes dispensés d'en savoir tant, et nous nous entendons assez quand nous disons que l'éloquence est l'art de persuader, et que la rhétorique est une science qui contient les préceptes de cet art. Sans vouloir prétendre à la précision rigoureuse des définitions, qui n'est pas nécessaire pour des matières philosophiques, on peut cependant établir cette différence générale entre une science et un art, que l'un se borne à la spéculation, et que l'autre produit un ouvrage. Ainsi, l'on est astronome, physicien, chimiste, sans faire autre chose qu'étudier la nature; mais on n'est poète qu'en faisant des vers, orateur qu'en faisant un discours, peintre qu'en faisant un tableau, etc.

Quintilien définit la rhétorique *la science de*

bien dire, et cette définition est peut-être meilleure en latin qu'en français, d'abord parce que le mot *dicere* a une tout autre force dans une des deux langues que dans l'autre; ensuite parce que l'auteur entend par *bien dire*, non-seulement parler éloquemment, mais ne rien dire que d'honnête et de moral, ce que le latin peut comporter, mais ce que les mots français correspondants ne présentent pas. Au reste, Quintilien est conséquent; car il n'accorde le nom d'orateur qu'à celui qui est en même temps éloquent et vertueux. Il serait à souhaiter que cela fût vrai; mais je crains bien que l'amour qu'il avait pour son art ne le lui ait fait voir sous un jour un peu trop avantageux. César, de l'aveu de Cicéron, était un très grand orateur, et n'était pas un homme vertueux.

J'approuve encore moins Quintilien lorsqu'il condamne par des raisons assez frivoles cette définition de l'éloquence assez généralement adoptée, l'art de persuader. Il objecte que ce n'est pas la seule chose qui persuade; que la beauté, que les larmes, les supplications muettes, persuadent aussi. Mais n'est-ce pas abuser du mot de persuader, qui, en latin comme en français, entraîne, sans qu'on le dise, l'idée de la persuasion opérée par la parole? A proprement parler, la beauté charme, les pleurs attendrissent, mais l'éloquence persuade. Les exemples mêmes qu'il cite viennent à l'appui de cette distinction très fondée. « Lorsque An-
» toine l'orateur, plaidant pour Aquilius, déchira
» tout à coup l'habit de l'accusé, et fit voir les
» blessures qu'ils avait reçues en combattant pour

» la patrie, se fia-t-il à la force de ses raisons ?
» Non, mais il arracha des larmes au peuple ro-
» main, qui ne put résister à un spectacle si tou-
» chant, et renvoya le criminel absous. » Je réponds
à Quintilien : donc, de votre aveu, le peuple romain ne fut pas persuadé ; il fut touché.

Mais tout le monde sera de son avis lorsque, se plaisant à relever l'excellence de l'art de parler, il nous dit : « Si le Créateur nous a distingué
» du reste des animaux, c'est sur-tout par le don
» de la parole. Ils nous surpassent en force, en
» patience, en grandeur de corps, en durée, en
» vîtesse, en mille autres avantages, et sur-tout en
» celui de se passer mieux que nous de tous se-
» cours étrangers. Guidés seulement par la nature,
» ils apprennent bientôt, et d'eux-mêmes, à mar-
» cher, à se nourrir, à nager. Ils portent avec eux
» de quoi se défendre contre le froid ; ils ont des
» armes qui leur sont naturelles ; ils trouvent leur
» nourriture sous leurs pas ; et, pour toutes ces
» choses, que n'en coûte-t-il pas aux hommes ! La
» raison est notre partage, et semble nous associer
» aux immortels ; mais combien elle serait faible
» sans la faculté d'exprimer nos pensées par la
» parole, qui en est l'interprète fidèle ! C'est là ce
» qui manque aux animaux, bien plus que l'intel-
» ligence, dont on ne saurait dire qu'ils soient ab-
» solument dépourvus...... Donc si nous n'avons
» rien reçu de meilleur que l'usage de la parole,
» qu'y a-t-il que nous devions perfectionner da-
» vantage ? Et quel objet plus digne d'ambition,
» que de s'élever au-dessus des autres hommes par

» cette faculté unique qui les élève eux-mêmes
» au-dessus des bêtes ! »

Quintilien distingue, ainsi qu'Aristote et les plus anciens rhéteurs, trois genres de composition oratoire : le démonstratif, le délibératif, et le judiciaire. Le premier consiste principalement à louer ou à blâmer, et comprend sous lui le panégyrique et l'oraison funèbre, qui étaient en usage chez les Anciens comme parmi nous, mais avec les différences que devaient y mettre les mœurs et la religion. L'oraison funèbre, par exemple, a chez nous un caractère religieux : elle ne peut se prononcer que dans un temple, et fait partie des cérémonies funéraires : l'orateur doit être un ministre des autels, et cet éloge des vertus et des talents trop souvent ne fut accordé qu'au rang et à la naissance, dans ces mêmes chaires où l'on prêche tous les jours le néant de toutes les grandeurs humaines. Chez les Anciens l'oraison funèbre avait un caractère public, mais nullement religieux : c'était un des parents du mort qui la prononçait dans l'assemblée du peuple. On y faisait paraître les images des ancêtres, et c'était pour les grands de Rome une occasion de faire valoir aux yeux du peuple la noblesse, l'illustration et les titres de leur famille. Les historiens ont remarqué que Jules-César, encore fort jeune, faisant ainsi l'éloge funèbre de sa tante Julie, exalta en termes magnifiques leur origine commune, qu'il faisait remonter, d'un côté, jusqu'à la déesse Vénus, et de l'autre, jusqu'à l'un des premiers rois de Rome, Ancus Marcius. « Ainsi, disait-il, on trouve dans ma

» famille la sainteté des rois qui sont les maîtres
» des hommes, et la majesté des dieux qui sont
» les maîtres des rois. »

Parmi les morceaux du genre démonstratif chez les Anciens, on compte principalement le panégyrique d'Evagore, roi de Salamine, qui, avec une faible puissance, avait fait de grandes actions. Celui de la république d'Athènes, du même auteur, ne peut pas être rangé dans la même classe, parce qu'ayant pour principal objet d'engager les Athéniens à se mettre à la tête des Grecs pour faire la guerre aux Barbares, il rentre dans le genre délibératif. Vient ensuite le panégyrique de Trajan, le chef-d'œuvre du second âge de l'éloquence romaine, c'est-à-dire lorsque, déchue de sa première grandeur, elle substituait du moins tous les agréments de l'esprit aux beautés simples et vraies qui avaient marqué l'époque de la perfection. L'ouvrage de Pline, malgré ses défauts, lui fait encore honneur dans la postérité, sur-tout parce qu'en louant un souverain, l'auteur fut assez heureux pour ne louer que la vertu.

On a reproché à Trajan de s'être prêté avec trop de complaisance à s'entendre louer dans un discours d'apparat pendant plus de deux heures. Mais les lettres de Pline justifient le prince de cette accusation trop légèrement intentée. On y voit que le panégyrique, tel que nous l'avons, ne fut jamais prononcé; que ce n'était originairement qu'un remercîment d'usage, adressé dans le sénat, par le consul désigné, à l'empereur qui l'avait choisi pour cette dignité. Pline, en s'acquittant de ce devoir, s'étendit un peu plus que de coutume sur les louanges de Trajan, et ce morceau fit un plaisir si général, qu'on engagea l'auteur à le développer et à en faire un ouvrage. C'est ce qui nous a valu le panégyrique que nous lisons aujourd'hui, que Trajan lut sans doute, mais que l'auteur ne prononça point. On est heureux d'avoir à relever ces sortes d'erreurs, et d'éloigner de la vertu le reproche d'avoir manqué de modestie.

Un autre ouvrage de la même espèce, mais d'un style bien différent, c'est le discours qui, parmi ceux de Cicéron, est intitulé assez improprement *Pro Marcello, Pour Marcellus,* comme s'il eût plaidé pour lui, ainsi qu'il avait fait pour Ligarius et pour le roi Déjotare. Ce discours n'est en effet qu'un remercîment adressé à César, et dont la beauté est d'autant plus admirable, qu'il ne pouvait pas être préparé. Marcellus avait été un des plus ardents ennemis de César : depuis la défaite de Pharsale, il s'était retiré à Mitylène, où il cultivait en paix les lettres, qu'il aimait passionnément. Dans une assemblée du sénat, où Pison avait dit un mot de lui comme en passant, son frère Caïus s'était jeté au pieds du dictateur pour en obtenir le retour de Marcellus. César, qui semblait ne demander jamais qu'une occasion de pardonner, se plaignit avec beaucoup de douceur de l'opiniâtreté de Marcellus, qui paraissait vouloir toujours être son ennemi; et ajouta que, si le sénat désirait son rappel, il n'avait rien à refuser à une si puissante intercession. Les sénateurs répondirent par des acclamations, et s'approchèrent de César pour lui rendre des actions de grâces, d'autant plus touchés de ce qu'il venait de faire, que Marcellus était un des meilleurs et des plus illustres citoyens de Rome, et qu'ils s'attendaient moins à la faveur qu'il venait d'obtenir. César, quoiqu'il ne pût pas douter des dispositions du sénat, qui venaient de se manifester si clairement, voulut recueillir les suffrages dans toutes les formes; et l'on croit que son intention avait été d'engager Cicéron à parler. Ce grand citoyen, depuis que César régnait dans Rome, avait gardé le silence dans toutes les assemblées du sénat, ne voulant ni offenser le dictateur, qui le comblait de témoignages d'estime et de bienveillance, ni prendre aucune part à un gouvernement qui n'était plus fondé sur les lois. Il était intime ami de Marcellus; et César, qui le connaissait bien, se douta que sa sensibilité ne résisterait pas à cette épreuve : il ne fut pas trompé. Cicéron se leva quand ce fut son tour d'opiner; et, au lieu d'une simple formule de compliment dont s'étaient contentés les autres consulaires, l'orateur adressa au héros le discours le plus noble et le plus pathétique, et en même temps le plus patriotique, que la reconnaissance, l'amitié et la vertu puissent inspirer à une âme élevée et sensible : il est impossible de le lire sans admiration et sans attendrissement. On convient qu'en ce genre il n'y a rien à comparer à ce morceau; et quand on fait réflexion qu'il faut ou démentir les témoignages les plus authentiques, ou croire qu'il fut composé sur-le-champ; lorsque ensuite on se rappelle tout ce qu'il faut aujourd'hui de temps, de réflexion et de travail pour produire quelque chose qui approche du mérite de ses productions du moment qui ne mourront jamais, on serait tenté de croire que ces anciens étaient des hommes d'une nature supérieure, si l'on ne se souvenait que dans les anciennes républiques l'éloquence respirait son air natal, et qu'elle n'a été parmi nous que transplantée; que, dans les gouvernements libres, l'habitude de parler en public et la nécessité de bien dire donnaient à l'orateur un ressort et une facilité dont nous n'avons pu long-temps avoir d'idée; que l'âme, qui est le premier mobile de toute éloquence, était chez eux remuée sans cesse par tout ce qui les environnait, aiguillonnée par les plus pressants motifs, échauffée par les plus puissants intérêts, exaltée par les plus grands spectacles. C'est avec cette réunion d'encouragements et de secours, que l'homme s'élève au-dessus de lui-même.

Si le talent est rare, il est plus rare encore qu'il soit placé de manière à produire tout ce qu'il peut. Il ne connaît lui-même toute sa force que lorsqu'il lui est permis de la déployer. Nul ne trouve tout en lui-même; et le génie, comme tout le reste veut avoir sa place pour avoir toute sa valeur. Ouvrez devant lui une carrière immense, qu'il voie toujours au-delà de son essor, et cet essor sera sans bornes. L'exercice continuel de ses forces sera en proportion de l'espace qu'il aura à parcourir, et c'est cet exercice qui jusqu'ici nous a manqué. Nous ne concevons rien aux prodiges des athlètes; mais sommes-nous élevés et nourris comme eux? Et qui de nous pourrait se flatter de comprendre comment Cicéron a pu faire en un moment un si beau discours, à moins d'avoir été accoutumé, comme lui, à parler dans le sénat de Rome.

Un autre exemple non moins frappant de cette facilité qui n'est étonnante que pour nous, et dont nous ne voyons pas que les Anciens aient jamais été surpris, parce qu'ils en voyaient tous les jours des exemples, c'est la première Catilinaire ; c'est cette harangue foudroyante qui terrassa l'audace de ce fameux scélérat, lorsqu'il osa se présenter dans le sénat romain, au moment même où Cicéron allait y rendre compte de tous les détails de la conjuration qu'il venait de découvrir. Cette harangue si célèbre est de l'autre espèce de genre démonstratif, opposée à celle dont je viens de parler. Cette seconde espèce s'étend sur le blâme, comme l'autre sur la louange. Elle est dictée par l'indignation, par la haine, par le mépris, comme l'autre par l'admiration, la reconnaissance, l'amitié : elle est aussi regardée comme la plus facile, parce que les passions violentes sont celles qui nous dominent et nous entraînent avec le plus d'impétuosité, et que généralement les hommes entendent plus volontiers le blâme que la louange : il faut leur apprêter celle-ci avec plus d'art, et l'on peut risquer l'autre avec moins de précaution. C'est par la même raison que, dans le genre judiciaire, Quintilien remarque que l'accusation est plus aisée que la défense. « J'ai vu, dit-il, de médiocres avo-
» cats se tirer assez bien de l'une ; mais il n'y a

» qu'un orateur qui puisse réussir dans l'autre. »

La seconde *Philippique* de Cicéron est encore un monument mémorable dans le même genre. C'est le tableau de tous les vices, de tous les crimes de Marc-Antoine, peint des plus effrayantes couleurs. On sait qu'elle coûta la vie à son auteur. Il ne l'avait pas prononcée; mais elle avait été publiée à Rome et lue dans tout l'empire. Antoine ne la pardonna pas, et, devenu triumvir, il se vengea par un arrêt de proscription, c'est-à-dire comme un brigand se vengerait d'un magistrat, s'il avait des bourreaux à ses ordres.

Parmi nous, le genre démonstratif comprend, outre l'oraison funèbre, les sermons, dont l'objet est de détourner du vice et de prêcher la vertu; les discours prononcés dans les académies ou devant les corps de magistrature; et, depuis environ trente ans, l'éloge des grands hommes. Cette nouvelle branche, ajoutée à l'éloquence française, n'est pas celle qui a fleuri avec le moins d'éclat, ni le moins fructifié pour l'utilité générale.

Dans le genre délibératif proprement dit, dont l'objet est de délibérer sur les affaires publiques, sur la guerre, sur la paix, sur les négociations, sur les intérêts politiques, sur tous les points généraux de la législation ou de gouvernement, nous n'avions ni ne pouvions rien avoir, avant la révolution de 1789, à opposer aux Grecs et aux Romains; et l'on sent assez que ce genre, qui est le triomphe de l'éloquence républicaine, ne trouve point de place dans les gouvernements monarchiques. Mais nous avons des ouvrages qui tiennent en partie de ce genre et du genre démonstratif. Tels sont ceux où l'on traite particulièrement quelque question importante de morale ou de politique, ou de législation; comme le livre *sur les Opinions religieuses*, les discours *sur le Préjugé des peines infamantes*, et un très petit nombre d'autres qui ont pour but de faire voir ce qu'il faut admettre et ce qu'il faut rejeter.

L'éloquence délibérative tient une très grande place dans les historiens de l'antiquité, et fait un des principaux ornements de leurs ouvrages; elle n'en tient presque aucune dans nos histoires modernes, et cette différence est encore une suite nécessaire de la différence des mœurs et des gouvernements. Thucydide, Xénophon, Tite-Live, Salluste, Tacite, n'ont nullement choqué la vraisemblance en prêtant de fort beaux discours à des hommes d'état reconnus pour très éloquents, et dont plusieurs même avaient laissé des recueils manuscrits des harangues qu'ils avaient prononcées en diverses occasions, dans le sénat ou devant le peuple, lorsqu'on y délibérait des affaires de la république. Mais comme parmi nous les délibérations qui influent sur le sort des peuples n'avaient pas la même forme, et qu'un homme d'état n'était nullement obligé d'être orateur, un historien ne se croyait pas non plus obligé de l'être, et c'est encore une des raisons de la sécheresse de nos histoires.

C'est dans les ouvrages de Démosthène et de Cicéron qu'on trouve les modèles de cette espèce d'éloquence, la plus auguste de toutes et la plus imposante. Les *Philippiques* de l'orateur grec ont été citées avec de justes éloges, et personne n'est plus disposé que moi à les confirmer, quoique Démosthène me paraisse avoir été encore au delà quand il a parlé pour lui-même. A l'égard de Cicéron, l'on peut citer sur-tout le discours *pour la loi Manilia*, et ceux où il combattit la loi agraire. Il y remplit les deux objets du genre délibératif, de persuader et de dissuader. Le tribun Manilius proposait au peuple de donner à Pompée, par commission extraordinaire, le commandement des légions d'Asie, destinées à faire la guerre contre Mithridate. Cette commission ne pouvait être décernée que par un plébiscite, c'est-à-dire par une loi particuliere, revêtue de l'autorité du peuple, et souffrait d'autant plus de difficultés, qu'on venait d'en donner une toute semblable à ce même Pompée, lorsqu'on l'avait envoyé contre les pirates de Cilicie. Les principaux du sénat, et à leur tête Hortensius et Catulus, s'opposaient de toute leur force à la publication de la loi, regardant, non sans raison, comme un exemple dangereux dans une république, qu'on accumulât sur la tête d'un seul homme des commandements extraordinaires. C'est dans cette occasion que Catulus, homme d'un mérite éminent et d'une vertu respectée, demandant au peuple romain à qui désormais il confierait les guerres les plus périlleuses et les plus importantes expéditions, s'il venait à perdre par quelque accident ce même Pompée qu'il exposait sans cesse à de nouveaux dangers, entendit tout le peuple lui répondre d'une voix unanime : *A vous-*

même, Catulus; témoignage le plus honorable qu'un citoyen ait jamais reçu de sa patrie. Cicéron, ami de Pompée, et persuadé que la première de toutes les lois, c'est le salut de la république, monta pour la première fois dans la tribune. Il avait alors quarante et un ans, et n'avait encore exercé ses talents que dans le barreau. Pour parler dans l'assemblée du peuple, il fallait communément être revêtu de quelque magistrature. Il venait d'être nommé préteur. Le peuple, accoutumé à l'applaudir dans les tribunaux, vit avec joie le plus illustre orateur de Rome paraître devant lui : et, malgré l'éloquence d'Hortensius et l'autorité de Catulus, Cicéron l'emporta ; la loi fut promulguée, et il fut permis à Pompée de vaincre Mithridate. *

Mais s'il eut dans cette affaire l'avantage de parler pour un homme déjà porté par la faveur publique, le cas était bien différent lorsqu'il fut question de la loi du partage des terres. C'était depuis trois cents ans le vœu le plus cher des tribus romaines, l'appat journalier et le cri de ralliement de la multitude, le signal de la discorde entre les deux ordres, et l'arme familière du tribunat. Mais je dois avertir ici **, puisque j'en ai l'occasion, que ces lois agraires, qui furent chez les Romains le sujet de tant de débats, n'avaient d'autre objet que de distribuer à un certain nombre de citoyens pauvres une partie des terres con-

---

* Voyez la traduction nouvelle que M. J. V. Le Clerc a donnée dans son *Cicéron*, de ce discours, et l'introduction qui la précède.

H. P.

** Ceci fut ajouté et prononcé en 1794.

quises qui appartenaient à la république, qu'elle affermait à des régisseurs, et dont le revenu, très considérable, la dispensait de mettre aucun impôt sur le peuple. On voit d'ici, sans que j'entre dans une discussion qui n'est pas de mon sujet, pourquoi les bons citoyens s'opposèrent toujours à ces lois ; mais on voit surtout qu'il n'y était nullement question de porter la moindre atteinte à la propriété, qui fut toujours sacrée chez les Romains comme chez tous les peuples policés ; encore moins de faire une égale répartition de toutes les terres entre tous les citoyens, comme on pourrait la faire en établissant une colonie dans une contrée nouvellement découverte, ou comme le firent autrefois les barbares du Nord, quand ils asservirent l'Europe. L'idée d'un semblable partage entre vingt-cinq millions d'hommes établis en corps de peuple depuis une longue suite d'années, n'entra jamais dans la tête des plus déterminés bandits dont l'histoire fasse mention, pas même dans celle des sicaires de la troupe de Catilina : celui qui en aurait parlé sérieusement eût passé, à coup sûr, pour un fou furieux.

Rullus, tribun du peuple, avait entrepris de faire revivre cette loi agraire tant de fois proposée, et toujours combattue. Cicéron, alors consul ; Cicéron, qui devait son élévation au peuple, mais qui aimait trop ce même peuple pour le flatter et le tromper attaqua d'abord les tribuns dans le sénat ; et, appelé par eux dans l'assemblée du peuple, devant qui la question avait été portée, il ne craignit pas de le rendre juge dans sa propre cause, lui montra évidemment de quelles illusions le berçaient des citoyens avides et ambitieux, qui couvraient d'un prétexte accrédité leurs intérêts particuliers; enfin, il poussa la confiance jusqu'à inviter les tribuns à monter sur-le-champ dans la tribune, et à discuter la question avec lui contradictoirement, en présence de tous les citoyens. Il fallait pour faire un pareil défi, être bien sûr de sa propre force et de celle de la vérité. Les tribuns, quelque avantage qu'ils dussent avoir à combattre sur leur terrain, n'osèrent pas lutter contre un homme qui tournait les esprits comme il voulait; et, battus devant le peuple comme il l'avaient été dans le sénat, ils gardèrent un honteux silence. Depuis ce temps, il ne fut plus question de la loi agraire; et Cicéron eut la gloire d'avoir fait tomber ce vieil épouvantail, dont les tribuns se servaient à leur gré pour effrayer le sénat. *

Le genre judiciaire comprend toutes les affaires qui se plaident devant des juges. Ce genre, ainsi que les deux autres, n'a pas eu la même forme parmi nous que chez les Anciens; car quoiqu'il

---

* Pline l'ancien, dans sa belle apostrophe à Cicéron (VII, 30) parle avec enthousiasme des discours contre la loi agraire. Voici le passage dans l'excellente traduction de M. Guéroult:

« O Cicéron ! puis-je, sans crime passer ton nom sous silence? et que célébrerai-je comme le titre distinctif de ta gloire? Mais en est-il qu'on puisse préférer au témoignage universel du peuple Roi, aux seules actions, qui, sans compter les autres merveilles de ta vie entière, ont signalé ton consulat? tu parles, et les tribuns renoncent à la loi agraire, c'est-à-dire à leurs besoins, etc... »

Voyez le morceau entier cité par La Harpe dans son examen de Pline l'ancien, t. XXII, p. 19 de ce recueil.

H. P.

soit vrai dans un sens qu'*il n'y a rien de nouveau sous le soleil*, il est aussi vrai dans un autre, que tout a changé et que tout peut changer encore. Notre barreau ne ressemble pas même aujourd'hui à celui des Grecs et des Romains : les particuliers ne sont pas accusateurs : il n'y a point d'affaires contentieuses portées au tribunal du peuple. La plus mémorable de toutes celles de cette dernière espèce fut la querelle d'Eschine et de Démosthène, dont je parlais tout à l'heure; et la défense de ce dernier passe pour le chef-d'œuvre du genre judiciaire. Mais aussi, toutes choses d'ailleurs égales, que de raisons pour que cela fût ainsi! Et quel homme eut jamais à jouer un plus grand rôle sur un plus grand théâtre? Ce n'est pas ici le lieu de s'y arrêter : il faut suivre Quintilien.

Quoique ces trois genres doivent avoir des caractères différents, suivant la différence de leur objet, il observe avec raison, non-seulement qu'il y a des qualités qui doivent leur être communes, mais même qu'il est certains côtés par lesquels ils se touchent de très près, et rentrent même en partie les uns dans les autres. Ainsi, par exemple, l'orateur qui délibère doit souvent mettre en usage les mêmes moyens d'émouvoir que celui qui plaide. Ils doivent tous deux employer le raisonnement et le pathétique, quoique ce dernier ressort soit plus particulièrement du genre judiciaire chez les Anciens, où l'on s'étudiait sur-tout à chercher tout ce qui pouvait émouvoir les juges ou les citoyens rassemblés. C'est dans cette partie que Cicéron excellait, au jugement de Quintilien, et par laquelle il a surpassé Démosthène. On croyait à Athènes ce talent si dangereux, qu'il était expressément défendu de s'en servir dans les causes portées devant l'Aréopage. La loi prescrivait aux avocats de se renfermer exactement dans la discussion du fait; et s'ils s'en écartaient, un huissier était chargé de les interrompre et de les faire rentrer dans leur sujet. S'il y en avait eu un de cette espèce au Palais, il aurait eu de l'occupation. Au reste cette défense n'avait lieu que dans l'Aréopage, regardé comme le plus sévère et le plus inflexible de tous les tribunaux : ailleurs il était permis à l'orateur de se servir de toutes ses armes.

Ce serait une question assez curieuse, de savoir si la plaidoirie ne doit être effectivement que la discussion tranquille d'un fait. A raisonner en rigueur, on n'en saurait douter; et certes, si nous avions une idée exacte de ce mot, le plus auguste que l'on puisse prononcer parmi les hommes, *la loi*, un juge qui n'en est que l'organe, qui doit être impassible comme elle, et ne connaître ni la colère, ni la pitié, devrait regarder comme un outrage que l'on cherchât à l'émouvoir, c'est-à-dire à le tromper. C'est le croire capable de juger suivant ses propres impressions, et non suivant la loi, qui n'en doit point recevoir, qui ne doit prononcer que sur les faits, et demeurer étrangère à tout le reste. Mais, il faut l'avouer, il est bien difficile que la rigueur de la théorie soit applicable à la pratique. Avant tout, il faudrait que les lois fussent au point de perfection où le juge n'a rien à faire qu'à les appliquer au cas proposé, n'a rien à prendre sur lui, rien à interpréter, rien à restreindre, en un mot, n'est que la voix d'une puissance qui par elle-même est muette. Or, cette perfection est-elle possible? Dans la jurisprudence criminelle, je le crois, surtout avec un *jury* bien institué : dans la jurisprudence civile, beaucoup plus compliquée, je ne le crois pas. Ce qui est certain, c'est que, même sans atteindre à ce dernier période, il faut au moins s'en rapprocher le plus qu'il est possible ; et comme nous en étions infiniment éloignés, comme, par la nature de nos ordonnances judiciaires, le juge pouvait beaucoup plus que la loi, il fallait bien laisser l'orateur remplir son premier devoir, qui est sans contredit de défendre, par tous les moyens qu'on lui permet, les intérêts qui lui sont confiés.

Quant aux caractères principaux qui distinguent en général les trois genres, le résultat de Quintilien est, que le panégyrique, l'oraison funèbre et tous les discours d'apparat sont ceux où l'éloquence peut déployer le plus de pompe et de richesse, parce que l'orateur, qui n'est chargé d'aucun intérêt, n'a d'autre objet que de bien parler. C'est là que le style est susceptible de tous les ornements de l'art, que la magnificence des lieux communs, l'artifice des figures, l'éclat des pensées et de l'expression, trouvent naturellement leur place. L'éloquence délibérative doit être moins ornée et plus sévère ; elle doit avoir une dignité proportionnée aux grands sujets qu'elle traite. Il n'est pas permis alors à l'orateur d'occuper de lui, mais seulement de la chose qui est en délibération. Il doit cacher l'art, et ne montrer que la vérité. L'éloquence judiciaire doit être principalement forte de preuves, pressante de raisonnements, adroite et déliée dans les discussions, impétueuse et passionnée dans les mouvements, et puissante à émouvoir les affections dans le cœur des juges.

Après avoir assigné ces caractères, il avertit que, suivant l'occasion et les circonstances, chacun des trois genres emprunte quelque chose des autres; qu'il y a des causes où le style peut être très orné, des délibérations où peut entrer le pathétique. Parmi nous, le genre démonstratif l'admet très heureusement, comme on le voit dans les oraisons funèbres de Bossuet et de Fléchier, dans les sermons de Massillon et de l'abbé Poulle, et dans ceux qui se sont montrés dignes de marcher sur leurs traces.

Le genre judiciaire est celui sur lequel Quintilien s'étend davantage, comme sur celui qui, de son temps sur-tout, était d'un plus grand usage. Il y distingue cinq parties : l'exorde, la narration, la confirmation, la réfutation, et la péroraison. Ce sont encore celles qui composent la plupart des plaidoyers de nos jours. L'exorde a pour but de rendre le juge favorable, attentif et docile; la narration expose le fait; la confirmation établit les moyens; la réfutation détruit ceux de la partie adverse; la péroraison résume toute la substance du discours, et doit graver dans l'esprit et dans l'âme du juge les impressions qu'il importe le plus de lui donner.

Je ne le suivrai pas dans le détail des préceptes; c'est l'étude de l'avocat. Je me borne à choisir quelques traits dont l'application peut s'étendre à tout, et intéresser plus ou moins tous ceux qui lisent ou qui écoutent.

Il veut que l'exorde en général soit simple et modeste, qu'il n'y ait rien de hardi dans l'expression, rien de trop figuré, rien qui annonce l'art trop ouvertement. Il en donne une raison plausible : « L'orateur n'est pas encore introduit dans » l'âme de ses auditeurs; l'attention, qui ne fait que » de naître, l'observe de sang-froid. On lui permet- » tra davantage quand les esprits seront échauffés.

« La narration doit être courte, claire et pro- » bable. Elle sera courte, s'il n'y a rien d'inutile ; » car, dans le cas même où vous aurez beaucoup » de choses à dire, si vous ne dites rien de trop, » vous ne serez pas trop long. Elle sera claire, si » vous ne vous servez pour chaque chose que du » mot propre, et si vous distinguez nettement le » temps, les lieux et les personnes. Il est alors si » important d'être entendu, que la prononciation » même doit être soignée de manière à ne rien » faire perdre à l'oreille du juge. Enfin elle sera » probable, si vous assignez à chaque chose des » motifs plausibles, et des circonstances natu- » relles. »

Il reproche aux avocats de son temps de ne pas sentir assez cette nécessité de ne rien laisser perdre de la narration. « Jaloux des applaudissements » d'une multitude assemblée au hasard, ou quel- » quefois même gagnée, ils ne peuvent se contenter » du silence de l'attention. Ils semblent ne se croire

» éloquents que par le bruit qu'ils font ou qu'ils
» excitent. Bien expliquer un fait comme il est,
» leur paraît trop commun et trop au-dessous d'eux,
» Mais n'est-ce pas plutôt faute de le pouvoir que
» de le vouloir? car l'expérience apprend que rien
» n'est si difficile que de dire ce qu'après nous
» avoir entendus, chacun croit qu'il eût dit aussi
» bien que nous. Ce qui produit cet effet sur l'au-
» diteur, ne lui paraît pas beau, mais vrai. Or,
» l'orateur ne parle jamais mieux que lorsqu'il
» semble dire vrai, puisque son seul but est de
» persuader. Nos avocats, au contraire, regardent
» l'exposition comme un champ ouvert à leur
» éloquence : c'est là qu'ils veulent briller ; c'est là
» que le style, le ton, les gestes, les mouvements
» du corps, tout est également outré. Qu'arrive-t-il?
» C'est qu'on applaudit à l'action de l'avocat, et
» qu'on n'entend pas la cause »

Il ajoute que rien ne demande un plus grand
art que la narration judiciaire. « Il est bon qu'elle
» soit ornée, afin que le récit trop nu ne devienne
» pas insipide et ennuyeux; mais cet ornement
» doit consister surtout dans le choix des termes,
» dans une élégance sans apprêt, dans l'agrément
» et la variété des tournures. C'est un chemin qu'il
» faut rendre agréable pour l'abréger, mais où
» rien ne doit détourner du but. Comme la nar-
» ration ne comporte pas les autres beautés de
» l'art oratoire, il faut qu'elle en ait une qui lui
» soit propre. C'est dans ce moment que le juge
» est plus attentif, et que rien n'est perdu pour
» lui. De plus je ne sais comment il se fait qu'on

» croit avec plus de facilité ce qu'on a entendu avec
» plaisir. »

Il cite pour modèle le récit du meurtre de Clodius, dans le plaidoyer pour Milon ; et c'est en effet dans ce genre ce que l'antiquité nous a laissé de plus parfait.

Dans la confirmation, où l'exposé des preuves, la division des points principaux lui paraît essentielle. « Elle est fondée, dit-il, sur la nature même,
» qui veut qu'on procède d'une chose à une autre ;
» elle aide beaucoup à la mémoire de celui qui
» parle, et soutient l'attention de ceux qui écou-
» tent. » Mais en même temps il blâme l'abus des subdivisions multipliées, « qui deviennent subtiles
» et minutieuses, ôtent au discours toute sa gra-
» vité, le hachent plutôt qu'elles ne le partagent,
» coupent ce qui doit être réuni, et produisent la
» confusion et l'obscurité, précisément par le
» moyen inventé pour les prévenir. »

Tous ces préceptes, comme on voit, sont applicables pour nous de plus d'une manière, et, par exemple, la manie de subdiviser est un des vices de la prédication ; il est quelquefois fatiguant dans Bourdaloue. Quant à ce grand précepte de l'ordre et de la méthode, il n'y en a point de plus fécond ni de plus essentiel dans presque tous les genres de composition, mais sur-tout dans ce qui regarde l'enseignement ; il faut y avoir réfléchi, il faut même avoir mis la main à l'œuvre, pour sentir toute la difficulté et tous les avantages d'une bonne méthode et d'une disposition lumineuse. C'est une des parties de l'art dont le ressort est caché, et dont on ne voit que l'effet, sans savoir ce qu'il a coûté. Rien n'est plus nécessaire, pour attacher le lecteur ou l'auditeur, que de lui montrer toujours un but, et de lui mettre dans les mains le fil qui doit le conduire ; car l'esprit de l'homme est naturellement paresseux, et veut toujours être mené : il est naturellement curieux, et a toujours besoin d'attendre quelque chose ; c'est le secret de la méthode, et ce qui en fait le prix. C'est aussi par cette raison que, pour enseigner bien moins qu'on ne sait, il faut savoir beaucoup, et qu'on ne peut transmettre aux autres une partie de ses connaissances, sans les avoir long-temps et mûrement digérées. Avant d'introduire les autres dans une longue carrière, il ne suffit pas de l'avoir reconnue, il faut pouvoir l'embrasser tout entière d'un coup d'œil, savoir tous les chemins par où l'on passera, dans quels endroits et combien de temps on veut s'arrêter, tout ce qu'on doit rencontrer sur son passage ; et comment pourra-t-on suivre un guide avec confiance et avec plaisir, si lui-même a l'air de marcher au hasard et de ne savoir où il va? Quoi de plus fatiguant qu'un écrivain qui veut vous communiquer des idées dont lui-même ne s'est pas rendu compte ; qui, loin de vous épargner de la peine, ne vous montre que la sienne, veut répandre la lumière dans les esprits, quand le sien est couvert de nuages, et, loin de vous apporter le fruit et le résultat de ses pensées, vous associe vous-mêmes au travail de ses conceptions?

La confirmation et la réfutation nous conduisent aux preuves : les unes dépendent de l'avocat, les autres n'en dépendent pas. Les dernières sont les témoins, les écritures, les serments; les autres sont les arguments et les exemples. Les arguments se divisent en propositions générales et particulières, et il s'ensuit qu'un orateur doit être bon logicien. Mais tout ce détail n'est pas de notre sujet; et Quintilien lui-même, après l'avoir traité à fond, avertit qu'il faut posséder la dialectique en philosophe, et l'employer en orateur.

La péroraison, que les Grecs appelaient récapitulation, ἀνακεφαλαίωσις, est la partie du discours où l'on rassemble toutes ses forces pour porter le dernier coup. C'est le triomphe de l'éloquence judiciaire, sur-tout chez les Anciens, dont les tribunaux, entourés d'une foule innombrable de peuple, ou même la tribune aux harangues, quand c'était lui qui jugeait, offraient un vaste théâtre à l'action oratoire. Là se développaient toutes les ressources du pathétique. Mais Quintilien avertit de ne pas s'y arrêter trop long-temps; il rappelle un mot d'un Ancien déjà cité par Cicéron : *Rien ne sèche si vite que les larmes. Nil citiùs arescit lacrymâ.*
» Le temps calme bientôt les douleurs même
» réelles : combien doivent se dissiper plus faci-
» lement les impressions illusoires qui n'agissent
» que sur l'imagination! Que la plainte ne soit
» pas trop longue, sinon l'auditeur en est fatigué;
» il reprend sa tranquillité; et, revenu de la pitié
» passagère qui l'avait saisi, il retrouve toute sa
» raison. Ne laissons donc pas refroidir le senti-
» ment; et, quand nous l'avons porté jusqu'où
» il peut aller, arrêtons-nous, et n'espérons pas

» que l'âme soit long-temps sensible à des douleurs
» qui lui sont étrangères. Là plus qu'ailleurs il
» faut que le discours non-seulement se soutienne,
» mais qu'il aille toujours en croissant : tout ce
» qui n'ajoute pas à ce qu'on a dit ne sert qu'à
» l'affaiblir ; et le sentiment s'éteint dès qu'il
» languit. »

Un autre avertissement qu'il donne, c'est de ne pas essayer le pathétique, si l'on ne se sent pas tout le talent nécessaire pour le bien manier. » Comme il n'y a point d'impression plus puissante
» lorsqu'on parvient à la produire, il n'y en a point
» qui refroidisse davantage, si l'effet est manqué.
» Il vaudrait cent fois mieux alors laisser les juges
» à leurs propres dispositions; car, en ce genre,
» les grands mouvements, les grands efforts sont
» tout près du ridicule, et ce qui ne fait pas pleurer
» fait rire. »

Les objets sensibles ont aussi beaucoup de pouvoir dans cette partie, comme la vue des cicatrices, les blessures, les habits teints de sang, les enfants en larmes, les femmes en deuil, les vieillards en cheveux blancs. On en vit un exemple terrible lorsqu'Antoine mit sous les yeux du peuple romain la robe sanglante de César. « On savait qu'il était tué :
» son corps était déjà mis sur le bûcher ; cependant
» ce vêtement ensanglanté offrit une image si vive
» du meurtre, qu'il sembla qu'en ce moment même
» on frappait encore César. » N'oublions plus ce qui a été si ridiculement et si malheureusement oublié parmi nous, qu'il est de la nature de l'homme d'être mené par des objets sensibles, et qu'il n'y a

que des sots ou des monstres qui puissent se croire plus forts que la nature humaine.

Nous apprenons de Quintilien que les avocats de son temps faisaient d'autant plus d'usage de ces moyens, que tout les favorisait au barreau, et que d'ailleurs ils ne demandaient pas beaucoup d'imagination. Mais aussi il en fait voir le danger lorsqu'on n'a pas apporté assez d'attention à s'assurer de toutes les circonstances du moment, et à prévoir tous les inconvénients. « Souvent, dit-il, » l'ignorance et la grossièreté des clients contredit » trop ouvertement les paroles et les mouvements » de l'orateur. Ils paraissent insensibles quand il » les peint le plus affectés, et rient même quelque- » fois lorsqu'il les représente tout en pleurs. » Il raconte à ce sujet un tour assez plaisant qu'il joua lui-même à un avocat qui plaidait contre lui, pour une jeune fille que son frère, disait-elle, refusait de reconnaître. Au moment de la péroraison, l'avocat ne manqua pas de prendre la jeune personne dans ses bras, et, sortant de son banc, il la porta dans le banc opposé où il avait vu ce frère, comme pour la lui remettre malgré lui, et la déposer dans le sein fraternel. Mais Quintilien, qui avait vu de loin arriver cette figure de rhétorique, avertit d'avance son client de s'évader dans la foule: en sorte que l'avocat qui avait apporté cet enfant avec des cris et des mouvements très violents, ne trouva plus personne à qui la présenter, et, déconcerté par ce contre-temps imprévu, n'imagina rien de mieux que de la reporter très tranquillement, et de la remettre où il l'avait prise.

« Un autre, plaidant pour une jeune femme qui
» avait perdu son mari, crut faire merveille en ex-
» posant le portrait de cet époux misérablement
» assassiné. Mais ceux à qui il avait dit de montrer
» ce portrait aux juges au moment de la péroraison,
» ne sachant pas ce que c'était qu'une péroraison,
» chaque fois que l'orateur jetait les yeux de leur
» côté, ne manquaient pas d'avancer le portrait ;
» et enfin quand on vint à le considérer, on vit
» que celui que la veuve pleurait tant était un
» vieillard décrépit. On en rit si fort, qu'on ne pensa
» plus au plaidoyer. »

« On sait ce qui arriva à Glycon. Il avait amené
» à l'audience un enfant, dans la pensée que ses
» cris et ses larmes pourraient attendrir les juges,
» et son précepteur était auprès de lui pour l'avertir
» quand il faudrait pleurer. Glycon, plein de con-
» fiance, lui adresse la parole, et lui demande
» pourquoi il pleure : *C'est que mon précepteur*
» *me pince.* » On a souvent conté ce fait comme
étant de nos jours : on voit qu'il est de vieille date,
comme tant d'autres contes.

Quintilien, pour achever de faire voir le vice
de tous ces moyens factices que les jeunes gens
apportaient de l'école des rhéteurs, raconte la leçon
aussi piquante qu'ingénieuse que donna Cassius
Sévérus, l'un des meilleurs avocats de son temps,
à un jeune orateur qui s'avisa de lui dire en l'apos-
trophant tout à coup : *Pourquoi me regarde-vous*
avec cet air farouche? Moi! dit Cassius, *je n'y*
pensais seulement pas. Mais apparemment que
cela est écrit dans votre cahier, et je vais vous

regarder comme vous le voulez; et en même temps il lui lança un regard épouvantable.

Mais si Quintilien marque les écueils du pathétique, c'est pour en relever davantage le mérite et la puissance quand il est heureusement mis en œuvre. « Bien des gens savent trouver des raisons
» et déduire des preuves; mais enlever les juges à
» eux-mêmes, leur donner telle disposition que
» l'on veut, les enflammer de colère où les atten-
» drir jusqu'aux larmes, voilà ce qui est rare, voilà
» le véritable empire que l'éloquence a sur les cœurs.
» Les arguments naissent d'ordinaire du fond de la
» cause, et le bon droit n'en manque pas; de sorte
» que celui qui gagne sa cause par leur moyen
» peut croire qu'il n'avait besoin que d'un avocat.
» Mais, quand il s'agit de faire une sorte de vio-
» lence aux juges, c'est ce que les clients ne peu-
» vent nous apprendre, et ce qui ne se trouve point
» dans leurs mémoires. Les preuves font penser
» aux juges que notre cause est la meilleure; mais
» les sentiments que nous leur inspirons leur font
» souhaiter qu'elle le soit, et notre affaire devient
» la leur. Aussi l'effet des arguments et des témoi-
» gnages ne se manifeste que quand ils portent leur
» arrêt. Mais lorsqu'on vient à bout de les émou-
» voir, on sait, avant qu'ils soient levés de leur
» siège, quel sera leur jugement. Quand on les
» voit tout à coup fondre en larmes comme il ar-
» rive quelquefois dans ces belles péroraisons qui
» toucheraient les cœurs les plus insensibles, l'arrêt
» n'est-il pas déjà prononcé? Que l'orateur tourne
» donc tous ses efforts de ce côté, et qu'il s'attache

» particulièrement à cette partie de l'art, sans
» laquelle tout le reste est faible et stérile : le pa-
» thétique est l'âme du plaidoyer. »

Les extrêmes se touchent, et Quintilien passe tout de suite à un moyen tout opposé, le rire et la plaisanterie. Il sent combien ce ressort est délicat à manier : il y faut la plus grande finesse de tact et la connaissance la plus juste de l'à-propos Il semble même que ce moyen soit en quelque sorte étranger à l'éloquence. Mais l'expérience prouve tout ce qu'il peut produire, et souvent une plaisanterie bien placée a fait tomber le plus grand appareil oratoire. « On a remarqué, dit-il, que » cette espèce de talent a manqué à Démosthène, » et que Cicéron en a abusé. » Quintilien, tout admirateur qu'il est de ce grand homme, avoue qu'il a trop aimé la raillerie, au barreau comme dans la conversation ; mais il soutient que la plaisanterie de Cicéron est toujours celle des honnêtes gens et des gens de goût, qu'il avait soin de ne la placer ordinairement que dans l'interrogation des témoins, et dans cette partie de la plaidoirie qu'on appelait altercation, c'est-à-dire, lorsque les deux avocats dialoguaient contradictoirement. Si l'on veut d'ailleurs s'assurer de la mesure parfaite qu'il savait garder, lorsqu'il le fallait, il n'y a qu'à lire l'oraison *Pour Muréna* où il plaidait contre Caton. Il fallait affaiblir l'autorité de ce redoutable censeur, sans blesser la vénération qu'il inspirait ; il devait, de plus, garder lui-même la dignité de sa place, puisqu'alors il était consul. Il prit le parti de jeter sur le rigorisme des principes stoïques de

Caton une teinte de ridicule si légère et si douce, qu'il fit rire les auditeurs et les juges, sans que Caton fût en droit de se fâcher.

Il avait d'ailleurs des reparties qui portaient coup, celle, par exemple, qu'il fit à Hortensius, qui, plaidant pour Verrès, dit à propos d'une question que Cicéron faisait à un témoin : *Je n'entends pas les énigmes. Je m'en étonne*, répliqua Cicéron, *vous avez chez vous le sphinx*. Remarquez qu'Hortensius avait reçu de Verrès un sphinx d'airain, estimé comme un morceaux précieux. La réplique, comme on voit, n'était pas un simple jeu de mots.

Je dirai encore, en passant, que ce mot sur une femme qui prétendait n'avoir que trente ans, *je le crois; car il y en a vingt que je le lui entends dire;* ce mot, qu'on a cité cent fois comme moderne, est de Cicéron.

Quintilien a classé et examiné les trois genres du discours oratoire. Or, tout discours est composé de deux choses, les pensées et les mots. Les pensées dépendent de l'invention et de la disposition des parties, et il en a traité en parlant de tous les moyens que peut employer l'orateur, et de la manière dont il doit les distribuer. Les mots dépendent de l'élocution, et c'est ce dont il lui reste à s'occuper; car l'orateur a trois devoirs à remplir: d'instruire, de toucher, de plaire. Il instruit par le raisonnement; il touche par le pathétique; il plaît par l'élocution : « C'est, continue Quinti-
» lien, de ces trois choses la plus difficile, au ju-
» gement même des orateurs. En effet, Antoine,

» l'aïeul du triumvir, disait qu'il avait vu bien des
» gens diserts, et pas un homme éloquent. Il ap-
» pelait disert celui qui disait sur un sujet ce qu'il
» fallait dire : il entendait par éloquent celui qui
» disait comme il fallait dire. Depuis lui, Cicéron
» nous a dit aussi que savoir inventer et disposer
» est d'un homme de sens, mais que savoir exprimer
» est d'un orateur. En conséquence, il s'est parti-
» culièrement étudié à bien enseigner cette partie
» de la rhétorique. Le mot même d'éloquence fait
» assez voir qu'il a raison : car être éloquent, à
» proprement parler, n'est autre chose que de
» pouvoir produire au dehors toutes ses pensées,
» toutes ses conceptions, tous ses sentiments, et
» les communiquer aux autres; et, sans cette fa-
» culté, tout ce que nous avons enseigné jusqu'ici
» devient inutile. Or, si l'expression ne donne pas
» à la pensée toute la force dont elle est suscep-
» tible, vous n'aurez rien fait qu'à demi. Voilà
» donc sur-tout ce qu'il faut apprendre, et à quoi
» l'art est absolument nécessaire ; voilà quel doit
» être l'objet de nos soins, de nos exercices, de
» notre imitation, voilà l'étude de toute la vie,
» voilà ce qui fait qu'un orateur l'emporte sur un
» autre orateur, et qu'un style est plus parfait
» qu'un autre ; car les écrivains asiatiques et ceux
» des romains dont le goût est corrompu, n'ont
» pas toujours péché dans l'invention ou la dispo-
» sition ; mais les uns, trop enflés, ont manqué de
» mesure dans la diction, et les autres, ou secs ou
» affectés, ont manqué de force dans le style.

» Qu'on n'aille pas en conclure néanmoins qu'il

» ne faut s'occuper que des mots. Je me hâte
» d'aller au-devant de cet abus que quelques per-
» sonnes pourraient faire de ce que je viens de
» dire. Il faut les arrêter tout court, et me décla-
» rer d'abord contre ces gens qui se consument
» vainement à agencer des paroles sans se mettre
» en peine des choses, qui sont pourtant les nerfs
» du discours. Ils cherchent l'élégance, qui est
» charmante en elle-même, il est vrai, mais quand
» elle est naturelle, et non pas quand elle est
» affectée. »

Quintilien se sert ici d'une comparaison dont la justesse est frappante, et très propre à faire comprendre comment une qualité nécessaire pour faire valoir toutes les autres ne produit pourtant rien par elle-même, si elle est seule. « Ne voyons
» nous pas que ces corps robustes que l'exercice
» a fortifiés, et qui ont un air de santé, tirent leur
» beauté des mêmes choses qui font leur force?
» Tous leurs membres sont bien attachés, bien
» proportionnés; ils n'ont ni trop, ni trop peu
» d'embonpoint : leur chair est à la fois ferme et
» vermeille ; mais qu'ils se montre à nous peints
» de vermillon et couverts de fard, ils perdront
» à nos yeux toute la beauté que leur force leur
» donnait. Je veux donc que l'on pense aux mots,
» mais que l'on soit encore plus occupé des choses ;
» car d'ordinaire les meilleures expressions tien-
» nent à la pensée même; mais par malheur nous
» les cherchons, nous les poursuivons comme si
» elles voulaient se dérober à nous. Nous ne
» croyons jamais que ce qu'il faut dire soit si près,

» et comme à notre portée; nous voulons le faire
» venir de loin, nous faisons violence à notre gé-
» nie. C'est cette recherche qui nuit au discours ;
» car les termes qui plaisent le plus aux esprits
» sensés sont simples comme le langage de la vé-
» rité : au contraire, ces mots qui ne montrent que
» la peine qu'on a eue à les trouver n'ont pas la
» grâce qu'ils affectent, ne laissent rien dans l'es-
» prit, et offusquent la pensée. Cependant Cicé-
» ron avait déclaré assez nettement que le plus
» grand vice qu'un discours puisse avoir, c'est de
» s'éloigner trop de la manière ordinaire de parler.
» Mais apparemment Cicéron n'y entendait rien :
» c'est un barbare en comparaison de nous. Nous
» n'aimons plus rien de ce que la nature a dicté ;
» nous voulons, non pas des ornements, mais des
» raffinements, comme si les mots pouvaient avoir
» quelque beauté quand ils ne conviennent pas
» aux choses qu'ils veulent exprimer..... Je conclus
» qu'il faut avoir un grand soin de l'élocution,
» pourvu qu'on sache bien qu'il ne faut rien faire
» pour l'amour des mots, les mots eux-mêmes
» n'ayant été inventés que pour les choses. »

SECTION III.

De l'Élocution et des Figures.

Quintilien distingue trois qualités principales dans l'élocution oratoire : la clarté, la correction, l'ornement. La clarté dépend sur-tout de la propriété et de l'arrangement naturel des mots : la correction résulte de la régularité des constructions; l'ornement naît de l'heureux emploi des figures. Il veut que la diction de l'orateur soit si claire, que la pensée frappe l'esprit comme la lumière frappe les yeux. Il a raison sans doute, puisque ceux à qui l'orateur s'adresse ne peuvent l'entendre trop tôt ni trop bien; mais, quoiqu'en général la première qualité du style soit la clarté, il serait trop rigoureux d'exiger qu'en tous genres d'écrire elle fût toujours portée au même point. Il est des matières abstraites qui ne comportent que le degré de clarté proportionné à l'étendue et à la profondeur des idées et à l'attention du lecteur; et ce serait alors une prétention de la paresse, de vouloir que l'écrivain rendît sensible, au premier aperçu, ce qui, pour être entendu, a besoin d'être médité. Un ouvrage tel que le *Contrat Social* ou *l'Esprit des Lois* ne peut pas se lire comme un ouvrage oratoire. La raison en est simple; c'est que le philosophe et l'orateur se proposent un but différent : l'un veut sur-tout vous forcer à réfléchir, l'autre ne doit pas même vous laisser le temps de la réflexion.

Pour ce qui regarde la propriété des termes, Quintilien observe qu'il ne faut pas prendre ce mot dans un sens trop littéral; car il n'y a point de langue qui ait précisément un mot propre pour chaque idée, et qui ne soit souvent obligée de se servir du même terme pour exprimer des choses différentes. La plus riche est celle qui a le moins besoin de ces sortes d'emprunts, qui sont toujours des preuves d'indigence. Parmi nous, par exemple, on se sert du même mot pour dire qu'on aime le jeu et les femmes. Les Grecs avaient au moins un mot particulier pour signifier l'amour d'un sexe pour l'autre, ἔρως, et cette distinction était juste. Les Latins en avaient un, *pietas*, qui, en exprimant l'amour des enfants pour leurs parents, caractérisait un sentiment religieux, et cette idée était un précepte de morale.

Quintilien remarque aussi que la propriété des termes est si essentielle au discours, qu'elle est plutôt un devoir qu'un mérite. Je ne sais ce qu'il en était de son temps : on peut croire que, les premières études étant généralement plus soignées, l'habitude de s'énoncer en termes convenables, et d'avoir, en écrivant, l'expression propre, n'était pas très rare. Aujourd'hui, si c'est un devoir, comme il le dit, ce devoir est si rarement rempli, qu'on peut sans scrupule en faire un mérite. Nous nous sommes tellement accoutumés à croire que tout se devine et que rien ne s'apprend ; il y a si peu de gens qui aient cru devoir étudier leur langue, qu'il ne faut pas s'étonner si, parmi ceux qui écrivent, il en est tant à qui la propriété des termes est une science à peu près étrangère. Il n'y a que nos bons écrivains à qui l'usage du mot propre soit familier. Lorsque nous en serons à la littérature moderne, nous serons peut-être étonnés de l'excès honteux d'ignorance que l'on peut reprocher en ce genre à beaucoup d'auteurs qui ont eu de la réputation, ou qui même en conservent encore. Sans doute il n'y a point d'écrivain qui ne fasse quelques fautes de langage, et celui même qui se mettrait dans la tête de n'en jamais faire, y perdrait beaucoup plus de temps que n'en mérite un si minutieux travail. Mais il y a loin de quelques légères inexactitudes, de quelques négligences, à la multitude des solécismes et des locutions vicieuses que l'on rencontre de tous côtés. Parmi les maux qu'a faits aux lettres ce déluge d'écrits périodiques qui depuis vingt-cinq ans inonde toute la France, il faut compter cette corruption épidémique du langage, qui en a été une suite nécessaire. Pour peu qu'on réfléchisse un moment, il est aisé de s'en convaincre. Mais je me réserve de développer cette vérité lorsque je traiterai en particulier des *journaux*, depuis leur naissance jusqu'à nos jours. Avouons-le : ce qu'on lit le plus, ce sont les journaux. Ils contiennent, en quelque genre que ce soit, la nouvelle du jour, et c'est en conséquence la lecture la plus pressée pour le plus grand nombre, et assez souvent la seule. Or, par qui sont faits ces journaux (je laisse à part les exceptions que chacun fera aussi bien que moi, et je parle en général)? Par des hommes qui certainement n'ont choisi ce métier facile et vulgaire que parce qu'ils ne sauraient faire mieux; par des hommes qui savent fort peu, et qui n'ont ni la volonté ni même le temps d'en apprendre davantage. De plus, comment les lit-on? Aussi légèrement qu'ils sont faits. Chacun y cherche d'un coup d'œil ce qui lui convient, et personne ne pense à examiner comme ils sont écrits : ce n'est pas là ce dont il s'agit. Qu'arrive-t-il? Ces feuilles éphémères, rédigées avec une précipitation qui serait dangereuse même pour le talent, à plus forte raison pour ceux qui n'en ont point, fourmillent de fautes de toute espèce : il est impossible à un homme de lettres d'en lire vingt lignes sans y trouver presque à chaque mot l'ignorance ou le ridicule. Mais ceux qui sont moins instruits s'accoutument à ce mauvais style, et le portent dans leurs écrits ou dans leur conversation ; car rien n'est si naturellement contagieux que les vices du style et du langage, et nous sommes disposés à imiter, sans y penser, ce que nous lisons et ce que nous entendons tous les jours. Ce n'est pas ici le moment de porter jusqu'à la démonstration ce qui est assez prouvé pour quiconque a un peu réfléchi : je m'écarterais trop de mon objet, et celui-là est assez important pour être un jour traité à part. C'est alors qu'on sentira que les gens de lettres (et toutes les fois que je me sers de ce terme, je n'entends jamais par-là que ceux qui méritent ce nom), que les gens de lettres ne doivent être taxés ni d'humeur ni d'exagération lorsqu'ils annoncent un si grand mépris pour ces malheureuses rapsodies, devenues l'aliment de la multitude. On verra que ceux qui les composent ignorent le plus souvent la valeur des mots dont ils se servent, ne savent pas même construire une phrase ni dire ce qu'ils veulent dire, prodiguent au hasard des mots techniques qu'ils n'entendent pas, et le style figuré, dont ils n'ont pas la première idée. C'est dans les journaux que vous trouverez des *combats polémiques;* ce qui signifie des *combats combattants.* Pourquoi? C'est que le journaliste ne savait pas que *polémique,* venant d'un mot grec, πόλεμος, qui signifie *guerre*, veut dire au propre ce qui a rapport à la guerre, et par extension, au figuré, ce qui a rapport à la dispute : ainsi l'on dit des *écrits polémiques*, le *genre polémique*, une *dissertation polémique*. Il avait lu tous ces mots-là sans savoir ce qu'ils signifiaient, et il a mis, à tout hasard, des *combats polémiques*. Ailleurs vous trouverez qu'il faut voir cette actrice dans un rôle plus *conséquent*, pour dire dans un rôle plus important. Il faut pardonner aux garçons marchands de la rue Saint-Denis de vous dire, en vous montrant une étoffe : *Ceci est plus conséquent*, et de croire que *conséquent* est synonyme de ce qui est de conséquence. Mais n'est-ce pas une ignorance ignominieuse, dans un homme qui écrit, de se méprendre si grossièrement sur un mot si connu ? Quel homme bien élevé ne sait pas que *conséquent* signifie ce qui est d'accord avec soi-même dans toutes ses parties ? Quand une proposition est régulièrement déduite d'une autre, elle est *conséquente* : un homme est *conséquent* lorsque sa conduite est d'accord avec ses principes, quand ses actions sont d'accord avec ses paroles, ses démarches avec ses intérêts ; et, dans le cas contraire, il est *inconséquent*. Le peuple, qui corrompt toujours le langage, parce qu'il n'en sait pas les principes, a trouvé plus court de dire *conséquent* pour *de conséquence*; des écrivains ignorants l'ont répété, et, par une suite de cet esprit d'imitation dont je parlais tout à l'heure, des gens même qui devraient bien parler font tous les jours la même faute.

Outre l'impropriété des termes, Quintilien assigne quelques autres causes de l'obscurité qu'il faut éviter dans le style, comme l'usage fréquent des mots vieillis ou étrangers, ou particuliers à quelque province ; l'embarras des constructions, la longueur des phrases, qui fait oublier à la fin ce qui a été mis au commencement ; la concision affectée et excessive, qui retranche des mots nécessaires en voulant ôter le superflu. Quant à la correction, il recommande fort sagement de ne pas s'en occuper jusqu'au degré de scrupule, que nous nommons, dans notre langue, *purisme*. Cette sévérité vétilleuse, qui se défend certaines irrégularités que le langage familier a introduites même dans le style soutenu, est un défaut dans l'éloquence, et un ridicule dans la conversation. C'est un travers où tombent quelques provinciaux qui, voulant faire voir qu'ils parlent bien, montrent seulement qu'ils ne connaissent pas cette aisance et ce naturel d'expression, l'un des caractères particuliers de la bonne compagnie de la capitale, et qui est, à proprement parler, l'urbanité du langage, comme elle était autrefois l'atticisme dans Athènes. Quintilien rapporte, à ce propos, que Théophraste fut reconnu pour étranger par une marchande d'herbes de cette ville : et comme on demandait à cette femme à quoi elle s'en était aperçue : *C'est*, dit-elle, *qu'il parle trop bien*. Il conclut que la diction de l'orateur doit être telle, que les gens éclairés l'approuvent, et que les ignorans l'entendent.

Il vient enfin aux ornemens du discours, aux

figures, grand sujet pour les rhéteurs, mais dont il ne convient de traiter didactiquement que dans un livre fait exprès, et qui ne doivent nous fournir ici que quelques observations sur leur origine, leur usage et leur abus. Il ne s'agit pas en effet de recommencer notre rhétorique; et de plus, il faut l'avouer, c'en est bien la partie la plus frivole. Quand on veut expliquer cette nombreuse nomenclature, rien ne ressemble plus à la leçon de M. Jourdain, à qui l'on enseigne gravement de quelle manière il ouvre la bouche pour faire un O. La catachrèse, et l'hyperbate, et la synecdoche, et l'antonomase, ces monstres des classes, épouvantail des enfans, sont à peu près comme leurs poupées, qu'ils trouvent creuses en dedans quand ils les ont déchirées. N'est-on pas bien avancé lorsqu'on sait qu'en disant *l'orateur romain* au lieu de Cicéron, on fait une antonomase, c'est-à-dire qu'on met une qualification à la place d'un nom propre; que, lorsqu'on dit *les mortels* au lieu des hommes, on fait une synecdoche, parce qu'on prend le plus pour le moins; que, lorsqu'on dit *une feuille de papier*, on fait une catachrèse ou un abus de mots, parce qu'on applique par extension au papier le mot de feuille, qui ne convient qu'aux végétaux? Tous ces noms scientifiques, donnés aux différentes modifications du langage, n'apprennent ni à mieux parler ni à mieux écrire, et ne peuvent occuper avec quelque utilité que ceux qui veulent faire une analyse métaphysique des différents procédés d'une langue, soit que le besoin, ou la commodité, ou l'agrément les ait fait naître, soit que les passions et l'imagination les aient employés pour ajouter à la force de l'expression. Par exemple, si l'on dit une feuille de papier, c'est évidemment par nécessité : le mot propre manquant pour l'objet, l'on a eu recours à ce qui en approchait le plus; et comme une feuille d'arbre est plate, mince et légère comme du papier, on a dit feuille de papier, quoique le papier n'ait point de feuilles. D'autres figures ont été inventées pour la variété et l'agrément, et c'est ainsi qu'on a pris la partie pour le tout, le contenant pour le contenu, la cause pour l'effet, le signe pour la chose signifiée, etc. L'imagination alors s'est portée sur la partie de l'objet qui l'avait le plus frappée, comme lorsqu'on dit *une voile* pour un vaisseau, *le trône* pour l'autorité royale, *une excellente plume* pour un excellent écrivain. C'est ainsi que se sont formés les tropes ou conversions de mots, c'est-à-dire les figures de diction, par lesquelles un mot est détourné de sa propre signification pour en prendre une autre. Voilà ce qu'il faudrait dire aux commençants pour les accoutumer à se rendre compte des expressions dont ils se servent, et les familiariser avec les notions primitives de la formation des langues. Mais on s'en tient au mot technique qui les effraie, et qu'ils apprennent sans l'entendre. On leur demande gravement ce que c'est qu'une métonymie; ce qui d'abord leur fait une frayeur horrible; car il faut bien leur pardonner d'être comme Pradon,

Qui croyait ces grands mots des termes de chimie.
BOILEAU.

Et quand ils sont parvenus à dire ce que c'est, ils n'en sont guère plus avancés : ils oublient bientôt le mot même, parce qu'on ne leur a pas rendu la chose assez sensible, et qu'elle leur a été présentée sous un appareil pédantesque. Il faudrait au contraire leur dire : n'ayez pas peur; les mots grecs n'y font rien ; il a bien fallu s'en servir, parce que notre langue n'a pas de mots combinés, et que métonymie est plus court que transposition de nom ; mais d'ailleurs c'est la chose la plus simple. On dit une flotte de cent voiles au lieu d'une flotte de cent vaisseaux, et l'on prend ainsi la partie pour le tout. Pourquoi? C'est que la première chose qui frappe les yeux dans un grand nombre de navires, ce sont les voiles, et que le moyen le plus court pour dénombrer une flotte, c'est de compter les voiles ; ainsi cette métonymie ou transposition de nom n'a été employée que par une suite naturelle de la première impression que l'objet faisait sur la vue. Avec cette méthode on habituerait les enfants à penser, et le mot resterait plus aisément dans leur mémoire, lorsqu'il serait attaché à une idée.

Cette figure est d'un usage si familier, qu'il n'y a personne qui ne s'en serve à tout moment et sans y penser. Dans l'éloquence et dans la poésie, il y a mille moyens de la varier et d'en tirer des effets nouveaux; mais le degré de hardiesse qu'on y met, et qui en fait tout le prix, doit être mesuré sur les circonstances et sur la nature du sujet. C'est la métonymie qui fait toute la beauté de ces deux vers de l'*Orphelin de la Chine* :

> Les vainqueurs ont parlé : *l'esclavage en silence*
> Obéit à leur voix dans cette ville immense.

L'expression est neuve : c'est la première fois qu'on s'est servi du mot d'esclavage, qui signifie la condition des esclaves, pour exprimer les esclaves eux-mêmes pris collectivement; c'est en cela que consiste la figure. Mettez à la place les *esclaves en silence*, et tout l'effet est détruit. D'où vient cette différence? Ce n'est pas seulement de ce que *les esclaves en silence* n'aurait rien qui fût au-dessus de la prose, mais c'est que le poète, en personnifiant *l'esclavage*, agrandit le tableau, et, par une expression vaste, nous montre toute une ville, une *ville immense*, habitée par *l'esclavage* seul et par *l'esclavage en silence*. Ce sont là des traits de maître; mais ôtez cette figure de la place où elle est, ôtez-là d'un sujet où l'imagination est déjà élevée par de magnifiques peintures des exploits de Gengiskan, par l'idée d'un peuple conquérant du monde, par la pompe du style oriental dont la pièce a reçu l'empreinte dès les premiers vers; transportez-la dans *Mérope* ou dans *Oreste*, elle y paraîtra trop poétique, elle sera froidement fastueuse et ne peindra rien. Supposons que, dans *Oreste*, l'auteur, voulant peindre la consternation des habitants d'Argos sous la tyrannie d'Egisthe, eût fait dire à Pammène :

> L'esclavage en silence obéit à sa voix.

c'était un luxe de poésie, déplacé dans la bouche d'un vieillard affligé qui pleure son maître, et les connaisseurs n'auraient remarqué ce vers que pour le critiquer. C'est pourtant, si l'on y prend garde, absolument la même idée : dans les deux cas, il s'agit de représenter un peuple qui tremble, et qui se tait sous une domination étrangère. Mais combien les circonstances doivent changer le caractère du style ! Voyez comment l'auteur d'*Oreste* fait parler Pammène, lorsqu'il se plaint à Oreste de la lâcheté du peuple d'Argos :

Hélas ! le citoyen, timidement fidèle,
N'oserait en ces lieux imiter ce saint zèle.
Dès qu'Égisthe paraît, la piété, Seigneur,
Tremble de se montrer, et rentre au fond du cœur.

Voilà deux tableaux dont le fond est le même, mais dont la couleur est bien différente : c'est que, dans l'un, le poète, en traçant l'épouvante qu'a répandue l'invasion des Tartares dans le plus grand empire du monde, ne veut parler qu'à l'imagination par une peinture qui n'est qu'accessoire ; et ne tient pas au fond du sujet : il se permet donc très à propos l'éclat et la hardiesse des expressions. Mais, dans l'autre, il veut parler au cœur, parce qu'à cette faiblesse timide du peuple d'Argos tient le retardement d'une vengeance légitime, qui est précisément le sujet de la pièce. Il se sert donc, non pas d'expressions magnifiques, mais d'expressions touchantes, propres à inspirer l'intérêt, la pitié, l'indignation :

> La piété, Seigneur,
> Tremble de se montrer, et rentre au fond du cœur.

Ce rapport continuel du style au sujet est si important, sur-tout dans les ouvrages dramatiques, où tout doit tendre au même effet, que, d'un bout à l'autre d'une pièce, chaque expression doit être en quelque sorte subordonnée à un caractère et à un but général. Mais ce sentiment si juste des convenances, qui produit la perfection du style, est une espèce de magie qui non-seulement n'est donnée qu'à très peu d'hommes, mais qui même a nécessairement peu de juges : il faut beaucoup de réflexion pour l'apercevoir, et assez volontiers on jouit de son plaisir sans songer à en chercher les causes. Il n'est pas si rare qu'on le croit d'avoir une certaine justesse d'esprit ; et ce qui le prouve, c'est que le vrai en tous genres ne manque guère son effet sur les hommes rassemblés ; mais il n'est pas commun d'exercer son esprit ni de réfléchir sur ses lectures. C'est là ce qui fait que les grands écrivains sont plus généralement admirés que parfaitement sentis ; mais c'est en même temps une raison pour excuser ceux que le sentiment réfléchi de la perfection rend plus passionnés pour tout ce qui s'en approche, et plus sévères pour tout ce qui s'en éloigne. Il faut songer que l'une de ces deux impressions ne peut pas exister sans l'autre. Quand on relit sans cesse avec délices ceux qui possèdent ce rare et grand talent d'imprimer à chaque ligne la couleur du sujet, comment supporter cette foule d'écrivains qui n'en ont pas même l'idée, qui font de toutes sortes de teintes rassemblées au hasard une bigarrure monstrueuse ? En faut-il davantage pour que, dès la première page, un lecteur un peu exercé reconnaisse un homme étranger à son art? Pourquoi, parmi tant de pièces de théâtre, en est-il si peu dont on puisse soutenir la lecture ? Il n'en faut pas chercher ailleurs la raison. Mais, d'un autre côté, pourquoi trouvera-t-on si souvent l'homme de lettres occupé à relire Racine et Voltaire, que tout le monde sait par cœur? C'est que, chaque fois qu'il les lit, il y trouve une foule de jouissances particulières qu'il ne faut pas envier à l'homme sensible qui a dévoué sa vie aux beaux-arts, puisque ces jouissances sont les plus douces et les plus pures, je dirais presque les seules qui lui tiennent lieu des sacrifices qu'il a faits et des dégoûts qu'il peut éprouver.

Boileau avait raison de se moquer de Pradon, qui ne savait pas ce que c'était qu'une métonymie ; mais, dans le même endroit, il a tort, ce me semble, d'en vouloir justifier une que l'on avait censurée et qui méritait de l'être. Vous verrez, dit-il, dans son *Épître à ses vers :*

> Vous verrez mille auteurs pointilleux,
> Pièce à pièce épluchant vos sons et vos paroles,
> Interdire chez vous l'entrée aux hyperboles ;
> Traiter tout noble mot de terme hasardeux,
> Et dans tous vos discours, comme monstres hideux,
> Huer la métaphore et la métonymie,
> Grands mots que Pradon croit des termes de chimie ;
> Vous soutenir qu'un lit ne peut être *effronté,* etc.

C'est dans la satire contre les femmes qu'il s'était servi de cette expression :

T'accomodes-tu mieux de ces douces Ménades
Qui, dans leurs vains chagrins, sans mal toujours malades,
Se font des mois entiers sur un lit *effronté*,
Traiter d'une visible et parfaite santé ?

Je louerai volontiers le dernier vers. Il y a vraiment de l'art ; et cette contradiction apparente, *se faire traiter d'une santé parfaite* comme on se fait traiter d'une maladie, exprime très bien l'inconséquence d'une fausse malade qui veut qu'on la guérisse d'un mal qu'elle n'a pas ; mais je trouve abusive et forcée la figure qui attribue au lit *l'effronterie* de la malade. Il faut, comme l'observe très judicieusement Du Marsais dans son excellent *Traité des Tropes*, que, dans toute figure, l'imagination aperçoive toujours un rapport clair et prochain. Ainsi l'on dirait très bien un lit adultère, un lit criminel, quoique, dans la réalité, un lit ne soit pas plus *adultère* ni *criminel* qu'il n'est *effronté ;* mais l'esprit saisit sur-le-champ le rapport des idées, et voit dans le lit l'instrument de l'adultère et le théâtre du crime ; et comment voir de *l'effronterie* dans un lit ? Au reste, cette faute est la seule de ce genre, qui soit dans tous les ouvrages de Boileau, et l'on n'en est que plus fâché que cet esprit si judicieux, qui, plus d'une fois, eut la sagesse de profiter du peu qu'il y avait de bon sens dans les mauvaises critiques dont on l'accablait, ait voulu précisément s'obstiner à défendre la faute la plus évidente qu'il eût commise.

Je renvoie à ce même *Traité des Tropes* que je viens de citer, et aux autres ouvrages relatifs au même sujet, ceux qui voudront étudier en détail l'artifice des figures; car il ne faut redire nulle part, ni sur-tout ici, ce qu'on peut trouver dans les livres; mais il faut bien s'arrêter un moment sur celle qui est en même temps la plus générale, la plus variée et la plus belle de toutes les figures de mots, la métaphore. Le nom même en est devenu tellement usuel, qu'il a perdu sa gravité scolastique. Cependant la définition en est un peu abstraite; mais, comme toutes les définitions, elle s'éclaircit bientôt par les exemples. On peut définir la métaphore, une figure par laquelle on change la signification propre d'un mot en une autre signification qui ne convient à ce mot qu'en vertu d'une comparaison qui se fait dans l'esprit. Ainsi, quand on dit que le mensonge prend les couleurs de la vérité, le mot *couleurs* n'est plus dans son sens propre; car le mensonge n'a pas plus de couleurs que la vérité : *couleurs* veut donc dire ici apparence; mais l'esprit saisit sur-le-champ le rapport qui existe entre les *couleurs* et les apparences, et la figure est claire. La métaphore a cet avantage, dit très bien Quintilien, que, grâce à elle, il n'y a rien que l'on ne puisse exprimer. Mais, ni lui, ni Du Marsais, ni aucun rhéteur, que je sache, n'a songé à remonter à la véritable origine de la métaphore, qui pourtant me paraît assez facile à reconnaître. La métaphore passe presque toujours du moral au physique, parce que, toutes nos idées venant originairement des sens, nous sommes portés à rendre nos perceptions intellectuelles plus sensibles par leurs rapports avec les objets physiques : de là vient que presque toutes les métaphores sont des images, et des espèces de similitudes et de comparaisons. Quand je dis d'un homme en colère, *il est comme un lion*, c'est une similitude : j'exprime la ressemblance générale entre un homme irrité et un lion. Si je vais plus loin et que je dise : Tel qu'un lion qui, les yeux étincelants et se battant les flancs de sa queue, s'élance avec un rugissement terrible, tel, etc., je détaille les circonstances de la similitude, et je fais une comparaison. Si je dis simplement : Quand cet homme est en fureur, c'est un lion, je fais une métaphore ; et la métaphore, comme on voit, n'est au fond qu'une comparaison abrégée qu'achève l'imagination.

Cette figure est donc née de notre disposition habituelle à comparer nos affections morales avec nos sensations, et à nous servir des unes pour exprimer plus fortement les autres. On a dit qu'un homme était *bouillant de colère*, parce qu'on a senti que cette passion donnait au sang un mouvement et une agitation extraordinaire, semblable au bouillonnement de l'eau sur le feu. C'est de la même manière que nous sommes *enivrés, consumés, glacés, embrasés, noircis, flétris*, etc. Une seule de ces métaphores expliquée suffit pour faire connaître la nature de toutes les autres. Mais il y en a aussi où les objets matériels sont comparés entre eux. On a dit *la fleur de l'âge*, parce que l'éclat et la fraîcheur de la première jeunesse a rappelé les végétaux quand ils fleurissent. On a dit *les glaces de la vieillesse*, parce qu'on a vu qu'elle enchaînait les articulations et arrêtait les mouvements, à peu près comme la glace, en se formant, ôte à l'eau sa fluidité.

Cette figure et la métonymie, qui est elle-même une espèce de métaphore, sont celles dont l'usage est le plus fréquent dans le discours. Elles sont à la portée du peuple, comme de l'orateur et du poète. Tous les hommes figurent plus ou moins leur langage, selon qu'ils sont plus ou moins affectés; et qu'ils ont plus ou moins d'imagination; et la métaphore est la plus belle de toutes les figures, parce qu'elle réunit deux idées dans un même mot, et que ces deux idées deviennent plus frappantes par leur réunion. Quand on dit que la beauté se flétrit, le mot de *flétrir* se rapporte également aux femmes et aux fleurs, et cet assemblage si naturel et si intéressant plait à l'imagination. Mais de ce que la métaphore est par elle-même si commune, il s'ensuit encore que c'est le choix qui en fait le mérite. Il faut qu'elle soit juste, c'est-à-dire qu'elle exprime un rapport fondé sur la nature des choses. Rien n'est plus choquant qu'une figure incohérente : comme elle annonce la prétention d'une beauté, elle est fort au-dessous du terme propre, si elle manque son effet. On s'est moqué avec raison de ces vers de Rousseau :

Et les jeunes zéphyrs, de leurs chaudes haleines,
    Ont *fondu l'écorce* des eaux.

L'image est fausse; car on ne peut pas fondre une

écorce. Il faut, de plus, que la métaphore soit nécessaire, c'est-à-dire qu'elle ait plus de force que le mot propre, sans quoi celui-ci est préférable. Elle n'est faite, dit ingénieusement Quintilien, que pour remplir une place vacante; et quand elle chasse le terme simple, elle est obligée de valoir mieux. Il faut encore qu'elle soit adaptée au sujet, et qu'il n'y ait pas trop de disproportion dans les idées, dont elle n'est qu'une comparaison implicite. Ainsi on a eu raison de blâmer ce vers, où l'on dit, en parlant d'un cocher qui assujettit ses chevaux au frein :

> Il soumet l'attelage à *l'empire* du mors

L'idée d'*empire* est trop grande pour un mors de cheval. Il faut aussi se garder de tirer la métaphore d'objets bas et dégoûtants. Corneille a péché contre cette règle lorsqu'il a dit, en parlant des soldats de Pompée :

> Dont plus de la moité *piteusement* étale
> Une indigne *curée* aux vautours du Pharsale.

Le mot de *curée* offre une image qui dégoûte, et que rejette le style noble. *Piteusement* n'est pas une figure, mais ne devait pas non plus entrer dans une tragédie : il ne convient pas au style soutenu. Enfin, quand la métaphore aurait toutes les qualités requises, il ne faut pas la prodiguer; car alors on tombe dans l'affectation et la monotonie, deux mortels défauts en tous genres.

L'allégorie, considérée comme figure de style, et dans le langage des rhéteurs, n'est proprement qu'une métaphore continuée, car elle consiste à dire une chose pour en faire entendre une autre. Quand le sens est parfaitement clair, et que les rapports ne sont ni trop multipliés, ni appelés de trop loin, cette figure peut être d'un bel effet dans l'éloquence et dans la poésie. Dans la tragédie de *Rome sauvée*, Catilina dit, en parlant de Cicéron :

> Sur le vaisseau public ce pilote égaré
> Présente à tous les vents un flanc mal assuré ;
> Il s'agite au hasard ; à l'orage il s'apprête,
> Sans savoir seulement d'où viendra la tempête.

Il n'y a pas là une seule expression qui ne soit employée dans un sens détourné. Le vaisseau, c'est la république ; le pilote, c'est Cicéron ; les vents sont les ennemis de l'état; la tempête, c'est la conjuration : cette suite de métaphores forme ce qu'on appelle une allégorie. On sent combien il est essentiel qu'elles soient toutes bien cohérentes : une seule qui s'écarterait de la première idée établie gâterait tout. C'est un défaut trop fréquent dans les épîtres de Rousseau :

> Incontinent vous l'allez voir s'enfler
> De tout le vent que peut faire souffler
> Dans les fourneaux d'une tête échauffée
> Fatuité sur *sottise greffée*.

Dans les trois premiers vers, la métaphore, quoique forcée dans l'expression, est au moins suivie dans les objets. *Les fourneaux d'une tête* sont une figure peu naturelle; mais on conçoit du moins que le *vent souffle dans les fourneaux* : ce qu'on ne peut pas concevoir, c'est que *la fatuité greffée sur la sottise fasse souffler le vent*. Ici la justesse des rapports physiques est détruite : elle l'est encore plus dans les vers suivants de la même épître :

> C'est l'emphatique et burlesque étalage
> D'un faux sublime *enté* sur l'assemblage
> De ces grands mots, *clinquant* de l'oraison,
> *Enflés de vent* et vides de raison.

La métaphore est triplement mauvaise, parce qu'elle change trois fois d'objets. Voilà le sublime *enté* sur de grands mots qui sont du *clinquant* : comment peut-on être *enté* sur du *clinquant*? Le premier ne peut se rapporter qu'aux arbres, le second qu'à des compositions métalliques ; et puis, comment du *clinquant* peut-il être *enflé de vent*? C'est encore un troisième ordre de choses. Il ne faut pas se dissimuler combien ce style est vicieux : il est d'autant moins excusable, que l'auteur, en ce même endroit, veut donner des leçons de goût, et tombe précisément dans les défauts qu'il reproche aux autres. Ce n'est pas que, pour être en droit de reprendre des fautes, il faille absolument n'en commettre aucune ; car, en ce cas, qui oserait *jeter la première pierre* au mauvais goût? Mais il est bien malheureux et bien mal-adroit de parler de vers

> Enflés de vent et vides de raison,

en même temps qu'on en donne l'exemple. Prenons-en un tout contraire dans un grand poète que Rousseau, aveuglé par la haine, attaquait dans cette épître, et voulait particulièrement désigner. *La Henriade* va nous offrir un modèle de ces métaphores continuées qui forment l'allégorie : elle y est soutenue pendant dix vers sans la moindre apparence d'efforts ni le moindre défaut de justesse, mérite en ce moment le plus remarquable pour nous, indépendamment de tous les autres. Il fallait peindre Henri III (à l'instant où la Ligue commence à éclater contre lui) faisant un effort passager pour sortir de son indolence, mais démêlant mal ses intérêts, apercevant à peine ses dangers, et bientôt oubliant tout pour se replonger dans le sein des plaisirs et de la mollesse. Voilà le propre ; voici le figuré :

Valois se réveilla du sein de son ivresse :
Ce bruit, cet appareil, ce danger qui le presse,
Ouvrirent un moment ses yeux appesantis ;
Mais du jour importun ses regards éblouis
Ne distinguèrent point, au fort de la tempête,
Les foudres menaçants qui grondaient sur sa tête ;
Et bientôt fatigué d'un moment de réveil,
Las, et se rejetant dans les bras du sommeil,
Entre ses favoris et parmi les délices,
Tranquille, il s'endormit au bord des précipices.

Le tableau est achevé ; et comme toutes les couleurs en sont graduées ! Comme les nuances sont bien marquées ! Cette césure qui coupe le vers à la première syllabe, *las = et se rejetant*, c'est la faiblesse accablée qui retombe. Et dans le dernier vers, cette césure à la troisième syllabe, *tranquille, = il s'endormit*, c'est l'indolence qui s'endort. Voilà pour ce qui regarde l'usage de l'allégorie dans le discours. Quant à l'abus, observons que, plus il y a de mérite à soutenir cette figure dans une étendue raisonnable, plus il y a de maladresse à la prolonger au-delà des bornes. Il y a, dans certains livres de nos jours, des exemples d'une continuation de la même métaphore pendant quatre pages; c'est alors un jeu d'esprit aussi ridicule qu'insipide, et que les sots prennent pour de l'imagination.

Nous donnons un sens plus étendu à l'allégorie, quand nous appelons de ce nom une fiction poétique, où des êtres moraux sont personnifiés, comme le temple de l'Amour dans *la Henriade*, l'épisode de la Mollesse dans *le Lutrin*, et tant d'autres. Il y a aussi d'autres allégories plus courtes et renfermées dans un petit nombre de vers, qui forment une variété agréable dans la poésie morale ou didactique. Tels sont ces vers de Voltaire dans le *Discours sur la Modération* :

Jadis, trop caressé des mains de la Mollesse,
Le Plaisir s'endormit au sein de la Paresse.
La langueur l'accablait; plus de chants, plus de vers,
Plus d'amour, et l'Ennui détruisait l'univers.
Un dieu, qui prit pitié de la nature humaine,
Mit auprès du Plaisir le Travail et la Peine.
La Crainte l'éveilla, l'Espoir guida ses pas :
Ce cortège aujourd'hui l'accompagne ici-bas.

Lemierre a très bien caractérisé l'allégorie dans ce vers de son poème de *la Peinture* :

L'Allégorie habite au palais diaphane.

Et, dans le même poème, il en fait un très bel usage, en traçant le portrait allégorique de l'Ignorance :

> Il est une stupide et lourde déité :
> Le Tmolus autrefois fut par elle habité.
> L'Ignorance est son nom, la Paresse pesante
> L'enfanta sans douleur au bord d'une eau dormante.
> Le Hasard l'accompagne et l'Erreur la conduit :
> De faux pas en faux pas, la Sottise la suit.

Les anciens hiéroglyphes des Egyptiens, des Scythes et de quelques autres peuples de l'Asie, étaient des espèces d'allégories qui parlaient aux yeux, mais moins claires et moins ingénieuses, à en juger par ce que nous en connaissons, que les fables emblématiques des Grecs, dont notre poésie moderne s'est enrichie. Quand le roi des Perses, Darius 1er, dans son expédition contre les Scythes, se fut engagé témérairement dans leurs vastes solitudes, où il perdit une grande partie de son armée, ils lui envoyèrent un ambassadeur, qui, sans lui rien dire, lui présenta de leur part cinq flèches, un oiseau, une souris, une grenouille, et se retira. Il fut question de savoir ce que signifiait cette ambassade énigmatique. Un Persan qui avait quelque connaissance du caractère et du langage de ce peuple, expliqua ainsi leurs présents : « A moins que » vous ne puissiez voler dans les airs comme les » oiseaux, ou vous cacher sur la terre comme les » souris, ou dans les eaux comme les grenouilles, » vous n'échapperez pas aux flèches des Scythes. » Il se trouva qu'il avait bien deviné. Mais Darius avait interprété cet emblême d'une manière toute différente, et pourtant tout aussi plausible : il prétendait que c'était un témoignage de la soumission des Scythes, qui lui faisaient hommage des animaux nourris dans les trois éléments, et lui abandonnaient leurs armes. C'est une mauvaise allégorie que celle qui n'a qu'une intention et qui en offre deux. C'est par la même raison que les apologues, qui sont encore une autre espèce d'allégorie, doivent avoir un sens unique et clair. Dans tout ce qui a pour objet de laisser apercevoir une vérité voilée, on doit faire en sorte que le voile ne la cache pas, mais laisse seulement le plaisir de l'entrevoir. Le masque de la comédie doit être ressemblant, sans charge et sans grimace, et le voile de l'allégorie doit être artistement tissu, mais transparent.

On connaît le trait de Tarquin le Superbe, lorsque son fils, tout puissant dans la ville de Gabie, lui envoya demander ce qu'il devait faire. Tarquin, qui se promenait dans son jardin, se mit à abattre les têtes des pavots avec une baguette qu'il tenait à la main, et renvoya le député sans autre réponse : c'était une allégorie muette. Le fils l'entendit comme il convenait à un homme élevé par un tyran, et trouva moyen de faire périr les principaux des Gabiens, pour livrer la ville à son père.

Nous voilà un peu loin des figures de rhétorique; mais tous ces faits de différente nature servent à prouver que les principes des arts sont soumis à la même logique et à la même loi des rapports, qui servent à expliquer les actions humaines et à en faire connaître les ressorts; et c'est pour cela que la rhétorique du penseur Aristote, qui écrivait pour des hommes, et non pas pour des écoliers, est en partie un traité de morale.

L'ironie, l'ellipse, l'hyperbole, sont si connues, que leurs noms mêmes, quoique grecs et didactiques, sont de la langue habituelle. L'ironie équivaut à une autre figure appelée *antiphrase* ou *contre-véri*; car elle a toujours pour but de faire entendre le contraire de ce qu'elle dit. Elle peut, selon les occasions, appartenir également à la gaîté, au courroux, au mépris : ces deux derniers peuvent donc l'introduire dans le style noble et dans les sujets les plus hauts, mais rarement, car il ne faut pas laisser le temps de sentir qu'elle est voisine de la plaisanterie. L'ironie est quelquefois la dernière ressource de l'indignation et du désespoir, quand l'expression sérieuse leur paraît trop faible, à peu près comme, dans ces grandes douleurs qui égarent un moment la raison, un rire effrayant prend la place des larmes qui ne peuvent pas couler. Tel est cet endroit admirable du rôle d'Oreste dans *Andromaque*, lorsque, après avoir tué Pyrrhus pour plaire à Hermione, il apprend qu'elle n'a pu lui survivre, et qu'elle vient de se donner la mort :

Grace au Ciel, mon malheur passe mon espérance !
Oui, je te loue, ô Ciel ! de ta persévérance, etc.

Il finit par ce vers :

Eh bien ! je suis content, et mon sort est rempli.

Ce mot, *je suis content*, dans la situation d'Oreste, est le sublime de la rage; et ceux qui se rappellent avoir entendu prononcer ce vers à l'inimitable Lekain, avec des lèvres tremblantes, les dents serrées et un sourire infernal, peuvent avoir une idée de ce que c'est que la tragédie, quand l'âme de l'acteur peut sentir comme celle du poète.

L'ellipse ou omission, qui consiste à supprimer un ou plusieurs mots pour ajouter à la précision sans rien ôter à la clarté, est une des figures les plus communes du langage ordinaire. La plupart des ellipses de ce genre sont ce qu'on appelle des phrases faites; mais celles qu'invente le génie du style, pour avoir une marche plus rapide et une impulsion plus forte, doivent être moins fréquentes dans l'éloquence que dans la poésie. On sait que cette dernière a obtenu plus de liberté, précisément parce qu'elle a plus d'entraves; et d'ailleurs, il convient qu'en général le poète ose plus que l'orateur. Au reste les ellipses oratoires et poétiques sont plus difficiles dans notre langue que dans celle des Anciens, parce que ses procédés sont plus méthodiques, et qu'elle est, par sa nature, forcée pour ainsi dire à la clarté. On peut encore remarquer que le style des historiens est plus favorable à la concision elliptique que celui des orateurs : les premiers donnent plus à la réflexion, et les autres attendent plus de l'effet du moment.

Les auteurs latins qui ont le plus d'ellipses sont Salluste et Tacite. Leur diction serrée, et qu'il faut souvent suppléer, est toute différente de celle de Cicéron, et devait l'être. Celui qui voulait émouvoir ne devait pas négliger l'harmonie, qui naît de l'arrondissement et des cadences nombreuses, l'un des ressorts avec lesquels on meut les multitudes assemblées ; mais les deux historiens voulaient sur-tout faire penser, et la concision avertit d'être attentif.

L'hyperbole n'est pas moins du langage familier que l'ellipse; mais, comme on est accoutumé à la réduire à sa juste valeur, l'abus qu'on en fait tous les jours n'empêche pas qu'elle ne puisse entrer heureusement dans le style noble, et sur-tout dans les sujets où notre esprit est monté au grand, comme dans l'ode et l'épopée. Alors, comme il est naturel à l'imagination une fois émue d'agrandir jusqu'à un certain point les objets, on peut en ce genre la servir à son gré ; mais il ne faut lui montrer que ce qu'elle peut naturellement se figurer; car outrer l'hyperbole, c'est exagérer l'exagération. On admire avec raison ces beaux vers qui terminent le second chant de *la Henriade* et le tableau de la Saint-Barthélemy :

> Et des fleuves français les eaux ensanglantées
> Ne portaient que des morts aux mers épouvantées.

On sait bien qu'il y a quelque chose au-delà de l'exacte vérité ; mais ici la vérité est en elle-même si terrible, qu'on n'aperçoit pas ce que le poète y ajoute. Au contraire, lorsque Théophile, retiré dans le midi de la France, dit au roi Louis XIII :

> On m'a mis loin de votre empire,
> Dans un désert où les serpents

> Boivent les pleurs que je répands,
> Et soufflent l'air que je respire.

On sent que l'hyperbole est un peu forte, même quand il aurait été dans les déserts de l'Afrique.

Une figure tout opposée à celle-ci, et dont le nom grec est trop scientifique et trop peu connu pour être cité ici[*], est celle qu'on peut appeler en français la diminution; c'est l'art de paraître affaiblir par l'expression ce qu'on veut laisser entendre dans toute sa force. C'est avec cette adresse que s'exprime Iphigénie, lorsqu'elle dit à son père, après avoir paru résignée à lui obéir :

> Si pourtant ce respect, si cette obéissance,
> Paraît digne à vos yeux d'une autre récompense,
> Si d'une mère en pleurs vous plaignez les ennuis,
> J'ose dire, Seigneur, qu'en l'état où je suis,
> Peut être assez d'honneurs environnaient ma vie
> Pour *ne pas souhaiter* qu'elle me fût ravie.

Ne pas souhaiter! L'expression est bien faible; mais comme cette retenue même, après ces protestations d'obéissance, en laisse entendre au cœur d'un père plus qu'elle n'en dit! De même lorsque Chimène tout en larmes dit à Rodrigue :

> Va, *je ne te hais point*,

croit-on qu'elle se contente de ne le *pas haïr?* Cet artifice de diction, bien ménagé, produit le même effet qu'une femme modeste et sensible qui baisse les yeux quand elle craint l'expression de ses regards.

[*] La *litote*.

Outre les figures de mots destinés à orner le style, la rhétorique distingue aussi des figures de pensées, qui ne sont que certaines formes que la passion ou l'artifice oratoire donne à la construction du discours. La plupart ne prouvent que l'envie qu'ont eue les rhéteurs de donner de grands noms aux procédés les plus simples de l'élocution ; et quand elles sont expliquées, on est tenté de dire : Quoi ! ce n'est que cela ! Il en est pourtant quelques-unes qui sont vraiment d'un grand effet, et appartiennent à la véritable éloquence. Telle est l'apostrophe, qui doit être le mouvement d'une imagination fortement ébranlée ou d'une âme puissamment affectée, comme dans cette exclamation de Bossuet : *Glaive du Seigneur ! quel coup vous venez de frapper ! Toute la terre en est étonnée;* comme dans ces vers si touchants d'Andromaque :

> Non, nous n'espérons plus de vous revoir encor,
> Sacrés murs que n'a pu conserver mon Hector !

On sent que cette apostrophe aux murs de Troie est l'accent naturel de la douleur et du regret, et c'est ainsi que les figures sont bien placées.

La prosopopée, personnification qui fait parler les morts et les choses inanimées, est d'un usage plus rare. Plus cette figure est hardie, plus elle a besoin d'être amenée. Fléchier s'en est servi très noblement dans l'oraison funèbre du duc de Montausier. « Oserais-je, dans ce discours, employer » la fiction et le mensonge ? Ce tombeau s'ouvri-« rait, ces ossements se rejoindraient et se ranime-» raient pour me dire : Pourquoi viens-tu mentir

« pour moi, qui ne mentis jamais pour personne?
» Ne me rends pas un honneur que je n'ai pas mé-
» rité, à moi qui n'en voulus jamais rendre qu'au
» vrai mérite. Laisse-moi reposer dans le sein de
» la vérité, et ne viens pas troubler ma paix par la
» flatterie que je hais. »

La suspension et la prétérition sont fréquemment employées dans l'éloquence et dans la poésie ; et lorsqu'elles le sont bien, elles ont un très grand pouvoir. La suspension consiste à faire attendre ce que l'on va dire, à l'annoncer de loin, afin de forcer l'esprit à s'y arrêter davantage. On conçoit bien qu'il faut que la chose en vaille la peine, sans quoi l'artifice retomberait sur celui qui s'en servirait si maladroitement ; mais, quand on est sûr de frapper un grand coup, il y a de l'art à le suspendre. L'orateur ressemble alors au gladiateur qui élève le fer le plus haut qu'il peut pour porter un coup plus terrible, ou bien au sauteur qui prend son élan de très loin pour le rendre plus rapide. Le grand Corneille a bien su tirer parti de cette figure dans cette scène immortelle d'Auguste avec Cinna, lorsque, après l'énumération de ses bienfaits, l'empereur poursuit ainsi :

Tu t'en souviens, Cinna : tant d'heur et tant de gloire
Ne peuvent pas sitôt sortir de ta mémoire.
Mais ce qu'on ne pourrait jamais s'imaginer,
Cinna, tu t'en souviens, et veux m'assassiner.

Si, retranchant les trois premiers vers, il eût dit d'abord le dernier, qui suffisait pour le sens, l'effet serait beaucoup moins grand. Mais la suspension l'augmente au point, qu'au moment où l'on entend le dernier hémistiche, il est presque impossible de ne pas faire le même mouvement et ne pas jeter le même cri que Cinna.

La prétérition est une autre sorte d'artifice; il consiste dans une forme de phrase négative, par laquelle on ne semble pas vouloir dire ce que pourtant on dit en effet : *Je ne vous dirai point, je ne vous rappellerai point, je ne vous reprocherai point telle, telle, telle chose ; mais*, etc. L'on appuie alors sur la seule que l'on énonce positivement. Cette figure a un double avantage : elle ne diminue en rien la valeur des choses que l'on a l'air d'écarter, et fortifie beaucoup celle sur laquelle on insiste, comme on va le voir par des exemples. Alzire, obligée d'avouer à Zamore qu'elle vient d'épouser Gusman, et qu'elle a quitté sa religion pour celle des Chrétiens, Alzire aime avec trop de passion pour se trouver elle-même excusable; mais pourtant elle ne veut pas que son amant ignore tout ce qui peut l'excuser. Elle se garde bien de lui dire : « Vois quelle était ma situation, je t'ai cru mort; » un père ordonnait; je m'immolais au salut de » ma patrie! » Tout cela est très vrai, et pourtant serait très froid dans la bouche d'une amante. Il faut donc qu'elle s'excuse sans paraître vouloir s'excuser. C'est ce que fait la prétérition.

Je pourrais t'alléguer, pour affaiblir mon crime,
De mon père sur moi le pouvoir légitime,
L'erreur où nous étions, mes regrets, mes combats,
Les pleurs que j'ai trois ans donnés à ton trépas;
Que, des chrétiens vainqueurs esclave infortunée,

La douleur de ta perte à leur dieu m'a donnée :
Que je t'aimai toujours, que mon cœur éperdu
A détesté tes dieux qui t'ont mal défendu.
Mais je ne cherche point, je ne veux point d'excuse ;
Il n'en est point pour moi lorsque l'amour m'accuse.
Tu vis, il me suffit : je t'ai manqué de foi :
Tranche mes jours affreux, qui ne sont plus pour toi.

Voilà bien la véritable éloquence, qui n'est jamais que l'expression juste d'un sentiment vrai. Assurément on ne peut donner de meilleures raisons ; cependant elles ne seront bonnes aux yeux de Zamore que parce qu'elle-même les trouve insuffisantes du moment où elle l'a revu. Aussi, lorsqu'elle ajoute tout de suite :

Quoi! tu ne me vois point d'un œil impitoyable!

il répond comme tout le monde répondrait pour lui :

Non, si je suis aimé, non, tu n'es point coupable.

Sans doute ce n'est pas parce que cette forme de discours s'appelle une prétérition que ce passage est si beau ; mais cependant il n'est pas inutile que la rhétorique ait développé l'art de cette figure ; c'est un avertissement de s'en servir au besoin, et ceux qui l'auront bien saisie sauront mieux en faire usage. C'est sur-tout un secours pour les jeunes gens, et il faut bien que les leçons aident la faiblesse et suppléent à l'expérience, que l'imitation vienne au secours du talent et facilite ses progrès.

Je citerai encore un autre exemple de la prétérition, tiré du second chant de *la Henriade*, où

Henri IV fait à la reine Elisabeth le récit de l'horrible journée de la Saint-Barthélemy :

Je ne vous peindrai point le tumulte et les cris,
Le sang de tous côtés ruisselant dans Paris,
Le fils assassiné sur le corps de son père,
Le frère avec la sœur, la fille avec la mère,
Les époux expirants sous leurs toits embrasés,
Les enfants au berceau sur la pierre écrasés.
Des fureurs des humains c'est ce qu'on doit attendre.

Que sera donc ce qui va suivre, puisque celui qui trace cet épouvantable tableau semble lui-même n'en n'être pas étonné! Tel est l'artifice de la prétérition ; sans affaiblir l'horreur de cette peinture, elle va rendre plus frappante celle qui suit :

Mais ce que l'avenir aura peine à comprendre,
Ce que vous-même encore à peine vous croirez,
Ces monstres furieux, de carnage altérés,
Excités par la voix des prêtres sanguinaires,
Invoquaient le Seigneur en égorgeant leurs frères.
Et, le bras tout souillé du sang des innocents,
Osaient offrir à Dieu cet exécrable encens !

La réticence mérite aussi qu'on en fasse mention. C'est une figure très adroite, en ce qu'elle fait entendre non-seulement ce qu'on ne veut pas dire, mais souvent beaucoup plus qu'on ne dirait. Telle est celle-ci dans le rôle d'Agrippine.

J'appelai de l'exil, je tirai de l'armée,
Et ce même Sénèque, et ce même Burrhus,
Qui depuis.... Rome, alors, estimait leurs vertus.

Voltaire l'a imitée dans *la Henriade* :

> Et Biron, jeune encore, ardent, impétueux,
> Qui depuis.... mais alors il était vertueux.

L'imitation même est si frappante, qu'elle pourrait passer pour une espèce de larcin. Mais Voltaire était si riche de son fonds, qu'il ne se faisait pas scrupule de prendre sur celui d'autrui.

Une autre réticence encore plus belle, parce qu'elle tient à une situation théâtrale, c'est celle d'Aricie dans la tragédie de *Phèdre* :

> Prenez garde, Seigneur : vos invincibles mains
> Ont de monstres sans nombre affranchi les humains.
> Mais tout n'est pas détruit, et vous en laissez vivre
> Un.... Votre fils, Seigneur, me défend de poursuivre.

Cette interruption subite doit épouvanter Thésée ; aussi commence-t-il dès ce moment à sentir de vives inquiétudes et à se reprocher son emportement.

La malignité et la haine ont bien connu tout ce que pouvait la réticence, par le chemin qu'elle fait faire à l'imagination ; aussi n'ont-elles point d'armes mieux affilées ni de traits plus empoisonnés. C'est la combinaison la plus profonde de la méchanceté, de savoir retenir ses coups et de les porter par la main d'autrui, et malheureusement c'est aussi la plus facile. Rien n'est si aisé et si commun que de calomnier à demi-mot, et rien n'est si difficile que de repousser cette espèce de calomnie; car comment répondre à ce qui n'a pas été énoncé? Deviner l'accusation, c'est avouer en quelque sorte qu'elle n'est pas sans fondement ; aussi le seul parti qu'il y ait à prendre, c'est de porter un défi public à l'accusateur timide et lâche, et l'innocence alors peut lever la tête quand il cache la sienne dans les ténèbres.

C'en est assez sur les figures, dont j'ai marqué les principales et les plus connues. Je n'ai point suivi pas à pas Quintilien : dans cette partie là comme dans beaucoup d'autres, c'est un instituteur qui parle à des disciples, et dont le but n'est pas le mien. Si j'ai choisi beaucoup de mes exemples dans les poètes, c'est qu'il fallait faire voir que les mêmes figures appartiennent d'ordinaire à la poésie comme à l'éloquence; que d'ailleurs les passages des poètes sont plus présents à la mémoire, plus généralement connus, plus faciles à retenir, et qu'enfin les beaux vers sont comme des lieux de repos et de délassement, où l'esprit aime à s'arrêter dans la route aride et épineuse des préceptes.

Quintilien emploie un chapitre à traiter de ce qu'on nomme des pensées : car c'est ainsi qu'on appelle, comme par excellence, celles qui sont énoncées dans une forme précise et sentencieuse. Elles donnent de l'éclat au discours ; mais c'est un des genres d'ornement qui ont le plus d'inconvénients et de dangers, si l'on n'a pas soin d'en être sobre. Les pensées, les maximes, les sentences, ont un air d'autorité qui peut donner du poids au discours, si l'on y met de la réserve, mais qui, autrement, montre l'art à découvert. Elles sont voisines de la froideur, parce qu'elles supposent communément un esprit tranquille ; aussi convient-il que l'orateur, et encore plus le poète, les tourne en sentiments le plus qu'il est possible. Il est plus facile de communiquer ce qu'on sent que de persuader ce qu'on pense. De plus, ces sortes de pensées ont un brillant qui leur est propre; et si elles reviennent fréquemment, elles détournent trop l'attention du but principal, et paraissent en quelque sorte détachées du reste de l'ouvrage. Or, l'orateur et le poète doivent toujours songer à l'effet total. C'est à quoi ne pensent pas ceux qui ont la dangereuse prétention de tourner toutes leurs phrases en maximes. Plus cette forme est imposante, plus il faut la réserver pour ce qui mérite d'en être revêtu. Celui qui cherche trop les pensées risque de s'en permettre beaucoup de communes, de forcées, de fausses même; car rien n'est si près de l'erreur que les généralités. D'ailleurs on ne peut pas avoir, dit fort bien Quintilien, autant de traits saillants qu'il y a de fins de phrases; et quand on veut les terminer toutes d'une manière piquante, on s'expose à des chûtes puériles. Ajoutez que cette manière d'écrire coupe et hache en petites parties le discours, qui, surtout dans l'éloquence, doit former un tissu plus ou moins suivi; que ces traits répétés éclairent moins qu'ils n'éblouissent, parce qu'ils ressemblent plus aux étincelles qu'à la lumière, et qu'enfin plus ils sont agréables en eux-mêmes, plus la profusion en est à craindre, parce que les impressions vives sont plus près que les autres de la satiété.

Quintilien traite ensuite de l'arrangement des

mots, du nombre, de l'harmonie périodique; mais tout ce qu'il dit se rapporte, en grande partie, à la langue latine. Quant à ce qu'il prescrit sur la convenance du style, sur les bienséances oratoires, sur la nécessité d'exercer sa mémoire et de former sa prononciation, sur cette partie si importante pour l'orateur, qu'on appelle *action*, sur l'habitude d'écrire, sur les moyens de se mettre en état de parler sur-le-champ, quand il en est besoin, sur les avantages qu'on retire de l'étude des grands modèles ; tous ces différents objets rentrent particulièrement dans le dessein général de l'ouvrage, qui est de former l'orateur du barreau, et même, à plusieurs égards, sont plus applicables aux tribunaux romains qu'aux nôtres, quoiqu'il y ait toujours beaucoup à profiter pour quiconque se destine à la noble profession d'avocat. *

La Harpe, *Cours de Littérature.*

RABELAIS (François), né vers l'an 1483, à Chinon en Touraine, d'un aubergiste ou d'un apothicaire, entra chez les Cordeliers de Fontenai-le-Comte, dans le bas Poitou, et fut élevé aux ordres sacrés.

* Quintilien, dit d'Aguesseau, trop sec, et, pour ainsi dire, trop scolastique dans une partie de sa rhétorique, est aussi utile qu'admirable dans les préceptes ou dans les conseils généraux qu'il donne au commencement et encore plus à la fin de son ouvrage. On y trouve non-seulement les préceptes ; mais, ce qui vaut beaucoup mieux, la raison des préceptes ; et il n'y a point de lecture plus propre à former le goût, que celle des trois premiers et des trois derniers livres de cet auteur

Né avec une imagination vive et une mémoire heureuse, il se consacra à la chaire, et y réussit. Son couvent était dépourvu de livres; il employa les honoraires de ses sermons à se faire une petite bibliothèque. Sa réputation commençait à se former, lorsqu'une aventure scandaleuse le fit renfermer dans une prison monastique, d'où il trouva moyen de s'échapper. Des personnes de la première qualité, à qui son esprit enjoué avait plu, secondèrent le penchant qui le portait à sortir de son cloître. Clément VII lui accorda, à leur sollicitation, la permission de passer dans l'ordre de Saint-Benoit, au monastère de Maillezais. Rabelais, ennemi de toute sorte de joug, quitta tout-à-fait l'habit religieux, et alla étudier en médecine à Montpellier, où il prit le bonnet de docteur, et obtint une chaire dans cette faculté en 1531. Il quitta ensuite Montpellier pour passer à Lyon, et y exerça pendant quelques temps la médecine; mais Jean du Bellay l'ayant invité à le suivre dans son ambassade de Rome, il partit pour l'Italie.

Ses saillies amusèrent beaucoup le pape et les cardinaux, et il obtint une autre bulle de translation dans l'abbaye de Saint-Maur-des-Fossés, dont on allait faire un chapitre. De cordelier devenu bénédictin, et de bénédictin chanoine, il devint curé de Meudon en 1545; mais il ne parut pas plus appelé à cet état qu'à ceux qu'il avait abandonnés.

Ce fut vers ce temps-là qu'il mit la dernière main à son *Pentagruel*, satire atroce contre les moines, qui fut censurée par la sorbonne et condamnée par le parlement. Dans ce livre extravagant, il a répandu une gaîté bouffonne, l'obscénité et l'ennui. S'il a voulu par là se venger de ses supérieurs qui l'avaient mis en prison, il n'a pas rempli son but; car rien ne prouve mieux combien il la méritait.

Il mourut en 1553, à l'âge de 70 ans. On raconte que près de mourir il demanda son *domino;* et comme on paraissait étonné de cette demande, il répondit : *Beati mortui qui in* domino *moriuntur.* Mais cette anecdote, où la sottise marche à côté de l'impiété, n'est probablement pas plus vraie que tant d'autres qu'on raconte de lui, aussi extravagantes que son histoire de *Gargantua.* On prétend, par exemple, que n'ayant ni de quoi payer son auberge, ni de quoi faire le voyage de Paris, il fit écrire par le fils de l'hôtesse ces étiquettes sur de petits sachets : « Poison pour faire mourir le roi; poison pour faire mourir la reine, etc. » Il usa, dit-on, de ce stratagème, pour être conduit à Paris sans qu'il lui en coûtât rien, et pour faire rire le roi; mais une telle turlupinade, loin de faire rire, aurait pu faire pleurer celui qui en était l'auteur.

Les œuvres de Rabelais, dont les Elzevirs donnèrent une édition sans notes en 1663, en 2 vol. in-12, furent recueillies en Hollande en 5 vol. in-8°, 1715, avec des figures et un commentaire par Le Duchat. En 1741, Bernard, libraire à Amsterdam, en donna une édition in-4°, 3 vol., avec des figures gravées par le fameux Bernard Picart. MM. Esmangart et Eloi Johanneau ont publié les *OEuvres de Rabelais,* édition *variorum, avec un commentaire historique et philologique,* Paris, Dalibon, 1823.

— 1825, 8 vol. in-8°, imprimés avec soin, et ornés de 132 gravures. On a encore de Rabelais des *Lettres* in-8°., sur lesquelles M. de Saint-Marthe a fait des notes et quelques écrits de médecine. On a gravé 120 estampes en bois, sous le titre de *Songes drolatiques de Pentagruel*, 1565, in-8°. On donna en 1752, sous le titre d'*Œuvres choisies de M. François Rabelais, Gargantua* le *Pentagruel*, etc. dont on a retranché les endroits licencieux et les impiétés. On trouve à la fin une *Vie* de Rabelais. Cette édition est due aux soins de l'abbé Pérau. Jean Bernier avait déjà publié : *Jugement et observations sur les œuvres de Rabelais* ou *Le véritable Rabelais réformé*, Paris, 1697, in-12. Rabelais a fait imprimer à Lyon, en 1532 : *Testamentum Lucii Cupidii* ; item *Contractus venditionis antiquis Romanorum temporibus initus, cum pœrfatione Francisci Rabelœsii*. Il croyait que ces deux pièces n'avaient jamais paru, et qu'elles étaient anciennes; mais il se trompait sur l'un et l'autre article. Ce testament et ce contrat de vente avaient été imprimés, et c'étaient deux pièces modernes.

Un curé de Meudon qui a publié tout ce qu'il a pu trouver à la louange de Rabelais, aurait pu employer son temps plus utilement. M. Astruc parle tout au long de ce médecin dans son *Histoire de la faculté de Montpellier*.

Dictionnaire historique de Feller.

Jugements.

I.

Rabelais ne paraît d'abord qu'un bouffon méprisable : romancier moins curieux qu'extravagant; écrivain hardi, mais négligé et barbare; conteur facétieux, mais effronté; tour à tour philosophe et saltimbanque, il se revêt de toutes les formes, et dévoile avec un plaisir honteux les turpitudes de tous les rangs. L'audace de Thalie, lorsqu'elle ne respectait rien, les hideuses grimaces des Satyres, la marotte et les grelots de Momus, tout lui convient s'il rit et s'il fait rire. Il rappelle quelquefois l'enjouement et la douce raillerie de Lucien; plus souvent il prodigue sans pudeur et le fiel d'archiloque et les sarcasmes grossiers d'Aristophane. Il décrit avec une gaîté cynique les mœurs de son siècle ; il parcourt le monde entier depuis le palais jusqu'à la chaumière : mais sous sa main les tableaux les plus sérieux, les plus imposants même, se changent en Calots ou en Téniers. Ne croyez pas cependant que ce Turlupin déraisonne : rien de plus sensé que son délire. Essayez de pénétrer ses allégories, expliquez l'énigme de ses songes, ôtez-lui son masque, et vous ne le mépriserez plus. Non, vous aimerez, vous admirerez peut-être ce Rabelais, si plaisant et si profond; mais vous conserverez votre aversion et vos dédains pour tous ces compilateurs d'aventures, platement gigantesques, qui, en

---

* Voyez le jugement de La Harpe sur Rabelais, article LITTÉRATURE, t. XVII, p 457 de notre *Répertoire*.

croyant marcher sur ses traces, n'ont imité que ses innombrables défauts, sans comprendre son mérite, bien loin de l'égaler.
    J. V. Le Clerc, *Éloge de Montaigne.*

II.

On n'est point d'accord sur le lieu, ni sur le temps où Rabelais a composé son roman : on l'est bien moins encore sur l'objet qu'il s'est proposé. On a beaucoup dit qu'il s'était couvert du masque de la folie, pour pouvoir impunément tourner en ridicule plusieurs des évènements et des personnages considérables de son temps ; et l'on est allé jusqu'à le comparer à Brutus l'ancien, qui contrefit l'insensé pour échapper au despotisme, en travaillant à le renverser. Mais à combien d'explications forcées ne faut-il pas recourir pour accorder chez lui l'histoire et le roman, la vérité et la fiction? D'ailleurs on diffère beaucoup sur l'espèce des actions et des personnes dont on veut qu'il ait fait l'insolente parodie. Quelques inventions semblent rappeler des aventures du règne de François Ier ; beaucoup d'autres paraissent n'avoir rapport qu'aux moines, aux bourgeois et aux paysans du Bas-Poitou, ou plutôt du Chinonois, qui est le lieu ordinaire où se passe l'action, et dont les moindres détails topographiques sont soigneusement indiqués par Rabelais.

Ce qui n'est aucunement douteux, ce qu'on aperçoit trop clairement dans son livre, c'est le mépris de la religion et de ses ministres. On ne saurait s'abuser sur l'intention des indécentes allusions que l'auteur fait sans cesse aux plus respectables passages des Écritures, aux plus saintes pratiques et même aux plus redoutables mystères du christianisme. Les sobriquets de *Papegots*, de *Cardingots*, d'*Érégots*, etc., sont des injures à peine déguisées. Je ne parle pas des traits de satire continuels contre les moines : c'était alors, pour tous les écrivains, un droit acquis de se moquer d'eux, et de leur prêter de bons tours, si l'on ne faisait que les leur prêter.

Quand on considère avec quelle audace Rabelais tourne en ridicule et le dogme et le culte et les prêtres, dans un siècle où les moindres erreurs en matière de foi ou de discipline canonique étaient punies par le feu, on ne peut s'émerveiller assez de la sécurité dans laquelle il vivait. Il est pourtant vrai de dire qu'il fut une fois dénoncé comme hérétique et même comme athée. François Ier. se fit lire en entier l'ouvrage; et, ne jugeant pas que l'accusation fut fondée, il accorda sa protection à l'auteur. Henri II en usa de même. Ainsi ces deux princes n'aperçurent pas ou ne voulurent pas apercevoir la satire de l'autorité, ni celle de la religion dans un livre dont les détails au moins en portent, à chaque page, le caractère évident.

Jamais les privilèges de la bouffonnerie ne s'étendirent plus loin; jamais la folie, servant de voile à la témérité, ne fit plus d'illusion, ou n'obtint plus d'indulgence.

Qu'a voulu cependant Rabelais? quel a été son véritable dessein? son livre est une espèce d'énigme, dont beaucoup de personnes se sont évertuées à chercher le mot, et se sont flattées de l'avoir trouvé, mais qui n'en a peut-être pas. Se livrant dans ses fréquents accès d'une gaîté que souvent exaltait l'ivresse, à cette composition bouffonne et satirique, qui était le genre propre de son talent, il a écrit, peut-être sans se proposer autre chose que de s'amuser lui-même et d'amuser les autres, des aventures encore plus extravagantes que merveilleuses, répandant à pleines mains l'esprit et l'érudition, les traits piquants et les sottises grossières, sur-tout les ordures et les impiétés, et saisissant quelquefois, avec un rare bonheur, les ridicules de caractère, de mœurs et de profession. Le but de l'ouvrage est si indéterminé, les contraires y sont tellement réunis et mêlés, qu'il a eu des prôneurs et des détracteurs également exclusifs, dont les uns y admiraient tout, et les autres n'y approuvaient rien; ceux-ci n'y voulaient rien comprendre, et ceux-là croyaient y entendre tout. Les bons esprits se sont placés entre ces deux extrêmes : ils n'ont eu ni cet enthousiasme, ni ce dégoût absolu. Ils n'ont pas cru qu'un auteur dont Molière et La Fontaine faisaient leurs délices et leur profit, fut un écrivain tout à fait sans génie et sans agrément : ils n'ont pas cru non plus que des saletés fussent de bon goût, que des sornettes fussent pleines de sens, des sottises ingénieuses, et des absurdités amusantes. Enfin, ils ont adopté ce jugement de La Bruyère, dicté par la raison : « Rabelais et » Marot sont inexcusables d'avoir semé l'ordure » dans leurs écrits : tous deux avaient assez de génie » et de naturel pour pouvoir s'en passer, même à » l'égard de ceux qui cherchent moins à admirer

» qu'à rire dans un auteur. Rabelais sur-tout est
» incompréhensible. Son livre est une énigme,
» quoiqu'on veuille dire inexplicable : c'est une
» chimère, c'est le visage d'une belle femme, avec
» des pieds et une queue de serpent, ou de quelque
» autre bête plus difforme : c'est un monstrueux
» assemblage d'une morale fine et ingénieuse, et
» d'une sale corruption. Où il est mauvais, il passe
» bien loin au-delà du pire : c'est le charme de la
» canaille ; où il est bon, il va jusqu'à l'exquis et à
» l'excellent, et il peut être le mets des plus déli-
» cats. »

Voltaire, dans sa vingt-deuxième *Lettre philosophique*, avait dit que Rabelais était un philosophe ivre, qui n'a écrit que dans le temps de son ivresse ; il ajouta dans son *Temple du Goût*, que l'ouvrage de Rabelais devrait être réduit tout au plus à un demi-quart; mais il changea d'opinion plus tard. Il écrivit, le 12 avril 1760, à Mme Du Deffand :
« Si Horace est le premier des faiseurs de bonnes
» épîtres, Rabelais, quand il est bon, est le pre-
» mier des bons bouffons : il ne faut pas qu'il y
» ait deux hommes de ce métier dans une nation;
» mais il faut qu'il y en ait un : je me repens d'a-
» voir dit autrefois trop de mal de lui. »

Auger, *Biographie universelle*.

RACAN (Honorat de Bueil marquis de) naquit en 1589, à la Roche-Racan, château situé à l'extrémité de la Touraine, sur les confins du Maine et de l'Anjou, dans une des contrées les plus riantes de la France. C'est sans doute à l'inspiration de ce beau pays qu'il faut attribuer le goût qu'il prit pour la poésie et le caractère de son talent ; car l'étude n'eut aucune part à la direction de ses idées. Fils d'un maréchal-de-camp des armées du roi, il reçut une éducation toute militaire, et prit même une telle aversion pour la langue latine qu'il ne put jamais, dit-on, retenir le *confiteor*.

Nommé, en 1605, page de la chambre du roi, sous le duc de Bellegarde, dont l'épouse était sa cousine, Racan obtint un libre accès dans la maison de ce seigneur, et ce fut là qu'il connut l'illustre Malherbe, dont il devint le disciple et l'ami. Il prit la carrière des armes et s'y distingua.

On lit dans la vie de Malherbe, attribuée à Racan, que le disciple à son retour de Calais, où il avait été envoyé au sortir des pages, ayant consulté son maître sur le genre de vie qu'il devait choisir, Malherbe lui récita l'ingénieux apologue du Pogge, dont La Fontaine a tiré l'une de ses plus belles fables, *le Meunier, son fils et l'âne*. Cette réponse était peu faite pour décider Racan ; aussi continua-t-il encore quelque temps la carrière qu'il avait embrassée, il parvint au grade de maréchal des camps et armées du roi.

Racan passe pour avoir été un des seigneurs les plus aimables et les plus galants d'une cour qui s'était formée à l'école de Henri IV. Son mérite et ses talents le faisaient généralement rechercher. Il contait avec grace, et sa mémoire lui fournissait une foule d'historiettes et de bons mots qui rendaient sa conversation très piquante. Mais soit par faiblesse naturelle d'organes, soit par une sorte de coquetterie et de hauteur dédaigneuse que plusieurs traits de son caractère sembleraient indiquer, il contait à voix basse et se faisait à peine entendre. On rapporte qu'étant un jour au milieu d'un cercle nombreux, il fit un conte des plus piquants, mais qui n'excita les rires de personne parcequ'on perdit la moitié des paroles du conteur et que se tournant alors vers Ménage, il lui dit : « Je vois bien que je ne me suis pas fait entendre; traduisez-moi, je vous prie, en langue vulgaire. »

Cette manie ne fut pas la seule de Racan; il avait encore celle de tirer vanité de son ignorance, et d'affecter un grand dédain pour les savants. Cependant il ne dédaigna point le titre d'académicien qu'il obtint en 1635; mais il se proclama l'antagoniste des sciences dans un discours prononcé à l'académie française, le 9 juillet de la même année, et qui a été imprimé depuis.

Racan vécut fort avant dans le siècle de Louis XIV, et mourut en février 1670, âgé de quatre-vingt-un ans.

On a de ce poète : des *Bergeries*, Paris, 1628, in-8.°, ouvrage qui eut beaucoup de vogue et qu'on lit peu aujourd'hui; *Lettres diverses*, dans le recueil des *Lettres nouvelles* de Faret, Paris, 1627, in-8.°; les *sept Pseaumes de la Pénitence*, 1631, in-8°.; *Poésies diverses*, dans les recueils de 1621, 1627, 1633; *Odes sacrées*, dont le sujet est pris des Psaumes de David; Mémoires pour la vie de Malherbe, 1651, in-12; *dernières OEuvres et Poésies chrétiennes*, Paris, 1660. Coustelier a donné en 1724, à Paris, une nouvelle édition des OEuvres de Racan, en 2 vol. in-12, mais cette édition est incomplète.

JUGEMENT.

Racan, dans la poésie lyrique, est demeuré fort au-dessous de Malherbe; mais, comme poète bucolique, il a justifié l'éloge qu'en a fait Boileau, quand il a dit :

> Racan chante Philis, les bergers et les bois.

Il a le premier saisi le vrai ton de la pastorale, qu'il avait étudiée dans Virgile. Son style, malgré les incorrections et les inégalités que Malherbe lui reprochait avec raison, respire cette mollesse gracieuse et cette mélancolie douce que doit avoir l'amour quand il soupire dans une solitude champêtre, et qui rappelle ce mot d'une femme d'esprit, à qui l'on demandait, dans ses dernières années, ce qu'elle regrettait le plus de sa jeunesse : *Un beau chagrin dans une belle prairie*. Les bons vers de Racan ont du nombre, et quelquefois une élégance heureuse et poétique.

> Plaisant * séjour des âmes affligées,
> Vieilles forêts de trois siècles âgées,
> Qui recélez la nuit, le silence et l'effroi ;
> Depuis qu'en ces déserts *les amoureux sans crainte* **

* *Plaisant* se disait alors pour agréable, et se trouve encore pris en ce sens dans Boileau, comme adjectif verbal, venant du verbe *plaire*.

** Il faut prendre garde à ces constructions équivoques. *Sans crainte* se rapporte *à viennent faire leur plainte*, et paraît à l'oreille se rapporter d'abord à *amoureux*.

Viennent *faire* leur plainte,
En a-t-on vu quelqu'un plus malheureux que moi !

    Soit que le jour, dissipant les étoiles,
    Force la nuit à retirer ses voiles,
      Et peigne l'orient de diverses couleurs ;
Ou que l'ombre du soir, du faîte des montagnes,
        Tombe dans les campagnes,
L'on ne me voit jamais que plaindre mes douleurs.

    Ainsi Daphnis, rempli d'inquiétude,
     Contait sa peine en cette solitude,
Glorieux d'être esclave en de si beaux liens.
Les nymphes des forêts plaignirent son martyre,
        Et l'amoureux Zéphyre
Arrêta ses soupirs pour entendre les siens.

Il y a quelques fautes dans ces stances, dont la première est imitée d'Ovide; mais elles sont en général d'un ton intéressant. Le rhythme en est bien choisi, à l'exception des deux premiers vers. On peut remarquer, pour peu qu'on ait l'oreille sensible, que le vers de quatre pieds se mêle très bien avec l'hexamètre, jamais le vers à cinq pieds, qui n'est fait que pour aller seul.

Racan, qui formait son goût sur celui des Anciens, emprunta souvent leurs idées morales sur la rapidité et l'emploi du temps ; sur la nécessité de mourir, sur les douceurs de la retraite ; mais il paraphrase un peu longuement, et, s'il imite leur naturel, il n'égale pas leur précision. C'est le seul défaut de ces stances *sur la Retraite*, plus d'une fois citées par les amateurs comme un de ses meilleurs morceaux. Les vers se lient facilement les uns aux autres ; ils sont doux et coulants ; mais, comme la pièce est un peu longue, cette sorte de langueur, qu'on aime pendant trois ou quatre stances, devient monotone quand on en lit sept ou huit.

La Harpe, *Cours de Littérature.*

MORCEAUX CHOISIS.

I.

Douceurs de la retraite.

Tircis, il faut songer à faire la retraite ;
La course de nos jours est plus qu'à demi faite ;
L'âge insensiblement nous conduit à la mort.
Nous avons assez vu sur la mer de ce monde
Errer au gré des vents notre nef vagabonde :
Il est temps de jouir des délices du port.

   Le bien de la fortune est un bien périssable ;
Quand on a bâti sur elle, on bâtit sur le sable ;
Plus on est élevé, plus on court de dangers :
Les grands pins sont en butte aux coups de la tempête,
Et la rage des vents brise plutôt le faîte
Des maisons de nos rois que les toits des bergers.
O bienheureux celui qui peut de sa mémoire
Effacer pour jamais ce vain espoir de gloire
Dont l'inutile soin traverse nos plaisirs,
   Et qui, loin retiré de la foule importune,
   Vivant dans sa maison, content de sa fortune,
A selon son pouvoir mesuré ses désirs ! *

---

* C'est un objet de comparaison assez curieux, que de voir précisément les mêmes idées renfermées dans le même nombre de vers par le grand versificateur Despréaux :

    Qu'heureux est le mort qui, du monde ignoré,
    Vit content de lui-même en un coin retiré,
    Que l'amour de ce rien qu'on nomme renommée

Il laboure le champ que labourait son père ;
Il ne s'informe point de ce qu'on délibère
Dans ces graves conseils d'affaires accablés.
Il voit sans intérêt la mer grosse d'orages,
Et n'observe des vents les sinistres présages
Que pour le soin qu'il a du salut de ses blés.

Roi de ses passions, il a ce qu'il désire ;
Son fertile domaine est son petit empire ;
Sa cabane est son Louvre et son Fontainebleau :
Ses champs et ses jardins sont autant de provinces,
Et, sans porter envie à la pompe des princes,
Il est content chez lui de les voir en tableau.

Il voit de toutes parts combler d'heur sa famille,
La javelle à plein poing tomber sous sa faucille,
Le vendangeur plier sous le faix des paniers ;
Il semble qu'à l'envi les fertiles montagnes,
Les humides vallons, et les grasses campagnes
S'efforcent à remplir sa cave et ses greniers.

Il suit aucunes fois un cerf par les foulées,
Dans ces vieilles forêts du peuple reculées,
Et qui même du jour ignorent le flambeau ;
Aucunes fois des chiens il suit les voix confuses,
Et voit enfin le lièvre, avec toutes ses ruses,
Du lieu de sa retraite en faire son tombeau.

Il soupire en repos l'ennui de sa vieillesse
Dans ce même foyer où sa tendre jeunesse
A vu dans le berceau ses bras emmaillotés ;

    N'a jamais enivré d'une vaine fumée,
      Qui de sa liberté forme tout son plaisir,
    Et ne rend qu'à lui seule compte de son loisir !

Peut-être serait-il difficile de choisir. L'expression est certainement plus poétique dans les derniers ; mais il règne dans les autres je ne sais quel abandon qui peut balancer l'élégance

La Harpe, Cours de littérature.

Il tient par les moissons registre des années,
Et voit de temps en temps leurs courses enchaînées
Faire avec lui vieillir les bois qu'il a plantés.

Il ne va point fouiller aux terres inconnues,
A la merci des vents et des ondes chenues,
Ce que nature avare a caché de trésors,
Il ne recherche point pour honorer sa vie,
De plus illustre mort ni plus digne d'envie,
Que de mourir au lit où ses pères sont morts.

S'il ne possède point ces maisons magnifiques,
Ces tours, ces chapiteaux, ces superbes portiques
Où la magnificence étale ses attraits,
Il jouit des beautés qu'ont les saisons nouvelles,
Il voit de la verdure et des fleurs naturelles,
Qu'en ces riches lambris on ne voit qu'en portraits.

Agréables déserts, séjour de l'innocence,
Commence mon repos et finit mon tourment;
Vallons, fleuves, rochers, aimable solitude,
Si vous fûtes témoins de mon inquiétude,
Soyez-le désormais de mon contentement.

Cette stance est sensiblement imitée de l'épisode du second livre des *Géorgiques* sur le bonheur de la vie champêtre. Voici le passage de Virgile avec la traduction de Delille :

Si non ingentem foribus domus alta superbis
Manè salutantùm totis vomit ædibus undam,
Nec varios inhiant pulchrâ testudine postes,
Illusasque auro vestes, Ephyreiaque æra;
Alba nec Assyrio fucatur lana veneno,
Nec casiâ liquidi corrumpitur usus olivi;
At secura quies, et nescia fallere vita,
Dives opum variarum; at latis otia fundis,
Speluncæ, vivique lacus; at frigida Tempe,
Mugitusque boum, mollesque sub arbore somni,
Non absunt. . . . .

Sans doute, il ne voit pas, au retour du soleil,
De leur patron superbe adorant le réveil,

II.

Chanson de bergers à la louange de la reine, mère du Roi.

Paissez, chères brebis, jouissez de la joye
    Que le ciel nous envoye ;
A la fin sa clémence a pitié de nos pleurs :
Allez dans la campagne, allez dans la prairie ;
    N'épargnez point les fleurs,
Il en revient assez sous les pas de Marie.

Par elle renaîtra la saison désirée
    De Saturne et de Rhée,
Où le bonheur rendait tous nos désirs contents,
Et par elle on verra reluire en ce rivage,
    Un éternel printemps,
Tel que nous le voyons paraître en son visage.

Nous ne reverrons plus nos campagnes désertes,
    Au lieu d'épis, couvertes
De tant de bataillons l'un à l'autre opposés :
L'innocence et la paix régneront sur la terre,
    Et les dieux appaisés
Oublîront pour jamais l'usage du tonnerre.

Sous les lambris pompeux de ses toits magnifiques,
Des flots d'adulateurs inonder ses portiques ;
Il ne voit pas le peuple y dévorer des yeux
De riches tapis d'or, des vases précieux ;
D'agréables poisons ne brûlent point ses veines ;
Tyr n'altéra jamais la blancheur de ses laines ;
Il n'a point tous ces arts qui trompent notre ennui :
Mais que lui manque-t-il ? la nature est à lui ;
Des grottes, des étangs, une claire fontaine,
Dont l'onde en murmurant l'endort sous un vieux chêne
Un troupeau qui mugit, des vallons, des forêts ;
Ce sont là ses trésors, ce sont là ses palais.

On trouve encor dans cette pièce d'autres imitations du même épisode.

                F.

Le soin continuel dont son puissant génie
   Nos affaires manie,
Rend toujours leurs succès conforme à son désir.
Notre bonne fortune est par lui gouvernée,
   Et souffre avec plaisir
Que de si belles mains la tiennent enchaînée.

Son bonheur nous rendra la terre aussi féconde,
   Q'en l'enfance du monde,
A l'heure que le ciel en était amoureux,
Et jouirons d'un âge ourdi d'or et de soie,
   Où les plus malheureux
Ne verseront jamais que des larmes de joie.

Déjà ce grand soleil dissipant les nuages
   Auteurs de nos orages,
Epand de tous côtés sa lumière si loin,
Que celui qui le soir se va coucher dans l'onde,
   Voit bien que sans besoin,
Il en sort au matin pour éclairer le monde.

En nos tranquillités aucune violence
   N'interrompt le silence;
Nos troubles pour jamais sont par elle amortis;
Depuis les premiers flots de Garonne et de Loire,
   Jusqu'à ceux de Thétis,
On n'entend autre bruit que celui de sa gloire.

La nymphe de la Seine incessamment révère
   Cette grande bergère,
Qui chasse de ses bords tout sujet de souci,
Et pour jouir long-temps de l'heureuse fortune.
   Que l'on possède ici,
Porte plus lentement son tribut à Neptune.

Paissez donc, mes brebis, prenez part aux délices
   Dont les destins propices

Par un si beau remède ont guéri nos douleurs :
Allez dans la campagne, allez dans la prairie,
    N'épargnez point les fleurs ;
Il en revient assez sous les pas de Marie.

RACINE (JEAN) naquit à la Ferté-Milon, le 21 décembre 1639, l'année même que Corneille, âgé de trente-trois ans, faisait paraître *Horace* et *Cinna*. Sa famille, anoblie par une charge achetée, avait un cygne dans ses armoiries. Il est probable qu'une méchante allusion au nom de Racine avait été cause de ce choix. Les anciens auraient vu un présage dans cette circonstance frivole : qu'il nous soit permis, après l'événement, d'y voir au moins une particularité remarquable.

Ce qui eut une véritable influence sur les destinées poétiques et religieuses de Racine, ce fut d'avoir pour maîtres ces hommes si pieux et si savants qui s'étaient réfugiés dans les solitudes de Port-Royal. Élevé à la plus sévère école de lettres et de mœurs, le jeune Racine fut surpris un jour lisant le roman grec des *Amours de Théagène et de Chariclée*. On le lui arracha des mains, et on le jeta au feu. Un second exemplaire ayant eu le même sort, il s'en procura un troisième, l'apprit par cœur, et, le portant à son maître, lui dit : *Vous pouvez brûler celui-là comme les deux autres*. Cette anecdote de sa jeunesse est comme un germe dont toute sa vie littéraire offre le développement. Son goût pour la peinture des délices et des peines de l'amour décelait cette sensibilité d'âme qui passionne et attendrit la plupart de ses chefs-d'œuvre : sa prédilection pour la langue des Grecs promettait cette richesse de diction poétique qui les embellit tous. Racine est là tout entier.

Mais, avant d'atteindre à cette perfection, il fallait qu'il payât le tribut au mauvais goût d'une littérature naissante, qui, n'étant qu'empruntée, et, pour ainsi dire, réfléchie, devait commencer par l'affectation, de même que les littératures spontanées commencent par la barbarie. A dix-sept ans, il composa, sur la solitude de Port-Royal, des vers plus bizarrement subtils et affectés que n'en faisait alors Benserade ou Voiture; et, dix années après, il faisait jouer *Andromaque*. Il ne dut pas à lui seul de franchir en si peu de temps un si grand intervalle; le mouvement de son génie fut secondé par celui de son siècle. A l'époque où l'esprit et la langue d'une nation se développent, leurs progrès sont rapides comme ceux du corps humain dans l'adolescence. Aujourd'hui, dans notre âge de maturité qui touche à la décadence, tout jeune poète semble partir du milieu même de la carrière; mais marche-t-il aussi vite? mais sur-tout va-t-il aussi loin?

Le véritable début poétique de Racine fut une ode intitulée *La Nymphe de la Seine*, à l'occasion du mariage du roi. Chapelain, mauvais poète, mais bon homme et bon littérateur, alors arbitre officiel des réputations, produisit Racine et son ode auprès de Colbert, dispensateur des graces. Le jeune auteur fut magnifiquement récompensé,

Quatre ans plus tard, il composa une autre pièce de circonstance : c'était *La Renommée aux Muses*, ode qui avait pour objet de célébrer les bienfaits accordés par le roi aux sciences, aux lettres, et aux arts. Ce nouvel ouvrage lui valut une nouvelle gratification ; mais il lui procura un avantage bien plus précieux, l'amitié de Boileau, cette amitié sincère et dévouée, à laquelle il dut tant d'avis utiles pour ses écrits, et tant de consolations dans ses chagrins. Le jeune satirique avait fait sur l'ode quelques observations critiques qui tombèrent dans les mains de Racine : celui-ci en sentit toute la justesse, et s'empressa d'en aller remercier Boileau, qui consentit à être toujours son censeur, et qui devint bientôt son ami.

Peu s'en fallut que l'église n'enlevât le jeune Racine au monde et aux lettres profanes ; peu s'en fallut même qu'une obscure prébende dans une province reculée n'ensevelît pour toujours les destinées de celui qui devait attacher à son nom un éclat si vif et si durable. Plus tard, la religion le ravit au théâtre ; mais il avait composé dix chefs-d'œuvres ; et celui qui restait à produire, le dernier et le plus sublime de tous, ce fut la religion elle-même qui le lui inspira.

Pendant son séjour à Uzès, la théologie et la chicane se partageaient son temps. Il lui fallait disputer les biens de l'église aux mains qui voulaient s'en emparer, ou les arracher à celles qui les retenaient ; il lui fallait en même temps se rendre habile à les posséder. Mais les Muses le détournaient quelquefois de tant de soins graves ou fastidieux : il lisait, il extrayait alternativement les Pères et les poètes, Saint-Augustin et Virgile, Saint-Thomas et Ovide; il trouvait même, entre la lecture d'une somme de théologie et celle d'un dossier de procédure, quelques instants à donner au doux métier des vers, qui était sa première et encore son unique passion.

Fatigué des délais d'un oncle qui promettait chaque jour de lui résigner un de ses bénéfices, et qui s'obstinait à le garder, il revint à Paris, les mains vides d'argent, mais ayant en poche une tragédie, ce trésor d'espérances que tant de jeunes gens apportent de la province, et que si souvent un coup de sifflet fait évanouir. Sa tragédie était tirée de ce même roman grec de *Théagène et Chariclée*, auquel il avait donné dans sa mémoire un abri sûr contre le zèle pieusement incendiaire du sacristain Lancelot.

Il alla trouver Molière, de qui il reçut à-la-fois trois bons offices, le conseil de jeter sa pièce au feu, l'indication d'un sujet au moins plus théâtral, et le don ou plutôt le prêt d'une somme de cent louis, hypothéquée probablement sur le succès de sa tragédie future.

Ce nouveau sujet était celui de la *Thébaïde*, catastrophe d'une froide et monstrueuse atrocité, que le talent déclamateur de Stace étendit en un long poème, mais d'où le génie de Racine, dans toute sa maturité, n'aurait peut-être pas réussi à tirer une tragédie attachante. Celle qu'il fit à vingt ans était une imitation de la manière de Corneille, imitation de ses défauts plus que de ses beautés, où les uns étaient exagérés, et les autres ne se montraient qu'affaiblies.

Il en fut de même de la tragédie *d'Alexandre*. Un héroïsme de Matamore et une galanterie de Céladon y défigurent le vainqueur d'Arbelle, comme, dans *la Mort de Pompée*, ils travertissent le vainqueur de Pharsale. Toutefois, dans *les Frères ennemis* et sur-tout dans *Alexandre*, déjà se montrait un versificateur habile ; déjà même, quoi qu'en eût dit Corneille, quelques traits de dialogue, quelques scènes, permettaient d'espérer un poète tragique. Mais Racine n'était point encore; et rien, dans ces faibles commencements, n'autorisait à le prédire.

Andromaque paraît, et Racine est révélé, Racine, naguère disciple et copiste de Corneille, maintenant créateur d'un nouveau genre de tragédie, et fondateur d'une nouvelle école, rivale de celle dont l'auteur d'*Horace* était le chef. Ainsi l'on a vu, dans le siècle suivant, Voltaire, après avoir marché plus ou moins heureusement sur les traces de Corneille et de Racine lui-même, inventer, en composant *Zaïre*, la tragédie qui lui était propre, celle qui devait lui assigner une place, non pas à la suite, mais à côté de ses illustres devanciers. Ces deux phénomènes semblables méritaient d'être rapprochés : ils prouvent que, dans les arts, se modeler sur les grands maîtres est le vrai moyen de ne leur ressembler jamais, et que ce n'est qu'en cessant de les imiter qu'on les égale.

Par un heureux caprice du génie, Racine fit succéder immédiatement aux épouvantables fureurs d'Oreste, le pathétique burlesque de l'Intimé. Euripide devint Aristophane, et l'héroïque enthousiasme fit place à la verve satirique. Quelle prodigieuse facilité d'esprit et de langage ne fallait-il pas pour passer ainsi du tragique le plus terrible au comique le plus bouffon? Regnard, faisant *Andromaque*, entre *le Légataire* et *les Folies amoureuses*, n'aurait pas droit de nous surprendre davantage.

Racine, qui avait puisé le sujet de son premier chef-d'œuvre aux sources fabuleuses, sembla vouloir lutter avec Corneille sur le terrain de l'histoire, où ce grand homme avait tant de fois triomphé. Tacite lui servit de guide et de soutien. Cet historien, qu'il appelle lui-même *le plus grand peintre de l'antiquité*, lui fournit quelques traits : disons mieux, il lui prêta ses couleurs et son pinceau. *Britannicus* est une tragédie telle que l'aurait pu faire Tacite, si, au talent d'approfondir et de peindre énergiquement les caractères, il avait joint le talent de les mettre en action et d'imaginer leur langage, si sa prose concise, grave et sentencieuse avait pu se transformer en une poésie mâle, vigoureuse et brillante.

Une princesse eut la noble fantaisie de voir représenter sur le théâtre l'histoire secrète de son cœur. Les deux maîtres de la scène, Corneille et Racine, furent chargés, à l'insu l'un de l'autre, de retracer les amours récentes d'Henriette d'Angleterre et de Louis XIV sous les noms antiques de Bérénice et de Titus. Fontenelle appelle cette concurrence *un duel;* mais, convenons-en, ce duel ne fut pas réglé selon toutes les lois de l'honneur. Dans un sujet tendre, dont il fallait déguiser la faiblesse par une élégance continue de style, Racine, à l'avantage de la jeunesse et de la force, joignait l'avantage du terrain et des armes. Le vieux Corneille fut vaincu : il ne pouvait pas, comme un autre don Diègue, envoyer un autre Rodrigue combattre à sa place.

La plus magnifique des expositions, et le plus vrai, le plus profond des caractères politiques mis au théâtre, distinguent la tragédie de *Bajazet*; et de telles beautés couvriraient de leur éclat de bien plus grands défauts que ceux qu'il est permis d'y remarquer. Bajazet, sous le doliman, semble aimer comme un Français de la cour de Louis XIV; mais Roxane a bien toutes les fureurs d'un amour de sérail, qui brave le cordon des muets ou le sabre des janissaires.

Si Corneille avait excellé dans la peinture des vieux Romains, lorsqu'avant d'être opprimés eux-mêmes, ils étaient ou méditaient de devenir les oppresseurs du genre humain, Racine ne peignit pas avec moins de force, et peut-être peignit-il avec plus de fidélité leur infatigable ennemi. Mithridate, roi, père, amant jaloux, défiant, artificieux et implacable, revit tout entier dans les vers de Racine. Le partisan de la nature et de la vérité dans les tableaux du théâtre, le voit sans peine descendre jusqu'à ces faiblesses dont il rougit lui-même, jusqu'à ces indignes ruses qui feraient sourire de pitié, si elles ne faisaient frémir d'horreur. Tout en versant des pleurs sur le sort immérité de la douce Monime, quel cœur généreux refuserait une larme au vieux roi guerrier, qui voulait et qui pouvait seul affranchir l'univers?

Iphigénie est proclamée par l'auteur de *Zaïre* « le chef-d'œuvre de la scène tragique. » *Iphigénie*, en effet, est comme ces statues, noble élite des merveilles du ciseau grec, qui, par la justesse de leurs proportions, la pureté de leurs formes, la grace naïve de leurs attitudes, le calme divin de leur physionomie, et le fini de leur exécution, ont réalisé l'idéal dans les arts, et mérité de devenir le type éternel de la belle nature embellie par le génie.

Quelle est donc la perfection d'*Iphigénie*, si *Phèdre* ne l'a pas entièrement égalée; *Phèdre*, où figure du moins le personnage le plus tragique qu'aucune scène ait jamais présenté! C'est dans *Phèdre* (qui le croirait?) que les idées de pureté morale et de repentir expiatoire, introduites par le christianisme dans les âmes modernes, ont le plus heureusement modifié ce système impie et abject de la fatalité, qui domine toutes les compositions de la Melpomène antique. A la fois incestueuse et homicide, la fille de Pasiphaé, par ses combats, par ses remords, touche, attendrit, déchire les mêmes âmes que son double crime épouvante et révolte. Elle fit plus encore; elle réconcilia le grand Arnauld, la colonne, le flambeau du jansénisme, avec la morale du théâtre, et avec Racine lui-même.

Qui pourrait l'ignorer? une cabale d'esprits faux et d'auteurs jaloux, également digne de persécuter un grand poète et d'en protéger un mauvais, fit tomber la *Phèdre* de Racine, et triompher celle de Pradon. Le siècle qui vit et qui n'empêcha pas cette horrible injustice, en fut trop puni ; et la postérité, innocente d'une faute qu'elle déteste, a porté sa part du châtiment. Racine, découragé, renonça dès-lors au théâtre. Il avait trente-huit ans; il venait de composer *Phèdre,* et son génie pouvait croître encore, puisqu'il n'avait pas fait *Athalie*. Douze années séparèrent ces deux chefs-d'œuvre. Combien d'autres chefs-d'œuvre nos regrets ne peuvent-ils pas placer dans ce long intervalle, entièrement perdu pour la gloire du poète et pour nos plaisirs !

Racine, par les habitudes de son éducation, et sur-tout par la tendresse de son âme, appartenait à la religion. La religion vint lui offrir à propos le dictame qui ferme ou qui adoucit les blessures de l'âme. Vers ce même temps, il épousa une femme vertueuse et simple, qui, renfermée dans l'affaire de son salut et dans les soins de son ménage, fut indifférente à tout le reste jusqu'à ne jamais connaître les immortels ouvrages qui avaient entouré de tant de gloire le nom qu'elle portait. La gravité de son nouvel état, l'exemple d'une pieuse compagne, le progrès de l'âge et le souvenir de sa disgrace, tout s'unissait pour affermir Racine dans la réforme qu'il avait embrassée. Ainsi, le poète, que la faveur de la douce La Vallière et celle de l'altière Montespan avaient vu peignant, d'après son cœur sans doute, les doux transports et les débats orageux de l'amour, se trouva disposé de lui-même à *chanter de dieu les grandeurs infinies*, lorsqu'au règne voluptueux de ces deux maîtresses, succéda le règne dévotieux de l'épouse secrète du monarque. Celle-ci lui demanda, pour la maison où elle avait recueilli de jeunes filles, nobles et pauvres, comme elle avait été elle-même autrefois, un divertissement pieux qui pût les former aux graces du débit et du maintien. Il composa *Esther;* et cet *amusement d'enfants* (lui-même l'appelle ainsi) fait encore aujourd'hui les délices de tous les âges. Jamais sa poésie n'eut plus d'onction, de charme et de suavité : ce sont des chants doux, religieux et plaintifs, comme ceux que les enfants de Lévi auraient pu faire entendre sur les bords de l'Euphrate, pour charmer les ennuis de leur captivité.

Esther avait excité des transports d'admiration. Racine reçut du roi l'ordre de composer pour le même théâtre une nouvelle tragédie tirée des livres saints, et il fit *Athalie*. Étrange instabilité des choses humaines et des jugements publics! Deux ans avaient tout changé. *Athalie* ne put être représentée; et, quand l'auteur la fit imprimer, elle fut en butte au dédain et à l'outrage. Boileau avait pu rassurer l'auteur de *Britannicus* sur les froideurs passagères du parterre; mais il eut beau dire à l'auteur d'*Athalie* : *Cette pièce est votre plus bel ouvrage, on y reviendra,* Racine ne voulut pas croire à ce retour, et il ne devait pas en être le témoin. Voltaire, nous l'avons vu, appelait *Iphigénie* « le chef-d'œuvre du Théâtre : » mais il appelait *Athalie* « le chef-d'œuvre de l'esprit humain. » Voulait-il par-là faire entendre qu'*Athalie* est plus qu'une tragédie, et que le théâtre n'en est pas digne? on serait tenté de le croire. Depuis qu'enfreignant l'expresse volonté de Racine et de Louis XIV, on a transporté cette œuvre toute divine sur une scène toute profane, il a toujours semblé que la majesté du sujet écrasait les comédiens assez hardis pour le représenter : c'est comme l'arche sainte, frappant de mort le téméraire qui osait y porter la main.

Racine fut souvent malheureux, et malheureux par les objets mêmes de ses affections : c'est le sort ordinaire de ceux qui ont l'âme sensible. Il aima passionément la gloire; et, sans avoir jamais goûté pleinement ses douceurs, il sentit, dans toute leur amertume, les peines qui y sont mêlées. Sa carrière dramatique, quoique semée de chefs-d'œuvre, fut marquée presque alternativement par des succès disputés ou par des chutes non méritées; et il fut arrêté, bien loin du terme où il pouvait atteindre, par un de ses affronts sous lesquels le génie succombe. La piété qui avait contribué à l'écarter du théâtre, se chargea, pour ainsi dire, elle-même de l'y ramener; et il fut puni de sa docilité par une injustice plus cruelle encore que la première, et qu'il ne vit pas réparer. Si, suivant l'expression de madame de Sévigné, il en était venu à *aimer Dieu comme il avait aimé ses maîtresses*, il avait toujours aimé son roi avec une vivacité, une ardeur qui tenait des deux autres amours; et cette troisième passion fut pour lui la cause d'un chagrin profond qui empoisonna et peut-être accéléra la fin de ses jours. Un mémoire, où il retraçait la misère des peuples, et que Louis XIV surprit entre les mains de madame de Maintenon, qui avait promis de taire le nom de l'auteur, et qui n'en eut pas le courage, ce mémoire fit sortir de la bouche du monarque quelques paroles sévères dont il fut trop affligé. Un des maux du corps que les peines de l'âme aggravent le plus, un abcès au foie avait déjà depuis quelque temps altéré profondément sa santé. A la suite de sa disgrace, le mal parut faire des progrès plus rapides, et il y succomba après deux années de vives souffrances. Le plus parfait de nos poètes, le Virgile français, Racine mourut le 22 avril 1699, avant d'avoir atteint sa soixantième année.

On a quelquefois accusé Racine d'avoir donné à plusieurs de ses personnages des formes trop semblables et des couleurs trop peu variées. Qui lui a fait ce reproche? Les partisans outrés d'un autre grand poète qu'on pourrait plus justement accuser à son tour d'avoir couvert indistinctement du même vernis philosophique des figures du caractère le plus différent, depuis la mère d'OEdipe, épouse de son fils, jusqu'à la jeune chrétienne du temps des croisades, élevée dans le harem d'un soudan ; depuis la vierge péruvienne du sang des Incas, jusqu'à l'Arabe artificieux, fondateur de l'Islamisme. Sans doute Britannicus, Bajazet, Xipharès, même le bouillant Achille et le sauvage Hippolyte ont dans leur langage quelques traits communs de cette galanterie qui remplissait la littérature, comme la société, et que Racine le premier sut rendre naturelle et intéressante. Mais sont-ce des personnages semblables dans leurs passions et dans leurs intérêts, dans leurs actions et dans leurs discours, que Burrhus et Acomat, Thésée et Agamemnon, Mithridate et Assuérus, Joad et Abner? Éclate-t-elle moins, cette admirable variété, dans ces personnages d'un autre sexe, animés d'autres sentiments, tels qu'Andromaque, Agrippine, Clytemnestre et Athalie? Enfin, s'il faut parler de la passion la plus uniforme et la plus monotone de toutes, de cette passion universelle dont le langage semble être condamné à l'éternelle répétition des mêmes vœux et des mêmes transports, des mêmes craintes et des mêmes regrets, sous combien de formes variées, mais toutes également vraies, ne se montre-t-elle pas dans les douloureux sacrifices de Monime et de Bérénice, dans les transports jaloux d'Hermione, dans les rivalités douces ou furieuses de Roxane et d'Atalide, d'Iphigénie et d'Ériphile, de Phèdre et d'Aricie?

« Ce qui caractérise principalement Racine, a
» dit un écrivain distingué par la finesse de ses
» idées et par la grace de son langage*, c'est l'u-
» nion complète et peut-être unique de deux
» qualités qui semblent incompatibles, de l'i-
» magination la plus brillante et de la raison la
» plus parfaite qui fut jamais, de la sensibilité la
» plus exquise avec le bon sens le plus invariable.
» La raison, en effet, autant et plus encore peut-
» être que l'imagination, domine dans la concep-

---

* M Roger, de l'Académie française, dans l'article Racine, de la *Biographie universelle*.

» tion de ses œuvres les plus touchantes, dans
» l'exécution de ses scènes les plus dramatiques,
» dans le choix même de ses expressions les plus
» riches, de ses tours les plus elliptiques, de ses
» alliances de mots les plus hardies. Boileau, que
» plusieurs critiques ont surnommé le poète de la
» raison, Boileau lui-même n'est pas, sous ce point
» de vue, supérieur à Racine : et, d'ailleurs, cette
» qualité nous étonne moins en lui, parce qu'elle
» est accompagnée d'une imagination beaucoup
» moins vive. On a souvent proclamé Racine le
» plus grand des poètes français : il faudrait aussi
» le proclamer le plus raisonnable ; ou plutôt n'est-
» ce pas parce qu'il a été le plus raisonnable, qu'il
» a été le plus grand ! »

La nature du génie de Racine a été définie avec autant de justesse que d'élégance dans les lignes qu'on vient de lire. J'ajouterai que l'attribut particulier de ce même génie me paraît être une heureuse facilité qui s'accommodait à tous les genres, et que la perfection accompagnait dans tous. Poète tragique, il fut tour-à-tour grave comme l'histoire, brillant comme la fable, sublime comme les livres sacrés, et toujours varié comme le cœur humain. Une seule fois infidèle à Melpomène, il fit une comédie dont Molière aurait pu envier le style étincelant d'esprit, de malice et de gaieté. Lyrique non moins élevé, mais plus touchant que Rousseau, dans ses chœurs et dans ses cantiques, il fut vif et caustique comme lui dans les épigrammes peu nombreuses qui échappèrent à sa malice naturelle. Le poète, si divers et si parfait, ne fut pas un prosateur moins parfait et moins varié. On le vit descendre avec grace jusqu'au familiarités du style épistolaire, et s'élever sans effort jusqu'à la sublimité du style oratoire : il fit de Corneille un éloge digne de Corneille et de lui-même; et il écrivit, contre les solitaires de Port-Royal, deux lettres dont leur plus grand écrivain, l'auteur même, des *Provinciales*, n'a pas surpassé l'ingénieuse moquerie. Joignez à tous ces dons, à tous ces prodiges du génie, la figure la plus douce et la plus noble, une voix sonore et touchante, une admirable facilité d'élocution, le véritable esprit de la conversation, celui qui plaît par ses graces, sans fatiguer par ses prétentions; et vous aurez l'idée complète de l'homme dont l'organisation fut la plus parfaite, de l'homme qui fut le plus heureusement doué par la nature, pour enchanter son siècle et pour charmer la postérité.

AUGER.

Examen du Théâtre de Racine.

SECTION PREMIÈRE.

Les Frères ennemis, Alexandre, Andromaque.

« Ce serait sans doute un homme très extraordinaire que celui qui aurait conçu tout l'art de la tragédie, telle qu'elle parut dans les beaux jours d'Athènes, et qui en aurait tracé à la fois le premier plan et le premier modèle. Mais de si beaux efforts ne sont pas donnés à l'humanité; elle n'a pas de conceptions si vastes.

« Il n'existe aucun art qui n'ait été développé par degré, et tous ne se sont perfectionnés qu'avec le temps. Un homme a ajouté aux travaux d'un homme, un siècle a ajouté aux lumières d'un siècle; et c'est ainsi qu'en réunissant et perpétuant leurs efforts, les générations, qui se reproduisent sans cesse, ont balancé la faiblesse de notre nature, et que l'homme, qui n'a qu'un moment d'existence, a prolongé dans l'étendue des siècles la chaîne de ses connaissances et de ses travaux, qui doit atteindre aux bornes de la durée.

« L'invention du dialogue a sans doute été le premier pas de l'art dramatique. Celui qui imagina d'y joindre une action fit un second pas bien important. Cette action se modifia de différentes manières, devint plus ou moins attachante, plus ou moins vraisemblable. La musique et la danse vinrent embellir cette imitation. On connut l'illusion de l'optique et la pompe théâtrale. Le premier qui, de la combinaison de tous ces arts réunis, fit sortir de grands effets et des beautés pathétiques, mérita d'être appelé le père de la tragédie. Ce nom était dû à Eschyle; mais Eschyle apprit à Euripide et à Sophocle à le surpasser, et l'art fut porté à sa perfection dans la Grèce. Cette perfection était pourtant relative, et en quelque sorte nationale. En effet, s'il y a dans les tragiques anciens des beautés de tous les temps et de tous les lieux, il n'en est pas moins vrai qu'une bonne tragédie grecque, fidèlement transportée sur notre théâtre, ne suffirait pas à faire une bonne tragédie française; et si l'on peut citer quelque exception à ce principe général, cette exception même prouverait du moins que cinq actes des Grecs ne peuvent nous en donner que trois. Nous avons ordinairement à fournir une tâche plus longue et plus pénible. Melpomène, chez les Anciens, paraissait sur la scène entourée des attributs de Terpsichore et de Polymnie. Chez nous elle est seule et sans autre secours que son art, sans autres appuis que la terreur et la pitié. Les chants et la grande poésie des chœurs relevaient l'extrême simplicité des sujets grecs, et ne laissaient apercevoir aucun vide dans la représentation. Ici, pour remplir la carrière de cinq actes, il nous faut mettre en œuvre les ressorts d'une intrigue toujours attachante, et les mouvements d'une éloquence toujours plus ou moins passionnée. L'harmonie des vers grecs enchantait les oreilles avides et sensibles d'un peuple poète ; ici le mérite de la diction, si important à la lecture, si décisif pour la réputation, ne peut, sur la scène, ni excuser les fautes, ni remplir les vides, ni suppléer à l'intérêt devant une assemblée d'hommes qui tous ont un égal besoin d'émotions, mais qui ne sont pas tous à beaucoup près également juges du style. Enfin, chez les Athéniens, les spectacles donnés en certains temps de l'année étaient des fêtes religieuses et magnifiques, où se signalait la brillante rivalité de tous les arts, et où les sens, séduits de toutes les manières, rendaient l'esprit des juges moins sévère et moins exigeant. Ici la satiété qui naît d'une jouissance de tous les jours, doit ajouter beaucoup à la sévérité du spectateur, lui donner un besoin plus impérieux d'émotions fortes et nouvelles : et, de toutes ces considérations, on peut conclure que l'art des Corneille et des Racine devait être plus étendu, plus varié, plus difficile que celui des Euripide et des Sophocle.

« Ces derniers avaient encore un avantage que n'ont pas eu parmi nous leurs imitateurs et leurs rivaux : ils offraient à leurs concitoyens les grands évènements de leur histoire, les triomphes de leurs héros, les malheurs de leurs ennemis, les infortunes de leurs ancêtres, les crimes et les vengeances de leurs dieux ; ils réveillaient des idées imposantes, des souvenirs touchants ou flatteurs, et parlaient à la fois à l'homme et au citoyen.

« La tragédie, soumise, comme tout le reste, au caractère patriotique, fut donc chez les Grecs leur religion et leur histoire en action et en spectacle. Corneille, dominé par son génie, et n'empruntant aux Anciens que les premières règles de l'art, sans prendre leur manière pour modèle, fit de la tragédie une école d'héroïsme et de vertu. Mais combien il y avait encore à faire ! combien l'art dramatique, qui doit être le résultat de tant de mérites différents, était loin de les réunir ! combien y avait-il encore, je ne dis pas seulement à perfectionner, mais à créer ! car l'assemblage de tant de beautés neuves et tragiques qui étincelèrent dans le premier chef-d'œuvre de Racine, dans *Andromaque*, n'est-il pas une véritable création ? C'est à partir de ce point que Racine, plus profond dans la connaissance de l'art que personne ne l'avait encore été, s'ouvrit une route nouvelle, et la tragédie fut alors l'histoire des passions et le tableau du cœur humain. » *Éloge de Racine.*

Mais il ne faut pas dédaigner de jeter un coup d'œil sur les essais de sa première jeunesse. Nous y reconnaîtrons, au milieu de tous les défauts qui dominaient encore sur la scène, le germe d'un grand talent poétique; et Racine s'y annonce déjà par un des mérites qui lui sont propres, celui de la versification. Il n'avait pas vingt-cinq ans lorsqu'il donna *les Frères ennemis*, commencés longtemps auparavant, sujet traité sur tous les théâtres anciens, et qui ne pouvait guère réussir sur le nôtre. Ni l'un ni l'autre des deux frères ne peut inspirer d'intérêt : tous deux sont à peu près également coupables, également odieux : l'un est l'usurpateur du trône, et l'autre est l'ennemi de sa patrie. Leur mère ne peut montrer qu'une douleur impuissante; et des intrigues d'amour ne peuvent se mêler convenablement au milieu des horreurs de la race de Laïus. Tel est le vice du sujet, et la fable de la pièce ne valait pas mieux. La manière du jeune poëte est fidèlement calquée sur les défauts de Corneille. Rien ne prouve mieux que le talent commence presque toujours par l'imitation. C'est en même temps un hommage qu'il rend à ses maîtres, et un écueil où il peut échouer, si le modèle n'est pas parfait; car il est de l'inexpérience et de la faiblesse de cet âge de s'approprier d'abord ce qu'il y a de plus aisé à imiter, c'est-à-dire les fautes. Ainsi l'on voit dans *les Frères ennemis* un Créon, qui, dans le temps même où il n'est occupé qu'à brouiller ses deux neveux, et à les perdre l'un par l'autre pour leur succéder, est bien tranquillement et bien froidement amoureux de la princesse Antigone, comme Maxime l'est d'Émilie, et rival de son fils Hémon, qu'il sait bien être l'amant préféré. Il finit par faire à cette Antigone, qui le hait et le méprise ouvertement une proposition tout au moins aussi déplacée et aussi déraisonnable que celle de Maxime à Émilie. Lorsque Étéocle et Polynice sont tués, que leur mère Jocaste s'est donné la mort, qu'Hémon et Ménécée, les deux fils de Créon, viennent de périr à la vue des deux armées, Créon, qui est resté tout seul, n'imagine rien de mieux que de proposer à Antigone de l'épouser. On sent qu'une pareille scène, dans un cinquième acte rempli de meurtres et de crimes, suffirait pour faire tomber une pièce. Antigone ne lui répond qu'en le quittant pour aller se tuer comme les autres personnages de la tragédie. Créon n'a pas le courage d'en faire autant, apparemment pour qu'il soit dit que tout le monde ne meurt pas ; mais il jette de grands cris, et finit par dire qu'il *va chercher du repos aux enfers*.

On retrouve aussi dans *les Frères ennemis* ces longs monologues sans nécessité, qu'il était d'usage de donner aux acteurs et aux actrices comme les morceaux les plus propres à les faire briller, et jusqu'à des stances dans le goût de celles de *Polyeucte* et d'*Héraclius*, espèce de hors d'œuvre qui est depuis long-temps banni de la scène, où il formait une disparate choquante, en mettant trop évidemment le poète à la place du personnage. On y retrouve les déclamations, les maximes gratuitement odieuses, et même les raisonnements alambiqués à la place du sentiment : défauts où Racine n'est jamais tombé depuis. Jocaste parle à ses deux fils à peu près comme Sabine, dans *les Horaces*, parle à son époux et à son beau-frère. Elle veut leur prouver en forme qu'ils doivent la tuer ; et remarquons, en passant, combien il y a quelquefois peu d'intervalle entre le faux et le vrai : que Jocaste, au désespoir de ne pouvoir fléchir ses deux fils, leur dise qu'il faudra qu'ils lui percent le sein avant de combattre, qu'elle se jettera entre leurs épées, ce langage est convenable ; mais qu'elle dise :

Je suis de tous les deux la commune ennemie,
Puisque votre ennemi reçut de moi la vie.
Cet ennemi sans moi ne verrait pas le jour :
S'il meurt, ne faut-il pas que je meure à mon tour ?
N'en doutez point ; sa mort me doit être commune :
Il faut en donner deux, ou n'en donner pas une.

Ces subtilités sont beaucoup trop ingénieuses. Ce n'est pas le langage de la douleur : elle n'a pas assez d'esprit pour faire de pareils sophismes : cet esprit paraissait alors quelque chose de brillant ; mais il ne faut qu'un moment de réflexion pour sentir combien il est faux.

Les Frères ennemis eurent pourtant quelque succès, et ce coup d'essai n'est pas sans beautés. La haine des deux frères est peinte avec énergie, et la scène de l'entrevue est très bien traitée. Le poète a eu l'art de nuancer deux caractères dominés par un même sentiment, et ce mérite seul suffisait pour annoncer le talent dramatique que le judicieux Molière aperçut et encouragea dans le premier ouvrage de Racine. Polynice a plus de noblesse et de fierté, Étéocle plus de férocité et de fureur. Quand Jocaste représente à Polynice qu'Étéocle s'est fait aimer du peuple depuis qu'il règne dans Thèbes, le prince répond :

>   C'est un tyran qu'on aime,
> Qui par cent lâchetés tâche à se maintenir
> Au rang où par la force il a su parvenir ;
> Et son orgueil le rend, par un effet contraire,
> Esclave de son peuple et tyran de son frère.
> Pour commander tout seul il veut bien obéir,
> Et se fait mépriser pour me faire haïr.
> Ce n'est pas sans sujet qu'on me préfère un traître ;
> Le peuple aime un esclave, et craint d'avoir un maître ;
> Mais je croirais trahir la majesté des rois,
> Si je faisais le peuple arbitre de mes droits.

Ces vers, d'une tournure ferme et d'un grand sens, ressemblent aux bons vers de Corneille, et font voir que son jeune rival savait déjà imiter quelques-unes de ses beautés.

D'un autre côté, Étéocle trace avec force cette aversion réciproque qui a toujours régné entre son frère et lui. Il n'était pas aisé d'exprimer noblement cette tradition de la fable, qu'Étéocle et Polynice se battaient ensemble dans le sein de leur mère. Le poëte y réussit; et tout ce morceau, à quelques fautes près, est d'un style tragique.

Je ne sais si mon cœur s'apaisera jamais;
Ce n'est pas son orgueil, c'est lui seul que je hais.
Nous avons l'un et l'autre une haine obstinée;
Elle n'est pas, Créon, l'ouvrage d'une année;
Elle est née avec nous, et sa noire fureur,
Aussitôt que la vie, entra dans notre cœur.
Nous étions ennemis dès la plus tendre enfance;
Que dis-je? nous l'étions avant notre naissance.
Triste et fatal effet d'un sang incestueux!
Pendant qu'un même sein nous renfermait tous deux,
Dans les flancs de ma mère, une guerre intestine
De nos divisions lui marqua l'origine.
Elles ont, tu le sais, paru dans le berceau,
Et nous suivront peut-être encor dans le tombeau.
On dirait que le Ciel, par un arrêt funeste,
Voulut de nos parents punir ainsi l'inceste.
Et que dans notre sang il voulut mettre au jour
Tout ce qu'ont de plus noir et la haine et l'amour.
Et maintenant, Créon, que j'attends sa venue,
Ne crois pas que pour lui ma haine diminue.
Plus il approche, et plus il me semble odieux;
Et sans doute il faudra qu'elle éclate à ses yeux.
J'aurais même regret qu'il me *quittât* l'empire :
Il faut, il faut qu'il fuie, et non qu'il se retire.
Je ne veux point, Créon, le haïr à moitié,
Et je crains son courroux moins que son amitié :
Je veux, *pour donner cours* à mon ardente *haine,*
Que sa fureur au moins autorise la *mienne;*
Et puisqu'enfin mon cœur ne saurait se trahir,
Je veux qu'il me déteste, afin de le haïr.

Et, un moment après, lorsqu'on lui annonce que son frère approche, il s'écrie :

Qu'on hait un ennemi quand il est près de nous !

La description de leur combat, malgré quelques vers de jeune homme, est en général bien écrite et digne du sujet. Mais le talent de l'auteur pour la versification se développe bien davantage dans *Alexandre*. C'est la première de nos pièces qui ait été écrite avec cette élégance qui consiste dans la propriété des termes, dans la noblesse de l'expression, dans le nombre et la cadence du vers. Ce mérite, que l'auteur porta depuis infiniment plus loin, et le caractère de Porus, marquaient déjà un progrès dans sa composition, et la pièce eut beaucoup de succès ; mais elle manque de cet intérêt qui soutient seul les pièces de théâtre, quand on n'y supplée pas par des beautés d'un autre genre, assez supérieures pour en tenir lieu, comme on en voit des exemples dans quelques-unes des pièces de Corneille. L'esprit d'imitation est ici encore plus marqué que dans *les Frères ennemis*. Alexandre est aussi froidement amoureux d'une reine des Indes que César de celle d'Égypte. L'amitié sans doute aveuglait Despréaux, quand il met dans la bouche d'un campagnard ces vers en forme de reproche, et dont il veut faire une louange :

Je ne sais pas pourquoi l'on vante l'Alexandre :
Ce n'est qu'un glorieux qui ne dit rien de tendre.

Il n'est pas fort *tendre* en effet ; mais il est assez galant pour dire à sa maîtresse :

Je vous avais promis que l'effort de mon bras

M'approcherait bientôt de vos divins appas ;
Mais dans ce même temps, souvenez-vous, Madame,
Que vous me promettiez quelque place en votre âme.
Je suis venu ; l'amour a combattu pour moi.
La victoire elle-même a dégagé ma foi.
Tout cède autour de vous, c'est à vous de vous rendre,
Votre cœur l'a promis : voudrait-il s'en défendre ?...

Et, un moment après :

Que vous connaissez mal les violents désirs
D'un amour qui vers vous porte tous mes soupirs !
J'avoûrai qu'autrefois, au milieu d'une armée,
Mon cœur ne soupirait que pour la renommée.
Mais, hélas ! que vos yeux, ces aimables tyrans,
Ont produit sur mon cœur des effets différens !
Ce grand nom de vainqueur n'est plus ce qu'il souhaite ;
Il vient avec plaisir avouer sa défaite.

Boileau aurait bien pu placer parmi ses *héros de roman* un Alexandre qui *soupire* pour *d'aimables tyrans*, et qui vient *avouer sa défaite*. Il y a des hommes qu'il ne faut jamais faire *soupirer* sur la scène, et Alexandre est de ces hommes-là. Mais pardonnons à Racine : l'exemple l'entraînait. Il était bien jeune, et depuis il sut faire parler à l'amour un langage bien différent.

Un autre défaut essentiel de cette pièce, c'est le manque d'action. Porus est vaincu dès le commencement du troisième acte, et pourtant il reste sur le champ de bataille jusqu'au cinquième à disputer une victoire qu'Alexandre lui-même a déjà déclarée certaine ; et dans ce long intervalle Alexandre ne s'occupe qu'à mettre d'accord Axiane et Taxile, dont personne ne se soucie. Tout se passe en conversations inutiles; mais celle du deuxième acte, entre Porus et Éphestion, offre du moins des beautés de détail. Éphestion, veut lui parler des exploits de son maître.

      Eh! que pourrai-je apprendre
Qui m'abaisse si fort au-dessous d'Alexandre?
Serait-ce sans effort les Persans subjugués,
Et vos bras tant de fois de meurtres fatigués?
Quelle gloire en effet d'accabler la faiblesse
D'un roi déjà vaincu par sa propre mollesse;
D'un peuple sans vigueur et presque inanimé,
Qui gémissait sous l'or dont il était armé,
Et qui, tombant en foule, au lieu de se défendre,
N'opposait que des morts au grand cœur d'Alexandre?
Les autres, éblouis de ses moindres exploits,
Sont venus à genoux lui demander des lois;
Et leur crainte écoutant je ne sais quels oracles,
Ils n'ont pas cru qu'un dieu pût trouver des obstacles.
Mais nous, qui d'un autre œil jugeons les conquérans!
Nous savons que les dieux ne sont pas des tyrans;
Et de quelque façon qu'un esclave le nomme,
Le fils de Jupiter passe ici pour un homme.
Nous n'allons point de fleurs parfumer son chemin;
Il nous trouve partout les armes à la main.
Il voit à chaque pas arrêter ses conquêtes;
Un seul rocher ici lui coûte plus de têtes,
Plus de soins, plus d'assauts et presque plus de temps
Que n'en coûte à son bras l'empire des Persans.
Ennemis du repos qui perdit ces infâmes,
L'or qui naît sous nos pas ne corrompt point nos âmes.
La gloire est le seul bien qui nous puisse tenter,
Et le seul que mon cœur cherche à lui disputer.

Ces vers ont la vigueur et la dignité du genre. Je me souviens d'en avoir vu citer de préférence quatre autres, qui sont peut-être plus brillants, mais qui ne me semblent pas d'un style aussi sain.

> Oui, je consens qu'au ciel on élève Alexandre ;
> Mais si je puis, seigneur, je l'en ferai descendre,
> Et j'irai l'attaquer jusque sur les autels
> Que lui dresse en tremblant le reste des mortels.

Je ne doute pas que ces vers ne fussent applaudis par le parterre ; mais je crois qu'ils le seront moins par les connaisseurs. Il y a de l'emphase et de l'affectation dans ces vers, et la véritable grandeur n'en a point : *élever au ciel Alexandre pour l'en faire descendre*, a un air de jactance qui sent trop le jeune versificateur. Il ne doit rien y avoir dans le style tragique qui ressemble le moins du monde à la recherche. Ce sont là de ces vers qu'on fait à vingt ans, mais qu'on effacerait à trente ; et, depuis *Andromaque*, jamais Racine n'en a fait dans ce goût. Aujourd'hui qu'on est en général si éloigné des vrais principes du style, bien des gens seront peut-être surpris de ce jugement sur des vers dont beaucoup d'auteurs se glorifieraient ; mais c'est en lisant les modèles qu'a donnés Racine qu'on apprend à être si sévère.

Le premier de ces modèles fut *Andromaque*. Racine, peu content de ce qu'il avait produit jusqu'alors (car le talent sait juger ce qu'il a fait en le comparant à ce qu'il peut faire), ne trouvant pas dans ses premiers essais l'aliment que cherchait son âme, s'interrogea dans le silence de la réflexion. Il vit que des conversations politiques n'étaient pas la tragédie. Averti par son propre cœur, il vit qu'il fallait la puiser dans le cœur humain, et dès ce moment il put dire : La tragédie m'appartient. Il conçut que le plus grand besoin qu'apportent les spectateurs au théâtre, le plus grand plaisir qu'ils y cherchent, c'est de se retrouver dans ce qu'ils voient; que si l'homme aime à être élevé, il aime encore mieux être attendri, peut-être parce qu'il est plus sûr de sa faiblesse que de sa vertu; que le sentiment de l'admiration s'émousse et s'affaiblit trop aisément pour soutenir seul une pièce entière ; que les larmes douces qu'elle fait répandre quelquefois sont bientôt séchées, au lieu que la pitié pénètre plus avant dans le cœur, y porte une émotion qui croit sans cesse, et que l'on aime à nourrir, fait couler des larmes délicieuses qu'on ne se lasse point de répandre, et dont l'auteur tragique peut sans cesse rouvrir la source quand une fois il l'a trouvée. Ces idées furent des traits de lumière pour cette âme si sensible et si féconde, qui, en s'examinant elle-même, y trouvait les mouvements de toutes nos passions, les secrets de tous nos penchants. Combien un seul principe lumineux, embrassé par le génie, avance en peu de temps sa marche vers la perfection !

Le Cid avait été la première époque de la gloire du théâtre français, et cette époque était brillante. *Andromaque* fut la seconde, et n'eut pas moins d'éclat : ce fut une espèce de révolution. On s'aperçut que c'étaient là des beautés absolument neuves. Celles du *Cid* étaient dues en grande partie à l'auteur espagnol : Racine, dans *Andromaque*, ne devait rien qu'à lui-même. La pièce d'Euripide n'a de commun avec la sienne que le titre : le sujet est tout différent, et ce n'est pas encore ici que commencent les obligations que Racine eut aux Grecs. Quelques vers du troisième livre de *l'Énéide* lui firent naître l'idée de son *Andromaque*. Ils contiennent une partie du sujet, l'amour de Pyrrhus pour Andromaque, et le meurtre de ce prince tué de la main d'Oreste au pied des autels. Il y a cette différence, que, dans Virgile, Pyrrhus a abandonné Andromaque pour épouser Hermione, dont Oreste est amoureux. Voilà tout ce que la Fable a fourni au poëte, et si l'on excepte les sujets absolument d'invention, il y en a peu où l'auteur ait plus mis du sien.

Quel que fût le succès d'*Andromaque*, Corneille et Racine n'en avaient pas encore appris assez à la nation pour qu'elle pût saisir tout ce qu'un pareil ouvrage avait d'étonnant. Racine était dès-lors trop au-dessus de son siècle et de ses juges Il faut plus d'une génération pour que les connaissances, s'étendant de proche en proche, répandent un grand jour sur les monuments du génie. Il est bien plus prompt à créer que nous ne le sommes à le connaître. Instruits par cent ans d'expérience et de réflexion, nous sentons mieux aujourd'hui quel homme ce serait que Racine, quand il n'aurait fait qu'*Andromaque*. Quelle marche claire et distincte dans une intrigue qui semblait double ! Quel art d'entrelacer et de conduire ensemble les deux branches principales de l'action de manière qu'elles semblent n'en faire qu'une! Tout se rapporte à un seul événement décisif, au mariage d'Andromaque et de Pyrrhus; et les événements que produit l'amour d'Oreste pour Hermione sont toujours dépendants de celui de Pyrrhus pour Andromaque. Ce mérite de la difficulté vaincue suppose une science profonde de l'intrigue : il faut le développer.

Il y a trois amours dans cette pièce : celui de Pyrrhus pour Andromaque, celui d'Hermione pour Pyrrhus; et celui d'Oreste pour Hermione. Il fallait que tous trois fussent tragiques, que tous trois eussent un caractère différent, et que tous trois concourussent à lier et délier le nœud principal du sujet, qui est le mariage de Pyrrhus avec Andromaque, d'où dépend la vie du fils d'Hector. Le poète est venu à bout de tout. D'abord l'amour est tragique dans tous les trois, c'est-à-dire au point où il peut produire de grandes catastrophes et de grands crimes. Si Pyrrhus n'obtient pas la main d'Andromaque, il livrera le fils de cette princesse aux Grecs, qui le lui demandent. Ils ont des droits sur leur victime, et il ne peut refuser à ses alliés le sang de leur ennemi commun, à moins qu'il ne puisse leur dire : Sa mère est ma femme, et son fils est devenu le mien. Voilà des motifs suffisants, bien conçus, et dignes de la tragédie. Quoique ce sacrifice d'un enfant puisse nous paraître tenir de la cruauté, les mœurs connues de ces temps, les maximes de la politique et les droits de la victoire, l'autorisent suffisamment. Tout est motivé, tout est vraisemblable; et de peur que l'amour de Pyrrhus ne nous rassurât sur le sort d'Astyanax, le poëte lui a conservé le caractère fier et impétueux qui convient au fils d'Achille, et cette violente passion, qui peut devenir cruelle, si elle n'est pas satisfaite. Voici comme il est annoncé dès la première scène :

Et chaque jour encore on lui voit tout tenter
Pour fléchir sa captive ou pour l'épouvanter.
De son fils qu'il lui cache il menace la tête,
Et fait couler des pleurs qu'aussitôt il arrête.
Hermione elle-même a vu plus de cent fois
Cet amant irrité revenir sous ses lois,
Et de ses vœux troublés lui rapportant l'hommage,
Soupirer à ses pieds, moins d'amour que de rage.
Ainsi n'attendez pas que je puisse aujourd'hui
Vous répondre d'un cœur si peu maître de lui.
Il peut, seigneur, il peut, dans ce désordre extrême,
Épouser ce qu'il hait, et perdre ce qu'il aime.

Et ces hommes que la passion laisse si *peu maîtres d'eux-mêmes*, sont précisément ce qu'il nous faut dans la tragédie. On ne sait pas ce qui arrivera, mais on peut s'attendre à tout : l'on espère et l'on craint, et c'est tout ce qu'on veut au théâtre. Le langage de Pyrrhus confirme ce que Pylade vient d'en dire. Se flatte-t-il de toucher le cœur de celle qu'il aime, il promet tout, rien ne lui coûte.

Madame, dites-moi seulement que j'espère,
Je vous rends votre fils et je lui sers de père.
Je l'instruirai moi-même à venger les Troyens ;
J'irai punir les Grecs de vos maux et des miens.
Animé d'un regard, je puis tout entreprendre.

Votre Ilion encor peut sortir de sa cendre ;
Je puis, en moins de temps que les Grecs ne l'ont pris,
Dans ses murs relevés couronner votre fils.

Pourquoi ces promesses si singulières dans la bouche du fils d'Achille, loin de nous blesser, nous paraissent-elles si naturelles? C'est que non-seulement elles tiennent à un caractère déjà annoncé, à la fougue de la jeunesse, à l'enthousiasme de la passion, mais encore c'est qu'elles n'ont rien de contraire à l'héroïsme du guerrier. Ce n'est point un froid compliment de galanterie, comme celui d'Alexandre à la reine Cléofile, quand il lui dit que c'est pour elle qu'il est venu en vainqueur jusque dans les Indes : on sent trop que cela est faux, et qu'Alexandre n'avait pas besoin de Cléofile pour avoir la fureur de conquérir le monde. Mais qu'un jeune guerrier qui a renversé Troie se fasse un plaisir et une gloire de la relever pour y couronner le fils de sa maîtresse, le fils d'Hector, cette idée peut flatter à la fois son amour et sa fierté : on sent qu'il ne promet que ce qu'il pourrait faire, et que la passion parle chez lui le langage de la vérité. Ce que je dis, tout le monde l'a senti comme moi ; mais je l'ai détaillé pour répondre à ceux qui font si peu de cas du bons sens, qu'ils le croient même contraire à l'imagination et aux grands effets; pour leur démontrer que la tragédie n'en produit pas un seul qui ne soit fondé sur la raison, que ce qui nous a paru froid et ennuyeux était déraisonnable, que ce qui nous intéresse et nous émeut est vrai et sensé.

Ce même Pyrrhus, un moment après, est-il offensé des refus d'Andromaque, ce n'est plus cet homme qui ne demandait seulement qu'à espérer, il ne connaît plus que les extrêmes.

Eh bien ! Madame, eh bien ! il faut vous obéir,
Il faut vous oublier, ou plutôt vous haïr.
Oui, mes vœux ont trop loin *poussé leur violence*,
Pour ne plus s'arrêter que dans l'indifférence.
Songez-y bien. Il faut désormais que mon cœur,
S'il n'aime avec transport, haïsse avec fureur.
Je n'épargnerai rien dans ma juste colère,
Le fils me répondra des mépris de la mère.
La Grèce le demande; et je ne prétends pas
Mettre toujours ma gloire à sauver des ingrats.

Ce sont là les alternatives et les contrastes naturels de la passion. Heureusement qu'en amour il ne s'agit pas souvent d'évènements de cette importance, mais le fond est le même ; les différences sont relatives. Les femmes qui ont rencontré des hommes vraiment amoureux savent qu'il ne faut qu'un mot pour les faire passer des transports de la joie à ceux de la fureur. Cette vivacité d'imagination, nécessaire pour bien peindre les passions humaines, me rappelle un mot de Voltaire aussi vrai que plaisant. Il exerçait une actrice, et tâchait de lui donner plus de feu qu'elle n'en avait, *Mais, Monsieur*, lui dit-elle, *si je jouais ainsi, on me croirait le diable au corps. — Eh! oui, Mademoiselle, voilà ce que je vous demande : pour jouer la tragédie et pour la faire, il faut avoir le diable au corps.*

Si l'amour de Pyrrhus est tragique, celui d'Oreste l'est-il moins? Oreste remplit parfaitement l'idée que nous en donnent toutes les traditions mythologiques. Il semble poursuivi par une fatalité invincible : il paraît pressentir les crimes auxquels il est réservé, et qui sont comme attachés à son nom. Sa passion est sombre et forcenée ; elle est noircie de cette mélancolie sinistre qui est toujours près du désespoir. Il ne voit, n'imagine rien que de funeste. Il dit à Pylade, au moment où Hermione se croit sûre d'épouser Pyrrhus :

Tout lui rirait, Pylade; et moi, pour mon partage,
Je n'emporterais donc qu'une inutile rage?
J'irais loin d'elle encor tâcher de l'oublier?
Non, non, à mes tourments je veux l'associer.
C'est trop gémir tout seul; je suis las qu'on me plaigne;
Je prétends qu'à mon tour l'inhumaine me craigne,
Et que ses yeux cruels, à pleurer condamnés,
Me rendent tous les noms que je leur ai donnés.
. . . .
Quand nos états vengés jouiront de nos soins,
L'ingrate, de mes pleurs jouira-t-elle moins?
. . . .
Que veux-tu? Mais, s'il faut ne te rien déguiser,
Mon innocence enfin commence à me peser.
Je ne sais, de tout temps, quelle injuste puissance
Laisse le crime en paix et poursuit l'innocence.
De quelque part sur moi que je tourne les yeux,
Je ne vois que malheurs qui condamnent les dieux.
Méritons leur courroux, justifions leur haine,
Et que le fruit du crime en précède la peine.

On plaint en effet ce malheureux Oreste, plus qu'on ne le condamne; et ce qu'on n'a peut-être pas observé, c'est que l'amitié qui l'unit à Pylade répand sur lui une sorte d'intérêt qui nous porte encore à excuser son crime. On sent confusément qu'un homme à qui il reste un ami peut bien être coupable, mais n'est pas déterminément méchant. On est ému lorsqu'au milieu de ses projets sinistres, résolu d'enlever Hermione au péril de sa vie, le seul sentiment doux qui lui reste est en faveur de Pylade.

Mais toi, par quelle erreur veux-tu toujours sur toi
Détourner un courroux qui ne cherche que moi ?
Assez et trop long-temps mon amitié t'accable :
Évite un malheureux, abandonne un coupable.
Cher Pylade, crois-moi, ta pitié te séduit.
Laisse-moi des périls dont j'attends tout le fruit ;
Porte aux Grecs cet enfant que Pyrrhus m'abandonne.
Va-t'en.

Et quelle est la réponse de Pylade ? Ce ne sont pas de ces tournures sentencieuses, telles que nous les voyons si souvent dans Corneille. Il ne dit pas : Un véritable ami doit tout sacrifier, jusqu'à son devoir; il ne dit pas : Je sais comme doit agir en pareil cas un ami véritable : l'amitié ne connaît point de dangers, etc. Il montre tout ce qu'il est par un seul mot :

Allons, seigneur, enlevons Hermione.

Un mot tel que celui de Pylade vaut mieux qu'un traité sur l'amitié, comme tous les mots de passion de nos bonnes tragédies valent mieux que ce qu'en disent tous les moralistes. C'est un des grands avantages du genre dramatique; c'est la supériorité de l'action sur le discours; c'est enfin le mot connu de ce Lacédémonien : *Ce qu'il a dit, je le fais.*

Que la réponse d'Oreste est touchante !

J'abuse, cher ami, de ton trop d'amitié.
Mais pardonne à des maux dont toi seul as pitié.
Excuse un malheureux qui perd tout ce qu'il aime,
Que tout le monde hait, et qui se hait lui-même.

Combien de nuances différentes ! et toutes sont intéressantes : tout parle au cœur, tout est tragique.

Mais ce qui l'est plus que tout le reste, c'est Hermione. C'est une des plus étonnantes créations de Racine, c'est le triomphe d'un art sublime et nouveau. J'oserai dire à ceux qui refusent à Racine le titre de créateur : Où est le modèle d'Hermione ? où avait-on vu, avant Racine, ce développement vaste et profond des replis du cœur humain ; ce flux et reflux si continuel et si orageux de toutes les passions qui peuvent bouleverser une âme altière et blessée ; ces mouvements opposés et rapides qui se croisent comme des éclairs ; ce passage si prompt de toutes les imprécations de la haine à toutes les tendresses de l'amour, des effusions de la joie aux transports de la fureur, de l'indifférence et du mépris affecté au désespoir qui se répand en plaintes, en reproches, en menaces; cette rage tantôt sourde et concentrée, et méditant tout bas toutes les horreurs des vengeances, tantôt forcenée et jetant des éclats terribles? Pyrrhus, poussé à bout par les rigueurs d'Andromaque, paraît-il déterminé à épouser Hermione, de quel ton elle en parle à sa confidente !

Pyrrhus revient à nous? Eh bien ! chère Cléone,
Conçois-tu les transports de l'heureuse Hermione?
Sais-tu quel est Pyrrhus? t'es-tu fait raconter
Le nombre des exploits.... Mais qui les peut compter?
Intrépide, et partout suivi de la victoire,
Charmant, fidèle enfin, rien ne manque à sa gloire!

Pyrrhus retourne-t-il à Andromaque, elle se tait, et n'attend qu'Oreste pour lui demander la tête d'un amant parjure. Il commence, en arrivant, par se répandre en protestations.
Elle l'interrompt :

Vengez-moi, je crois tout.

Oreste se résout, quoique avec peine, à la servir ; et l'on s'aperçoit de tout ce qui lui en coûte pour se porter à l'assassinat, même d'un rival. Malgré ses promesses, elle ne se croit pas assez sûre de lui.

Pyrrhus n'est pas coupable à ses yeux comme aux miens,
Et je tiendrais mes coups bien plus sûrs que les siens.
Quel plaisir de venger moi-même mon injure,
De retirer mon bras teint du sang du parjure,
Et pour rendre sa peine et mes plaisirs plus grands,
De cacher ma rivale à ses regards mourants !
Ah! si du moins Oreste, en punissant son crime,
Lui laissait le regret de mourir ma victime !
Va le trouver : dis-lui qu'il apprenne à l'ingrat

Qu'on l'immole à ma haine, et non pas à l'Etat.
Chère Cléone, cours, ma vengeance est perdue,
S'il ignore, en mourant, que c'est moi qui le tue.

Elle aperçoit Pyrrhus. Son premier mouvement est celui de l'espérance ; son premier cri est l'ordre de courir après Oreste, et de l'empêcher de rien entreprendre jusqu'à ce qu'il l'ait revue. Pyrrhus avoue tous ses torts, et lui confirme la résolution où il est d'épouser Andromaque. Hermione dissimule d'abord ses ressentiments. Elle se croirait humiliée de paraître trop sensible à cette offense : c'est le dernier effort de l'orgueil qui combat contre l'amour. Elle affecte même de rabaisser ce même héros que tout à l'heure elle élevait jusqu'aux nues. Ses exploits ne sont plus que des cruautés : elle lui reproche la mort du vieux Priam. Pyrrhus lui répond en homme absolument détaché. Il s'applaudit de la voir si tranquille, et de se trouver beaucoup moins coupable qu'il ne le croyait. Il se plaît à croire que leur mariage n'était en effet qu'un arrangement de politique. Mais Hermione ne veut pas lui laisser cette excuse : l'amour irrité ne se contient pas long-temps, et quand Pyrrhus lui dit :

Rien ne vous engageait à m'aimer en effet,

elle éclate et se montre toute entière.

Je ne t'ai point aimé, cruel ! Qu'ai-donc fait ?
J'ai dédaigné pour toi les vœux de tous nos princes.
Je t'ai cherché moi-même au fond de tes provinces
J'y suis encor malgré tes infidélités,

Et malgré tous mes Grecs, honteux de mes bontés.
Je leur ai commandé de cacher mon injure ;
J'attendais en secret le retour d'un parjure.
J'ai cru que tôt ou tard, à ton devoir rendu,
Tu me rapporterais un cœur qui m'était dû.
Je t'aimais inconstant, qu'aurais-je fait, fidèle ?
Et même, en ce moment où ta bouche cruelle
Vient si tranquillement m'annoncer le trépas,
Ingrat, je doute encor si je ne t'aime pas !

Les reproches amènent bientôt l'attendrissement et la prière : c'est la marche de la nature ; et comme le changement de ton est marqué !

Mais, seigneur, s'il le faut, si le Ciel en colère
Réserve à d'autres yeux la gloire de vous plaire,
Achevez votre hymen, j'y consens ; mais du moins
Ne forcez pas mes yeux d'en être les témoins.
Pour la dernière fois je vous parle peut-être ;
Différez-le d'un jour, demain vous serez maître.

Il y a dans cette demande plusieurs sentiments à la fois, dont une âme agitée ne se rend pas compte, et qui l'occupent tous sans qu'elle y pense. Elle s'est attendrie, et ne veut pas que Pyrrhus, en épousant Andromaque, s'expose à la vengeance des Grecs. Elle ne demande qu'un jour : ce jour éloigne au moins le plus grand des malheurs ; et l'éloigner, c'est peut-être le prévenir : l'espérance n'abandonne jamais l'amour. Mais Pyrrhus paraît insensible à cette prière. Elle ne veut qu'un jour, et il le refuse ; il ne reste que le désespoir :

Vous ne répondez point ?.... Perfide, je le voi,
Tu comptes les moments que tu perds avec moi.

Ton cœur, impatient de revoir ta Troyenne,
Ne souffre qu'à regret qu'une autre t'entretienne.
Tu lui parles du cœur, tu la cherches des yeux.....
Je ne te retiens plus, sauve-toi de ces lieux.
Va lui jurer la foi que tu m'avais jurée :
Va profaner des dieux la majesté sacrée.
Ces dieux, ces justes dieux n'auront pas oublié
Que les mêmes serments avec moi t'ont lié.
Porte au pied des autels ce cœur qui m'abandonne,
Va, cours : mais crains encor d'y trouver Hermione.

L'amour et la fureur réunis ensemble n'ont jamais eu un accent plus vrai ni plus effrayant. Il serait infini de détailler tout ce qu'il y a dans ce morceau. L'analyse de cinq ou six rôles des pièces de Racine, faite dans cet esprit, serait une histoire complète de l'amour : jamais on ne l'a ni mieux connu ni mieux peint. Quelle vérité dans ce vers :

Tu comptes les moments que tu perds avec moi !

Comme cette observation est juste ! Rien n'échappe à la vue perçante d'une femme qui aime, même dans le trouble de la colère. Elle ne peut se cacher que ses reproches, dès qu'ils sont inutiles, ne font que la rendre importune ; et que celui qui en est l'objet compare involontairement ces moments si tristes et si insupportables avec ceux qui l'attendent auprès d'une autre. Et cette expression, *ta Troyenne !* qu'il y a de haine et de dénigrement dans ce mot. Ce ne sont, si l'on veut, que des nuances ; mais c'est la réunion des circonstances, même légères, qui fonde l'illusion de l'ensemble : rien n'est petit dans la peinture des passions. Cette autre expression, *tu lui parles du cœur*, qu'elle est heureuse et neuve ! c'est encore la passion qui en trouve de pareilles. *Sauve-toi de ces lieux* pourrait ailleurs être familier : il est relevé par ce qu'il y a de cruel dans l'empressement de quitter Hermione. On ne finirait pas ; je m'arrête, et parmi tant de beautés cherchez un mot de trop, un mot à reprendre ; il n'y en a point.

Ainsi donc l'amour est vraiment tragique dans *Pyrrhus*, dans *Oreste*, dans *Hermione*; il l'est différemment dans tous les trois, et prend la teinte de leurs différents caractères : ardent et impétueux dans *Pyrrhus*, sombre et désespéré dans *Oreste*, altier et furieux dans *Hermione*. Jamais dans Corneille il n'avait eu aucun de ces caractères. Aussi les effets qu'il produit ici sont en proportion de son énergie; et, ce qui est de l'essence du drame, les changements de situation qui se succèdent dans la pièce, naissent de cette fluctuation naturelle aux âmes passionnées, et produisent de ces coups de théâtre qui ne tiennent pas à des évènements étrangers ou accidentels, mais dont les ressorts, sont dans le cœur des personnages. Pyrrhus, croyant que le péril d'un fils doit résoudre Andromaque à lui donner sa main, refuse Astyanax aux Grecs? Hermione offensée a promis de partir avec Oreste. Celui-ci s'abandonne à la joie; mais dans l'intervalle du premier au second acte, Andromaque a rejeté les offres de Pyrrhus, et dans le moment où Oreste se croit sûr de sa conquête arrive Pyrrhus.

Je vous cherchais, seigneur : un peu de violence

M'a fait de vos raisons combattre la puissance,
Je l'avoue, et depuis que je vous ai quitté,
J'en ai senti la force et connu l'équité.
J'ai songé, comme vous, qu'à la Grèce, à mon père,
A moi-même, en un mot, je devenais contraire ;
Que je relevais Troie, et rendais imparfait
Tout ce qu'a fait Achille et tout ce que j'ai fait.
Je ne condamne plus un courroux légitime ;
Et l'on vous va, Seigneur, livrer votre victime.

Oreste demeure frappé de consternation, et le spectateur avec lui. Voilà un coup de théâtre ; il est d'un maître. L'intérêt croît avec le péril des principaux personnages, et le nœud capital est la résolution que prendra Andromaque. La conduite de Pyrrhus en dépend; celle d'Hermione dépend de Pyrrhus ; et celle d'Oreste, d'Hermione. Cette dépendance mutuelle est si distincte, qu'elle ne forme point de complication, et le différent degré d'intérêt qu'inspire chaque personnage ne nuit point à l'unité d'objet, parce que tout est subordonné à ce premier intérêt attaché au péril d'Andromaque et de son fils ; car il faut (je l'ai déjà dit, et je crois devoir le répéter) soigneusement distinguer au théâtre deux sortes d'intérêt que l'on confond trop souvent par une méprise qui a donné lieu à tant de critiques injustes : le premier consiste à désirer le bonheur ou le salut d'un personnage principal ; le second, à partager ses malheurs ou excuser ses passions en raison de leur violence. C'est le premier qui fait ici le fond de la pièce : il tient à la personne d'Andromaque, au péril de son fils, qui est sa dernière consolation, à ce grand sentiment de l'amour maternel peint des couleurs les plus touchantes : ce qu'on désire le plus, c'est que son fils soit sauvé. Mais comment pourra-t-elle sauver ce fils, s'il faut que la veuve d'Hector épouse le fils d'Achille? Voilà d'où naît la suspension et l'incertitude, voilà l'intérêt principal. Celui qu'on peut prendre aux passions de Pyrrhus, d'Hermione et d'Oreste, est d'une autre espèce : il ne va qu'à les plaindre ou les excuser plus ou moins, et à se prêter à un certain point à tous leurs mouvements, parce qu'ils sont naturels et vrais; mais on ne désire point que leur amour soit heureux. C'est une règle générale au théâtre, que ce désir n'existe dans le spectateur que lorsque l'amour qu'on lui représente est réciproque, ou qu'il l'a été parce qu'alors il peut faire le bonheur des deux amants, comme on l'a vu dans *le Cid*. Ici donc tous les vœux sont pour Andromaque et pour son fils ; et il est temps de parler en détail de ce rôle, qui forme un contraste si admirable avec toutes les passions orageuses dont il est environné.

Remarquons d'abord l'avantage des sujets connus. Les noms de Troie, d'Hector, de sa veuve, de son fils, commencent par disposer l'âme à l'attendrissement : ce sont de grandes et mémorables infortunes, dont nous avons été occupés dès notre enfance, et que les ouvrages d'Homère et de Virgile nous ont rendues familières. Mais il faut que le poète sache conserver à ces sujets si connus la couleur qui leur est propre. Et qui jamais y a mieux réussi que Racine? Quel modèle que ce rôle d'Andromaque! Comme il est grec! comme il est antique! Quelle aimable simplicité! quelle modestie noble et douce! quelle tendresse d'épouse et de mère! quelle douleur à la fois majestueuse et ingénue! Comme ses regrets sont touchants et ne sont jamais fastueux! comme dans ses reproches et dans ses refus elle garde cette modération et cette retenue qui sied si bien à son sexe et au malheur! comme tout ce rôle est plein de nuances délicates que personne n'avait connues jusqu'alors, plein d'un pathétique pénétrant dont il n'y avait aucun exemple! Qui est-ce qui n'est pas délicieusement ému de ces vers simples, qui descendent si avant dans le cœur, et font couler les larmes de la pitié?

Je passais jusqu'aux lieux où l'on garde mon fils,
Puisqu'une fois le jour vous souffrez que je voie
Le seul bien qui me reste et d'Hector et de Troie.
J'allais, seigneur, pleurer un moment avec lui.
Je ne l'ai point encore embrassé d'aujourd'hui.

PYRRHUS.

Ah! Madame, les Grecs, si j'en crois leurs alarmes,
Vous donneront bientôt d'autres sujets de larmes.

ANDROMAQUE.

Et quelle est cette peur dont le cœur est frappé?
Seigneur, quelque Troyen vous est-il échappé?

PYRRHUS.

Leur haine pour Hector n'est pas encore éteinte.
Ils redoutent son fils.

ANDROMAQUE.
       Digne objet de leur crainte !
Un enfant malheureux qui ne sait pas encor
Que Pyrrhus est son maître et qu'il est fils d'Hector.

On peut comprendre tout ce que peut sur elle l'intérêt de cet enfant. Lorsque Pyrrhus, las d'être rebuté, revient à l'hymen d'Hermione et a promis de livrer Astyanax, Andromaque ne craint point de s'abaisser aux pieds d'une rivale qui doit la détester; elle ne craint pas de s'exposer à son orgueil et à ses mépris. L'amour maternel peut tout supporter et tout ennoblir.

       Où fuyez-vous, Madame ?
N'est-ce pas à vos yeux un spectacle assez doux
Que la veuve d'Hector pleurante à vos genoux ?
Je ne viens point ici par de jalouses larmes,
Vous envier un cœur qui se rend à vos charmes.
Par une main cruelle, hélas ! j'ai vu percer
Le seul où mes regards prétendaient s'adresser !
Ma flamme par Hector fut jadis allumée;
Avec lui dans la tombe elle s'est enfermée.
Mais il me reste un fils.... Vous saurez quelque jour,
Madame, pour un fils jusqu'où va notre amour :
Mais vous ne saurez pas, du moins je le souhaite,
En quel trouble mortel son intérêt nous jette,
Lorsque, de tant de biens qui pouvaient nous flatter,
C'est le seul qui nous reste et qu'on veut nous l'ôter.
Hélas ! lorsque, lassés de dix ans de misère,
Les Troyens en courroux menaçaient votre mère,
J'ai su de mon Hector lui procurer l'appui :
Vous pouvez sur Pyrrhus ce que j'ai pu sur lui.
Que craint-on d'un enfant qui survit à sa perte ?

Laissez-moi le cacher en quelque île déserte.
Sur les soins de sa mère on peut s'en assurer,
Et mon fils avec moi n'apprendra qu'à pleurer.

Hermione la quitte avec dédain. Pyrrhus entre sur la scène. Céphise exhorte sa maîtresse à tâcher de le fléchir. Andromaque en désespère; elle n'ose même jeter les yeux sur lui. Pyrrhus, qui n'attend qu'un regard et ne l'obtient pas, dit avec emportement :

. . . . . Allons aux Grecs livrer le fils d'Hector.

A ce mot elle tombe à ses pieds. Il lui reproche son inflexibilité.

Sa grâce à vos désirs pouvaient être accordée;
Mais vous ne l'avez pas seulement demandée.
C'en est fait.

ANDROMAQUE.

Ah! seigneur, vous entendiez assez
Des soupirs qui craignaient de se voir repoussés.
Pardonnez à l'éclat d'une illustre fortune
Ce reste de fierté qui craint d'être importune.
Vous ne l'ignorez pas : Andromaque, sans vous :
N'aurait jamais d'un maître embrassé les genoux.

Ce qu'il y a de plus beau dans cette réponse, c'est qu'on sait bien que ce n'est point par fierté qu'elle ne s'est pas abaissée devant Pyrrhus. Celle qui a pu supplier Hermione n'aurait pas été plus fière avec lui; mais elle tremble d'implorer un homme qui met à ses bienfaits un prix dont elle est épouvantée. Aussi, malgré ses dangers et sa douleur, elle ne lui parle pas même de cet amour dont elle ne peut supporter l'idée ; elle ne cherche à l'émouvoir que par la pitié et la générosité. Cette observation des bienséances est le comble de l'art.

Seigneur, voyez l'état où vous me réduisez.
J'ai vu mon père mort et nos murs embrasés :
J'ai vu trancher les jours de ma famille entière,
Et mon époux sanglant traîné sur la poussière,
Son fils, seul avec moi, réservé pour les fers.
Mais que ne peut un fils! je respire, je sers.
J'ai fait plus : je me suis quelquefois consolée
Qu'ici plutôt qu'ailleurs le sort m'eût exilée ;
Qu'heureux dans son malheur, le fils de tant de rois,
Puisqu'il devait servir, fût tombé sous vos lois.
J'ai cru que sa prison deviendrait son asile.
Jadis Priam soumis fut respecté d'Achille.
J'attendais de son fils encor plus de bonté.
Pardonne, cher Hector, à ma crédulité :
Je n'ai pu soupçonner ton ennemi d'un crime ;
Malgré lui-même, enfin, je l'ai cru magnanime.
Ah! s'il l'était assez pour nous laisser du moins
Au tombeau qu'à ta cendre ont élevé mes soins :
Et que, finissant là sa haine et nos misères,
Il ne séparât point des dépouilles si chères!

Quelle magie de style! quel charme inexprimable. Jamais le malheur n'a fait entendre une plainte plus touchante. Pyrrhus en est attendri, et consent encore à sauver Astyanax ; mais il renouvelle avec plus de force que jamais la résolution de l'abandonner aux Grecs, si Andromaque ne consent pas à l'épouser. Il est déterminé à le

couronner ou à le perdre : il lui laisse le choix, et
c'est alors que la veuve d'Hector ne trouve qu'un
moyen de sauver à la fois son fils et sa gloire : elle
épousera Pyrrhus, et, en quittant les autels, elle
s'immolera sur le tombeau de son premier époux.
Elle recommande son fils à la fidèle Céphise.

Fais connaître à mon fils les héros de sa race;
Autant que tu pourras, conduis-le sur leur trace.
Dis-lui par quels exploits leurs noms ont éclaté,
Plutôt ce qu'ils ont fait que ce qu'ils ont été.
Parle-lui tous les jours des vertus de son père,
Et quelquefois aussi parle-lui de sa mère.
Mais qu'il ne songe plus, Céphise, à nous venger.
Nous lui laissons un maître, il le doit ménager.
Qu'il ait de ses aïeux un souvenir modeste :
Il est du sang d'Hector, mais il en est le reste;
Et pour ce reste enfin j'ai moi-même, en un jour,
Sacrifié mon sang, ma haine et mon amour.

L'action désespérée d'Oreste et le meurtre de
Pyrrhus, égorgé dans le temple au moment où il
reçoit la main d'Andromaque, empêchent cette
princesse d'exécuter son funeste dessein. Son sort
et celui d'Astyanax paraissent assurés. Mais quelle
catastrophe terrible que celle qui termine la destinée d'Oreste et d'Hermione! Quel moment que
celui où cette femme égarée et furieuse lui demande compte du sang qu'elle-même a fait répandre! On a cité cent fois ces vers fameux :

Mais, parle, de son sort qui t'a rendu l'arbitre?
Pourquoi l'assassiner? qu'a-t-il fait? à quel titre?
Qui te l'a dit?

Ce dernier mot est le plus beau peut-être que jamais la passion ait prononcé. Si on osait le comparer au *qu'il mourût*, ce ne serait pas pour rapprocher des choses très différentes, ce serait pour faire remarquer, dans l'un le sublime d'un grand sentiment, et dans l'autre le sublime d'une grande passion. L'un est sans doute d'un plus grand effet au théâtre, il transporte quand on l'entend; l'autre étonne et confond quand on y réfléchit. Il fallait avoir deviné bien juste à quel excès d'égarement et d'aliénation l'on peut arriver dans une situation comme celle d'Hermione, pour mettre dans sa bouche une pareille question, après qu'elle a employé une scène entière à déterminer Oreste à cet attentat, et qu'elle-même depuis ce moment n'a pas été occupée d'une autre idée; et cependant ce mot est si vrai, qu'on en est frappé sans en être surpris. Il a d'ailleurs tous les genres de mérite : il fait partie de la catastrophe, il commence la punition d'Oreste, il achève le caractère d'Hermione : c'est le résultat d'une connaissance approfondie des révolutions du cœur humain.

Des situations si fortes doivent nécessairement finir par faire couler le sang; et ce n'est pas là, suivant l'expression de La Bruyère, *du sang répandu pour la forme*. Une femme qui a pu faire assassiner son amant doit se tuer elle-même : telle est la fin d'Hermione, et Oreste reste en proie aux Furies. Ce dénoûment est digne d'un des sujets les plus éminemment tragiques que l'on ait mis sur la scène.

Mais n'y a-t-il point quelques fautes dans ce

chef-d'œuvre dramatique? Il y en a de bien graves, si nous en croyons les auteurs d'un *Dictionnaire historique* qui a paru de nos jours. A l'article *Racine* on lit : *Cette tragédie serait admirable, si les incertitudes de Pyrrhus, le désespoir d'Oreste, les emportements d'Hermione, n'en ternissaient la beauté.* L'arrêt est dur; car c'est précisément ce que nous y avons admiré : il y a plus, c'est que, sans ces mêmes choses qui, selon le critique *ternissent* la pièce, la pièce ne subsisterait pas. Voilà comme les talents sont jugés, même après un siècle! Je ne ferai pas à Racine et à vous, Messieurs, l'injure de réfuter de telles censures. La vérité est qu'on a blâmé dans le rôle de Pyrrhus deux vers dont le sentiment est vrai, mais au-dessous de la dignité tragique :

Crois-tu, si je l'épouse,
Qu'Andromaque en son cœur n'en sera point jalouse?

un autre vers qui est un abus de mots :

Brûlé de plus de feux que je n'en allumai,

et dans le rôle d'Oreste, cet endroit où il dit à Hermione :

Prenez une victime
Que les Scythes auraient dérobée à vos coups,
Si j'en avais trouvé d'aussi cruels que vous.

Cette comparaison de la cruauté des Scythes et de celle d'Hermione est dans le goût des exagérations romanesques. Otez ce peu de fautes et quelques autres moins marquantes d'ailleurs, on peut affirmer que l'on vit pour la première fois dans

Andromaque une tragédie où chacun des acteurs était continuellement ce qu'il devait être, et disait toujours ce qu'il devait dire. Racine, en étalant sur la scène des peintures si savantes et si expressives de cette inépuisable passion de l'amour, ouvrit une source nouvelle et abondante pour la tragédie française. Cet art que Corneille avait principalement établi sur l'étonnement et l'admiration et sur une nature quelquefois trop idéale, Racine le fonda sur une nature toujours vraie et sur la connaissance du cœur humain. Il fut donc créateur à son tour comme l'avait été Corneille, avec cette différence, que l'édifice qu'avait élevé l'un frappait les yeux par des beautés irrégulières et une pompe informe, au lieu que l'autre attachait les regards par ces belles proportions et ces formes gracieuses que le goût sait joindre à la majesté du génie.

SECTION II.

Britannicus.

« Que le génie est brillant dans sa naissance ! quel éclat jettent ses premiers rayons ! C'est l'astre du jour qui, partant des bornes de l'horizon, inonde d'un jet de lumière toute l'étendue des cieux. Quel œil n'en est pas ébloui et ne s'abaisse pas comme accablé de la clarté qui l'assaille ? Tel est le premier effet du génie ; mais cette impression si vive et si prompte s'affaiblit par degrés. L'homme, revenu de son premier étonnement, relève la vue, et ose fixer d'un regard attentif ce que d'abord il n'avait admiré qu'en se prosternant. Bientôt il s'accoutume et se familiarise avec l'objet de son respect : il en vient jusqu'à y chercher des défauts, jusqu'à en supposer même : il semble qu'il ait à se venger d'une surprise faite à son amour-propre, et le génie a tout le temps d'expier par de longs outrages ce moment de gloire et de triomphe que ne peut lui refuser l'humanité qu'il subjugue en se montrant.

« Ainsi fut traité l'auteur d'*Andromaque*. On l'opposa d'abord à Corneille, et c'était beaucoup, si l'on songe à cette admiration si juste et si profonde qu'avait dû inspirer l'auteur du *Cid*, de *Cinna*, des *Horaces*, demeuré jusqu'alors sans rival, maître de la carrière et entouré de ses trophées. Sans doute même les ennemis particuliers de ce grand homme virent avec plaisir s'élever un jeune poète qui allait partager la France et la renommée; mais ces ennemis étaient alors en petit nombre. Sa vieillesse, trop malheureusement féconde en productions indignes de lui, les consolait de ses anciens succès. Au contraire, la supériorité de Racine, dès ce moment si décisive et si éclatante, devait jeter l'effroi parmi tous les aspirants à la palme tragique. L'on conçoit aisément combien un succès tel que celui d'*Andromaque* dut exciter de jalousie et humilier tout ce qui prétendait à la gloire. A ce parti nombreux des écrivains médiocres qui, sans s'aimer d'ailleurs et sans être d'accord sur tout le reste, se réunissent toujours comme par instinct contre le talent qui les menace, se joignait cette espèce d'hommes qui, emportés par un enthousiasme exclusif, avaient déclaré qu'on n'égalerait pas Corneille, et qui étaient bien résolus à ne pas souffrir que Racine osât les démentir. Ajoutez à tous ces intérêts qui lui étaient contraires cette disposition secrète qui même au fond n'est pas tout-à-fait injuste, et qui nous porte à proportionner la sévérité de notre jugement au mérite de l'homme qu'il faut juger : voilà quels étaient les obstacles qui attendaient Racine après *Andromaque;* et quand *Britannicus* parut, l'envie était sous les armes.

« L'envie, cette passion si odieuse et si vile qu'on ne la plaint pas, toute malheureuse qu'elle est, ne se déchaîne nulle part avec plus de fureur que dans la lice du théâtre. C'est là qu'elle rencontre le talent dans tout l'éclat de sa puissance, et c'est là sur-tout qu'elle aime à le combattre; c'est là qu'elle l'attaque avec d'autant plus d'avantage, qu'elle peut cacher la main qui porte les coups. Confondue dans une foule tumultueuse, elle est dispensée de rougir; elle a d'ailleurs si peu de chose à faire, et l'illusion théâtrale est si frêle et si facile à troubler, les jugements des hommes rassemblés sont alors dépendants de tant de circonstances dont l'auteur n'est pas le maître, et tiennent quelquefois à des ressorts si faibles, que toutes les fois qu'il y a eu un parti contre un bon ouvrage de théâtre, le succès en a été troublé ou retardé. Les exemples ne me manqueraient pas; mais quand je n'aurais à citer que celui de *Britannicus* abandonné dans sa nouveauté, n'en serait-ce pas assez? » *Éloge de Racine.*

On voit par la préface que l'auteur mit à la tête de la première édition de sa pièce, qu'il ressentit vivement cette injustice. Il n'est que trop ordinaire de faire aux hommes de talent un crime de cette sorte de sensibilité, quoique peut-être il n'y en ait point de plus excusable, ni qui soit plus dans la nature. Sans doute il y aurait beaucoup de philosophie à se détacher entièrement de ses ouvrages du moment où on les a composés; mais je demanderai à ceux qui connaissent un peu le cœur humain comment cette froide indifférence peut être compatible avec la vivacité d'imagination nécessaire pour produire une belle tragédie. Exiger des choses si contradictoires, c'est être à peu près aussi raisonnable que cette femme dont parle La Fontaine, qui voulait un mari *point froid et point jaloux;* et le fabuliste ajoute judicieusement : *Notez ces deux points-ci.* Je connais l'objection vulgaire, qu'un auteur ne peut pas se juger soi-même. Non, sans doute, quand un ouvrage vient de sortir de ses mains, et même en aucun temps, s'il n'est qu'un homme médiocre : dans ce cas, il n'est pas plus capable de se juger que de bien faire; il ne voit pas au delà de ce qu'il a fait. Mais une expérience constatée prouve que, passé le moment de la composition, un homme supérieur par le talent et par les lumières se juge aussi bien et même mieux que qui que ce soit. J'en citerai des preuves bien frappantes quand je parlerai de Voltaire. Aujourd'hui, tout ce que je demande, c'est qu'on pardonne à Racine d'avoir eu raison de se fâcher quand ses juges avaient tort de le condamner.

Le public revint bientôt de sa méprise : *Britannicus* resta en possession du théâtre ; et Racine, dans l'édition de ses OEuvres réunies, supprima cette première préface : on pardonne aisément l'injustice quand elle est réparée. Il ne l'avait pourtant pas oubliée : on s'en aperçoit à la manière dont il s'exprime sur le sort de cette tragédie. « Voici celle de mes pièces que je puis dire que « j'ai le plus travaillée ; cependant j'avoue que le « succès ne répondit pas d'abord à mes espérances. « A peine elle parut sur le théâtre, qu'il s'éleva « quantité de critiques qui semblaient la devoir « détruire. Je crus même que sa destinée serait à « l'avenir moins heureuse que celles de mes autres « tragédies ; mais enfin il est arrivé à cette pièce « ce qui arrivera toujours à des ouvrages qui au- « ront quelque bonté : les critiques se sont éva- « nouies, la pièce est demeurée. C'est maintenant « celle des miennes que la cour et la ville revoient « le plus volontiers ; et si j'ai fait quelque chose de « solide et qui mérite quelque louange, la plupart « des connaisseurs demeurent d'accord que c'est « ce même *Britannicus*. » Voltaire ne semble pas s'éloigner de cet avis. Il a dit quelque part : *Britannicus est la pièce des connaisseurs*. Cependant il lui préférait *Athalie* pour le mérite de la création et la sublimité du style, et *Andromaque* et *Iphigénie* pour l'effet théâtral. Mais, dira-t-on, si cet effet est le premier objet de l'art, comment se peut-il qu'il y ait quelque chose que les connaisseurs préfèrent? Je réponds : Rien, sans contredit, lorsqu'à cet effet se joignent les autres sortes de beautés que ce même art comporte, comme dans *Iphigénie* et *Andromaque*. Mais ces connaisseurs distinguent dans un ouvrage ce que la nature du sujet donnait à l'auteur, et ce qu'il n'a pu devoir qu'à lui-même. Nous avons des pièces qui, sur la scène, font verser beaucoup de larmes, et qui pourtant n'ont pu valoir à leurs auteurs une grande réputation; par exemple, *Ariane* et *Inès*. Pourquoi? C'est qu'avec de l'intérêt elles manquent de beaucoup d'autres qualités qui constituent la perfection dramatique; et la faiblesse des autres productions de ces mêmes auteurs a fait voir qu'un homme d'un talent médiocre, en traitant certaines situations plus aisées à manier que d'autres, et plus facilement intéressantes, pouvait obtenir du succès, au lieu qu'il est d'autres sujets où l'auteur ne peut se soutenir que par une extrême habileté dans toutes les parties de l'art, et par des beautés qui n'appartiennent qu'au grand talent; et de ce genre est *Britannicus*.

Ce qui peut émouvoir la pitié dans cette pièce, c'est l'amour mutuel de Britannicus et de Junie, et la mort du jeune prince; mais l'amour est ici bien moins tragique et d'un effet bien moins grand que dans *Andromaque*. Cependant l'union des deux amants est traversée par la jalousie de Néron; la vie du prince est menacée dès que le caractère du tyran se développe, et sa mort est la catastrophe qui termine la pièce. D'où vient donc que l'amour y produit des impressions bien moins vives que dans *Andromaque*? Il faut en chercher la raison, et nous verrons que l'étude de la tragédie est en même temps celle du cœur. Je crois avoir remarqué qu'au théâtre l'amour combattu par des obstacles étrangers, quelque intéressant qu'il soit alors, ne l'est jamais autant que par les tourments qui naissent de l'amour même; et, comparant ensuite le théâtre à la nature dont il est l'image, j'ai vu que ce rapport était exact, et que les plus grands maux de l'amour n'étaient pas ordinairement ceux qui lui viennent d'ailleurs, mais ceux qu'il se fait à lui-même. Rien n'est à craindre pour les amants autant que leur propre cœur. Les difficultés, les dangers, l'absence, la séparation, rien n'approche du supplice de la jalousie, du soupçon de l'infidélité, de l'horreur d'une trahison. J'aurai occasion d'appliquer et de développer ce principe quand il s'agira d'examiner pourquoi *Zaïre* et *Tancrède* sont les deux pièces où l'amour est le plus déchirant, et fait couler les larmes les plus abondantes et les plus amères.

Junie et Britannicus sont deux très jeunes personnes qui s'aiment avec toute la bonne foi, toute la candeur de leur âge. La peinture de leur amour ne peut offrir que des teintes douces : leur passion est ingénue comme leur caractère, ils sont sûrs l'un de l'autre ; et si l'artifice de Néron cause à Britannicus un moment d'inquiétude, elle ne peut le porter à rien de funeste, et un moment après il est rassuré. Cet amour n'a donc pas de quoi prendre un très grand empire sur l'âme des spectateurs, dont on ne peut s'emparer entièrement que par des secousses fortes et multipliées. Aussi la mort de Britannicus, racontée au cinquième acte en présence de Junie, produit plus d'horreur pour Néron que de compassion pour elle; son amour n'a pas occupé assez de place dans la pièce pour que la catastrophe fasse une impression bien vive. Le caractère doux et faible de Junie ne fait rien craindre de sinistre, et le parti qu'elle prend de se mettre au nombre des vestales, quoique assez conforme aux mœurs et aux convenances, n'est pas un dénoûment fort tragique. Ce cinquième acte est donc la partie faible de l'ouvrage, et c'est ce qui donna le plus de prise aux ennemis de Racine; mais ils fermaient les yeux sur les beautés des quatre premiers, et ces beautés sont telles, que depuis un siècle elles semblent chaque jour plus senties et excitent plus d'admiration. Les ennemis de l'auteur, pour se consoler du succès d'*Andromaque*, avaient dit qu'il savait en effet traiter l'amour, mais que c'était là tout son talent; que d'ailleurs il ne saurait jamais dessiner des caractères avec la vigueur de Corneille, ni traiter comme lui la politique des cours. Telle est la marche constante des préjugés : l'on se venge du talent qu'on ne peut refuser à un écrivain, en lui refusant par avance celui qu'il n'a pas encore essayé. Burrhus, Agrippine, Narcisse, et sur-tout Néron, étaient une terrible réponse à ces préventions injustes ; mais cette réponse ne fut pas d'abord entendue. Le mérite d'une pièce qui réunissait l'art de Tacite et celui de Virgile échappa au plus grand nombre des spectateurs. Le mot de politique n'y est jamais prononcé; mais celle qui règne plus ou moins dans les cours, selon qu'elles sont plus ou moins corrompues, n'a jamais été peinte avec des traits si vrais, si profonds, si énergiques, et les couleurs sont dignes du dessin. Boileau et ce petit nombre d'hommes de goût qui juge et se taît, quand la multitude crie et se trompe, aperçurent dans ce nouvel ouvrage un progrès, quant à la diction. Dans celle d'*Andromaque*, quelque admirable qu'elle soit, il y avait encore quelques traces de jeunesse, quelques vers faibles, ou incorrects, ou négligés. Ici tout porte l'empreinte de la maturité : tout est mâle; tout est fini; la conception est vigoureuse, et l'exécution sans aucune tache. Agrippine est, comme dans Tacite, avide du pouvoir, intrigante, impérieuse, ne se souciant de vivre que pour régner, employant également à ses fins les vices, les vertus, les faiblesses de tout ce qui l'environne, flattant Pallas pour s'emparer de Claude, protégeant Britannicus pour contenir Néron, se servant de Burrhus et de Sénèque pour adoucir le naturel féroce qu'elle redoute dans son fils, et faire aimer son empire qu'elle partage. Si elle s'intéresse pour l'épouse de Néron, c'est de peur qu'une maîtresse n'ait trop de crédit. Elle met en usage jusqu'à la tendresse maternelle qu'elle ne sent point, pour regagner Néron qui lui échappe.

Je n'ai qu'un fils : ô Ciel, qui m'entends aujourd'hui,
T'ai-je fait quelques vœux qui ne fussent pour lui?
Remords, craintes, périls, rien ne m'a retenue.
J'ai vaincu ses mépris : j'ai détourné ma vue
Des malheurs qui dès-lors me furent annoncés·

J'ai fait ce que j'ai pu : vous régnez, c'est assez.
Avec ma liberté que vous m'avez ravie,
Si vous le souhaitez, prenez encor ma vie,
Pourvu que par ma mort tout le peuple irrité
Ne vous ravisse pas ce qui m'a tant coûté.

   Quelle adresse dans ces deux derniers vers ! Elle n'ose pas menacer directement Néron : il a déjà pu la faire arrêter, il peut aller plus loin : il vient de s'expliquer de manière à lui faire entendre qu'il veut secouer le joug ; elle craint de mettre le tigre en fureur. C'est à Burrhus qu'elle disait un peu auparavant : Qu'il songe

Qu'en me réduisant à la nécessité
D'éprouver contre lui ma faible autorité,
Il expose la sienne, et que dans la balance
Mon nom peut-être aura plus de poids qu'il ne pense.

   Mais ce n'est pas à Néron qu'elle ose dire : Si vous attentez sur moi, craignez pour vous-même. Elle se contente de le lui faire comprendre sans qu'il puisse s'en offenser ; et donne à la menace le ton de l'intérêt et de l'amitié.

   Mais à peine Néron, qui dissimule encore mieux qu'elle, lui a-t-il dit :

Eh bien donc, prononcez : que voulez-vous qu'on fasse ?

elle reprend tout son orgueil dès qu'elle se croit sûre de son pouvoir ; elle dicte des lois.

De mes accusateurs qu'on punisse l'audace ;
Que de Britannicus on calme le courroux ;
Que Junie à son choix puisse prendre un époux ;
Qu'ils soient libres tous deux, et que Pallas demeure.

Le ressort n'était que comprimé ; il agit et s'échappe avec plus d'impétuosité. C'est ainsi qu'un caractère se montre tout entier sur la scène. Et quand Junie, toujours occupée des alarmes inséparables de l'amour, paraît conserver quelque défiance de la sincérité de Néron, avec quelle hauteur Agrippine le lui reproche ?

Doutez-vous d'une paix dont je fais mon ouvrage ?
. . . .
Il suffit, j'ai parlé, tout a changé de face.

N'est-ce pas là cette politique ordinaire à tous ceux qui jouissent d'un pouvoir emprunté ? Un des moyens de le conserver, c'est de faire qu'on y croie. Le détail où elle entre ensuite avec Junie a un double effet ; il fait connaître au spectateur l'ivresse orgueilleuse où s'abandonne Agrippine dans la joie de sa nouvelle faveur, et la profonde dissimulation dont Néron a été capable. Je ne dis rien du style ; il est au-dessus des éloges.

Ah ! si vous aviez vu par combien de caresses
Il m'a renouvelé la foi de ses promesses !
Par quels embrassements il vient de m'arrêter !
Ses bras dans nos adieux, ne pouvaient me quitter.
Sa facile bonté, sur son front répandue,
Jusqu'aux moindres secrets est d'abord descendue.
Il s'épanchait en fils qui vient en liberté
Dans le sein de sa mère oublier sa fierté.
Mais bientôt reprenant un visage sévère,
Tel que d'un empereur qui consulte sa mère,
Sa confidence auguste a mis entre mes mains
Des secrets d'où dépend le destin des humains.

Quelles superbes expressions! et comme elles sont faites pour donner une haute idée de sa puissance!

Non, il le faut ici confesser à sa gloire :
Son cœur n'enferme point une malice noire;
Et nos seuls ennemis, altérant sa bonté,
Abusaient contre nous de sa facilité.
Mais enfin, à son tour, leur puissance décline;
Rome, encore une fois va connaître Agrippine.
Déjà de ma faveur on adore le bruit.

On adore le bruit de ma faveur! Quelle heureuse hardiesse dans le choix des mots! Et cette hardiesse est si bien mesurée, qu'elle paraît toute simple : la réflexion seule l'aperçoit : le poète se cache sous le personnage.

Enfin, quand Britannicus empoisonné a fait voir tout ce qu'on pouvait attendre de Néron, Agrippine, qui n'a plus rien à ménager, ne songe plus qu'à l'épouvanter de ses fureurs.

Poursuis, Néron, avec de tels ministres,
Par des faits glorieux tu vas te signaler.
Poursuis : tu n'as pas fait ce pas pour reculer.
Ta main a commencé par le sang de ton frère;
Je prévois que tes coups viendront jusqu'à ta mère.
Dans le fond de ton cœur je sais que tu me hais.
Tu voudras t'affranchir du joug de mes bienfaits :
Mais je veux que ma mort te soit même inutile.
Ne crois pas qu'en mourant je te laisse tranquille :
Rome, ce ciel, ce jour que tu reçus de moi,
Partout, à tout moment, m'offriront devant toi.
Tes remords te suivront comme autant de furies;
Tu croiras les calmer par d'autres barbaries.
Ta fureur, s'irritant soi-même dans son cours,

D'un sang toujours nouveau marquera tous tes jours.
Mais j'espère qu'enfin le ciel, las de tes crimes,
Ajoutera ta perte à tant d'autres victimes;
Qu'après t'être couvert de leur sang et du mien,
Tu te verras forcé de répandre le tien;
Et ton nom paraîtra, dans la race future,
Aux plus cruels tyrans une cruelle injure.

Voilà un exemple de cet art si fréquent dans Racine, de donner aux idées les plus fortes, l'expression la plus simple. Dire à un homme que son nom sera une injure pour les tyrans est déjà terrible; mais *pour les plus cruels tyrans une cruelle injure!* je ne crois pas que l'invective puisse imaginer rien au delà; et pourtant il n'y a rien de trop pour Néron : son nom est devenu celui de la cruauté.

Quelle vérité effrayante dans la peinture de ce monstre naissant! C'est une des productions les plus frappantes du génie de Racine, et une de celles qui prouvent que ce grand homme pouvait tout faire. Néron, comme l'observe fort bien Racine, n'a pas encore assassiné son frère, sa mère, son précepteur; il n'a pas encore mis le feu à Rome; et pourtant tout ce qu'il dit, tout ce qu'il fait dans le cours de la pièce annonce une âme naturellement atroce et perverse. Mais combien il a fallu de temps pour que l'on reconnût le prodigieux mérite de ce rôle! C'est une obligation que l'on eut à l'inimitable Lekain; et l'ouvrage d'un grand acteur est de mettre à la portée de la multitude ce qui n'était senti que par les connaisseurs. Comme le nom de Néron semble promettre tout ce qu'il y a de plus odieux, et que, dans la nouveauté de

Britannicus, les têtes étaient encore montées au ton que Corneille avait introduit pendant trente ans, on fut étonné qu'il n'eût pas sans cesse à la bouche des maximes infernales, qu'il ne se glorifiât pas d'être méchant, qu'il eût quelque honte de passer pour empoisonneur. Enfin, *on le trouva trop bon* : c'est le mot dont Racine se sert dans sa préface. Il est vrai qu'il n'a pas la rhétorique du crime ; mais il en a bien l'atrocité tranquille et raffinée, la profondeur réfléchie. Examinons sa conduite. Il entend parler de la beauté de Junie : son premier mouvement est de l'enlever avant même de l'avoir vue ; et sur le seul soupçon que Britannicus pourrait bien en être aimé, son premier mot est de dire :

D'autant plus malheureux qu'il aura su lui plaire,
Narcisse, il doit plutôt souhaiter sa colère.
Néron impunément ne sera pas jaloux.

A peine a-t-il vu Junie un moment, et déjà la mort de son rival et de son frère est prononcée dans son cœur. Mais il lui prépare un autre supplice : il veut que Junie elle-même lui dise ou lui fasse entendre qu'il faut renoncer à elle ; et pour l'y forcer, il lui déclare que Britannicus est mort, si elle n'obéit pas. On a dit que c'était un petit moyen, et peu digne de la tragédie, de faire cacher Néron pendant l'entrevue des deux amants ; cela est vrai, mais je crois qu'ici l'effet relève et justifie le moyen. Le péril est si prochain et si réel, que la scène est tragique ; et je n'ai besoin, pour le prouver, que d'en appeler à l'effet du théâtre. Ce moment est celui où l'amour de Britannicus et de Junie devient intéressant, parce qu'il y a de la terreur et de la pitié. Leur situation est cruelle, l'on ne peut s'empêcher de trembler pour eux quand on se souvient de ces vers terribles de Néron :

Caché près de ces lieux, je vous verrai, Madame.
Renfermez votre amour dans le fond de votre âme.
Vous n'aurez point pour moi de langages secrets :
J'entendrai des regards que vous croirez muets,
Et sa perte sera l'infaillible salaire
D'un geste ou d'un soupir échappé pour lui plaire.

Avec ce style et cette situation l'on peut tout ennoblir. Observons, en passant, que l'effet théâtral peut faire pardonner des moyens faux, mais ne les justifie pas ; au lieu qu'un moyen commun et petit par lui-même peut être relevé par l'art que l'on met à s'en servir, et n'est plus un défaut.

Néron, sûr de l'amour de Junie pour Britannicus ne médite plus que des vengeances et des crimes. Il fait arrêter son frère ; il donne des gardes à sa propre mère, et s'apercevant, par l'entretien qu'il a eu avec elle, que les droits de Britannicus à l'empire peuvent être une arme contre lui, il ne balance pas un moment, et donne ordre de l'empoisonner. Mais comment ? Avec quel sang-froid odieux et quelle fourbe réfléchie ! C'est en paraissant se réconcilier avec Agrippine et Britannicus, en prodiguant les caresses, les soumissions, les embrassements, en donnant dans son palais une scène de tendresse filiale.

Gardes, qu'on obéisse aux ordres de ma mère !

Voilà de quelle manière il se prépare au fratricide. Et la voilà bien, cette politique des cours corrompues dont Corneille aimait tant à parler ; mais ici elle est en action, et non pas en parole ; c'est-à-dire qu'elle est, dans l'imitation théâtrale, la même chose qu'en réalité : c'est la perfection de l'art. Néron ne se conduit pas autrement que Charles IX. A peine Agrippine l'a-t-elle quitté, que sa rage renfermée ne peut plus se contenir : il se croit sûr de Burrhus, parce qu'Agrippine en est mécontente, et c'est devant un homme vertueux qu'il avoue le projet d'un crime, d'un empoisonnement.

>Elle se hâte trop, Burrhus, de triompher.
>J'embrasse mon rival, mais c'est pour l'étouffer.
>. . . . . . . C'en est trop : il faut que sa ruine
>Me délivre à jamais des fureurs d'Agrippine.
>Tant qu'il respirera, je ne vis qu'à demi ;
>Elle m'a fatigué de ce nom ennemi,
>Et je ne prétends pas que sa coupable audace
>Une seconde fois lui promette ma place.
>. . . . .
>Avant la fin du jour, je ne le craindrai plus.

Parler ainsi à Burrhus, c'est montrer tout Néron. Il n'y a qu'un scélérat consommé qui puisse, sans rougir, se montrer tel qu'il est devant un honnête homme : c'est une preuve qu'il a tout surmonté, même la conscience. Les autres scélérats se démasquent devant des confidents dignes d'eux : il n'y a que Néron qui puisse se démasquer devant Burrhus. Cet exemple est unique au théâtre, et c'est un trait de génie. Mahomet ne cache pas à Zopire sa politique et son ambition ; mais il y a de la grandeur dans ses projets, tout criminels qu'ils sont ; il espère de gagner Zopire, et il en a les moyens. Ici rien de tout cela. Néron avoue le plus lâche des forfaits, et n'a nul besoin de Burrhus pour l'exécuter. Cette confidence sans nécessité, et faite pour ainsi dire d'abondance de cœur, serait ailleurs un grand défaut : ici c'est le coup de pinceau d'un grand maître. Il est évident que Néron ne croit pas même faire un crime : c'est à ses yeux la chose du monde la plus simple que d'empoisonner son frère ; et ce qui le prouve, c'est qu'il est tout étonné que Burrhus ne l'approuve pas ; c'est que, dans la scène suivante, il dit à Narcisse, comme la seule chose qui l'arrête.

Ils mettront ma vengeance au rang des parricides.

Ce dernier mot n'est pas d'un tyran, mais d'un monstre.

Ici commence ce grand spectacle si moral et si dramatique, ce combat du vice et de la vertu, sous les noms de Narcisse et de Burrhus, se disputant l'âme de Néron ; et c'est ici que vont se développer ces deux caractères, aussi parfaitement tracés que ceux de Néron et d'Agrippine. Burrhus est le modèle de la conduite que peut tenir un homme vertueux, placé par les circonstances auprès d'un mauvais prince et dans une cour dépravée. Il est entouré de passions, d'intérêts, de vices, et les combat de tous côtés. Il ne prononce pas une seule sentence sur la vertu non plus que Néron sur le crime ; mais il représente l'une dans toute sa pureté, comme Néron représente l'autre dans toute son horreur. Il résiste à l'ambition inquiète d'Agrippine et à la perversité de son maître, et dit la vérité à tous les deux, mais sans ostentation, sans bravade, avec une fermeté noble et modeste, ne cherchant point à offenser et ne craignant point de déplaire. Il parle à l'un comme à son empereur, à l'autre comme à la mère de César. Il remplit tous ses devoirs et observe toutes les bienséances. Mais lorsque son coupable élève ose lui découvrir un projet horrible, alors cet homme si calme devient tout de feu : sa tranquillité le rendait grand, son indignation le rend sublime. L'éloquence est dans sa bouche ce qu'est la vertu dans son âme, sans faste, sans effort, mais toute pleine de cette chaleur qui pénètre, de cette vérité qui terrasse, de cette véhémence qui entraîne. Il émeut jusqu'à Néron même, et sort plein d'espérance et de joie pour aller consommer près de Britannicus une réconciliation qu'il croit sûre. A l'instant même entre Narcisse : au pathétique, à l'enthousiasme d'une belle âme va succéder tout l'art de la bassesse et de la méchanceté; et dans ces deux peintures contrastées, l'auteur est également admirable. Mais pour les placer ainsi l'un auprès de l'autre, il fallait être bien sûr de sa force. Plus l'effet de la première était grand et infaillible, plus l'autre était dangereuse. L'expérience du théâtre apprend combien il y a de danger à remplacer tout de suite des sentiments doux et chers, auxquels le spectateur aime à se livrer, par ceux qu'il hait et qu'il repousse. Ceci ne s'applique pas aux scélérats hardis qui ont de l'énergie et de l'élévation, mais aux personnages vils et méprisables ; et Narcisse est de ce nombre. Ces sortes de caractères, quelquefois nécessaires dans la tragédie, sont très difficiles à manier. Le spectateur veut bien haïr, mais il ne veut pas que le mépris se joigne à la haine, parce que le mépris n'a rien de tragique. Voltaire, en blâmant sous ce point de vue les rôles de Félix, de Prusias et de Maxime dans Corneille, cite celui de Narcisse comme le modèle qu'il faut suivre quand on a besoin de personnages de cette espèce. Il admire la scène de Narcisse avec Néron ; mais remarquant le peu d'effet qu'elle produit toujours, il croit qu'elle en ferait davantage si Narcisse avait un plus grand intérêt à conseiller le crime. Je ne sais si cette réflexion est bien juste. Sans doute si Narcisse, pour tenir la conduite qu'il tient, avait à surmonter quelqu'un des sentiments de la nature, comme Félix qui se détermine à faire périr son gendre de peur de perdre son gouvernement, la proportion des moyens manquerait. Mais Narcisse, qui cherche à gouverner Néron, comme il a gouverné Claude, en flattant ses passions, n'a aucun intérêt à sauver Britannicus. Dans son caractère établi, tous les moyens lui doivent être bons ; il ne fait que suivre son naturel bas et pervers ; et si la scène entre lui et Néron, malgré la perfection dont elle est, n'est pas, à beaucoup près, applaudie comme celle de Burrhus, c'est que, dans aucun cas, dans aucune supposition, elle ne peut faire le même plaisir ; et j'en trouve la raison dans le cœur humain. L'âme vient de s'épanouir en écoutant Burrhus; elle se resserre et se flétrit en voyant Narcisse. Le rôle qu'il joue est un de ceux qui ne peuvent être que supportés, et qui ne peuvent jamais plaire. Ne reprochons pas aux hommes assemblés un sentiment qui leur fait honneur, la répugnance invincible pour ce qui est vil. Ces caractères-là, dans le drame, peuvent être placés pour les moyens, et jamais pour les effets. Le plus grand effort de l'artiste, c'est de les faire tolérer au théâtre, et admirer du connaisseur, qui ne juge que l'exécution; et il ne peut en venir à bout qu'en leur donnant au plus haut degré ce que peut avoir un homme bas et méchant, l'artifice et l'adresse. C'est ce que Racine a fait dans le rôle de Narcisse. Quelle entreprise que celle de ramener Néron après l'impression qu'il vient d'éprouver, et que le spectateur a si vivement partagée! Quel chemin il y a du moment où il envoie Burrhus près de son frère pour consommer la réconciliation, à celui où il sort avec Narcisse pour aller empoisonner son rival! Et cependant tel est l'art détestable de Narcisse, ou plutôt tel est l'art admirable du poète, que cette révolution, l'ouvrage de quelques instants, paraît vraisemblable, naturelle, et même nécessaire. Le venin de la malignité est si habilement préparé, qu'il doit pénétrer l'âme du tyran et l'infecter sans remède. Cette scène étonnante mérite d'être détaillée.

NARCISSE.

Seigneur, j'ai tout prévu pour une mort si juste.
Le poison est tout prêt : la fameuse Locuste

A redoublé pour moi ses soins officieux ;
Elle a fait expirer un esclave à mes yeux :
Et le fer est moins prompt pour trancher une vie
Que le nouveau poison que sa main me confie.

NÉRON.

Narcisse, c'est assez, je reconnais ce soin,
Et ne souhaite pas que vous alliez plus loin.

NARCISSE.

Quoi ! pour Britannicus votre haine affaiblie
Me défend...

NÉRON.

Oui, Narcisse, on nous réconcilie.

NARCISSE.

Je me garderai bien de vous en détourner,
Seigneur ; mais il s'est vu tantôt emprisonner.
Cette offense en son cœur sera long-temps nouvelle.
Il n'est point de secrets que le temps ne révèle.
Il saura que ma main lui devait présenter
Un poison que votre ordre avait fait apprêter.
Les dieux, de ce dessein puissent-ils le distraire !
Mais peut être il fera ce que vous n'osez faire.

NÉRON.

On répond de son cœur, et je vaincrai le mien.

Il a déjà attaqué Néron par la crainte : la crainte n'a pas réussi. Il se retourne sur-le-champ, et l'attaque par la jalousie.

Et l'hymen de Junie en est-il le lien ?
Seigneur, lui faites-vous encor ce sacrifice

NÉRON.

C'est prendre trop de soin : quoiqu'il en soit, Narcisse,
Je ne le compte plus parmi mes ennemis.

Ce moment est critique pour Narcisse. Voilà déjà deux attaques repoussées. Il ne perd pas de temps : il cherche à irriter Néron par la jalousie du pouvoir.

Agrippine, seigneur, se l'était bien promis.
Elle a repris sur vous son souverain empire.

NÉRON.

Quoi donc? qu'a-t-elle dit? et que voulez-vous dire?

NARCISSE.

Elle s'en est vantée assez publiquement.

NÉRON.

De quoi?

NARCISSE.

Qu'elle n'avait qu'à vous voir un moment;
Qu'à tout ce grand éclat, à ce courroux funeste
On verrait succéder un silence modeste;
Que vous-même à la paix souscririez le premier,
Heureux que sa bonté daignât tout oublier.

NÉRON.

Mais, Narcisse, dis-moi : que veux-tu que je fasse?

Remarquons ici la vérité du dialogue et la simplicité de la diction : elle n'est pas au-dessus de la conversation soutenue, et ne devait pas en effet aller au delà. D'un côté, c'est un scélérat froid et réfléchi, qui ne songe pas à parer son langage, les fripons ne se passionnent guères ; de l'autre, un homme intérieurement agité, qui ne répond que par quelques mots pénibles. Toute figure poétique devait disparaître. Nos critiques du jour, qui affectent de ne pas reconnaître d'autre poésie, ne manqueraient pas, si Racine était vivant, de le trouver bien froid et bien faible. « Quels vers, diraient-ils que ceux-ci !

Agrippine, seigneur, se l'était bien promis.
. . . .
Elle s'en est vantée assez publiquement.
. . . .
Mais, Narcisse, dis-moi : que veux-tu que je fasse ?

« s'exprimerait-on autrement en prose ? » Et c'est précisément pour cela qu'ils sont excellents, car ils sont ce qu'ils doivent être. Le dernier, tout simple qu'il est, fait trembler : le tigre va se réveiller.

Je n'ai que trop de pente à punir son audace ;
Et, si je m'en croyais, ce triomphe indiscret
Serait bientôt suivi d'un éternel regret.
Mais de tout l'univers quel sera le langage ?
Sur les pas des tyrans veux-tu que je m'engage,
Et que Rome, effaçant tant de titres d'honneur,
Me laisse, pour tout nom, celui d'empoisonneur ?
Ils mettront ma vengeance au rang des parricides.

Ici Narcisse commence à être plus à son aise. Il a voulu sonder l'âme de Néron. Elle s'ouvre, et il voit que la nature n'y a pas jeté un cri, qu'il n'y a pas un remords, pas un sentiment de vertu; que Néron ne fait rien, ni pour son frère, ni pour sa mère, ni pour Burrhus, mais seulement qu'il craint encore l'opinion publique, le dernier frein de l'homme pervers et puissant, quand il a de l'amour-propre. Néron en a encore, et c'est par son amour-propre même que Narcisse va se ressaisir de lui.

Et prenez-vous, seigneur, leurs caprices pour guides?
Avez-vous prétendu qu'ils se tairaient toujours?
Est-ce à vous de prêter l'oreille à leurs discours?
De vos propres désirs perdrez-vous la mémoire?
Et serez-vous le seul que vous n'oserez croire?
Mais, seigneur, les Romains ne vous sont pas connus.
Non, non, dans leurs discours ils sont plus retenus.
Tant de précaution affaiblit votre règne :
Ils croiront, en effet, mériter qu'on les craigne.

Voilà, de toutes les suggestions, la plus perfide et la plus sûre auprès des mauvais princes; c'est d'irriter en eux l'orgueil du pouvoir. Qui peut savoir combien de fois l'adulation a répété dans d'autres termes ce que dit ici Narcisse? Il ne lui reste plus qu'à rassurer bien pleinement Néron sur l'opinion et les discours des Romains.

Au joug depuis long-temps ils se sont façonnés;
Ils adorent la main qui les tient enchaînés.
Vous les verrez toujours ardents à vous complaire :
Leur prompte servitude a fatigué Tibère.
Moi-même, revêtu d'un pouvoir emprunté,
Que je reçus de Claude avec la liberté,
J'ai cent fois, dans le cours de ma gloire passée,
Tenté leur patience, et ne l'ai point lassée.

D'un empoisonnement vous craignez la noirceur?
Faites périr le frère, abandonnez la sœur,
Rome, sur les autels prodiguant les victimes,
Fussent-ils innocents, leur trouvera des crimes.
Vous verrez mettre au rang des jours infortunés
Ceux où jadis la sœur et le frère sont nés.

C'est en effet ce qui arriva après le meurtre d'Agrippine, et l'abjection des Romains est peinte ici avec l'énergique fidélité des crayons de Tacite. Néron délivré, non pas de ses scrupules, mais de ses craintes, ne se défend plus que bien faiblement.

Narcisse, encore un coup, je ne puis l'entreprendre.
J'ai promis à Burrhus, il a fallu me rendre.
Je ne veux point encore, en lui manquant de foi,
Donner à sa vertu des armes contre moi.
J'oppose à ses raisons un courage inutile :
Je ne l'écoute point avec un cœur tranquille.

Il ne reste donc plus à détruire qu'un reste d'égards pour Burrhus, exprimé de manière à faire voir que les conseils d'un vertueux gouverneur pèsent étrangement à Néron, impatient de secouer toute espèce de joug. C'est l'instant de porter le dernier coup, et Narcisse emploie l'arme si familière aux méchants, la calomnie. Il attribue à Burrhus, à Sénèque, à tous ceux qui s'efforçaient encore de contenir les vices de Néron, les propos les plus injurieux et les plus amers. Cet artifice des flatteurs ne manque presque jamais son effet. Ils mettent dans la bouche de celui qu'ils veulent perdre tout le mépris qu'ils ont au fond du cœur, pour le maître qu'ils veulent tromper.

Burrhus ne pense pas, seigneur, tout ce qu'il dit:
Son adroite vertu ménage son crédit;
Ou plutôt ils n'ont tous qu'une même pensée.
Ils verraient par ce coup leur puissance abaissée;
Vous seriez libre alors, seigneur, et devant vous
Ces maîtres orgueilleux fléchiraient comme nous.
Quoi donc! ignorez-vous tout ce qu'ils osent dire?
« Néron, s'ils en sont crus, n'est point né pour l'empire,
« Il ne dit, il ne fait que ce qu'on lui prescrit :
« Burrhus conduit son cœur, Sénèque son esprit.
« Pour toute ambition, pour vertu singulière,
« Il excelle à conduire un char dans la carrière.
« A disputer des prix indignes de ses mains,
« A se donner lui-même en spectacle aux Romains,
« A venir prodiguer sa voix sur un théâtre,
« A réciter des chants qu'il veut qu'on idolâtre;
« Tandis que des soldats, de moments en moments,
« Vont arracher pour lui des applaudissements. »
Ah! ne voulez-vous pas les forcer à se taire?

Pour le coup, il est impossible que Néron résite à cette adresse infernale. Chaque mot est un trait qui le perce. On le prend à la fois par toutes ses faiblesses; il faut qu'il succombe.

Viens, Narcisse, allons voir ce que nous devons faire.

Il ne dit pas positivement quel parti il prendra, mais on voit que son parti est déjà pris.

Cette scène est peut être la plus grande leçon que jamais l'art dramatique ait donnée aux souverains. On assure que l'endroit qui regarde les spectacles fit assez d'impression sur Louis XIV pour le corriger de l'habitude où il était, dans sa jeunesse, de représenter sur la scène dans les fêtes de sa cour. C'était une chose de peu d'importance; mais cette scène bien méditée peut donner de tout autres leçons : et pour ce qui regarde la politique des cours, dont Corneille parle si souvent, et que Fontenelle et tant d'autres prétendent si supérieurement peinte dans *Othon*, je crois que c'est ici qu'il faut la chercher; qu'il n'y en a que quelques traits généraux dans ce petit nombre de vers qu'on a retenus d'*Othon*, pièce que d'ailleurs on lit si peu, mais que le tableau entier se trouve dans les rôles d'Agrippine, de Burrhus et de Narcisse.

Je ne parlerai du beau récit de la mort de Britannicus que pour observer le seul endroit où Racine, égal à Tacite dans tout le reste (et c'est ce qu'on peut dire de plus fort), paraît être resté au-dessous de lui. Il s'agissait de peindre les différentes impressions que produisit sur les courtisans le moment où Britannicus expire empoisonné.

La moitié s'épouvante et sort avec des cris.
Mais ceux qui de la cour ont un plus long usage,
Sur les yeux de César composent leur visage.

Peut-être ne désirerait-on rien de plus, si l'on ne connaissait pas le texte de Tacite : *At quibus altior intellectus, resistunt defixi et Cæsarem intuentes. Mais ceux qui voient de plus loin restent immobiles, les yeux attachés sur César.*

Rien n'est plus frappant que cette immobilité absolue dans un évènement de cette nature. Demeurer maître de soi à un semblable spectacle, au point de n'avoir pas un mouvement avant d'avoir vu celui du maître, est le dernier effort de l'habitude de servir, et le sublime de l'esprit de courtisan. C'est ainsi que Tacite sait peindre; mais Racine, un moment après, se rapproche de lui, dans ces vers qu'il ne doit point à l'imitation.

Son crime seul n'est pas ce qui me désespère;
Sa jalousie a pu l'armer contre son frère.
Mais, s'il vous faut, Madame, expliquer ma douleur,
Néron l'a vu mourir sans changer de couleur.
Ses yeux indifférents ont déjà la constance
D'un tyran dans le crime endurci dès l'enfance.

Quel nerf d'expression! Tel est dans cent endroits le style de cet homme à qui l'on ne voulait accorder que le talent de peindre l'amour.

Un des caractères du génie, et sur-tout du génie dramatique, est de passer d'un sujet à un autre sans s'y trouver étranger, et d'être toujours le même sans se ressembler jamais. Nous avons vu quel pas étonnant Racine avait fait lorsque, malgré le succès d'*Alexandre*, revenant par sa propre force à la nature et à lui-même, il fixa, à l'âge de vingt-sept ans, une époque aussi glorieuse pour la France que pour lui, en offrant dans *Andromaque* un nouveau genre de tragédie. On pouvait dire alors : Quelle distance d'*Alexandre* à *Andromaque*! On put dire ensuite : Quelle différence d'*Andromaque* à *Britannicus*! On passe dans un monde nouveau, et la Fable et l'Histoire ne sont pas plus loin l'une de l'autre que ces deux pièces. Mais comment, parmi des beautés si sévères, a-t-il pu placer la tendresse ingénue et naïve de deux jeunes amants tels que Britannicus et Junie, et se préserver de ces disparates qui nous ont si souvent blessé dans Corneille? C'est parce que le sort de ces deux amants qui nous intéressent dépend sans cesse de ces personnages imposants qui se meuvent autour d'eux : c'est sur-tout par l'art des nuances et de la gradation insensible des couleurs. Junie n'est que tendre avec Britannicus ; mais quand elle paraît devant Néron qui lui offre l'empire, elle n'est pas seulement une amante fidèle, elle devient noble ; elle refuse les offres de Néron et le trône du monde, sans faste, sans efforts, avec une modestie touchante ; elle ne brave point Néron, comme tant d'autres n'auraient pas manqué de le faire ; elle ne met point d'orgueil dans ses refus ; elle s'exprime de manière à se faire estimer de Néron, si Néron pouvait estimer la vertu ; et à le fléchir en faveur de Britannicus, s'il était susceptible d'un sentiment honnête et louable. Il l'exhorte à *passer du côté de l'empire*, à oublier Britannicus déshérité par Claude. Elle répond :

> Il a su me toucher,
> Seigneur, et je n'ai point prétendu m'en cacher.
> Cette sincérité, sans doute, est peu discrète ;
> Mais toujours de mon cœur ma bouche est l'interprète.
> Absente de la cour, je n'ai pas dû penser,
> Seigneur, qu'en l'art de feindre il fallût m'exercer.
> J'aime Britannicus ; je lui fus destinée
> Quand l'empire devait suivre son hyménée.
> Mais ces mêmes malheurs qui l'en ont écarté,
> Ses honneurs abolis, son palais déserté,
> La fuite d'une cour que sa chute a bannie,
> Sont autant de liens qui retiennent Junie.

Tout ce que vous voyez conspire à vos désirs;
Vos jours toujours sereins coulent dans les plaisirs;
L'empire en est pour vous l'inépuisable source :
Ou si quelque chagrin en interrompt la course,
Tout l'univers, soigneux de les entretenir,
S'empresse à l'effacer de votre souvenir.
Britannicus est seul : quelque ennui qui le presse,
Il ne voit à son sort que moi qui s'intéresse,
Et n'a pour tout plaisir, seigneur, que quelques pleurs
Qui lui font quelquefois oublier ses malheurs.

Ce langage ferme et décent, ce désintéressement généreux, ces pleurs qui consolent un prince infortuné du trône qu'il a perdu, élèvent l'amour de Junie à la dignité de la tragédie. Elle n'est point abaissée devant le maître du monde : ce n'est point là parler d'amour pour en parler; c'est l'amour tel que nous le sentons, naturellement mêlé à de grands intérêts, et s'expliquant d'un ton qui ne les dément pas. Tel est le mérite des convenances propres à chaque sujet.

Cet amour n'émeut pas fortement comme celui d'Hermione; mais il plaît, il attache, il intéresse, et c'en est assez dans un ouvrage qui produit d'autres effets : l'essentiel était qu'il n'y parût pas déplacé. De même Britannicus, surpris par Néron aux pieds de sa maîtresse, offre, à la vérité, une situation qui peut appartenir à la comédie comme à la tragédie. Mais le péril de Britannicus et le caractère connu de Néron relèvent cette situation; et la scène qui en résulte entre les deux rivaux est un modèle de ces contrastes dramatiques où deux caractères opposés se heurtent avec violence sans que l'un soit écrasé par l'autre. Le dialogue est parfait : on y voit avec plaisir la vivacité libre et fière d'un jeune prince et d'un amant préféré lutter contre l'ascendant du rang suprême et contre l'orgueil féroce d'un tyran jaloux. Le caractère de Britannicus et l'avantage de plaire à Junie le maintiennent dans un état d'égalité devant l'empereur, et le spectateur est toujours content de voir la puissance injuste humiliée. C'est ainsi que dans cette pièce les intérêts de la politique et ceux de l'amour se balancent sans se nuire, et que des teintes si différentes se tempèrent les unes par les autres, loin de paraître se repousser.

SECTION III.

Bérénice.

On sait que, dans *Bérénice*, Racine lutta contre les difficultés d'un sujet qui n'était pas de son choix : et s'il n'a pu faire une véritable tragédie de ce qui n'était en soi-même qu'une élégie héroïque, il a fait du moins de cette élégie un ouvrage charmant, et tel que lui seul pouvait le faire. On proposa un jour à Voltaire de faire un commentaire de Racine, comme il faisait celui de Corneille. Il répondit ces propres mots. « Il n'y a « qu'à mettre au bas de toutes les pages, *beau*, » *pathétique, harmonieux, admirable*, etc. » Il se présenta une occasion de faire voir combien ce sentiment était sincère. Il a commenté la *Bérénice* de Racine, imprimée dans un même volume avec

celle de Corneille; et quoique *Bérénice* soit la plus faible des pièces dont l'auteur a enrichi le théâtre, le commentateur, en relevant quelques endroits où le style se ressent de la faiblesse du sujet, ne cesse d'ailleurs de faire remarquer dans ses notes l'art infini que le poète a employé, et les ressources inconcevables qu'il a trouvées dans son talent pour remplir cinq actes avec si peu de chose, et varier, par les nuances délicates de tous les sentiments du cœur, une situation dont le fond est toujours le même. La seule analyse possible d'un sujet si simple porte tout entière sur les détails, et se trouve complète dans les excellentes notes de Voltaire, auxquelles on ne peut rien ajouter. Voici comme il s'exprime dans la troisième scène du second acte. « La résolution de l'empereur ne fait
» attendre qu'une seule scène. Il peut renvoyer
» Bérénice avec Antiochus, et la pièce sera bientôt
» finie. On conçoit très difficilement comment le
» sujet pourra fournir encore quatre actes. Il n'y
» a point de nœud, point d'obstacle, point d'in-
» trigue. L'empereur est le maître; il a pris son
» parti : il veut et il doit vouloir que Bérénice parte.
» Ce n'est que dans ces sentiments inépuisables
» du cœur, dans le passage d'un mouvement à
» l'autre, dans le développement des plus secrets
» ressorts de l'âme, que l'auteur a pu trouver de
» quoi fournir la carrière. C'est un mérite prodi-
» gieux, et dont je crois que lui seul était capa-
» ble. »

On aime d'autant plus à entendre l'auteur de *Zaïre* parler ainsi, qu'on est sûr qu'il ne l'eût pas dit, s'il ne l'avait pas pensé. Je puis ajouter qu'il ne s'excluait pas lui-même du nombre de ceux qui n'auraient pu faire ce qu'ici Racine avait fait. Quand un grand artiste parle de son art, il mesure même involontairement ses jugements sur sa force. Ce n'est pas que Voltaire ignorât la sienne : il savait même qu'au théâtre il avait porté encore plus loin que Racine les effets de la tragédie. Mais il s'agit ici d'une espèce particulière de talent où Racine n'a point d'égal, et qui était nécessaire pour faire *Bérénice* : c'est la connaissance parfaite des replis les plus cachés et les plus intimes d'un cœur tendre, l'art de les peindre avec la vérité la plus pure, et celui de relever les plus petites choses par le charme inexprimable de ses vers. Le commentateur en remarque un exemple bien frappant : c'est l'endroit où Phénice dit à la reine :

Laissez-moi relever vos voiles détachés,
Et ces cheveux épars dont vos yeux sont cachés.
Souffrez que de vos pleurs je répare l'outrage.

« Rien n'est plus petit que de faire paraître une » suivante qui propose à sa maîtresse de rajuster » son voile et ses cheveux. Otez à ces idées les » graces de la diction, il ne reste rien. »

En rapportant cette observation au vers qui suit, j'achèverai de faire sentir combien cet art que le commentateur admire était nécessaire pour amener des beautés propres au sujet. Bérénice répond :

Laisse, laisse, Phénice, il verra son ouvrage.

Ce vers si attendrissant ne manque jamais d'être applaudi ; c'est une beauté de sentiment : elle était perdue, si l'auteur n'avait pas eu le secret d'ennoblir par la poésie ce que Phénice avait à dire.

A la fin du quatrième acte, le commentateur dit encore : « Cette scène et la suivante, qui semblent
» être peu de chose, me paraissent parfaites. An-
» tiochus joue le rôle d'un homme qui est supé-
» rieur à sa passion. Titus est attendri et ébranlé
» comme il doit l'être, et dans le moment le sénat
» vient le féliciter d'une victoire qu'il craint de
» remporter sur lui-même. Ce sont des ressorts
» presque imperceptibles, qui agissent puissam-
» ment sur l'âme. Il y a mille fois plus d'art dans
» cette belle simplicité que dans cette foule d'inci-
» dents dont on a chargé tant de tragédies. » Citons encore le résultat de ce commentaire. Je ne connais rien de plus intéressant que d'entendre Voltaire parler de Racine. « Je n'ai rien à dire de ce
» cinquième acte, sinon que c'est en son genre un
» chef-d'œuvre, et qu'en le relisant avec des yeux
» sévères, je suis encore étonné qu'on ait pu tirer
» des choses si touchantes d'une situation qui est
» toujours la même ; qu'on ait trouvé encore de
quoi attendrir quand on paraît avoir tout dit ;
» que même tout paraisse neuf dans ce dernier
» acte, qui n'est que le résumé des quatre précé-
» dents. Le mérite est égal à la difficulté, et cette
» difficulté était extrême. La pièce finit par un
» *hélas!* Il fallait être bien sûr de s'être rendu
» maître du cœur des spectateurs pour oser finir
» ainsi. »

Britannicus n'avait eu que huit représentations dans sa nouveauté : *Bérénice* en eut quarante. C'est que l'un était de nature à ne pouvoir être apprécié qu'avec le temps, et que l'autre se recommandait d'elle-même par celui de tous les mérites dramatiques qui est à la portée du plus grand nombre, et dont le triomphe est le plus prompt, le plus sûr, le plus difficilement contesté, le don de faire verser des larmes. Cependant, aujourd'hui, qui est-ce qui comparerait *Bérénice* à *Britannicus?* La place de ces deux ouvrages, fixée par le temps et les connaisseurs, est bien différente, et *Britannicus* est représenté bien plus souvent que *Bérénice*. Cet exemple, parmi tant d'autres, prouve non-seulement qu'il y a dans les ouvrages d'imagination un mérite bien important attaché au choix du sujet, mais encore que le nombre des représentations d'une pièce nouvelle n'a jamais dû décider de son prix. Ce nombre dépend d'une foule de circonstances, souvent étrangères à la pièce. Une actrice d'une figure aimable, et dont l'organe sera fait pour l'amour, tel qu'était celui de la célèbre Gaussin, attirera la foule à *Bérénice ;* mais tout le fond tenant à ce seul rôle, si l'exécution n'y répond pas, la pièce n'aura qu'un succès médiocre ; au lieu qu'une tragédie telle que *Britannicus*, une fois établie, se soutient par des beautés toujours plus senties, et gagne toujours à être revue.

Mais où sont ceux qui ont tant répété, sans connaissances et sans réflexion, que Racine est toujours le même, que tous ses sujets ont les mêmes couleurs et les mêmes traits? Je voudrais bien qu'ils me dissent ce qu'il y a de ressemblance entre *Britannicus* et *Bérénice*. Quelle distance de l'entretien de Néron avec Narcisse, aux adieux de Titus et de son amante! Et qui pourra dire dans laquelle de ces deux compositions Racine a le mieux réussi! Peut-être rapprochera-t-on *Bérénice* d'*Andromaque*, et dira-t-on que l'amour règne dans toutes les deux. Oui; mais c'est ici qu'il faut reconnaître l'art où excellait l'auteur de rendre cette passion de l'amour si différente d'elle-même dans les tableaux qu'il en trace. Hermione et Bérénice aiment toutes deux; toutes deux sont abandonnées. Mais l'amour de Bérénice ressemble-t-il à l'amour d'Hermione? Racine avait déployé dans celle-ci tout ce que la passion a de plus funeste, de plus violent, de plus terrible; il développe dans l'autre tout ce que cette passion a de plus tendre, de plus délicat, de plus pénétrant. Dans Hermione il fait frémir, dans Bérénice il fait pleurer. Est-ce là se ressembler? Oui, sans doute, Racine a dans toutes ses tragédies un trait de ressemblance, une manière qui le caractérise; et cette manière, c'est la perfection.

Il ne s'agit pas de prouver ce qui est suffisamment reconnu : mais rien n'est plus propre à le bien faire sentir que la variété des morceaux que j'ai eu occasion de citer, et de ceux que je pourrai citer encore. Ils offrent tous des beautés absolument différentes. Vous avez entendu, par exemple, Hermione et Junie. Prenons quelques vers dans *Bérénice*. Voyons l'enthousiasme de l'amour occupé d'un bonheur prochain, rempli d'un seul objet, et y rapportant tous les autres.

De cette nuit, Phénice, as-tu vu la splendeur?
Tes yeux ne sont-ils pas tout pleins de sa grandeur?
Ces flambeaux, ce bûcher, cette nuit enflammée,
Ces aigles, ces faisceaux, ce peuple, cette armée,
Cette foule de rois, ces consuls, ce sénat,
Qui tous de mon amant empruntaient leur éclat,
Cette pourpre, cet or que rehaussait sa gloire,
Et ces lauriers encor témoins de sa victoire;
Tous ces yeux qu'on voyait venir de toutes parts
Confondre sur lui seul leurs avides regards;
Ce port majestueux, cette douce présence....
Ciel! avec quel respect et quelle complaisance
Tous les cœurs en secret l'assuraient de leur foi!
Parle : peut-on le voir sans penser comme moi,
Qu'en quelque obscurité que le sort l'eût fait naître,
Le monde, en le voyant, eût reconnu son maître!

N'est-ce pas là l'ivresse de l'amour, qui se persuade si aisément que tout le monde a les mêmes yeux que lui? Bérénice est-elle assez convaincue que tous les cœurs sont à Titus autant que le sien? On sait que les derniers vers furent appliqués à Louis XIV, alors dans tout l'éclat de sa jeunesse, de sa beauté et de sa gloire. Si c'était une flatterie, il faut avouer qu'elle était bien habillement placée; car qu'y a-t-il de plus naturellement flatteur que l'amour, qui l'est toujours sans le savoir? Nous venons de voir toute sa vérité, tout son abandon dans la joie : il n'en a pas moins dans la douleur. Mais ce n'est plus cette vivacité de mouvement qui entraînait pour ainsi dire les vers; ils tombent languissamment les uns après les autres, comme les accents de l'affliction quand elle n'a que ce qu'il lui faut de force pour se plaindre : pas une inversion, et le retour marqué des mêmes idées et des mêmes mots, parce que dans cette situation il y en a qui reviennent toujours.

Je ne dispute plus. J'attendais, pour vous croire,
Que cette même bouche, après mille serments
D'un amour qui devait unir tous nos moments,
Cette bouche, à mes yeux s'avouant infidèle,
M'ordonnât elle-même une absence éternelle.
Moi-même j'ai voulu vous entendre en ce lieu :
Je n'écoute plus rien, et, pour jamais, adieu.
Pour jamais! ah! seigneur, songez-vous en vous-même
Combien ce mot cruel est affreux quand on aime?
Dans un mois, dans un an, comment souffrirons-nous,
Seigneur, que tant des mers me séparent de vous?
Que le jour recommence, et que le jour finisse
Sans que jamais Titus puisse voir Bérénice?
Sans que de tout le jour je puisse voir Titus?

On reconnaît bien la même femme qui disait tout à l'heure à Titus, lorsqu'elle était loin de prévoir son infortune, et qu'elle le revoyait après huit jours d'absence :

Votre deuil est fini, rien n'arrête vos pas;
Vous êtes seul enfin, et ne me cherchez pas.
J'entends que vous m'offrez un nouveau diadème,
Et ne puis cependant vous entendre vous-même.
Hélas! plus de repos, seigneur, et moins d'éclat!
Votre amour ne peut-il paraître qu'au sénat?
Ah! Titus (car enfin l'amour fuit la contrainte

De tous ces noms que suit le respect et la crainte),
De quel soin votre amour va-t-il s'importuner?
N'a-t-il que des états qu'il me puisse donner?
Depuis quand croyez-vous que ma grandeur me touche?
Un soupir, un regard, un mot de votre bouche,
Voilà l'ambition d'un cœur comme le mien.
Voyez-moi plus souvent, et ne me donnez rien.
Tous vos moments sont-ils dévoués à l'empire?
Ce cœur, après huit jours, n'a-t-il rien à me dire?
Qu'un mot va rassurer mes timides esprits!
Mais parliez-vous de moi quand je vous ai surpris?
Dans vos secrets discours étais-je intéressée,
Seigneur? Étais-je au moins présente à la pensée?

Le mérite de ce style (et il est bien rare) c'est de dire en vers parfaits ce qu'ont senti tous les cœurs qui ont aimé, ce que sentiront tous les cœurs qui aimeront; de le dire sans que les difficultés de la versification amènent un seul mot inutile, un seul hémistiche faible; et le privilège de l'harmonie poétique est de graver dans la mémoire tout ce qu'elle exprime, ce que ne peut faire la meilleure prose. « Quel dieu avait donc donné à Racine, cette diction flexible et mélodieuse qui exerce tant d'empire sur l'âme et sur les sens? Faut-il s'étonner que la cour de Louis XIV, cette cour si polie et si brillante, ait admiré ce langage enchanteur qu'on n'avait point encore entendu? Beautés à jamais célèbres, dont les noms sont placés dans nos annales avec ceux des héros de ce siècle fameux, combien vous deviez aimer Racine! combien vous deviez chérir l'écrivain qui paraissait avoir étudié son art dans votre cœur, qui semblait être dans tous vos secrets, qui vous entretenait de vos penchants, de vos plaisirs, de vos douleurs, en vers aussi doux que la voix de la beauté quand elle prononce l'aveu de la tendresse? Ames sensibles et presque toujours malheureuses, qui avez un besoin continuel d'émotion et d'attendrissement, c'est Racine qui est votre poète et qui le sera toujours ; c'est lui qui reproduit en vous toutes les impressions dont vous aimez à vous nourrir; c'est lui dont l'imagination amoureuse répond toujours à la vôtre ; qui peut en suivre l'activité et les mouvements, en remplir l'avidité insatiable; c'est avec lui que vous aimerez à pleurer; c'est à vous qu'il a confié le dépôt de sa gloire, et vous la défendrez sans doute, pour prix des larmes qu'il vous fait répandre. » *Éloge de Racine.*

SECTION IV.

Bajazet.

Racine avait lutté dans *Bérénice* contre un sujet qu'on lui avait prescrit, et il était sorti triomphant de cette épreuve si dangereuse pour le talent, qui veut toujours être libre dans sa marche et se tracer à lui-même la route qu'il doit tenir. *Bajazet* fut un ouvrage de son choix. Les mœurs, nouvelles pour nous, d'une nation avec qui nous avions eu long-temps aussi peu de communication que si la nature l'eût placée à l'extrémité du globe; la politique sanglante du sérail, la servile existence d'un peuple innombrable enfermé dans cette prison du despotisme; les passions des sultanes qui s'expliquent le poignard à la main, et qui sont toujours près du crime et du meurtre, parce qu'elles sont toujours près du danger ; le caractère et les intérêts des vizirs, qui se hâtent d'être les instruments d'une révolution de peur d'en être les victimes; l'inconstance ordinaire des Orientaux, et cette servitude menaçante qui rampe aux pieds d'un despote, et s'élève tout à coup des marches du trône pour le frapper et le renverser : voilà le sujet absolument neuf qui s'offrait au pinceau de Racine, à ce même pinceau qui avait si supérieurement colorié le tableau de la cour de Néron, et de Rome dégénérée et avilie sous les Césars. Cette science des couleurs locales, cet art de marquer un sujet d'une teinte particulière qui avertit le spectateur du lieu où le transporte l'illusion dramatique, le rôle fortement passionné de Roxane, le grand caractère d'Acomat, une exposition regardée par tous les connaisseurs comme le chef-d'œuvre du théâtre dans cette partie : tels sont les principaux mérites qui se présentent dans l'analyse de la tragédie de *Bajazet*. J'expliquerai ensuite ce qui me paraît défectueux dans les autres parties de ce drame; et si ma critique paraît sévère, elle prouvera du moins mon entière impartialité, et que mon admiration pour Racine, en me passionnant pour ses beautés, ne me ferme point les yeux sur ses défauts.

Le détail où j'entrerai sur la première scène a pour objet principal de faire voir que Racine a très bien connu ce devoir essentiel du poète dramatique, d'être un peintre fidèle des mœurs. Nous avons vu comme il a peint les Romains dans *Britannicus;* nous verrons bientôt comme il peint les Juifs dans *Athalie :* voyons comme il peint les Turcs dans *Bajazet.* Je cite de préférence ces trois tableaux si différents, parce qu'ils lui appartiennent en propre, et qu'ils n'ont point été surpassés. Je n'insiste pas sur la peinture des mœurs grecques; d'autres que lui les ont très bien peintes, et particulièrement l'auteur d'*Oreste,* qui peut-être même en ce genre a été plus loin que lui.

ACOMAT.

Viens, suis-moi. La sultane en ce lieu doit se rendre;
Je pourrai cependant te parler et t'entendre.

OSMIN.

Et depuis quand, seigneur, entre-t-on dans ces lieux,
Dont l'accès était même interdit à nos yeux?
Jadis une mort prompte eût suivi cette audace.

Le secret impénétrable du sérail est déjà caractérisé, et la curiosité excitée. La réponse d'Acomat va l'augmenter.

Quand tu seras instruit de tout ce qui se passe,
Mon entrée en ces lieux ne te surprendra plus.
Mais! laissons, cher Osmin, les discours superflus.
Que ton retour tardait à mon impatience!
Et que d'un œil content je te vois dans Byzance!
Instruis-moi des secrets que peut t'avoir appris
Un voyage si long, pour moi seul entrepris.
De ce qu'ont vu tes yeux parle en témoin sincère;
Songe que du récit, Osmin, que tu vas faire
Dépendent les destins de l'empire Ottoman.
Qu'as-tu vu dans l'armée? et que fait le Sultan?

On conçoit déjà toute l'importance du sujet, et le spectateur n'en sera instruit que parce qu'il faut bien que le vizir le soit. C'est donc une explication nécessaire, et non pas une conversation indifférente, où les acteurs ne parlent que pour le spectateur. Toutes les scènes d'une tragédie doivent contenir une action et avoir un objet marqué. On s'est cru trop souvent dispensé de ce devoir dans l'exposition; et quand on parvient à le remplir, le mérite en est plus grand. Ici Osmin ne fait que d'arriver : il faut qu'il rende compte au vizir d'un voyage entrepris par son ordre. Le vizir ne l'écoute qu'en attendant la sultane dans l'intérieur du sérail, jusqu'alors inaccessible. Ce que va dire Osmin doit décider du sort de l'empire : l'action commence avec la pièce, et l'on ne peut en moins de vers annoncer de plus grands intérêts.

Babylone, seigneur, à son prince fidèle,
Voyait, sans s'étonner, notre armée autour d'elle;
Les Persans rassemblés marchaient à son secours,
Et du camp d'Amurat s'approchaient tous les jours.
Lui-même fatigué d'un long siège inutile,
Semblait vouloir laisser Babylone tranquille;
Et, sans renouveler ses assauts impuissants,
Résolu de combattre, attendait les Persans.
Mais, comme vous savez, malgré ma diligence,
Un long chemin sépare et le camp et Byzance.
Mille obstacles divers m'ont même traversé,
Et je puis ignorer tout ce qui s'est passé.

Ce détail si simple n'est pas mis sans dessein. D'après ce que dit Osmin des retardements qu'il a éprouvés, on ne sera pas surpris que, dans la même journée, Orcan vienne apporter la nouvelle de la victoire d'Amurat. Un premier acte doit être fait de manière à fonder et motiver tout ce qui suit.

> Que faisaient cependant nos braves janissaires ?
> Rendent-ils au sultan des hommages sincères ?
> Dans le secret des cœurs, Osmin, n'as-tu rien lu ?
> Amurat jouit-il d'un pouvoir absolu ?

Ces questions d'Acomat préparent à de grands projets. Il n'y a pas jusqu'ici un mot inutile et qui n'attire une grande attention.

> Amurat est content, si nous le voulons croire,
> Et semblait se promettre une heureuse victoire.
> Mais en vain par ce calme il croit nous éblouir,
> Il affecte un repos dont il ne peut jouir.
> C'est en vain que, forçant ses soupçons ordinaires,
> Il se rend accessible à tous les janissaires ;
> Il se souvient toujours que son inimitié
> Voulut de ce grand corps retrancher la moitié,
> Lorsque, pour affermir sa puissance nouvelle,
> Il voulait, disait-il, sortir de leur tutelle.
> Moi-même, j'ai souvent entendu leurs discours :
> Comme il les craint sans cesse, ils le craignent toujours.
> Ses caresses n'ont point effacé cette injure.
> Votre absence est pour eux un sujet de murmure ;
> Ils regrettent le temps, à leur grand cœur si doux,
> Lorsque, assurés de vaincre, ils combattaient sous vous.

On reconnaît à ces traits cette milice impérieuse et effrénée, qui fut toujours redoutable à ses maîtres, accoutumée à décider de leur sort, également à craindre pour eux, soit qu'elle méprisât leur faiblesse, soit qu'elle redoutât leur fermeté, et qu'enfin l'on ne pouvait contenir que par l'ascendant que donnent la victoire et la renommée. On voit qu'une haine secrète, une jalousie et une défiance réciproques règnent entre eux et le sultan. Leur estime et leur affection pour Acomat donnent une haute idée de ce vizir, et montrent un homme capable des grands projets qu'il va nous révéler. Tout se prépare par degrés : et comme l'âme d'un vieux guerrier s'enflamme tout à coup au récit d'Osmin !

Quoi ! tu crois cher Osmin, que ma gloire passée
Flatte encor leur valeur et vit dans leur pensée ?
Crois-tu qu'ils me suivraient encor avec plaisir,
Et qu'ils reconnaîtraient la voix de leur vizir ?

OSMIN.

Le succès du combat réglera leur conduite ;
Il faut voir du sultan la victoire ou la fuite.
Quoiqu'à regret, seigneur, ils marchent sous ses lois,
Ils ont à soutenir le bruit de leurs exploits.
Ils ne trahiront point l'honneur de tant d'années ;
Mais enfin le succès dépend des destinées.
Si l'heureux Amurat, secondant leur grand cœur,
Aux champs de Babylone est déclaré vainqueur,
Vous les verrez, soumis, rapporter dans Byzance
L'exemple d'une aveugle et basse obéissance.
Mais, si dans le combat le destin plus puissant
Marque de quelque affront son empire naissant,
S'il fuit, ne doutez point que, fiers de sa disgrâce,
A la haine bientôt ils ne joignent l'audace,
Et n'expliquent, seigneur, la perte du combat
Comme un arrêt du Ciel qui réprouve Amurat.

Toute l'histoire des Turcs prouve combien ils sont ici fidèlement représentés. La destinée des empereurs ottomans a toujours dépendu plus ou moins de leurs succès dans la guerre, des intrigues de leurs ministres, et des mouvements du peuple et des janissaires. Cette nation féroce et fanatique, à la fois esclave et conquérante, animée d'une haine religieuse contre tout ce qui n'est pas Musulman, semblait ne vouloir pour maîtres que ceux qui, en faisant trembler les autres peuples, la faisaient trembler elle-même. La crainte et le fanatisme sont les seuls ressorts d'un gouvernement qui n'est pas fondé sur les lois. Les sultans n'étaient obéis qu'en se faisant redouter et de leurs sujets, et de leurs ennemis. Une défaite les faisait mépriser, ébranlait leur trône et exposait leur vie. Le dogme de la fatalité, établi par la croyance générale, autorisait à penser qu'un prince malheureux à la guerre était condamné par le ciel. Toutes ces notions politiques et religieuses auraient pu fournir à Racine de très beaux vers qu'il ne s'est pas permis, parce qu'ils n'auraient été faits que pour les spectateurs, et qu'ils auraient exprimé des idées trop familières aux personnages, pour qu'ils dussent prendre la peine de les développer. Il se contente de les faire parler conformément à ces idées reçues, quand il dit :

> Ne doutez point. . . . .
> Qu'ils n'expliquent, seigneur, la perte du combat
> Comme un arrêt du Ciel qui réprouve Amurat.

Si Osmin eût voulu dire pourquoi, c'eût été le

poète français qui aurait parlé ; car il y en avait assez entre des Turcs qui s'entendent. Ce n'est pas que des détails de cette nature ne puissent ailleurs être bien amenés ; mais ils seraient déplacés dans une scène telle que celle-ci, dont l'importance ne permet pas un mot qui ne soit absolument nécessaire. Racine s'en est tenu au trait qui peint les mœurs, et a joint encore à ce mérite celui qui n'appartient qu'aux grands écrivains, de s'interdire les beautés hors de place. Osmin continue :

Cependant, s'il en faut croire la renommée,
Il a depuis trois mois fait partir de l'armée
Un esclave chargé de quelque ordre secret.
Tout le camp interdit tremblait pour Bajazet.
On craignait qu'Amurat, par un ordre sévère,
N'envoyât demander la tête de son frère.

ACOMAT.

Tel était son dessein : cet esclave est venu ;
Il a montré son ordre, et n'a rien obtenu.

OSMIN.

Quoi ! seigneur, le sultan reverra son visage
Sans que de vos respects il lui porte ce gage.

ACOMAT.

Cet esclave n'est plus : un ordre, cher Osmin,
L'a fait précipiter dans le fond de l'Euxin.

OSMIN.

Mais le sultan, surpris d'une trop longue absence,
En cherchera bientôt la cause et la vengeance.
Que lui répondrez-vous ?

La tête de Bajazet demandée, la mort de cet esclave, la désobéissance formelle d'Acomat, tout fait pressentir la révolution qu'on médite dans le sérail, et prépare en même temps les vengeances d'Amurat, dont Orcan, dans la suite de la pièce, sera l'exécuteur. Chaque mot contient le germe des évènements qui doivent éclore, et la politique d'Acomat va se montrer tout entière.

Peut-être avant ce temps
Je saurai l'occuper de soins plus importants.
Je sais bien qu'Amurat a juré ma ruine ;
Je sais, à son retour, l'accueil qu'il me destine.
Tu vois, pour m'arracher du cœur de ses soldats,
Qu'il va chercher sans moi les sièges, les combats :
Il commande l'armée ; et moi, dans une ville,
Il me laisse exercer un pouvoir inutile.
Quel emploi, quel séjour, Osmin, pour un vizir !
Mais j'ai plus dignement employé ce loisir.
J'ai su lui préparer des craintes et des veilles,
Et le bruit en ira bientôt à ses oreilles.

OSMIN.

Quoi donc ? qu'avez-vous fait ?

ACOMAT.

J'espère qu'aujourd'hui
Bajazet se déclare, et Roxane avec lui.

OSMIN.

Quoi ! Roxane, seigneur, qu'Amurat a choisie
Entre tant de beautés dont l'Europe et l'Asie
Dépeuplent leurs états et remplissent sa cour ?
Car on dit qu'elle seule a fixé son amour ;

Et même il a voulu que l'heureuse Roxane,
Avant qu'elle eût un fils, prît le nom de sultane.

La réponse d'Acomat va faire connaître successivement tous les personnages, leurs caractères et leurs intérêts; et cette explication est naturellement amenée; car Osmin, absent depuis longtemps, ignore tout ce qui se passe, et Acomat parle à son confident intime, à un homme qui lui est dévoué et nécessaire.

Il a fait plus pour elle, Osmin. Il a voulu
Qu'elle eût dans son absence un pouvoir absolu.
Tu sais de nos sultans les rigueurs ordinaires.
Le frère rarement laisse jouir ses frères
De l'honneur dangereux d'être sortis d'un sang
Qui les a de trop près approchés de son rang.
L'imbécille Ibrahim, sans craindre sa naissance,
Traîne, exempt de péril, une éternelle enfance:
Indigne également de vivre et de mourir,
On l'abandonne aux mains qui daignent le nourrir.

Il n'est pas question d'Ibrahim dans la pièce. L'auteur n'a placé ici son portrait que pour former un contraste qui fasse ressortir davantage le personnage de Bajazet; et ce portrait est fini en quatre vers, qui sont au nombre des plus beaux de notre langue. C'est un modèle de la véritable force de style, qui consiste à réunir la plus grande étendue d'idées avec la plus grande précision de mots. Il n'y en a pas un qui ne porte coup. Boileau citait souvent ces quatre vers comme une preuve que Racine possédait encore plus que lui le style satirique.

L'autre, trop redoutable et trop digne d'envie,
Voit sans cesse Amurat armé contre sa vie.
Car enfin Bajazet dédaigna de tous temps
La molle oisiveté des enfants des sultans.
Il vint chercher la guerre au sortir de l'enfance,
Et même en fit sous moi la noble expérience.
Toi-même tu l'as vu courir dans les combats,
Emporter après lui tous les cœurs des soldats,
Et goûter, tout sanglant, le plaisir et la gloire
Que donne aux jeunes cœurs la première victoire.

Il fallait disposer le spectateur en faveur de Bajazet, destiné, dans le plan de la pièce, à ne jouer qu'un rôle purement passif. Ce qu'on en dit ici commence à intéresser pour lui : et dans la suite on le verra sans cesse ne demander que des armes et les moyens de s'en servir. Sous ce rapport, le rôle de Bajazet est tout ce qu'il devait être.

Mais, malgré ses soupçons, le cruel Amurat,
Avant qu'un fils naissant eût rassuré l'État,
N'osait sacrifier ce frère à sa vengeance,
Ni du sang ottoman proscrire l'espérance.
Ainsi donc, pour un temps, Amurat désarmé
Laissa dans le sérail Bajazet enfermé.
Il partit, et voulut que, fidèle à sa haine,
Et des jours de son frère arbitre souveraine,
Roxane, au moindre bruit, et sans autres raisons,
Le fît sacrifier à ses moindres soupçons.

Acomat met ici le spectateur dans le secret de la politique sanguinaire des sultans, et des raisons qui ont arrêté quelque temps la cruauté jalouse d'Amurat. On devine aussi ce que la suite de la pièce confirmera, qu'il a été averti des complots qui se tramaient dans le sérail. L'ordre qu'il avait envoyé de faire périr Bajazet en est une preuve; et quand on verra Roxane elle-même tuée par Orcan, l'on concevra sans étonnement que le sultan a été instruit de son infidélité. Tous les ressorts de la pièce sont dans cette première scène.

> Pour moi, demeuré seul, une juste colère
> Tourna bientôt mes vœux du côté de son frère,
> J'entretins la sultane, et, cachant mon dessein
> Lui montrai d'Amurat le retour incertain,
> Les murmures du camp, la fortune des armes,
> Je plaignis Bajazet, je lui vantai ses charmes,
> Qui, par un soin jaloux, dans l'ombre retenus,
> Si voisins de ses yeux, leur étaient inconnus.
> Que te dirai-je enfin ? La sultane éperdue
> N'eut plus d'autres désirs que celui de sa vue.

Ses charmes : cette expression est remarquable. Partout ailleurs que dans cette pièce, Racine ne s'en serait pas servi, et je n'en connais même aucun autre exemple, si ce n'est dans la Fable. On dit bien d'un homme qu'il est charmant, mais on ne parle guère de ses *charmes :* c'est une expression que notre langue a réservée pour les femmes, tant les nuances du langage tiennent aux mœurs. Celles du sérail autorisent l'expression de Racine : on sentira aisément, sans que j'en dise les raisons, qu'on peut parler *des charmes* d'un homme dans un pays où les femmes sont esclaves et renfermées.

OSMIN.

Mais pouvaient-ils tromper tant de jaloux regards,

Qui semblent mettre entre eux d'invincibles remparts?

ACOMAT.

Peut-être il te souvient qu'un récit peu fidèle
De la mort d'Amurat fit courir la nouvelle.
La sultane, à ce bruit, feignant de s'effrayer,
Par des cris douloureux eut soin de l'appuyer.
Sur la foi de ses pleurs, ses esclaves tremblèrent;
De l'heureux Bajazet les gardes se troublèrent;
Et les dons achevant d'ébranler leur devoir,
Leurs captifs, dans ce trouble, osèrent s'entrevoir.

Avec quelle mesure et quel choix d'expressions l'auteur a rendu ces détails si difficiles et si nécessaires pour fonder les liaisons de Bajazet et de Roxane, dans une demeure où il ne devait pas leur être possible de communiquer ensemble! Tout est motivé, tout est vraisemblable. Mais combien il fallait d'art et d'invention pour arranger si bien toutes ces circonstances, qu'il ne reste pas une objection à faire. La multitude ne se rend pas ordinairement si difficile sur tous ces moyens de l'avant-scène; elle reçoit sans peine tout ce qu'on lui présente, et le vulgaire des auteurs ne manque pas d'en profiter. Mais celui qui voit plus loin que le moment présent, et qui travaille pour les connaisseurs et la postérité, ne néglige pas l'espèce de mérite qui est la moins sentie; et, quand le temps de la justice est arrivé, ce soin, qui n'appartient qu'au vrai talent, fait un poids dans la balance.

Roxane vit le prince; elle ne put lui taire
L'ordre dont elle seule était dépositaire.
Bajazet est aimable; il vit que son salut

Dépendait de lui plaire, et bientôt il lui plut.
Tout conspirait pour lui ; ses soins, sa complaisance,
Ce secret découvert et cette intelligence,
Soupirs d'autant plus doux qu'il les fallait céler,
L'embarras irritant de ne s'oser parler,
Même témérité, périls, craintes communes,
Lièrent pour jamais leurs cœurs et leurs fortunes.
Ceux mêmes dont les yeux les devaient éclairer,
Sortis de leur devoir, n'osèrent y rentrer.

Un commentateur de Racine a trouvé ces vers déplacés dans la bouche d'Acomat. Il ne s'est pas aperçu qu'ils étaient non-seulement convenables, mais absolument nécessaires. Ce vers,

L'embarras irritant de ne s'oser parler,

nous apprend ce qu'il est très important de savoir, que Bajazet et Roxane ne se sont vus qu'avec la plus grande contrainte. Quoiqu'on ait enfreint un moment les lois terribles du sérail au bruit de la mort d'Amurat, il serait trop peu vraisemblable que depuis elles eussent été si long-temps et si ouvertement violées ; cela serait trop contraire aux mœurs, et, de plus, donnerait d'étranges soupçons sur le commerce amoureux du prince avec la sultane. Enfin une troisième raison, plus forte que toutes les autres, c'est qu'à moins de cette difficulté de se voir et de se parler, on ne concevrait pas ce que va dire Acomat, que Roxane s'est servie d'Atalide pour communiquer, par son entremise, avec Bajazet. Une sultane favorite ne pouvait, sans se perdre, le voir et l'entretenir habituellement ; et si dans la pièce elle prend ce parti, c'est que l'instant de la révolution est arrivé, et qu'elle ne veut la consommer qu'après s'être assurée par elle-même du cœur de l'amant qu'elle va couronner. Toutes ces convenances étaient indispensables ; elles tiennent au nœud de l'intrigue, qui est la passion secrète et mutuelle de Bajazet et d'Atalide, et la rivalité de cette princesse et de la sultane. Les vers qu'on vient d'entendre sont nécessaires pour fonder ces convenances, et c'est un commentateur de Racine qui n'y aperçoit que *des détails amoureux vus avec trop de finesse, et qui ne conviennent pas au caractère d'Acomat!* On ne peut pas du moins faire le même reproche au commentateur : on ne l'accusera pas de *voir avec trop de finesse*. Achevons l'examen de cette scène, qui va prouver ce que je viens de dire.

Quoi ! Roxane d'abord leur découvrant son âme,
Osa-t-elle à leurs yeux faire éclater sa flamme ?

ACOMAT.

Ils l'ignorent encore ; et, jusques à ce jour,
Atalide a prêté son nom à cet amour.
Du père d'Amurat Atalide est la nièce,
Et même avec ses fils partageant sa tendresse,
Elle a vu son enfance élevée avec eux.
Du prince, en apparence, elle reçoit les vœux.
Mais elle les reçoit pour les rendre à Roxane,
Et veut bien sous son nom qu'il aime la sultane.
Cependant, cher Osmin, pour s'appuyer de moi,
L'un et l'autre ont promis Atalide à ma foi.

On pourrait demander comment Atalide a plus de facilité pour un commerce secret avec Bajazet que n'en aurait Roxane. Atalide nous l'apprend dans l'acte suivant. Elle a été élevée avec Bajazet, et la mère de ce prince le lui destinait pour époux. Depuis la mort de cette princesse, cet hymen a été rompu, et on les a séparés l'un de l'autre; mais leur intelligence a continué secrètement, et l'on conçoit que cette jeune parente de Bajazet, protégée par Roxane, pouvait être surveillée avec moins de rigueur que la favorite d'Amurat. Osmin, sur ce que dit Acomat du mariage projeté entre Atalide et lui, s'écrie avec surprise :

Quoi ! vous l'aimez, seigneur ?

C'est ici que le vizir achève de déployer toute l'austérité de son caractère.

      Voudrais-tu qu'à mon âge
Je fisse de l'amour le vil apprentissage ?
Qu'un cœur qu'ont endurci la fatigue et les ans
Suivît d'un vain plaisir les conseils imprudents ?
C'est par d'autres attraits qu'elle plaît à ma vue;
J'aime en elle le sang dont elle est descendue.
Par elle Bajazet, en m'approchant de lui,
Me va, contre lui-même, assurer un appui.

Les vers qui suivent et qui sont encore un détail des mœurs ottomanes, ne sont pourtant pas ici dans cette seule vue, ils servent à fonder les défiances que témoigne Acomat de ce même Bajazet, qu'il sert avec tant de zèle; défiances qui peuvent étonner avec quelque raison.

Un vizir aux sultans fait toujours quelque ombrage ;
À peine ils l'ont choisi, qu'ils craignent leur ouvrage

Sa dépouille est un bien qu'ils veulent recueillir,
Et jamais leurs chagrins ne nous laissent vieillir.
Bajazet aujourd'hui m'honore et me caresse ;
Ses périls tous les jours réveillent sa tendresse.
Ce même Bajazet, sur le trône affermi,
Méconnaîtra peut-être un inutile ami.
Et moi, si mon devoir, si ma foi ne l'arrête,
S'il ose quelque jour me demander ma tête...
Je ne m'explique point, Osmin, mais je prétends
Que du moins il faudra la demander long-temps.
Je sais rendre aux sultans de fidèles services ;
Mais je laisse au vulgaire adorer leurs caprices,
Et ne me pique point du scrupule insensé
De bénir mon trépas quand ils l'ont prononcé.

Combien de vérités historiques dans ces vers ! La fin tragique de presque tous les vizirs ; leur dépouille portée au trésor des sultans, qui ont le droit d'hériter de quiconque a été chargé d'une administration ; la coutume d'envoyer le lacet à ces victimes du despotisme, de *leur demander leur tête*, suivant l'expression du poète, et le dévouement religieux des Turcs, qui leur fait regarder la volonté du sultan comme un ordre du Ciel : je demande si un homme qui ne connaîtrait cette partie des mœurs turques que par les vers de Racine, n'en aurait pas une idée très fidèle ; et la pièce est pleine de morceaux semblables.

Voilà donc de ces lieux ce qui m'ouvre l'entrée,
Et comme enfin Roxane à mes yeux s'est montrée.
Invisible d'abord, elle entendait ma voix ;
Et craignait du sérail les rigoureuses lois.
Mais enfin, bannissant cette importune crainte

Qui dans nos entretiens jetait trop de contrainte,
Elle-même a choisi cet endroit écarté,
Où nos cœurs à nos yeux parlent en liberté.
Par un chemin obscur une esclave me guide,
Et... Mais on vient. C'est elle et sa chère Atalide.

Cette scène est d'une étendue peu ordinaire au théâtre; elle a plus de deux cents vers; elle n'est point passionnée; ce n'est qu'une simple exposition, c'est-à-dire ce qu'on entend avec le moins d'intérêt, et ce que la plupart des spectateurs, aujourd'hui sur-tout, voudraient qu'on abrégeât le plus qu'il est possible; et cependant elle ne paraît pas trop longue, parce qu'il n'y a rien d'inutile. On a vu tout ce qu'elle contient de choses: il serait bien plus long de détailler les beautés de style. Un commentaire fait dans cet esprit tiendrait plus de place que l'ouvrage.

Nous retrouverons, en poursuivant l'examen de la pièce, ce rôle d'Acomat toujours semblable à lui-même. Celui de Roxane, quoique moins original, n'est pas moins beau, ni moins soutenu dans un genre tout différent, ni moins conforme aux mœurs turques. C'est un mélange d'amour et d'ambition, qui tient naturellement à la place qu'elle occupe, et aux circonstances où elle est. Une intrigue d'amour dans le sérail entraîne de si grands dangers, qu'il doit s'y mêler nécessairement une intrigue de politique. Roxane est chargée des ordres d'Amurat contre Bajazet: elle est maîtresse du sort de ce prince; elle l'aime, et voit d'ailleurs dans l'absence du sultan, et dans les ressentiments d'un vizir tel qu'Acomat, l'occasion et les moyens d'une de ces révolutions si communes à Constantinople. Cette révolution peut la placer sur le trône et la faire monter au rang d'impératrice, qui est l'objet de tous ses désirs, et qui flatte d'autant plus son orgueil, que jusque-là Roxane seule l'avait obtenu. Elle veut donc couronner Bajazet pour se couronner elle-même ; elle veut le sauver, sous la condition qu'il l'épousera ; sinon elle l'abandonne à la mort : c'est faire l'amour le poignard à la main, il est vrai ; et un amour de cette espèce ne peut pas être très touchant. Mais le danger qu'elle court elle-même lui sert d'excuse; et toute passion fortement tracée produit de l'effet. La sienne l'est avec toute l'énergie dont Racine était capable; et il parvient à la faire plaindre au quatrième acte, lorsqu'elle tient la fatale lettre qui lui découvre sa rivale et l'amour de Bajazet pour Atalide.

Avec quelle insolence et quelle cruauté
Ils se jouaient tous deux de ma crédulité !
Quel penchant, quel plaisir je sentais à les croire !
Tu ne remportais pas une grande victoire.
Perfide, en abusant ce cœur préoccupé,
Qui lui-même craignait de se voir détrompé :
Tu n'as pas eu besoin de tout ton artifice,
Et je veux bien te faire encor cette justice;
Toi-même, je m'assure, as rougi plus d'un jour
Du peu qu'il t'en coûtait pour tromper tant d'amour.
Moi qui, de ce haut rang qui me rendait si fière,
Dans le sein du malheur t'ai cherché la première,
Pour attacher des jours tranquilles, fortunés,
Aux périls dont tes jours étaient environnés;

Après tant de bontés, de soins, d'ardeurs extrêmes,
Tu ne saurais jamais prononcer que tu m'aimes!
Mais dans quel souvenir me laissé-je égarer!
Tu pleures, malheureuse! Ah! tu devais pleurer
Lorsque, d'un vain désir à ta perte poussée,
Tu conçus de le voir la première pensée.
Tu pleures! et l'ingrat, tout prêt à te trahir,
Prépare les discours dont il veut t'éblouir.
Pour plaire à ta rivale, il prend soin de sa vie.
Ah traître! tu mourras.

Voilà le cri de la passion : les fureurs de Roxane et le danger de Bajazet rendent la situation tragique. Une scène qui ne l'est pas moins, c'est celle où, lui reprochant son infidélité dont elle a la preuve en main, elle consent encore à lui pardonner, mais à quel prix?

Laissons ces vains discours; et, sans m'importuner,
Pour la dernière fois, veux-tu vivre et régner ?
J'ai l'ordre d'Amurat, et je puis t'y soustraire.
Mais tu n'as qu'un moment. Parle.

BAJAZET.

Que faut-il faire!

ROXANE.

Ma rivale est ici. Suis-moi sans différer.
Dans les mains des muets viens la voir expirer;
Et, libre d'un amour à ta gloire funeste,
Viens m'engager ta foi; le temps fera le reste.
Ta grâce est à ce prix, si tu veux l'obtenir.

BAJAZET.

Je ne l'accepterais que pour vous en punir;

Que pour faire éclater aux yeux de tout l'empire
L'horreur et le mépris que cette offre m'inspire.

Bajazet répond comme il doit répondre. La proposition est atroce; mais elle est conforme au caractère, à la situation et aux mœurs. Ce n'est pas dans le sérail qu'on épargne une rivale dont on peut se défaire. Bajazet, qui sait de quoi Roxane est capable, revient bientôt de ce premier mouvement d'indignation, et s'efforce de la fléchir en faveur d'Atalide : c'est le moyen de hâter sa perte. Aussi la sultane lui répond par un seul mot, *sortez;* mot terrible : elle vient de dire que, s'il sortait, il était mort, et l'on sait que les muets l'attendent.

Le rôle d'Acomat et celui de Roxane sont donc ce qu'ils doivent être : ils sont dignes et de la tragédie, et de Racine. Le quatrième acte et la scène du cinquième, entre Roxane et le prince, sont tragiques. Mais Bajazet et Atalide le sont-ils? Dans tout ce que nous avons vu, les mœurs et les convenances sont fidèlement observées : nous étions parmi des Turcs et dans le sérail. Nous y retrouvons-nous avec Bajazet et Atalide? Il faut être juste; il faut, quoiqu'à regret, dire la vérité, même lorsqu'elle condamne un grand homme. Ici du moins j'ai pour moi l'avis d'un autre grand homme, de Corneille, qui peut, il est vrai, ne pas faire loi en matière de goût, mais dont l'opinion a été sur ce point confirmée par tous les connaisseurs. On sait qu'assistant à une représentation de *Bajazet*, il dit à Segrais qui était à côté de lui, et qui rapporte le fait dans ses Mémoires : *Avouez que voilà des Turcs bien francisés. Je vous le dis tout bas, car on me croirait jaloux.* Homme sublime, qui avez donné tant de grandeur aux *Horaces*, à *Auguste*, à *Cornélie*, non, l'on ne vous croira point *jaloux!* On croira que vous vous trompiez, quand vous avez conseillé à l'auteur d'*Alexandre* de ne pas faire de tragédies (le rôle seul de Porus annonçait qu'il pouvait en faire); quand vous appeliez l'auteur d'*Andromaque un doucereux qui affadissait la 'tragédie,* tandis que dans le fait il créait un art que vous-même n'aviez pas connu. Mais, quand Atalide et Bajazet vous ont paru des Français habillés en Turcs, je crois que vous aviez trop raison; et je dois d'autant plus en convenir, que c'est, à mon gré, la seule fois que Racine est tombé dans dans cette faute.

Examinons quel est le nœud de l'intrigue, et rappelons-nous ce grand principe auquel tout doit se rapporter dans un plan dramatique, la nécessité de proportionner les moyens aux effets, principe sur lequel j'insiste d'autant plus souvent, que jamais je ne l'ai vu expliqué dans tout ce qu'on a écrit sur la tragédie en général, encore moins dans les critiques journalières, où l'ignorance prononce arbitrairement sur tous les ouvrages. Le sujet est le péril de Bajazet, dont la vie, proscrite par Amurat, dépend de la volonté de Roxane, qui peut le perdre ou le couronner. Il ne s'agit donc pour lui de rien moins que de l'empire et de la vie. Ce qui fait le nœud de la situation, c'est l'amour de Bajazet pour Atalide, amour qui l'empêche de répondre à celui de Roxane. D'abord cet amour est-il assez intéressant par lui-même pour balancer les grands intérêts qu'on lui oppose, et qui, supérieurement exposés dans la première scène, s'emparent de toute l'attention du spectateur? Je ne le crois pas : c'est une petite intrigue obscure, conduite par la fourberie et la dissimulation; c'est Bajazet qui feint d'aimer Roxane; c'est Atalide qui prête son nom à cet amour prétendu, et qui trompe la sultane, de concert avec Bajazet. Un amour de cette espèce n'a aucun des caractères qui peuvent faire une grande impression sur les spectateurs, sur-tout près des grands objets placés en opposition; et les incidents qui en sont la suite démentent trop ouvertement les mœurs connues et les idées établies. Roxane veut que Bajazet l'épouse, et l'on ne peut nier qu'elle n'ait toutes les raisons et tous les droits possibles de l'exiger. Il la refuse en se fondant sur cette raison, que ce n'est pas l'usage des princes ottomans de prendre une épouse. Elle lui répond par l'exemple de Soliman, qui prouve assez que les sultans peuvent, quand ils le veulent, se mettre au-dessus de cet usage qui n'est point une loi; et si jamais on fut autorisé à s'en dispenser, c'est assurément dans une situation aussi pressante que celle de Bajazet. Aussi, quand le vizir, justement étonné de sa querelle avec Roxane, lui en demande la raison, et qu'il répond par ce vers, qui fait trop sentir tout le faible de cette intrigue :

Elle veut, Acomat, que je l'épouse!

Acomat ne manque pas de lui dire, avec beaucoup de raison, ce me semble :

>   Eh bien !
> L'usage des sultans à ses vœux est contraire ;
> Mais cet usage enfin est-ce une loi sévère,
> Qu'aux dépens de vos jours vous deviez observer ?
> La plus sainte des lois, ah ! c'est de vous sauver,
> Et d'arracher, seigneur, d'une mort manifeste
> Le sang des Ottomans dont vous faites le reste.

Quelle est la réplique de Bajazet ?

> Ce reste malheureux serait trop acheté,
> S'il faut le conserver par une *lâcheté*

Pourquoi donc serait-ce une *lâcheté* d'épouser Roxane, à qui Bajazet devra l'empire et la vie, et de faire par reconnaissance ce que fit Soliman par caprice ou par un scrupule de religion? Acomat le lui fait observer fort judicieusement.

> Et pourquoi vous en faire une image si noire ?
> L'hymen de Soliman ternit-il sa mémoire ?
> Cependant Soliman n'était point menacé
> Des périls évidents dont vous êtes pressé.

BAJAZET.

> Et ce sont ces périls et ce soin de ma vie
> Qui d'un servile hymen feraient l'ignominie.

Ce sont là de vaines subtilités, plutôt que des raisons, sur-tout devant un homme tel que le vizir Acomat, qui doit les trouver bien étranges, dans l'opinion où il est que Bajazet aime la sultane.

> Mais vous aimez Roxane ?

BAJAZET.

> Acomat, c'est assez :
> Je me plains de mon sort moins que vous ne pensez.

On voit qu'il ne veut pas avouer la véritable raison de ses refus, son amour pour cette même Atalide, promise au vizir en récompense de ses services. Ainsi le même homme qui croirait faire une *lâcheté* d'épouser Roxane quand il lui doit tout, cet homme qui a des scrupules si déplacés, ne s'en fait aucun de tromper depuis si long-temps, et cette même Roxane, et un serviteur aussi fidèle que le vizir! Il faut l'avouer : tout cela est faux et petit.

On le sent encore davantage par le contraste que présente ici le grand sens d'Acomat, et sa politique aussi juste que conforme aux mœurs et aux circonstances. Ce vieux ministre, qui va toujours au fait, insiste auprès du prince.

> Promettez : affranchi du péril qui vous presse,
> Vous verrez de quel poids sera votre promesse.

> Moi!

dit Bajazet avec une sorte d'indignation qui pourrait être noble, si, jusqu'ici, et dans tout le cours de la pièce, comme on le verra, il ne trompait continuellement la sultane et le vizir. Il ne s'agit donc que de tromper plus ou moins : ce n'est pas la peine de faire tant de bruit. Puisqu'il veut bien laisser croire à Roxane qu'il l'aime, qu'importe de lui laisser croire qu'il l'épousera? Il n'y a pas plus de mal à l'un qu'à l'autre. Mais écoutons Acomat.

> Ne rougissez point. Le sang des Ottomans
> Ne doit point en esclave obéir aux serments.
> Consultez ces héros que le droit de la guerre
> Mena victorieux jusqu'au bout de la terre :
> Libres dans leur victoire et maîtres de leur foi,
> L'intérêt de l'état fut leur unique loi ;
> Et d'un trône si saint la moitié n'est fondée
> Que sur la foi promise et rarement gardée.
> Je m'emporte, seigneur.

Voilà parler en vrai Turc; et ce correctif si bien placé, *Je m'emporte, seigneur*, avertit que c'est à regret qu'il est forcé de dire devant un prince ottoman de semblables vérités. En effet la bonne foi dut toujours être comptée pour peu de chose dans un gouvernement où tout est fondé sur la force : c'est une suite inévitable du despotisme, attestée par toute l'histoire des Turcs. Cela n'empêcherait pas, il est vrai, qu'il ne fût possible d'établir un personnage d'un caractère opposé à ces maximes; il se peut qu'une grande âme s'élève au-dessus des préjugés de son pays; mais d'abord il faudrait que ce personnage fût décidément héroïque, et Bajazet ne l'est pas; il faudrait qu'il fut incapable de tromper en quoi que ce soit; et Bajazet trompe Roxane et Acomat. Il faudrait enfin qu'il fût question d'une de ces choses qui sont partout déshonorantes, comme la violation de la foi publique, un assassinat, une trahison. Mais, dira-t-on, n'en est-ce pas une très coupable que de faire une promesse de mariage qu'on ne veut pas tenir? Oui, dans les pays où les femmes sont libres, respectées, et jouissent de tous leurs droits naturels; mais chez une nation où elles sont esclaves, dans le sérail, où elles le sont plus que partout ailleurs! mais aux yeux d'un prince ottoman! C'est ici qu'il fallait appliquer cette grande règle de la convenance des mœurs et de la proportion des objets; voir d'un côté Bajazet placé entre l'empire qu'on lui offre et la mort qui le menace; et de l'autre, le scrupule de faire à Roxane, dont il dépend et qu'il trompe, une tromperie de plus. Je le demande : où est la proportion? Comment se persuader qu'un prince ottoman, élevé dans le sérail, plutôt que de faire une fausse promesse de mariage, consente à perdre l'empire, la vie, Acomat et tous ses amis? Cette supposition n'est pas admissible. Et qu'est-ce encore que cette femme qu'il craint d'abuser? Qu'est-elle à ses yeux? Il n'y a qu'à l'entendre lui-même :

Une esclave attachée à ses seuls intérêts,
Qui présente à mes yeux les supplices tout prêts,
Qui m'offre son hymen ou la mort infaillible.

Tout ce qu'il dit est la condamnation de sa conduite.

Cependant le poëte fait dire au vizir qui ne peut rien obtenir du prince :

O courage héroïque! ô trop constante foi,
Que, même en périssant, j'admire malgré moi!

C'est uniquement dans le dessein de relever Bajazet aux yeux du spectateur, que Racine met dans la bouche d'Acomat ces paroles, les seules qui ne soient pas dans son caractère. Il est évident qu'il devait dire : Un prince qui, dans la situation où nous sommes, a des scrupules si étranges et si déplacés, n'est pas fait pour régner, et ne mérite guère qu'on se perde pour lui.

Cependant Atalide, effrayée du péril, obtient de son amant qu'il apaisera la sultane, qu'il *prendra plus de soin de lui plaire, et que ses soupirs daigneront lui faire pressentir qu'un jour*....... il fera tout ce qu'elle souhaite. Roxane, toujours facile à abuser, se rend à ces marques de retour et de soumission. Tout est réparé. Elle fait rentrer le vizir, et lui donne des ordres pour préparer la révolution. Il vient plein de joie informer Atalide de cet heureux changement. Qu'arrive-t-il? Elle croit voir dans le récit d'Acomat que Bajazet a parlé un peu trop tendrement à la sultane; la jalousie s'éveille et amène une scène de reproches. Bajazet ne peut les supporter; et quand Roxane vient le chercher pour le faire couronner, il lui fait une réponse glacée; et au lieu de la suivre, il la quitte en lui disant qu'il *va attendre les effets de ses bontés*. J'ai entendu dire souvent que ces inconséquences d'Atalide étaient dans la nature; oui, mais cette nature est ici très déplacée, et l'objet des beaux-arts est de choisir et de placer convenablement l'imitation de la nature. Je vois ici d'un côté des inquiétudes amoureuses, des raffinements de tendresse qui pourraient amener une scène d'explication dans une comédie, et de l'autre les poignards, le cordon et les muets. La disparate est trop forte, et il ne faut pas se perdre pour si peu de chose. Bajazet n'aurait pas été moins amoureux, et eût paru beaucoup plus raisonnable, s'il eût dit à sa maîtresse : Madame, je suis fort touché de vos craintes, mais je le suis encore plus de vos dangers. Vous êtes perdue, ainsi que moi, si Roxane découvre notre intelligence. Encore un moment, et je suis empereur ; et j'aurai alors tout le temps de vous prouver que je suis fidèle. Cela dit en vers tels que Racine savait les faire, eût été, ce me semble, plus convenable à la situation, et n'empêchait pas que l'intrigue d'Atalide et de Bajazet ne pût être découverte un moment après.

Il me paraît que, dans cette pièce, Racine s'est trop laissé aller au plaisir de peindre les délicatesses de l'amour qu'il entendait si bien, et ces petites choses qui tiennent une si grande place dans le cœur des amants. Elles étaient parfaitement bien placées dans *Bérénice*, où il ne s'agit que d'une séparation ; mais il a oublié qu'elles ne l'étaient pas dans un sujet d'une tout autre importance, et dans une pièce où tous les personnages périssent, excepté Acomat. Ce n'est pas par des idylles qu'il faut amener des meurtres, et l'on ne peut nier qu'en général les discours de Bajazet et d'Atalide ne soient plus faits pour l'idylle que pour la tragédie. Mais, je le répète, celle-ci est la seule de Racine où l'amour ait un langage au-dessous de la dignité du genre, et la seule dont le plan soit vicieux.

Le cinquième acte doit s'en ressentir : c'est une complication de meurtres qui ne peuvent guère nous toucher. Roxane, égorgée, par ordre d'Amurat, reçoit le prix que méritent son infidélité et son ingratitude ; et pour Bajazet et Atalide, on sent trop qu'ils périssent parce qu'ils l'ont voulu.

Toutes ces fautes prouvent que, dans un art aussi difficile que celui de la tragédie, l'esprit le plus judicieux et le goût le plus éclairé peuvent quelquefois se tromper. Mais puisque Bajazet est resté au théâtre, c'est une preuve aussi que, même en se trompant, l'homme supérieur peut trouver dans son talent les moyens de se faire pardonner ses fautes ; et cent ans de succès décident en faveur de Bajazet, que les beautés l'emportent sur les défauts. Acomat et Roxane font excuser tout le reste. L'intrigue, quoique menée par de trop faibles ressorts, est cependant conduite de manière à soutenir la curiosité et à faire naître quelquefois de la terreur. Il y a deux scènes qui produisent cet effet ; celle du cinquième acte, dont j'ai déjà parlé, où Roxane finit par envoyer Bajazet à la mort ; et celle du quatrième, où elle essaie d'intimider Atalide pour arracher son secret.

Madame, j'ai reçu des lettres de l'armée.
De tout ce qui s'y passe êtes-vous informée ?

Le premier vers fut relevé par les critiques, comme étant de la conversation familière : la situation le rend admirable. Des lettres de l'armée, dans les circonstances où l'on est, ne peuvent apporter qu'un arrêt de mort contre Bajazet. Ce seul mot doit épouvanter Atalide; et, quand l'expression n'a rien d'ignoble en elle-même, c'est un mérite vraiment dramatique de faire trembler avec les mots les plus ordinaires, et qui, partout ailleurs, seraient la chose du monde la plus simple. Le même mérite se retrouve dans ces mots de Monime à Mithridate, admirés par Voltaire :

Seigneur! vous changez de visage!

Ils sont aussi familiers, et le moment où on les dit les rend terribles. C'est ainsi que la haine aveugle ou de mauvaise foi s'attaque souvent à ce qu'il y a de plus louable, et par des critiques spécieuses en impose à la multitude, jusqu'à ce que les connaisseurs aient parlé. Continuons cette scène, dont le dialogue a autant d'art que de simplicité.

ATALIDE.

On m'a dit que du champ un esclave est venu :
Le reste est un secret qui ne m'est pas connu.

ROXANE.

Amurat est heureux; la fortune est changée.
Madame, et sous ses lois Babylone est rangée.

ATALIDE.

Hé quoi, Madame! Osmin....

ROXANE.

      Était mal *averti*,
Et depuis son départ cet esclave est parti.
C'en est fait.

ATALIDE, *à part*.

Quels revers!

ROXANE.

Pour comble de disgrâces
Le sultan, qui l'envoie, est parti sur ses traces.

ATALIDE.

Quoi! les Persans armés ne l'arrêtent donc pas?

ROXANE.

Non, Madame : vers nous il revient à grands pas.

ATALIDE.

Que je vous plains, Madame! et qu'il est nécessaire
D'achever promptement ce que vous vouliez faire!

ROXANE.

Il est tard de vouloir s'opposer au vainqueur

ATALIDE, *à part.*

O Ciel!

ROXANE.

Le temps n'a point adouci sa rigueur.
Vous voyez dans mes mains sa volonté suprême.

ATALIDE.

Et que vous mande-t-il?

ROXANE.

Voyez, lisez vous-même.
Vous connaissez, Madame, et la lettre et le seing.

ATALIDE.

Du cruel Amurat je reconnais la main.

Elle lit.

« Avant que Babylone éprouvât ma puissance,
« Je vous ai fait porter mes ordres absolus.
« Je ne veux point douter de votre obéissance,
« Et crois que maintenant Bajazet ne vit plus.
« Je laisse sous mes lois Babylone asservie,
« Et confirme en partant mon ordre souverain.
« Vous, si vous avez soin de votre propre vie,
« Ne vous montrez à moi que sa tête à la main. »

ROXANE.

Hé bien !

ATALIDE, *à part.*

Cache tes pleurs, malheureuse Atalide !

ROXANE.

Que vous semble ?

ATALIDE.

Il poursuit son dessein parricide
Mais il pense proscrire un prince sans appui :
Il ne sait pas l'amour qui vous parle pour lui;
Que vous et Bajazet vous ne faites qu'une âme;
Que plutôt, s'il le faut, vous mourrez....

ROXANE.

Moi, Madame ?
Je voudrais le sauver, je ne le puis haïr.
Mais...

ATALIDE.

Quoi donc ? qu'avez-vous résolu ?

ROXANE.

D'obéir.

RACINE.

ATALIDE.

D'obéir !

ROXANE.

Et que faire en ce péril extrême ?
Il le faut.

ATALIDE.

Quoi ! ce prince aimable... qui vous aime.
Verra finir ses jours qu'il vous a destinés ?

ROXANE.

Il le faut; et déjà mes ordres sont donnés.

ATALIDE.

Je me meurs.

Elle s'évanouit, et ce n'est point ici, comme dans quelques tragédies, un évanouissement de commande. L'idée de la mort de Bajazet doit frapper la tendre Atalide d'un coup mortel, et Roxane ne doute plus de la trahison. Quelle différence de cette scène à tout ce qui a précédé ! L'action qui avait langui jusque-là dans des explications amoureuses, commence enfin à devenir tragique. Le désespoir d'Atalide, le danger de Bajazet, les transports furieux de Roxane, raniment l'intérêt; et, au milieu de ces mouvements orageux, Acomat conserve encore sa place et garde son caractère. Roxane l'instruit de la fourbe de Bajazet qui les trompait tous deux ; elle paraît déterminée à abandonner un ingrat; elle ne doute pas que le vizir ne partage ses ressentiments. Aco-

mat, sans balancer, feint d'entrer dans ses vues ;
il n'a que cette voie pour tirer, s'il se peut, Bajazet
de ses mains.

ACOMAT.

Moi-même, s'il le faut, je m'offre à vous venger,
Madame ; laissez-moi nous laver l'un et l'autre
Du crime que sa vie a jeté sur la nôtre.
Montrez-moi le chemin, j'y cours.

ROXANE.

Non, Acomat.
Laissez-moi le plaisir de confondre l'ingrat.
Je veux voir son désordre et jouir de sa honte ;
Je perdrais ma vengeance en la rendant si prompte.
Je vais tout préparer. Vous, cependant, allez
Disperser promptement vos amis assemblés.

Les deux personnages soutiennent également
leur caractère : tous deux vont à leur but. Acomat
ne perd pas l'espérance de sauver le prince, ni
Roxane celle de le regagner. Acomat reste seul
avec Osmin.

ACOMAT.

Demeure. Il n'est pas temps, cher Osmin, que je sorte.

OSMIN.

Quoi ! jusque-là, seigneur, votre amour vous transporte ?
N'avez-vous pas poussé la vengeance assez loin ?
Voulez-vous de sa mort être encor le témoin ?

ACOMAT.

Que veux-tu dire ? Es-tu toi-même si crédule

Que de me soupçonner d'un courroux ridicule?
Moi jaloux!

Remarquons, en passant, comme ce mot de *ridicule*, qui ne semble pas fait pour la tragédie, est ennobli dans la place où il est, par l'idée qu'il donne d'Acomat : on voit de quelle hauteur il regarde les faiblesses de l'amour. Personne n'a possédé comme Racine le secret de relever les expressions les plus communes par la manière dont il les place.

Moi jaloux! Plût au Ciel qu'en me manquant de foi,
L'imprudent Bajazet n'eût offensé que moi!

OSMIN.

Et pourquoi donc, seigneur, au lieu de le défendre...?

ACOMAT.

Et la sultane est-elle en état de m'entendre?
Ne voyais-tu pas bien, quand je l'allais trouver,
Que j'allais avec lui me perdre ou me sauver?
Ah! *de tant de conseils évènement* sinistre!
Prince aveugle! ou plutôt trop aveugle ministre!
Il te sied bien d'avoir, en de si jeunes mains,
Chargé d'ans et d'honneurs, confié tes desseins,
Et laissé d'un vizir la fortune flottante
Suivre de ces amants la conduite imprudente.

C'est bien ici le langage que doit tenir Acomat ; mais il n'a rien à se reprocher, et *la conduite de ces amants* est telle, qu'il ne pouvait pas la prévoir. Voyons quelle est la sienne dans un instant si critique.

OSMIN

Hé! laissez-les entre eux exercer leur courroux
Bajazet veut périr, seigneur, songez à vous.
Qui peut de vos desseins révéler le mystère;
Sinon quelques amis engagés à se taire?
Vous verrez par sa mort le sultan adouci.

ACOMAT.

Roxane en sa fureur peut raisonner ainsi.
Mais moi, qui vois plus loin; qui, par un long usage,
Des maximes du trône ai fait l'apprentissage,
Qui, d'emplois en emplois, vieilli sous trois sultans,
Ai vu de mes pareils les malheurs éclatants,
Je sais, sans me flatter, que de sa seule audace
Un homme tel que moi doit attendre sa grâce,
Et qu'une mort sanglante est l'unique traité
Qui reste entre l'esclave et le maître irrité.

OSMIN.

Fuyez donc.

ACOMAT.

J'approuvais tantôt cette pensée.
Mon entreprise alors était moins avancée;
Mais il m'est désormais trop dur de reculer.
Par une belle chute il faut me signaler,
Et laisser un débris, du moins après ma fuite,
Qui de mes ennemis retarde la poursuite.
Bajazet vit encor : pourquoi nous étonner?
Acomat de plus loin a su le ramener.
Sauvons-le malgré lui de ce péril extrême,
Pour nous, pour nos amis, pour Roxane elle-même.
Tu vois combien son cœur, prêt à le protéger,

A retenu mon bras trop prompt à la venger.
Je connais peu l'amour, mais j'ose te répondre
Qu'il n'est pas condamné, puisqu'on veut le confondre :
Que nous avons du temps : malgré son désespoir,
Roxane l'aime encore, Osmin, et le va voir.

OSMIN.

Enfin, que vous inspire une si noble audace ?
Si Roxane l'ordonne, il faut quitter la place.
Ce palais est tout plein. . . .

ACOMAT.

      Oui d'esclaves obscurs,
Nourris loin de la guerre, à l'ombre de ces murs.
Mais toi, dont la valeur, d'Amurat oubliée,
Par de communs chagrins à mon sort s'est liée,
Voudras-tu jusqu'au bout seconder mes fureurs ?

OSMIN.

Seigneur, vous m'offensez. Si vous mourez, je meurs.

ACOMAT.

D'amis et de soldats une troupe hardie
Aux portes du palais attend notre sortie.
La sultane d'ailleurs se fie à mes discours.
Nourri dans le sérail j'en connais les détours ;
Je sais de Bajazet l'ordinaire demeure.
Ne tardons plus, marchons ; et s'il faut que je meure,
Mourons ; moi, cher Osmin, comme un vizir ; et toi
Comme le favori d'un homme tel que moi.

Quel caractère ! et quel style ! Ainsi rien ne le déconcerte ; il sait tout prévoir et tout braver. Que de beautés de toute espèce dans un seul acte et dans une pièce d'ailleurs défectueuse! quel ouvrage, qu'une tragédie! et quel talent, que celui de Racine!

Voltaire, plus capable que personne d'apercevoir ce qui manquait à *Bajazet*, et de lutter contre l'auteur, essaya, en 1740, de traiter un sujet à peu près semblable, sous le nom de *Zulime*. Sa pièce eut peu de succès ; il y fit des changements considérables, et la fit reprendre en 1762. Le talent prodigieux qu'y déploya mademoiselle Clairon n'a pu faire revivre la pièce, et depuis on ne l'a point revue. Voltaire l'imprima, et voici comme il s'exprime sur le rôle d'Acomat, dans une épître dédicatoire à l'actrice immortelle qui avait joué Zulime.

« Cette pièce, dit-il, est assez faible ; et malheu-
» reusement elle paraît avoir quelque ressemblance
» avec *Bajazet*, et, pour comble de malheur, elle
» n'a point d'Acomat; mais aussi cet Acomat me
» paraît l'effort de l'esprit humain. Je ne vois rien
» dans l'antiquité, ni chez les modernes, qui soit
» dans ce caractère, et la beauté de la diction le
» relève encore. Pas un seul vers ou dur ou faible,
» pas un mot qui ne soit le mot propre; jamais
» de sublime hors d'œuvre, qui cesse alors d'être
» sublime; jamais de dissertation étrangère au
» sujet; toutes les convenances parfaitement obser-
» vées ; enfin ce rôle me paraît d'autant plus admi-
» rable, qu'il se trouve dans la seule tragédie où
» l'on pouvait l'introduire, et qu'il aurait été dé-
» placé partout ailleurs. »

Ce que dit Voltaire du style de Racine est rigoureusement vrai du rôle d'Acomat, mais ne l'est pas tout à fait autant du reste de la pièce. On sait que Boileau en trouvait la versification négligée. Expliquons-nous pourtant : cela veut dire qu'on y remarque environ cinquante vers répréhensibles, sur un millier d'excellents, et trois ou quatre cents d'admirables; c'est dans cette proportion qu'il est arrivé à Racine, une fois en sa vie depuis *Andromaque*, d'être ce que Boileau appelait négligé. On peut juger par-là de la sévérité du critique et de la supériorité de l'auteur. Il faut voir quelques-unes de ses fautes : c'est une espèce de nouveauté que d'en trouver dans les vers de Racine.

Rien ne m'a pu *parer* contre ces derniers coups.

C'est un mot impropre. On dit *parer des coups* et *se garantir des coups*. *Parer* ne peut s'appliquer aux personnes que comme verbe réfléchi, suivi de la particule *de* : *se parer des embûches de l'ennemi, se parer du soleil;* mais on ne pourrait pas dire *se parer contre l'ennemi*.

J'ai *reculé vos pleurs* autant que je l'ai pu.

Encore un terme impropre : si c'est une ellipse pour dire *j'ai reculé un moment de faire couler vos pleurs*, elle est trop forte : si c'est une métaphore, elle est fausse. *On ne peut ni avancer ni reculer des pleurs*.

Ma sœur *je m'assure encore aux bontés* de ton frère.

On dit *je m'assure dans vos bontés*, et non pas *je m'assure à vos bontés*.

Ne vous informez point *ce que* je deviendrai.

C'est un solécisme. Il faut absolument. *Ne vous informez pas de ce que je deviendrai*, il était si facile de mettre. *Ne me demandez point ce que je deviendrai*, que je soupçonne que du temps de Racine la construction dont il se sert était d'usage ; elle n'en est pas moins incorrecte.

Ne vous figurez point que dans cette journée,
D'un lâche désespoir ma vertu *consternée*.

On est *accablé d'un désespoir, abattu par le désespoir*, et l'on n'en est pas consterné. On ne peut être *consterné* que du *désespoir d'autrui : je l'ai vu dans un désespoir qui m'a consterné*.

Et ma bouche et mes yeux, du mensonge ennemis,
Peut-être dans le temps que je voudrais lui plaire,
Feraient par leur *désordre* un effet tout contraire.

On ne peut pas dire *le désordre de ma bouche et de mes yeux*. L'intervalle d'un vers rend la faute moins sensible, mais non pas moins réelle.

J'irai, bien plus content et de vous et de moi,
Détromper son amour d'une feinte forcée,
Que je n'allais tantôt déguiser ma pensée.

Le comparatif *plus* est séparé du relatif *que* de manière que la phrase n'est plus française. La construction exacte et naturelle demandait que la phrase fût disposée ainsi : *J'irai détromper son amour d'une feinte forcée, bien plus content de vous et de moi, que je n'allais tantôt déguiser ma pensée.*

Poursuivez, s'il le faut, un courroux légitime.

On dit *suivre le courroux* et *poursuivre la vengeance*. La raison en est simple : *suivre le courroux*, c'est se laisser mener par lui. *Poursuivre la vengeance*, c'est courir après pour la trouver. Telle est la différence de ces deux termes, au figuré comme au propre.

Ses yeux ne l'ont-ils pas *séduite*!
Roxane est-elle morte?

Séduite ne peut être ici le synonyme de *tromper*; il ne l'est jamais que dans le sens moral. *J'ai cru le voir : mes yeux m'ont trompé*, et non pas *mes yeux m'ont séduit. Les yeux de cette femme m'ont fait croire qu'elle m'aimait : ils m'ont trompé, ils m'ont séduit.* Tous les deux sont bons. On pourrait relever d'autres fautes; mais ce sont là les plus graves que j'aie remarquées. On a beaucoup critiqué ce vers :

Croiront-ils mes périls et vos larmes sincères?

Je ne le blâmerai pas. Je sais bien qu'on ne dit pas des *périls sincères*; mais *sincères* convient au dernier mot qui est *larmes*, et cette interposition fait passer le premier. Il y a mille exemples en poésie de cette espèce de licence. Le sens est parfaitement clair : *Croiront-ils mes périls véritables et vos larmes sincères?* Voilà ce qu'on dirait en prose ; et en vers l'affinité des idées de *véritables* et de *sincères* fait passer la hardiesse, qui favorise la précision sans nuire à la clarté.

Concluons de cet examen, que *Bajazet*, comparé aux chefs-d'œuvre de l'auteur, est dans la totalité un ouvrage du second ordre, qui n'a pu être fait que par un homme du premier.

SECTION V.

Mithridate.

Il paraît que, dans *Mithridate*, Racine se preposa de lutter de plus près contre Corneille, en mettant comme lui sur la scène un de ces grands caractères de l'antiquité, d'autant plus difficile à bien peindre, que l'histoire en a donné une plus haute idée. Il avait fait voir dans Acomat tout ce qu'il pouvait mettre de force dans un personnage d'imagination : il fit voir dans *Mithridate* avec quelle énergie et quelle fidélité il savait saisir tous les traits de ressemblance d'un modèle historique. On retrouve chez lui Mithridate tout entier, son implacable haine pour les Romains, sa fermeté et ses ressources dans le malheur, son audace infatigable, sa dissimulation profonde et cruelle, ses soupçons, ses jalousies, ses défiances, qui l'armèrent si souvent contre ses proches, ses enfants, ses maîtresses. Il n'y a pas jusqu'à son amour pour Monime qui ne soit conforme, dans tous les détails, à ce que les historiens nous ont appris. Les mêmes juges qui louaient Corneille si mal à propos d'avoir rendu l'amour héroïque dans toutes ses pièces, n'ont pas voulu faire grace à celui de Mithridate ; ils l'ont regardé comme avilissant pour un héros, et l'injustice et l'inconséquence semblent attachées à la plupart des jugements que l'on a portés sur ces deux poètes. Il n'en est pas moins vrai que Racine, en peignant la passion tyrannique et jalouse du roi de Pont pour Monime, a conservé un des traits caractéristiques sous lesquels les Anciens nous ont représenté Mithridate. On sait que plus d'une fois, au moment d'un danger ou d'une défaite, il fit périr celles de ses femmes qu'il aimait le plus, de peur qu'elles ne tombassent au pouvoir du vainqueur. C'est à ces ordres sanguinaires, à cette jalousie féroce qu'on a reconnu dans tous les temps ce qu'est l'amour dans le cœur des despotes asiatiques. Celui de Mithridate, non-seulement a le mérite d'être conforme aux mœurs et à l'histoire, il est encore tel que l'auteur de *l'Art poétique* désire qu'il soit dans une tragédie :

Et que l'amour, souvent de remords combattu,
Paraisse une faiblesse, et non une vertu.

Avec quelle force Mithridate se reproche le penchant malheureux qui l'entraîne vers Monime à l'instant où sa défaite le force de chercher un asyle dans une de ses forteresses du Bosphore! Et combien de circonstances se réunissent pour rendre excusable cette passion qui, par elle-même, n'est pas faite pour son âge! C'est dans le temps de ses prospérités qu'il a envoyé le bandeau royal à Monime; et depuis ce temps la guerre l'a toujours éloigné d'elle. Il était alors glorieux et triomphant; il est malheureux et vaincu.

Ses ans se sont accrus, ses honneurs sont détruits.

C'est dans un semblable moment qu'il est cruel

de perdre ce qu'on aimait, parce qu'alors cette perte semble une insulte faite au malheur, et la dernière injure de la fortune, qui devient plus sensible après toutes les autres. On est porté à excuser, à plaindre un roi fugitif, occupé de vengeance et de haine, et allant malgré lui demander des consolations à l'amour, qui met le comble à tous ses maux. C'est sous ce point de vue que le poète a eu l'art de nous montrer Mithridate. Quand ce prince s'aperçoit avec quelle triste résignation Monime se prépare à le suivre à l'autel, cette âme altière et aigrie se révolte à la seule idée de ce qui peut ressembler au mépris.

Ainsi, prête à subir un joug qui vous opprime,
Vous n'allez à l'autel que comme une victime;
Et moi, tyran d'un cœur qui se refuse au mien,
Même en vous possédant, je ne vous devrai rien!
Ah! Madame, est-ce là de quoi me satisfaire?
Faut-il que désormais, renonçant à vous plaire,
Je ne prétende plus qu'à vous tyranniser?
Mes malheurs, en un mot, me font-ils mépriser?
Ah! pour tenter encor de nouvelles conquêtes,
Quand je ne verrais pas des routes toutes prêtes,
Quand le sort ennemi m'aurait jeté plus bas,
Vaincu, persécuté, sans secours, sans états,
Errant de mers en mers, et moins roi que pirate,
Conservant pour tout bien le nom de Mithridate,
Apprenez que, suivi d'un nom si glorieux,
Partout de l'univers j'attacherais les yeux;
Et qu'il n'est point de rois, s'ils sont dignes de l'être,
Qui, sur le trône assis, n'enviassent peut-être,
Au-dessus de leur gloire, un naufrage élevé,
Que Rome et quarante ans ont à peine achevé.

C'est avec ces mouvements, qui peignent si bien l'âme et le caractère, que l'on donne encore aux faiblesses le ton de la grandeur; et le spectateur les pardonne encore plus volontiers à celui qui sait en rougir, et qui sait dire comme Mithridate :

O Monime! ô mon fils! inutile courroux!
Et vous, heureux Romains! quel triomphe pour vous,
Si vous saviez ma honte, et qu'un avis fidèle
De mes lâches combats vous portât la nouvelle!
Quoi! des plus chères mains craignant les trahisons
J'ai pris soin de m'armer contre tous les poisons;
J'ai su par une longue et pénible industrie,
Des plus mortels venins prévenir la furie :
Ah! qu'il eût mieux valu, plus sage et plus heureux,
Et repoussant les traits d'un amour dangereux,
Ne pas laisser remplir d'ardeurs empoisonnées
Un cœur déjà glacé par le froid des années!

On a fait à Mithridate le même reproche qu'à Néron, de se servir, contre Monime, d'un moyen aussi peu fait pour la tragédie, que celui dont se sert Néron contre Junie. Je réponds à la même objection par la même apologie : la scène est tragique, puisqu'elle produit de la terreur. Il y a même ici une raison de plus, prise dans la dissimulation habituelle, qui était une des qualités particulières à Mithridate. Il soutient cette même dissimulation lorsqu'il redouble de caresses pour Xipharès à l'instant où il médite de s'en venger, et le poëte a soin de faire dire à Xipharès qu'il reconnaît Mithridate à ses artifices ordinaires, et qu'il est perdu, puisque son père dissimule avec lui.

Reconnaissons avec Voltaire, ce juge si sévère et si éclairé des convenances théâtrales, que si la tragédie et la comédie ne peuvent jamais se ressembler par le ton et les effets, elles peuvent se rapprocher quelquefois par les moyens de l'intrigue. Il en donne une preuve bien frappante en faisant voir les rapports qui se trouvent entre l'intrigue de *l'Avare* et celle de *Mithridate*.

« Harpagon et le roi de Pont sont deux vieil-
» lards amoureux; l'un et l'autre ont leurs fils pour
» rival; l'un et l'autre se servent du même artifice
» pour découvrir l'intelligence qui est entre leur
» fils et leur maîtresse, et les deux pièces finissent
» par le mariage du jeune homme. Molière et Ra-
» cine ont également réussi en traitant ces deux
» intrigues. L'un a amusé, a réjoui, a fait rire les
» honnêtes gens; l'autre a attendri, a effrayé, a
» fait verser des larmes. Molière a joué l'amour
» ridicule d'un vieil avare : Racine a représenté
» les faiblesses d'un grand roi, et les a rendues
» respectables. »

Mais pourquoi, parmi nous, deux choses aussi différentes que la tragédie et la comédie ont-elles ce point de ressemblance qu'elles n'ont jamais chez les Anciens? Voltaire ne pouvait pas l'ignorer; mais apparemment il n'a pas voulu le dire : c'est parce que l'amour n'entrait pour rien dans la tragédie ancienne, et que, du moment où nous l'avons introduit dans la nôtre, il a fallu, par une conséquence nécessaire, qu'une passion qui appartient à tous les états amenât dans la tragédie des moyens vulgaires, et que les héros, en devenant amoureux, ressemblassent sur ce point de vue aux autres hommes.

Nous avons vu que le caractère altier, sombre et artificieux de Mithridate était conservé jusque dans son amour, et que sa fermeté dans le malheur et le sentiment de sa grandeur passée empêchaient qu'il ne fût avili devant Monime. C'est avec la même vérité, et avec plus de force encore, que l'auteur a su peindre cette haine furieuse qui, pendant quarante ans, avait armé le roi de Pont contre les Romains. Jamais le pinceau de Racine ne parut plus mâle et plus fier, et ce rôle est celui où il se rapproche le plus de la vigueur de Corneille, sur-tout dans la scène fameuse où il expose à ses deux fils son projet de porter la guerre dans l'Italie. Ce n'est pas une invention du poète : ce projet audacieux est attesté par plusieurs écrivains, et détaillé dans Appien, qui trace même la route que devait tenir Mithridate. Si la trahison de Pharnace et la fortune de Pompée n'eussent pas accablé ce formidable ennemi de Rome au moment où il méditait ce grand dessein, son courage et sa renommée pouvaient lui fournir assez de ressources pour l'exécuter, et personne n'était plus capable de faire voir à l'Italie un autre Annibal. Cette scène a encore un autre mérite : en montrant le héros dans toute son élévation, elle montre aussi sa jalousie artificieuse, puisqu'elle a pour objet de pénétrer ce qui se passe dans le cœur de Pharnace, et d'en arracher l'aveu de ses projets sur Monime. Cette situation met dans tout son jour le contraste des deux jeunes princes, qui soutiennent également leur caractère. Le perfide Pharnace, comptant sur l'appui des Romains qu'il attend, refuse formellement d'aller épouser la fille du roi des Parthes; et le vertueux Xipharès, tout entier à son devoir et à son père, ne connaît d'autres intérêts que ceux de la nature et de la gloire, et saisit avec l'enthousiasme d'un jeune guerrier le dessein d'aller combattre les Romains dans l'Italie. Cette scène me paraît, sous tous les rapports, une des plus belles que Racine ait conçues : et le discours de Mithridate est, dans notre langue, un des modèles les plus achevés du style sublime.

Je fuis : ainsi le veut la fortune ennemie.
Mais vous savez trop bien l'histoire de ma vie
Pour croire que, long-temps soigneux de me cacher,
J'attende en ces déserts qu'on me vienne chercher.
La guerre a ses faveurs ainsi que ses disgrâces.
Déjà plus d'une fois retournant sur mes traces,
Tandis que l'ennemi, par ma fuite trompé,
Tenait après son char un vain peuple occupé,
Et, gravant en airain ses frêles avantages,
De mes états conquis enchaînait les images,
Le Bosphore m'a vu par de nouveaux apprêts,
Ramener la terreur du fond de ses marais,
Et, chassant les Romains de l'Asie étonnée,
Renverser en un jour l'ouvrage d'une année.
D'autres temps, d'autres soins : l'Orient accablé
Ne peut plus soutenir leur effort redoublé;
Il voit plus que jamais ses campagnes couvertes
De Romains que la guerre enrichit de nos pertes.
Des biens des nations ravisseurs altérés,

Le bruit de nos trésors les a tous attirés :
Ils y courent en foule, et, jaloux l'un de l'autre,
Désertent leur pays pour inonder le nôtre.
Moi seul je leur résiste : ou lassés, ou soumis,
Ma funeste amitié pèse à tous mes amis;
Chacun à ce fardeau veut dérober sa tête.
Le grand nom de Pompée assure sa conquête ;
C'est l'effroi de l'Asie; et, loin de l'y chercher,
C'est à Rome, mes fils, que je prétends marcher.
Ce dessein vous surprend, et vous croyez peut-être
Que le seul désespoir aujourd'hui le fait naître.
J'excuse votre erreur, et, pour être approuvés,
De semblables projets veulent être achevés. *
Ne vous figurez point que de cette contrée
Par d'éternels remparts Rome soit séparée.
Je sais tous les chemins par où je dois passer;
Et si la mort bientôt ne me vient traverser,
Sans reculer plus loin l'effet de ma parole,
Je vous rends dans trois mois au pied du Capitole.
Doutez-vous que l'Euxin ne me porte en deux jours
Aux lieux où le Danube y vient finir son cours;
Que du Scythe avec moi l'alliance jurée
De l'Europe en ces lieux ne me livre l'entrée?
Recueilli dans leurs ports, accru de leurs soldats,
Nous verrons notre camp grossir à chaque pas.
Daces, Panoniens, la fière Germanie,
Tous n'attendent qu'un chef contre la tyrannie
Vous avez vu l'Espagne, et surtout les Gaulois,
Contre ces mêmes murs qu'ils ont pris autrefois

---

* Racine reproduit ici les paroles que Tacite met dans la bouche d'Othon. « Nullus cunctationi locus est in *eo consilio*, *quod non potest laudari, nisi peractum.* » (Histor. I, 38.)

F.

Exciter ma vengeance, et jusque dans la Grèce
Par des ambassadeurs accuser ma paresse.
Ils savent que, sur eux prêt à se déborder,
Ce torrent, s'il m'entraîne, ira tout inonder;
Et vous les verrez tous, prévenant son ravage,
Guider dans l'Italie ou suivre mon passage.
C'est là qu'en arrivant, plus qu'en tout le chemin,
Vous trouverez partout l'horreur du nom romain,
Et la triste Italie encor toute fumante
Des feux qu'a rallumés sa liberté mourante.
Non, princes, ce n'est point au bout de l'univers
Que Rome fait sentir tout le poids de ses fers;
Et de près, inspirant les haines les plus fortes,
Tes plus grands ennemis, Rome, sont à tes portes.
Ah! s'ils ont pu choisir pour leur libérateur
Spartacus, un esclave, un vil gladiateur;
S'ils suivent au combat des brigands qui les vengent,
De quelle noble ardeur pensez-vous qu'ils se rangent
Sous les drapeaux d'un roi long-temps victorieux,
Qui voit jusqu'à Cyrus remonter ses aïeux?
Que dis-je? en quel état croyez-vous la surprendre?
Vide de légions qui la puissent défendre :
Tandis que tout s'occupe à me persécuter,
Leurs femmes, leurs enfants, pourront-ils m'arrêter!

Marchons, et dans son sein rejetons cette guerre
Que sa fureur envoie aux deux bouts de la terre.
Attaquons dans leurs murs ces conquérants si fiers;
Qu'ils tremblent à leur tour pour leurs propres foyers.
Annibal l'a prédit, croyons-en ce grand homme:
Jamais on ne vaincra les Romains que dans Rome. *

<hr>

*Voici le texte de Justin : Ait (Annibal) Romanos vinci non nisi
armis suis posse, nec Italiam aliter quàm italicis viribus subigi. (XXXI, 5.)

F.

Noyons-la dans son sang justement répandu ;
Brûlons ce Capitole où j'étais attendu ;
Détruisons ses honneurs, et faisons disparaître
La honte de cent rois, et la mienne peut-être.

Et la mienne peut-être! Ce dernier trait est profond : il sort d'un cœur ulcéré, et produit d'autant plus d'effet, qu'il est jeté là comme en passant. Mithridate sent trop vivement sa honte pour s'y arrêter : ce n'est qu'un mot qui lui échappe ; mais ce mot réveille une foule de sentiments et d'idées : il est sublime. Dans tout le reste, la magnificence du style, la pompe des images, est égale à l'élévation des pensées. Racine sait se proportionner à tous ses sujets. Nous n'avons point encore vu sa diction s'élever si haut ni prendre ce caractère. Ce n'est ni le charme de *Bérénice*, ni la sévérité de *Britannicus*, ni le style impétueux et passionné d'Hermione et de Roxane. Racine est grand, parce qu'il fait parler un grand homme méditant de grands desseins : il s'agit de Mithridate et de Rome : il est au niveau de tous les deux.

Il se présente cependant ici quelques remarques à faire. Je ne reprocherai point à l'auteur la rime de *fiers* et de *foyers* : rien n'était plus facile que de mettre *ces conquérants altiers*. Mais l'exemple de Racine et de Boileau, les deux meilleurs versificateurs français, prouve qu'alors il était de principe qu'une rime exacte pour les yeux était suffisante. Voltaire, qui d'ailleurs rime bien moins richement que ces deux poètes, est pourtant celui qui a insisté le premier sur la nécessité de rimer principalement pour l'oreille. Il a eu raison ; c'est une obligation que nous lui avons, et qu'auraient dû reconnaître ceux qui lui ont reproché avec justice de rimer trop négligemment. Mais j'oserai reprendre une expression qui ne me semble pas absolument juste.

Ne vous figurez point que de cette contrée
Par d'*éternels* remparts Rome soit séparée.

Le poète veut dire *par des remparts qu'on ne puisse franchir*, et malheureusement notre langue ne lui permettait pas d'exprimer cette idée en un seul mot. Mais celui qu'il a substitué la rend-il bien ! On appelle proprement des *remparts éternels* ceux qui sont l'ouvrage de la nature, et faits pour durer autant qu'elle, comme les montagnes et les mers. Ainsi les Alpes, par exemple, sont des *remparts éternels* entre la France et l'Italie. Mais ces remparts, tout éternels qu'ils sont, on peut les franchir : on les a franchis mille fois, ces

Éternels boulevards qui n'ont point garanti
    Des Lombards le beau territoire,
Ces monts qu'ont traversés, par un vol si hardi,
Les Charles, les Othon, Catinat et Conti
    Sur les ailes de la victoire.
VOLTAIRE.

Donc un *rempart éternel* n'est pas la même chose qu'un rempart qu'on ne peut franchir. Cette remarque peut paraître sévère ! mais le rapport exact de l'expression avec l'idée est une qualité essentielle au style, et si éminente dans Racine, qu'il nous a donné le droit de ne lui faire grâce de rien.

Autre observation : lorsque Mithridate dit ces deux vers :

Doutez-vous que l'Euxin ne me porte en deux jours
Aux lieux où le Danube y vient finir son cours?

on rapporte qu'un vieux militaire, qui avait fait la guerre dans ces contrées, dit assez haut : *Oui, assurément, j'en doute.* Il n'avait pas tort. Aujourd'hui même que la navigation est tout autrement perfectionnée qu'elle ne l'était alors, il serait de toute impossibilité d'aller en deux jours du détroit de Caffa, qui est l'ancien Bosphore cimmérien, à l'embouchure du Danube, qui est à l'autre extrémité de la mer Noire. C'est un trajet de près de deux cents lieues d'une navigation difficile. Il faut croire que, si l'auteur n'a pas corrigé cette faute, c'est que, du moment où il se dégoûta du théâtre, il ne voulut plus entendre parler de ses tragédies, ni se mêler d'aucune des éditions qu'on en fit.

La mort de Mithridate achève dignement la peinture de son caractère.

J'ai vengé l'univers autant que je l'ai pu.
La mort dans ce projet m'a seule interrompu.
Ennemi des Romains et de la tyrannie,
Je n'ai point de leur joug subi l'ignominie,
Et j'ose me flatter qu'entre les noms fameux
Qu'une pareille haine a signalés contre eux,
Nul ne leur a plus fait acheter la victoire,
Ni de jours malheureux plus rempli leur histoire.
Le Ciel n'a pas voulu qu'achevant mon dessein,
Rome en cendres me vît expirer dans son sein.
Mais au moins quelque joie en mourant me console
J'expire environné d'ennemis que j'immole :

Dans leur sang odieux j'ai pu tremper mes mains,
Et mes derniers regards ont vu fuir les Romains.

Le rôle de Monime présente un autre genre de perfection. Elle respire cette modestie noble, cette retenue, cette décence que l'éducation inspirait aux filles grecques, et qui ajoutent un intérêt particulier à l'expression de son amour pour Xipharès. Ses sentiments et ses malheurs sont fidèlement tracés d'après Plutarque : c'est dans cet historien que Racine a pris cette apostrophe touchante qu'elle adresse au bandeau royal qui était la cause de son infortune, et dont elle avait essayé en vain de faire l'instrument de sa mort.

Et toi, fatal tissu, malheureux diadème,
Instrument et témoin de toutes mes douleurs,
Bandeau que mille fois j'ai trempé de mes pleurs,
Au moins, en terminant ma vie et mon supplice,
Ne pouvais-tu me rendre un funeste service?
A mes tristes regards, va, cesse de t'offrir;
D'autres armes sans toi sauront me secourir;
Et périsse le jour et la main meurtrière
Qui jadis sur mon front t'attacha la première !

Plutarque la représente comme la plus fidèle et la plus vertueuse de toutes les femmes de Mithridate, et comme celle qui lui fut la plus chère. Le poète a su accorder son penchant pour Xipharès avec cette réputation de sagesse et de sévérité que l'histoire lui a faite. Destinée à Mithridate par ses parents, et s'immolant à son devoir, elle est depuis long-temps la victime du penchant secret qui la consume; et ce n'est qu'au moment où l'on croit

Mithridate mort et où les prétentions de Pharnace lui rendent nécessaire l'appui de Xipharès, qu'elle laisse entrevoir à ce prince la préférence qu'elle lui donne. Mais dès qu'elle est assurée que le roi est vivant, elle impose à son amant, comme à elle-même, la loi d'une séparation éternelle.

. . . .Quel que soit vers vous le penchant qui m'attire,
Je vous le dis, seigneur, pour ne plus vous le dire,
Ma gloire me rappelle et m'entraîne à l'autel,
Où je vais vous jurer un silence éternel.

Que de sentiment et d'intérêt dans cette expression si neuve ! *Vous jurer un silence éternel ! Jurer un amour éternel*, voilà ce que tout le monde peut dire ; mais *jurer un silence*, et *un silence éternel ;* mais le jurer à son amant, il n'y a que Racine qui l'ait dit. Et combien d'idées délicates sous-entendues dans cette espression ! Dans le fait, ce n'est pas à lui qu'elle le jurera ; il ne sera pas à l'autel ; elle ne prononcera point ce serment : c'est à son cœur, c'est à son devoir, c'est à son époux qu'elle doit l'adresser. Mais telle est l'involontaire illusion de l'amour, que, sans y penser, il adresse tout à l'objet aimé, même les sacrifices qui lui sont contraires. Il m'arrive rarement, vous le savez, Messieurs, de m'arrêter sur les beautés de la versification de Racine. Il y aurait trop à faire, et chaque scène tiendrait une séance ; mais je ne puis m'empêcher de remarquer de temps en temps quelques-unes de ces expressions si singulièrement heureuses, et qui supposent encore un autre mérite que celui de la diction poétique : ce sont celles

qui tiennent à ce sentiment exquis dont Racine
était doué, expressions qu'il place toujours si naturellement, qu'elles semblent échapper à sa plume
comme elles échapperaient à l'amour.

Monime continue :

J'entends, vous gémissez; mais telle est ma misère :
Je ne suis point à vous; je suis à votre père.
Dans ce dessein vous-même il faut me soutenir,
Et de mon faible cœur m'aider à vous bannir.
J'attends du moins, j'attends de votre complaisance,
Que désormais partout vous fuirez ma présence.
J'en viens de dire assez pour vous persuader
Que j'ai trop de raisons de vous le commander.
Mais après ce moment, si ce cœur magnanime
D'un véritable amour a brûlé pour Monime,
Je ne reconnais plus la foi de vos discours
Qu'au soin que vous prendrez de m'éviter toujours.

Xipharès lui représente la difficulté de se conformer à cet ordre rigoureux, lorsque Mithridate
lui-même, craignant les entreprises de Pharnace,
a ordonné à Xipharès de ne point quitter Monime.

. . . . N'importe, il me faut obéir.
Inventez des raisons qui puissent l'éblouir.
D'un héros tel que vous c'est là l'effort suprême :
Cherchez, prince, cherchez, pour vous trahir vous-même,
Tout ce que, pour jouir de leurs contentements,
L'amour fait inventer aux vulgaires amants.
Enfin je me connais; il y va de ma vie :
De mes faibles efforts ma vertu se défie.
Je sais qu'en vous voyant, un tendre souvenir
Peut m'arracher du cœur quelque indigne soupir;

Que je verrai mon âme en secret déchirée,
Revoler vers le bien dont elle est séparée.
Mais je sais bien aussi que, s'il dépend de vous
De me faire chérir un souvenir si doux,
Vous n'empêcherez pas que ma gloire offensée
N'en punisse aussitôt la coupable pensée ;
Que ma main dans mon cœur ne vous aille chercher,
Pour y laver ma honte et vous en arracher.

Voilà bien le dernier effort de la vertu qui combat : mais cet effort est si grand, qu'il est impossible que l'attendrissement n'y succède pas ; et les dernières paroles d'un adieu si douloureux devaient y mêler quelque consolation. Les derniers mots qu'on adresse à un amant, même pour l'éloigner de soi, doivent encore être tendres ; et quoique le devoir l'emporte, l'amour doit encore se faire entendre par-dessus tout. Racine a bien connu cette marche de la nature, dans les vers qui terminent cette scène attendrissante :

Que dis-je ? En ce moment, le dernier qui nous reste,
Je me sens arrêter par un plaisir funeste.
Plus je vous parle, et plus, trop faible que je suis,
Je cherche à prolonger le péril que je fuis.
Il faut pourtant, il faut se faire violence ;
Et, sans perdre en adieux un reste de constance,
Je fuis. Souvenez-vous, prince, de m'éviter ;
Et méritez les pleurs que vous m'allez coûter.

Corneille avait eu le premier l'idée de ses combats de la vertu contre l'amour. Ils sont le fond du rôle de Pauline : il y a même des endroits où elle dit à peu près les mêmes choses que vient de dire Monime. Il n'est pas inutile de comparer ces deux morceaux.

Hélas! cette vertu, quoique enfin *invincible,*
Ne laisse que trop *voir une âme* trop *sensible.*
Ces pleurs en sont témoins, et ces lâches *soupirs*
Qu'arrachent de nos feux les cruels souvenirs,
Trop rigoureux *effets d'une* aimable *présence,*
Contre qui mon devoir a trop peu de défense!
Mais si vous estimez ce généreux devoir,
Conservez-m'en la gloire *et cessez de me* voir.
Épargnez-moi des pleurs qui coulent à ma honte;
Épargnez-moi des feux *qu'à regret je surmonte.*
Enfin, épargnez-moi ces tristes entretiens,
Qui ne font qu'irriter vos tourments et les miens.

C'est le même fond de pensées que dans Monime; mais, sans vouloir détailler toutes les fautes de versification, quelle prodigieuse différence! et à quoi tient-elle principalement? A ce que l'esprit de Corneille a fort bien aperçu ce qu'il fallait dire, et que le cœur de Racine l'a senti. Je n'ai point établi ce parallèle pour rabaisser l'un au-dessous de l'autre; chacun d'eux a des mérites différents. J'ai voulu faire voir que Racine n'avait appris de personne à parler le langage du cœur.

Personne aussi ne savait mieux que lui combien une femme, occupée d'un sentiment profond, est capable d'allier la tendresse la plus délicate avec la plus inébranlable fermeté. Quand Mithridate, après avoir réussi, à force d'artifices, à faire avouer à Monime son amour pour Xipharès, veut, malgré cet aveu, la conduire à l'autel, sa réponse est d'une âme aussi élevée qu'auparavant elle s'était montrée sensible.

Je n'ai point oublié quelle reconnaissance,
Seigneur, m'a dû ranger sous votre obéissance.
Quelque rang où jadis soient montés mes aïeux,
Leur gloire de si loin n'éblouit point mes yeux.
Je songe avec respect de combien je suis née
Au-dessous des grandeurs d'un si noble hyménée;
Et, malgré mon penchant et mes premiers desseins
Pour un fils, après vous le plus grand des humains,
Du jour que sur mon front on mit ce diadème,
Je renonçai, seigneur, à ce prince, à moi-même.
Tous deux d'intelligence à nous sacrifier,
Loin de moi, par mon ordre, il courait m'oublier.
Dans l'ombre du secret ce feu s'allait éteindre,
Et même de mon sort je ne pouvais me plaindre,
Puisque enfin, aux dépends de mes vœux les plus doux,
Je faisais le bonheur d'un héros tel que vous.
Vous seul, seigneur, vous seul, vous m'avez arrachée
A cette obéissance où j'étais attachée;
Et ce fatal amour dont j'avais triomphé,
Ce feu que dans l'oubli je croyais étouffé,
Dont la cause à jamais s'éloignait de ma vue,
Vos détours l'ont surpris, et m'en ont convaincue.
Je vous l'ai confessé : je le dois soutenir.
En vain vous en pourriez perdre le souvenir;
Et cet aveu honteux où vous m'avez forcée
Demeurera toujours présent à ma pensée.
Toujours je vous croirais incertain de ma foi;
Et le tombeau, seigneur, est moins triste pour moi
Que le lit d'un époux qui m'a fait cet outrage,
Qui s'est acquis sur moi ce cruel avantage,
Et qui, me préparant un éternel ennui,
M'a fait rougir d'un feu qui n'était pas pour lui.

On ne sait s'il y a dans cette réponse plus d'art et de modération que de noblesse et de bienséance. *Je faisais le bonheur d'un héros tel que vous.* Peut-on mieux ménager l'amour-propre d'un roi malheureux et d'un vieillard jaloux? Et comme le refus d'épouser un homme qui *l'a fait rougir* est conforme à cette juste fierté, si naturelle à un sexe dont elle est la défense! Personne n'a su mieux que Racine faire parler les femmes comme il leur convient de parler.

MITHRIDATE.

C'est donc votre réponse, et, sans plus me complaire,
Vous refusez l'honneur que je voulais vous faire!
Pensez-y bien; j'attends, pour me déterminer....

MONIME.

Non, seigneur, vainement vous croyez m'étonner.
Je vous connais, je sais tout ce que je m'apprête;
Et je vois quels malheurs j'assemble sur ma tête.
Mais le dessein est pris, rien ne peut m'ébranler
Jugez-en, puisque ainsi je vous ose parler,
Et m'emporte au delà de cette modestie
Dont, jusqu'à ce moment, je n'étais point sortie.
Vous vous êtes servi de ma funeste main
Pour mettre à votre fils un poignard dans le sein.
De ses feux innocents j'ai trahi le mystère;
Et quand il n'en perdrait que l'amour de son père,
Il en mourra, seigneur : ma foi ni mon amour
Ne seront point le prix d'un si cruel détour.
Après cela, jugez, perdez une rebelle :
Armez-vous du pouvoir qu'on vous donna sur elle.
J'attendrai mon arrêt; vous pouvez commander.

Tout ce qu'en vous quittant j'ose vous demander,
Croyez (à la vertu je dois cette justice)
Que je vous trahis seule et n'ai point de complice,
Et que d'un plein succès vos vœux seraient suivis
Si j'en croyais, seigneur, les vœux de votre fils.

 Ce rôle me paraît, dans son genre, un véritable chef-d'œuvre : il y en a sans doute d'un plus vif intérêt et d'un effet plus entraînant; il a des passions plus fortes et des situations plus déchirantes, mais je ne connais point de caractère plus parfaitement nuancé. Le soin qu'a eu le poète de supposer que Monime et Xipharès s'aimaient avant que le roi de Pont eût pensé à la mettre au rang de ses épouses, écarte de ces deux amants jusqu'à l'ombre du reproche. La marche de la pièce est graduée avec art, par les alternatives d'espérance et de crainte que fait naître d'abord la fausse nouvelle de la mort de Mithridate, ensuite l'offre simulée d'unir Monime à Xipharès; enfin le péril des deux amants, dont l'un est menacé de la vengeance de son père, et l'autre est prête à boire le poison que son époux lui envoie. Le dénoûment est régulier et agréable au spectateur; Mithridate meurt en héros, et rend justice en mourant, à son fils et à Monime. Tous deux sont unis : et à l'égard de Pharnace, si sa punition est différée, on sait qu'elle est sûre; et l'auteur s'est fié avec raison à la connaissance que tout le monde a de cette histoire, lorsqu'il a fait dire à Mithridate :

Tôt ou tard il faudra que Pharnace périsse;
Fiez-vous aux Romains du soin de son supplice.

 Le commentateur de Racine, que j'ai déjà cité,

s'exprime ainsi sur Mithridate : « Le défaut essen-
» tiel de cette pièce est dans l'intrigue, où, quoi
» qu'on en puisse dire, il se trouve deux intérêts
» fort distincts : le premier est l'amour de Xipharès
» et de Monime ; l'autre est la haine de Mithridate
» pour les Romains, et les projets de sa vengeance.
» Racine, il est vrai, a su *fondre* ces deux intérêts
» avec un art qui n'appartient qu'à lui ; mais en
» admirant l'adresse du poète, on est forcé de con-
» venir que les projets de Mithridate devraient
» faire l'unique intérêt de cette pièce, et que cet
» intérêt ne commence qu'au troisième acte, où
» l'on oublie alors les amours de Xipharès et de
» Monime. »

Quoi que le commentateur *en puisse dire, on est forcé de convenir* que ces observations critiques sont autant de méprises bien lourdes. Jamais *la haine de Mithridate pour les Romains* n'a pu faire *l'intérêt* d'une pièce ; elle est seulement un des caractères du héros ; c'est comme si l'on disait que la haine de Pharasmane pour les Romains doit faire l'intérêt de la tragédie de *Rhadamiste*. Jamais le *projet* de porter la guerre en Italie n'a pu faire *l'intérêt* d'une pièce. L'intérêt tient nécessairement au sujet, à l'action. Or, la haine pour un peuple, un projet de guerre contre ce peuple, ne sont ni un sujet ni une action. Le sujet est l'amour intéressant et vertueux de Monime et de Xipharès, et le nœud de ce sujet, le nœud de l'intrigue est la jalousie de Mithridate. Comment concevoir que sa haine pour les Romains, que l'idée d'une expédition incertaine, éloignée, puisse former un intérêt à part! Elle en répand sur le personnage de Mithridate, qu'elle relève de son abaissement et de sa défaite; mais depuis quand le simple développement d'un caractère peut-il former un *intérêt distinct*, à moins qu'il ne tienne à une seconde action? Et cette seconde action, où est-elle? Il faudrait qu'elle existât pour *faire oublier l'amour de Xipharès et de Monime*, comme le dit le commentateur; mais cette scène le fait si peu oublier, qu'elle commence le péril des deux amants dont elle découvre l'intelligence. Cette scène, avec tant d'autres mérites, a encore celui de nouer plus fortement l'intrigue, comme il doit toujours arriver dans un troisième acte : cette scène finit par ces vers de Pharnace :

J'aime. L'on vous a fait un fidèle récit.
Mais Xipharès, seigneur, ne vous a pas tout dit.
C'est le moindre secret qu'il pouvait vous apprendre;
Et ce fils si fidèle a dû vous faire entendre
Que, des mêmes ardeurs dès long-temps enflammé,
Il aime aussi la reine, et même en est aimé.

Ce mot terrible, qui porte la jalousie et la rage dans le cœur de Mithridate, et jette dans un si grand danger Monime et Xipharès; ce mot est le dernier d'une scène qui, selon le commentateur, *fait oublier leur amour!* En vérité l'on ne sort pas d'étonnement de tout ce qu'on imprime aujourd'hui sur les auteurs classiques du siècle passé et du nôtre. Il est dit dans le *Dictionnaire historique*, que j'ai cité à propos d'*Andromaque*, que Mithridate est un *magnifique épithalame*. On ajoute qu'un homme d'esprit a comparé l'intrigue de cette pièce à celle de *l'Avare*. Cet *homme d'esprit*, c'est Voltaire ; et vous avez vu comme il les a comparées.

SECTION VI.

Iphigénie.

Le degré de succès qu'obtiennent les ouvrages de théâtre dépend principalement du choix des sujets ; et le premier élan du génie est quelquefois si rapide et si élevé, que, de la hauteur où il est d'abord parvenu, lui-même ensuite a beaucoup de peine à prendre un vol encore plus haut et plus hardi. Il n'y a que ces deux raisons qui puissent nous expliquer comment Racine, depuis *Andromaque*, offrant dans chacun de ses drames une création nouvelle et de nouvelles beautés, n'avait pourtant rien produit encore qui fût dans son ensemble supérieur à cet heureux coup d'essai. Il était dans cet âge où l'homme joint au feu de la jeunesse dont il n'a rien perdu, toute la force de la maturité, les avantages de la réflexion et les richesses de l'expérience. Un ami sévère à contenter, des ennemis à confondre, des envieux à punir, étaient autant d'aiguillons qui animaient son courage et ses travaux. Le moment des grands efforts était venu ; et l'on vit éclore successivement deux chefs-d'œuvre qui, en élevant Racine au-dessus de lui-même, devaient achever sa gloire, la défaite de l'envie et le triomphe de la scène française. L'un était *Iphigénie*, le modèle de l'action théâtrale la plus belle dans sa contexture et dans toutes ses parties; l'autre était *Phèdre*, le plus éloquent morceau de passion que les Modernes puissent opposer à la *Didon* de ce Virgile, qu'il faudrait appeler inimitable, si Racine n'avait pas écrit.

Ces deux pièces, il est vrai, sont, pour le fond, empruntées aux Grecs. Mais je me suis assez déclaré leur admirateur pour qu'il me soit permis d'assurer, sans être suspect de favoriser les Modernes, que le poète français a surpassé son modèle dans *Iphigénie*, et que dans *Phèdre* il l'a effacé de manière à se mettre hors de toute comparaison. L'*Iphigénie* d'Euripide est sans contredit sa plus belle pièce, et Racine n'a pas dissimulé quelles obligations il lui avait. L'exposition, l'une des plus heureuses que l'on connaisse au théâtre; les combats de la nature contre l'ambition, de la religion et de la crainte contre la pitié et la tendresse paternelles; ces mouvements opposés, qui entraînent tour à tour Agamemnon; cette joie qui éclate à l'arrivée de la mère et de la fille, et qui, dans un pareil moment, est si déchirante pour le cœur d'un père; cette scène si naïve et si touchante entre Agamemnon et Iphigénie, cette nouvelle foudroyante apportée par Arcas,

Il l'attend à l'autel pour la sacrifier;

l'hymen d'Achille faussement prétexté; le désespoir de Clytemnestre qui tombe aux pieds du seul défenseur qui reste à sa fille; la noble indignation du jeune héros, dont le nom est si cruellement compromis ; les reproches que Clytemnestre adresse à un époux inhumain ; la résignation de la victime, et les prières qu'elle mêle à l'expression de son obéissance, tout cela, je l'avoue, appartient plus ou moins à Euripide ; mais tout cela, j'ose le dire, est plus ou moins embelli, et quelquefois même les beautés sont substituées aux défauts. C'est ce qu'il faut prouver avec quelque détail, en faisant remarquer dans quels points la différence des temps et des mœurs a dû mettre l'imitateur dans le cas d'enchérir sur l'original.

L'exposition est à peu près la même dans les deux pièces ; mais le long détail où entre Agamemnon sur l'origine de la guerre de Troie, et qu'il commence à la naissance d'Hélène ; ce détail qu'il fait à un Grec, qui en est aussi bien instruit que lui, me paraît refroidir une scène d'ailleurs si intéressante. Il n'y a nulle raison pour prendre son récit de si haut, quand les moments sont précieux, et l'on reconnaît ici cette verbosité qu'on a justement reprochée aux écrivains grecs, dont Sophocle lui-même, le plus parfait de tous, n'est pas tout-à-fait exempt. J'en retrouve encore des traces dans les réflexions trop prolongées que fait Agamemnon sur les dangers de la grandeur et les avantages d'une condition obscure. Ce n'est pas que ce soient là de ces sentences froidement philosophiques si fréquentes dans Euripide : celle-ci est en situation et en sentiment, elle est parfaitement placée, et Racine n'a pas manqué de s'en saisir. Mais il a reseré en trois vers ce qu'Euripide allonge dans dix ou douze. Il a senti qu'il ne devait pas y avoir un mot de trop dans une exposition où l'on a tant de choses importantes à développer. Le Grec a le mérite de l'invention; le Français, celui de la mesure, et j'ajouterai celui de l'expression.

Heureux qui, satisfait de son humble fortune,
Libre du joug superbe où je suis attaché,
Vit dans l'état obscur où les dieux l'ont caché!

Il n'y a rien dans le grec qui réponde à la beauté de ces deux hémistiches : *Libre du joug superbe.... où les dieux l'ont caché*. Il n'y a rien non plus qui ait pu fournir à Racine ces vers, qui expriment d'une manière si heureusement poétique le calme qui retient la flotte grecque dans le port d'Aulide :

Le vent, qui nous flattait, nous laissa dans le port.
Il fallut s'arrêter, et la rame inutile
Fatigua vainement une mer immobile. *

Voilà pour l'exposition. Voyons l'intrigue et les caractères. Il y en a quatre plus ou moins tracés dans Euripide. Agamemnon, Clytemnestre, Iphigénie, Achille : tous sont embellis et perfectionnés. Agamemnon est beaucoup plus noble, Clytemnestre beaucoup plus pathétique, Achille beaucoup plus impétueux, Iphigénie même, le rôle le mieux fait de la pièce grecque, est encore plus touchante dans la pièce française. Mais il est

---

* Ces vers rappellent les suivants de Virgile (Énéid. VII, 27, VIII, 94):
  Cùm venti posuere, omnisque repentè resedit
  Flatus et *in lento luctantur marmore tonsæ*.
  . . . .
  Olli remigio noctemque diemque *fatigant*.

à propos d'observer que la supériorité des rôles d'Achille et d'Iphigénie tient à un ressort dramatique étranger aux anciennes tragédies, et qui n'a jamais été mieux placé que dans celle-ci, pour ajouter à l'intérêt des situations et des caractères. L'amour, que les Modernes ont souvent introduit mal à propos dans ces grands sujets de l'antiquité, tels qu'*OEdipe*, *Electre*, *Mérope*, *Philoctète*, se mêle admirablement à celui d'*Iphigénie*, et la raison en est sensible. Il ne s'agit ici ni d'intrigues amoureuses ni de déclarations galantes, qui rabaissent de grands personnages et gâtent une grande action. Quel est le sujet d'*Iphigénie ?* C'est un père forcé, par des raisons d'état, d'immoler sa propre fille. Il est obligé, pour la faire venir d'Argos à l'armée, de prendre un prétexte qui la trompe, ainsi que sa mère. Il suppose un projet de mariage entre Achille et Iphigénie. Telle est l'intrigue d'Euripide. On s'attend bien, au moment où cette fourbe est découverte, qu'Achille sera indigné qu'on se soit servi de son nom pour cet odieux stratagème. Mais combien la situation sera-t-elle plus forte, s'il est vrai qu'Achille ait été promis à Iphigénie, s'il aime cette jeune princesse, s'il a en même temps et son injure à venger, et son épouse à sauver ! Pour aller jusque-là, il n'y avait qu'un pas à faire : Euripide ne l'a pas fait ; et, s'il faut tout dire, je m'en étonne, et je crois qu'on peut le lui reprocher ; car si les Grecs n'ont point mis d'intrigues d'amour dans leurs tragédies, s'ils ne représentent point des héros amants, l'amour conjugal, l'amour fondé sur des droits légitimes n'est point exclu de leur théâtre ; témoin l'Antigone de Sophocle, qui est promise au fils de Créon, comme l'Iphigénie de Racine l'est au fils de Pélée ; et l'attachement mutuel d'Hémon et d'Antigone est assez fort pour produire la catastrophe, c'est-à-dire la mort du prince qui se tue auprès d'Antigone. Qui empêchait Euripide de mettre Achille dans une situation semblable ? Achille peut, sans rien perdre de l'héroïsme qui fait son caractère, aimer la jeune épouse qui lui est promise ; et combien alors il sera plus intéressé à la défendre ! Cette faute d'Euripide (car c'en est une qui même en amène d'autres) est une nouvelle preuve qui confirme ce que j'ai toujours pensé, que Sophocle avait vu bien plus loin que lui dans l'art dramatique.

Qu'arrive-t-il ? Le prétendu mariage d'Achille n'est qu'une fiction qui s'éclaircit dans la première scène du quatrième acte ; et cette scène, de toutes manières, convient beaucoup plus à la comédie qu'à la tragédie. On en va juger. Achille arrive au quatrième acte, pour parler, dit-il, au général des Grecs, et savoir les raisons de ses délais. C'est d'abord une faute d'amener si tard un personnage de cette importance, et sans autre raison qui le fasse tenir au sujet, qu'un simple mouvement de curiosité et d'impatience. Ce n'est pas tout : il n'a jamais vu Clytemnestre ; et la première personne qui se présente à lui devant la demeure d'Agamemnon, c'est cette reine, qui croit venir au-devant de son gendre, et qui l'accueille en conséquence. Achille, qui ne se doute de rien, va de surprise en surprise. Étonné de voir une femme l'aborder ainsi, il l'est bien plus lorsqu'elle lui présente la main, cérémonie d'usage la première fois qu'une mère voyait l'époux de sa fille. Il réclame les *saintes lois de la pudeur* avec toute la simplicité des mœurs antiques. Clytemnestre est obligée de se nommer, et lui demande pourquoi il se refuse à ce que la coutume permet entre un gendre et une belle-mère. Nouvel étonnement d'Achille, qui ne sait ce qu'on veut lui dire, et qui finit par protester à la reine que jamais il n'a entendu parler de ce mariage, et qu'Agamemnon ne lui en a jamais dit un mot. Clytemnestre est si confuse, qu'elle lui demande la permission de se retirer. Je demande, moi, si ce n'est pas là une scène absolument comique. Toute méprise l'est par elle-même, et qu'est-ce qu'une méprise semblable entre Achille et Clytemnestre? Quel rôle pour un héros, pour une reine! Cette scène se sent encore de l'enfance d'un art qui pourtant était déjà fort avancé, et toutes ses fautes viennent de ce que l'hymen d'Achille et d'Iphigénie n'est qu'une supposition dans le poète grec, au lieu d'être une réalité comme dans le poète français. Aussi quelle différence de l'arrivée d'Achille dans la pièce de Racine! Il ne vient pas à l'armée pour savoir des nouvelles. La renommée de ses exploits l'y a devancé : il arrive vainqueur de la Thessalie et de Lesbos; il arrive pour épouser la fille du roi des rois et renverser la ville de Priam.

La Thessalie entière, ou vaincue ou calmée,

Lesbos même conquise en attendant l'armée,
De tout autre valeur éternels monuments,
Ne sont d'Achille oisif que les amusements.
Les malheurs de Lesbos par ses mains ravagée
Épouvantent encor toute la mer Égée.
Troie en a vu la flamme, et jusque dans ses ports
Les flots en ont porté les débris et les morts.

Voilà comme le héros s'annonce, et comme le poète fait des vers. Que l'on compare ici Euripide et Racine, et qu'on juge.

Revenons à la pièce grecque. Au moment où Clytemnestre veut quitter Achille, Arcas survient, qui leur révèle la résolution cruelle d'Agamemnon et le péril d'Iphigénie. Il est clair qu'Achille n'y peut prendre par lui-même aucun intérêt, si ce n'est celui de la pitié que tout autre éprouverait comme lui, et le ressentiment qu'il doit avoir contre ceux qui ont abusé de son nom. Clytemnestre cependant saisit cette occasion de se ménager un appui pour sa fille ; elle tombe à ses genoux, et lui dit à peu près les mêmes choses que Racine a écrites en si beaux vers, mais qui ont infiniment plus de force en s'adressant à celui qui devait réellement être l'époux d'Iphigénie, qu'à un prince qui dans le fait se trouve étranger à tout ce qui se passe. Il lui répond très noblement, et lui promet son secours. Il fait les mêmes offres à Iphigénie dans l'acte suivant ; mais que produit son entretien ? Rien, absolument rien : il ne voit pas même Agamemnon : il dit que ses propres soldats sont soulevés contre lui ; qu'il a couru risque d'être accablé de pierres. Cependant il amène un petit nombre d'amis, qui sont prêts comme lui à tout risquer pour sauver la princesse. Mais, lorsqu'elle témoigne qu'elle est résignée à mourir, et qu'elle sera une victime volontaire, immolée pour la gloire et le salut des Grecs, il se contente d'admirer sa résolution, et d'avouer que ce noble courage lui fait regretter de n'être pas son époux. Seulement il ajoute que, dans le cas où elle changerait d'avis, il sera près de l'autel pour la défendre. Est-ce là cette fougue impétueuse qui doit caractériser Achille? Je sais que, suivant les mœurs grecques, il ne doit pas faire davantage, et qu'il n'a pas le droit d'empêcher un dévouement religieux. Mais pourtant c'est Achille, c'est celui qu'Horace veut que l'on représente comme ne reconnaissant de loi que son épée; et certes, si Euripide en eût fait l'époux d'Iphigénie, il pouvait en faire en même temps l'Achille d'Homère; mais il a laissé cette gloire à Racine : c'est en effet d'après l'*Iliade* que le poète français a dessiné cette superbe scène, l'une des plus imposantes et des plus vives de notre théâtre, entre Achille et Agamemnon. C'est d'après le plus grand peintre de l'antiquité, que Racine a colorié cette belle figure de héros, que des critiques absurdes ont si ridiculement accusée d'être trop française. Ici, comme dans Homère, c'est un guerrier fougueux, terrible, inexorable, ne respirant que la gloire et les combats, impatient du repos, de l'obstacle et de l'injure, méprisant les oracles et les prêtres, également prêt à renverser les autels et à combattre toute une armée. On lui rappelle en vain qu'il doit périr sous les murs de Troie.

Moi ! je m'arrêterais à de vaines menaces,
Et je fuirais l'honneur qui m'attend sur vos traces !
Les Parques, à ma mère, il est vrai, l'ont prédit,
Lorsqu'un époux mortel fut reçu dans son lit.
Je puis choisir, dit-on, ou beaucoup d'ans sans gloire,
Ou peu de jours suivis d'une longue mémoire :
Mais, puisqu'il faut enfin que j'arrive au tombeau,
Voudrais-je, de la terre inutile fardeau,
Trop avare d'un sang reçu d'une déesse,
Attendre chez mon père une obscure vieillesse,
Et, toujours de la gloire évitant le sentier,
Ne laisser aucun nom et mourir tout entier ?
Ah ! ne nous formons point ces indignes obstacles ;
L'honneur parle, il suffit, ce sont là nos oracles.
Les dieux sont de nos jours les maîtres souverains ;
Mais, seigneur, notre gloire est dans nos propres mains.
Pourquoi nous tourmenter de leurs ordres suprêmes ?
Ne songeons qu'à nous rendre immortels comme eux-mêmes ;
Et, laissant faire au sort, courons où la valeur,
Nous promet un destin aussi grand que le leur.
C'est à Troie, et j'y cours ; et, quoi qu'on me prédise,
Je ne demande aux dieux qu'un vent qui m'y conduise ;
Et quand moi seul enfin il faudrait l'assiéger,
Patrocle et moi, seigneur, nous irons vous venger.

Assurément il n'y avait qu'Achille au monde qui pût vouloir tout seul assiéger Troie. Il n'y avait que lui qui pût dire à Clytemnestre :

Votre fille vivra : je puis vous le prédire.
Croyez, croyez du moins que, tant que je respire,
Les dieux auront en vain ordonné son trépas.
Cet oracle est plus sûr que celui de Calchas.

Il n'y avait que lui qui pût dire à Iphigénie :

> Venez, Madame, suivez-moi.
> Ne craignez ni les cris ni la foule impuissante
> D'un peuple qui se presse autour de cette tente.
> Paraissez; et bientôt, sans attendre mes coups,
> Ces flots tumultueux s'ouvriront devant vous.
> Patrocle et quelques chefs qui marchent à ma suite,
> De mes Thessaliens vous amènent l'élite.
> Tout le reste, assemblé près de mon étendard,
> Vous offre de ses rangs l'invincible rempart.
> A vos persécuteurs opposons cet asyle :
> Qu'ils viennent vous chercher sous les tentes d'Achille?

C'est à la fois un guerrier, un amant, un époux outragé; c'est Achille tout entier. On voit que Racine était plein d'Homère; il traduit d'Homère cet endroit de la scène d'Achille avec Agamemnon.

> Et que m'a fait à moi cette Troie où je cours?
> Au pied de ses remparts quel intérêt m'appelle?
> Pour qui, sourd à la voix d'une mère immortelle,
> Et d'un père éperdu négligeant les avis,
> Vais-je y chercher la mort tant prédite à leur fils?
> Jamais vaisseaux partis des rives du Scamandre,
> Aux champs thessaliens osèrent-ils descendre?
> Et jamais dans Larisse un lâche ravisseur
> Me vint-il enlever ou ma femme ou ma sœur?
> Qu'ai-je à me plaindre? où sont les pertes que j'ai faites?
> Je n'y vais que pour vous, barbare que vous êtes!

Ce qui distingue ce rôle admirable, c'est que l'amour, qui affaiblit ordinairement l'héroïsme, lui donne ici un nouveau ressort. Il semble qu'il n'y ait rien à répondre lorsque Achille dit à Iphigénie :

Quoi! Madame, un barbare osera m'insulter!
Il voit que de sa sœur je cours venger l'outrage;
Il sait que, le premier lui donnant mon suffrage,
Je le fis nommer chef de vingt rois ses rivaux;
Et pour fruit de mes soins, pour fruit de mes travaux,
Pour tout le prix enfin d'une illustre victoire
Qui le doit enrichir, venger, combler de gloire,
Content et glorieux du nom de votre époux,
Je ne lui demandais que l'honneur d'être à vous.
Cependant aujourd'hui, sanguinaire, parjure,
C'est peu de violer l'amitié, la nature,
C'est peu que de vouloir, sous un couteau mortel,
Me montrer votre cœur fumant sur un autel,
D'un appareil d'hymen couvrant ce sacrifice,
Il veut que ce soit moi qui vous mène au supplice;
Que ma crédule main conduise le couteau;
Qu'au lieu de votre époux, je sois votre bourreau!
Et quel était pour vous ce sanglant hyménée,
Si je fusse arrivé plus tard d'une journée?
Quoi donc! à leur fureur livrée en ce moment,
Vous iriez à l'autel me chercher vainement;
Et d'un fer imprévu vous tomberiez frappée,
En accusant mon nom qui vous aurait trompée!
Il faut de ce péril, de cette trahison,
Aux yeux de tous les Grecs lui demander raison.
A l'honneur d'un époux vous-même intéressée,
Madame, vous devez approuver ma pensée;
Il faut que le cruel qui m'a pu mépriser,
Apprenne de quel nom il osait abuser.

Il ne s'indigne pas moins de la soumission d'Iphigénie que de la cruauté de son père :

Eh bien! n'en parlons plus, obéissez cruelle,

Et cherchez une mort qui vous semble si belle
Portez à votre père un cœur où j'entrevois
Moins de respect pour lui que de haine pour moi.
Une juste fureur s'empare de mon âme :
Vous allez à l'autel, et moi, j'y cours, Madame.
Si de sang et de morts le Ciel est affamé,
Jamais de plus de sang ses autels n'ont fumé.
A mon aveugle amour tout sera légitime,
Le prêtre deviendra ma première victime ;
Le bûcher, par mes mains détruit et renversé,
Dans le sang des bourreaux nagera dispersé ;
Et si, dans les horreurs de ce désordre extrême,
Votre père frappé tombe et périt lui-même,
Alors de vos respects voyant les tristes fruits,
Reconnaissez les coups que vous aurez conduits.

Je le répète : que l'on compare à ces emportements si naturels, si intéressants, si bien fondés, le sang-froid de l'Achille d'Euripide, et qu'on décide lequel de ces deux rôles est le plus tragique et le plus théâtral !

Mais le dernier coup de pinceau est dans le cinquième acte, quand le poëte représente tous les Grecs armés contre Iphigénie.

De ce spectacle affreux votre fille alarmée,
Voyait pour elle Achille, et contre elle l'armée.
Mais, quoique seule pour elle, Achille furieux
Épouvantait l'armée et partageait les dieux.

Homère et Corneille, les deux premiers modèles du sublime, n'ont rien, ce me semble, de plus grand pour l'idée et pour l'expression * que ces

* La mémoire de La Harpe est ici en défaut. Cette belle expression

deux vers. L'imagination croit voir l'Achille de l'*Iliade* quand il paraît près de ses pavillons, sans armes, qu'il crie trois fois, et que trois fois les Troyens reculent. Girardon disait que, depuis qu'il avait lu Homère, les hommes lui paraissaient avoir dix pieds : Racine les voyait à cette hauteur quand il a peint son Achille.

J'ai dit que le rôle d'Agamemnon était plus noble et mieux soutenu dans notre *Iphigénie* que dans celle des Grecs. En effet, Euripide l'avilit gratuitement devant Ménélas. Quand celui-ci a surpris la lettre que son frère envoie pour prévenir l'arrivée de Clytemnestre, il lui reproche longuement et durement de n'être plus le même depuis qu'il a obtenu le commandement général ; d'avoir été souple et flatteur lorsqu'il le briguait, et d'être devenu intraitable et inaccessible depuis qu'il en est revêtu. Ces reproches injurieux sont déplacés : il suffisait que Ménélas lui rappelât ses résolutions, conformes à l'intérêt des Grecs, et se plaignît de son changement. D'un autre côté, Agamemnon reproche à Ménélas de *ne respirer que le sang et le carnage*, de vouloir *se ressaisir d'une épouse ingrate, aux dépens de la raison et de l'honneur*. Est-ce bien Agamemnon qui doit tenir ce langage? est-ce à lui de parler ainsi de l'injure faite à son frère, d'une querelle qui arme toute la Grèce, et qui le met lui-même à la tête de tous les rois? Il y a là trop d'inconséquence ;

Partageait les Dieux, est de Corneille. (*Sectorius*, acte I, scène 1) :
Balance les destins *et partage les Dieux*.

F.

c'est s'expliquer comme Clytemnestre, et non pas comme le général des Grecs et le frère de Ménélas, ni même comme un homme qui, un moment auparavant, a senti la nécessité du sacrifice qu'on lui demandait. Qu'il en gémisse, qu'il soit combattu, qu'il cherche même à éluder sa parole, à sauver sa fille, rien n'est plus naturel; mais qu'il ne condamne pas formellement sa propre cause. C'est se rendre soi-même inexcusable lorsqu'un moment après il consentira au sacrifice. Qu'il ne dise donc pas : « Poursuivez » tant qu'il vous plaira la vengeance inique d'une » perfide épouse : c'est votre passion ; mais il m'en » coûterait trop de larmes si j'étais assez injuste » pour livrer mon sang aux Grecs. » Racine a bien senti ce défaut de convenance, il a mis dans la bouche de Clytemnestre ce qu'Euripide fait dire à Agamemnon :

Laissez à Ménélas racheter d'un tel prix
Sa coupable moitié dont il est trop épris.
Mais vous, quelles fureurs vous rendent sa victime?
Pourquoi vous imposer la peine de son crime?
Pourquoi moi-même enfin, me déchirant le flanc,
Payer sa folle amour du plus pur de mon sang?

Il me semble aussi que Racine a mieux gardé les vraisemblances, et conservé la dignité d'Agamemnon devant Clytemnestre, lorsqu'il lui interdit l'approche de l'autel. Dans Euripide, il veut la renvoyer à Argos, sous prétexte de veiller de plus près à l'éducation de ses filles; prétexte d'autant moins probable, que lui-même l'a fait venir à l'armée pour le mariage d'Iphigénie; ce qui présente une contradiction choquante et inexplicable. Aussi, lorsqu'il lui dit d'un ton absolu : « Je le veux : partez, obéissez; » elle répond : « Non, certes, je ne partirai pas. J'en jure par » Junon. Les soins d'un père vous regardent : » laissez-moi ceux d'une mère; » et là-dessus elle le quitte. C'est compromettre un peu l'autorité d'Agamemnon, comme roi et comme époux. Racine, en imitant cette scène, l'a corrigée. Des différentes raisons que lui fournit Euripide, il n'a pris que celle qui du moins a quelque chose de plausible, et il l'a exprimée avec un art et une élégance de détails qui en couvrent la faiblesse autant qu'il est possible.

Vous voyez en quels lieux vous l'avez amenée (*Iphigénie*) :
Tout y ressent la guerre, et non point l'hyménée.
Le tumulte d'un camp, soldats et matelots,
Un autel hérissé de dards, de javelots,
Tout ce spectacle enfin, pompe digne d'Achille,
Pour attirer vos yeux n'est point assez tranquille;
Et les Grecs y verraient l'épouse de leur roi
Dans un état indigne et de vous et de moi.

Clytemnestre ne manque pas de bonnes raisons à lui opposer : alors il en vient à un ordre formel :

Vous avez entendu ce que je vous demande :
Madame, je le veux, et je vous le commande,
Obéissez.

Et il sort sans attendre sa réponse. C'est sauver à la fois toutes les bienséances; car il ne doit pas douter qu'on ne lui obéisse, et, après un ordre si précis et si dur, il n'a plus rien à dire ni à entendre. A l'égard de Clytemnestre, elle demeure étonnée comme elle doit l'être, et cherche à deviner les motifs de cette conduite. Elle paraît croire que son époux n'ose pas montrer aux Grecs assemblés la sœur de la coupable Hélène.

Mais n'importe : il le veut, et mon cœur s'y résout.
Ma fille, ton bonheur me console de tout.

Il y a de l'adresse à couvrir cette petite mortification, qui se perd pour ainsi dire dans les jouissances de l'amour maternel. L'observation de toutes ces bienséances est un des avantages du théâtre français sur celui de toutes les autres nations.

Brumoy prétend qu'Agamemnon est plus roi dans Racine, et plus père dans Euripide. Il me semble, au contraire, que, dans la pièce grecque, Agamemnon donne beaucoup plus à l'intérêt de la patrie, et, dans la pièce française, beaucoup plus à la nature; et je crois encore qu'en cela tous deux se sont conformés aux mœurs du pays où ils écrivaient. La prise de Troie, l'autorité des oracles, l'honneur de la Grèce, devaient être d'une plus grande importance sur le théâtre d'Athènes que sur le nôtre. Aussi, dans Euripide, passé le second acte, Agamemnon n'a plus aucune irrésolution, et paraît constamment résigné au sacrifice. Racine a senti que, pour des spectateurs français, il fallait que la nature rendît plus de combats; et après cette grande scène du quatrième acte, où la fierté et la dignité d'Agamemnon se soutiennent si bien devant la hauteur menaçante d'Achille, le poète trouve encore le moyen de donner au roi d'Argos un retour très intéressant, dans l'instant même où il est le plus irrité de l'orgueil d'Achille, où il dit avec toute la fierté qui appartient aux Atrides :

Achille menaçant détermine mon cœur;
Ma pitié semblerait un effet de ma peur.

Il se rappelle la soumission d'Iphigénie.

Achille nous menace, Achille nous méprise :
Mais ma fille en est-elle à mes lois moins soumise ?

La tendresse paternelle prend encore le dessus. Il veut que sa fille vive. Elle vivra, dit-il, pour un autre que lui. Il fait venir la reine et Iphigénie, et charge Eurybate de les conduire secrètement hors du camp, et de les ramener dans Argos. Ce projet échoue par la trahison d'Euriphile qui va tout découvrir à Calchas, et par le soulèvement de l'armée qui réclame la victime. Ainsi, jusqu'au dernier moment, la nature l'emporte encore, et Agamemnon ne cède qu'à l'invincible nécessité. Cette gradation est le chef-d'œuvre de l'art ; elle était nécessaire pour répandre sur le rôle d'Agamemnon l'intérêt dont il était susceptible, et pour multiplier les alternatives de la crainte et de l'espérance. Cette marche savante est un mérite des Modernes : les Anciens trouvaient de belles situations ; mais nous avons su mieux qu'eux les soutenir, les graduer et les varier.

Je trouve encore Racine supérieur à son modèle, dans la manière dont Clytemnestre défend sa fille. Ce n'est pas que cette scène ne soit belle dans Euripide, qu'il n'y ait du pathétique dans les discours de Clytemnestre ; mais elle commence par reprocher à son époux des crimes qui le rendent odieux, le meurtre de Tantale son premier mari, et celui d'un fils qu'elle en avait eu. Il ne faut pas faire haïr celui que la situation doit faire plaindre. Racine n'a point commis cette faute, et il a donné en même temps plus de véhémence à Clytemnestre : il a donné à la nature un accent plus fort et plus pénétrant ; il a joint à ses plaintes plus de menaces et de fureurs, et il le fallait ; car de quoi n'est pas capable une mère dans une situation si horrible ? Dans Euripide, Agamemnon, après avoir répondu à la mère et à la fille, se retire et les laisse ensemble : cette sortie est un peu froide. La scène est mieux conduite dans Racine, et va toujours en croissant. Clytemnestre, voyant qu'elle ne peut rien sur Agamemnon, s'empare de sa fille.

Non, je ne l'aurai point amenée au supplice,
Ou vous ferez aux Grecs un double sacrifice.
Ni crainte ni respect ne m'en peut détacher,
De mes bras tout sanglants il faudra l'arracher.
Aussi barbare époux qu'impitoyable père,
Venez, si vous l'osez, la ravir à sa mère ;
Et vous, rentrez, ma fille, et du moins à mes lois
Obéissez encor pour la dernière fois.

Voilà le cri de la nature ; voilà comme devait finir cette scène. On sait quel en est l'effet au théâtre, et quels applaudissements suivent Clytemnestre, dont le spectateur a partagé les transports.

Autant sa douleur est furieuse et menaçante, autant celle d'Iphigénie est touchante et timide. Elle l'est aussi dans Euripide; mais pourtant elle n'est pas exempte de ce ton de harangue et de déclamation qu'on reproche aux poètes grecs, et particulièrement à Euripide, mais qui est infiniment rare dans Sophocle. Iphigénie commence par regretter de n'avoir pas *l'éloquence d'Orphée, et l'art d'entraîner les rochers et d'attendrir les cœurs par des paroles.* Ce début est trop oratoire; mais le reste est d'une grande beauté, sur-tout l'endroit où elle présente à son père le petit Oreste encore au berceau, et cherche à se faire un appui de cette pitié si naturelle qu'on ne peut refuser à l'enfance. Ce morceau est plein de cette simplicité attendrissante, de cette expression de la nature où excellait Euripide. Racine n'avait point ce moyen : il est dans nos principes de n'amener un enfant sur la scène que lorsqu'il tient à l'action, comme dans *Athalie* et dans *Inès*. On a depuis employé ce ressort dans quelques pièces, et beaucoup moins à propos : les connaisseurs l'ont blâmé, et je crois que ce n'est pas sans fondement. Il serait trop aisé de faire venir un enfant sur le théâtre toutes les fois qu'il y aurait un personnage à émouvoir; et tout moyen par lui-même si facile, et en quelque sorte banal, perd nécessairement de son effet. Les Grecs n'en ont fait usage que très rarement, quoiqu'ils se servissent beaucoup plus que nous de tout ce qui pouvait parler aux yeux. Nous en avons vu un exemple très heureux dans l'*Ajax* de Sophocle ; mais en général ce moyen est un de ceux qu'il faut mettre en œuvre avec le plus de réserve, et que le succès peut seul justifier.

On a fait un reproche spécieux à l'*Iphigénie* française : on a voulu voir de l'excès dans sa résignation, * lorsqu'elle dit à son père :

D'un œil aussi content, d'un cœur aussi soumis,
Que j'acceptais l'époux que vous m'aviez promis,
Je saurai, s'il le faut, victime obéissante,
Tendre au fer de Calchas une tête innocente.

On aurait raison, si c'était là le fond de ce qu'elle dit et de ce qu'elle pense ; mais qu'on écoute sa réponse tout entière, et l'on verra s'il y a de la bonne foi à interpréter séparément et à prendre dans une rigueur si littérale ce qui n'est qu'une tournure du discours, une espèce de concession oratoire, dont le but est de toucher d'abord le cœur d'Agamemnon par la soumission, avant de le ramener par la prière et les larmes. A-t-on pu croire qu'elle veuille dire en effet qu'il sera aussi satisfaisant pour elle d'être sacrifiée que d'épouser son amant ? Ce sentiment serait entièrement faux, et je n'en connais point de cette espèce dans Racine. Mais pour juger l'intention d'un

---

* On peut consulter sur cette résignation *le Génie du Christianisme*, seconde partie, livre II, chap. 8. L'auteur y explique avec beaucoup d'imagination ce que Racine a ajouté de chrétien au rôle d'Iphigénie.

J. V. Le Clerc.

discours, il faut l'entendre tout entier, et ne pas s'arrêter à ce qui n'est qu'un moyen préparatoire. Or, qui ne voit, en lisant la suite, que ces assurances d'une docilité parfaite ne vont qu'à disposer Agamemnon à écouter favorablement sa fille ?

Si pourtant ce respect, si cette obéissance,
Paraît digne à vos yeux d'une autre récompense,
Si d'une mère en pleurs vous plaignez les ennuis,
J'ose vous dire ici qu'en l'état où je suis,
Peut-être assez d'honneurs environnaient ma vie
Pour ne pas souhaiter qu'elle me fût ravie,
Ni qu'en me l'arrachant, un sévère destin,
Si près de ma naissance, en eût marqué la fin.

Est-ce là le langage d'une personne qui regarde du même œil la mort et l'hyménée? Sa prière, pour être modeste et timide, en est-elle moins intéressante? A peine voit-elle son père attendri, comme il doit l'être par ces premières paroles, qu'elle emploie successivement tout ce qu'il y a de plus capable de l'émouvoir, en commençant par ces deux vers si naturels et si simples, traduits d'Euripide :

Fille d'Agamemnon, c'est moi qui la première,
Seigneur, vous appelai de ce doux nom de père.
C'est moi qui si long-temps, le plaisir de vos yeux,
Vous ai fait de ce nom remercier les dieux,
Et pour qui tant de fois prodiguant vos caresses,
Vous n'avez point du sang dédaigné les faiblesses.
Hélas! avec plaisir je me faisais conter
Tous les noms des pays que vous allez dompter;

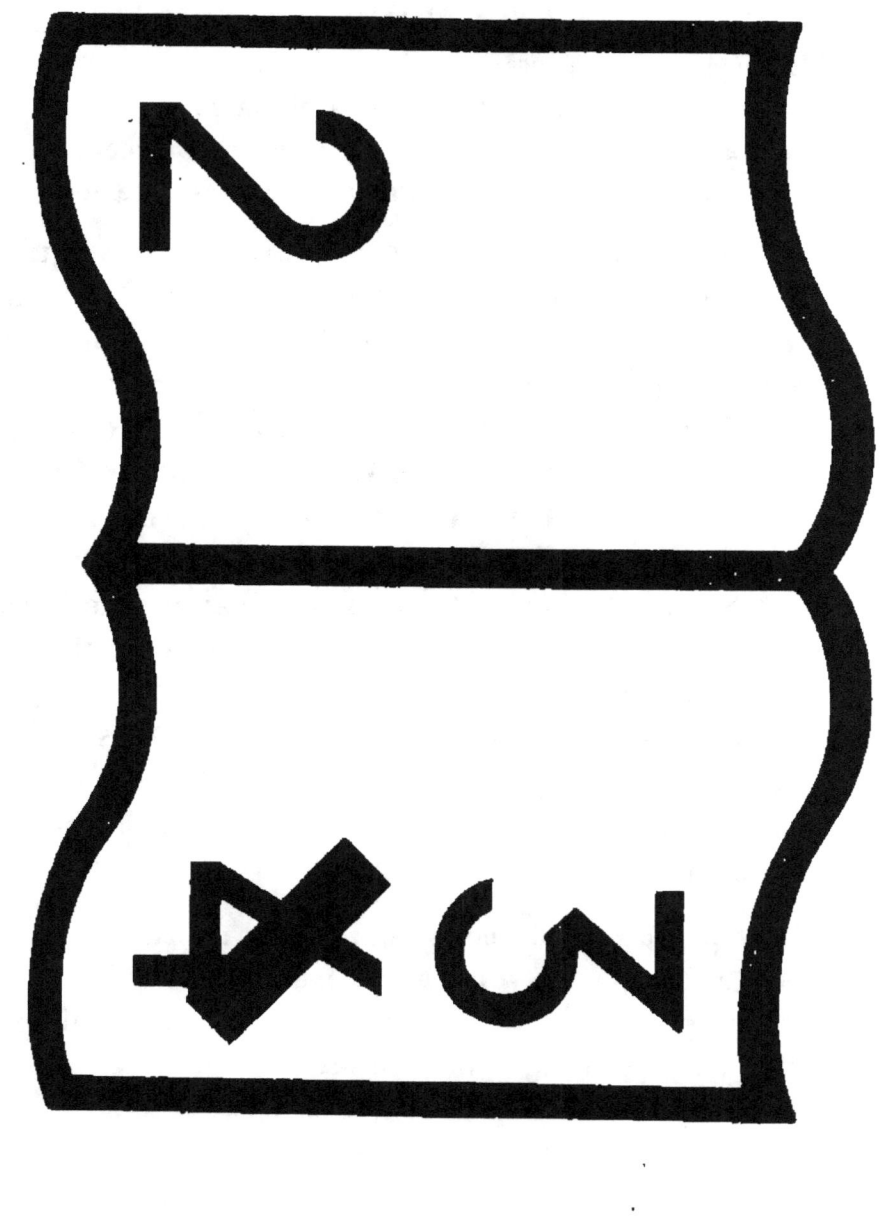

Et déjà d'Ilion présageant la conquête,
D'un triomphe si beau je préparais la fête.
Je ne m'attendais pas que, pour le commencer,
Mon sang fût le premier que vous dussiez verser.

Iphigénie, dans le grec, finit par dire qu'il n'y a rien de si désirable que la vie, et de si affreux que la mort. Ce sentiment est vrai; mais est-il assez touchant pour terminer un morceau de persuasion? Il peut convenir à tout le monde, et il valait mieux, ce me semble, insister, en finissant, sur ce qui est particulier à Iphigénie; et c'est aussi ce qu'a fait Racine. Il n'a pas cru non plus devoir lui donner cette extrême frayeur de la mort; il a voulu qu'on se souvînt que c'était la fille d'Agamemnon; et d'ailleurs il savait qu'un peu de courage sans faste, et mêlé à tous les sentiments qu'elle doit exprimer, ne pouvait rien diminuer de l'intérêt qu'elle inspire, et devait même l'augmenter :

Non que la peur du coup dont je suis menacée
Me fasse rappeler votre bonté passée.
Ne craignez rien : mon cœur, de votre honneur jaloux,
Ne fera point rougir un père tel que vous;
Et si je n'avais eu que ma vie à défendre,
J'aurais su renfermer un souvenir si tendre.
Mais à mon triste sort, vous le savez, seigneur,
Une mère, un amant, attachaient leur bonheur.
Un roi digne de vous a cru voir la journée
Qui devait éclairer notre illustre hyménée.
Déjà sûr de mon cœur à sa flamme promis,
Il s'estimait heureux : vous me l'aviez permis.
Il sait votre dessein : jugez de ses alarmes.

> Ma mère est devant vous, et vous voyez ses larmes.
> Pardonnez aux efforts que je viens de tenter
> Pour prévenir les pleurs que je leur vais coûter.

De combien d'intérêts elle s'environne en paraissant oublier le sien ! Elle ne fait pas parler les pleurs du petit Oreste, comme dans Euripide ; mais les pleurs d'un enfant sont un moyen accidentel et passager, au lieu que le contraste affreux de l'hymen qui lui était promis, et de la mort où l'on va la conduire, tient à tout le reste de la pièce et fait partie de la situation. Plus je réfléchis sur ces deux ouvrages, plus il me paraît incontestable que la terreur et la pitié sont portées beaucoup plus loin dans Racine que dans Euripide.

J'ai entendu quelquefois opposer à ce dévouement généreux d'Iphigénie, qui s'élève au-dessus de la crainte de la mort en même temps qu'elle fait ce qu'elle doit pour sauver sa vie, cet aveu que fait Aménaïde d'un sentiment tout contraire, dans ces vers si connus :

> Je ne me vante point du fastueux effort,
> De voir sans m'alarmer les apprêts de ma mort.
> Je regrette la vie : elle dut m'être chère.

L'un de ces passages ne me paraît point la critique de l'autre. Aménaïde et Iphigénie disent toutes deux ce qu'elles doivent dire : ce sont seulement deux genres de beauté différents. La situation d'Aménaïde est bien plus affreuse encore que celle d'Iphigénie : elle est condamnée à une mort infâme ; elle va périr en coupable, et sur un échafaud.

Aussi le poëte la représente dans l'entier abattement de l'extrême infortune : pas un sentiment doux, pas une ombre de consolation ne se mêle à l'horreur de sa destinée. Accusée par ses concitoyens, méconnue par son père, éloignée de son amant, elle ne peut faire entendre que l'accent de la plainte. Quelle différence d'Iphigénie! Elle va être offerte en victime pour le salut et la gloire de toute la Grèce; et l'on n'ignore pas quel honneur était attaché à ces sortes de sacrifices, réputés si honorables, que souvent même ils étaient volontaires. Ces idées prises dans les mœurs, et le nom de fille du roi des rois, devaient donc mêler au caractère d'Iphigénie quelques teintes d'un héroïsme que ne devait point avoir Aménaïde, qui n'est jamais qu'amante et malheureuse. C'est du discernement de toutes ces convenances, relatives au personnage, au pays, aux préjugés, aux coutumes, que dépend la perfection d'un caractère dramatique; et je crois qu'elle se trouve dans celui d'Iphigénie.

J'ai connu des hommes de beaucoup d'esprit qui faisaient une autre critique de cette même scène : ils en blâmaient le dialogue. Ils auraient voulu qu'il fut coupé par des répliques alternées et contradictoires, de manière à établir une espèce de choc, un combat de paroles entre Agamemnon et Clytemnestre, et ils pensaient que la scène en serait devenue plus forte et plus vive. Je ne sais si je me trompe; mais je crois trouver dans la nature les raisons qui me persuadent que Racine ne s'est pas trompé. Sa scène, ainsi que celle d'Euripide, est partagée en trois couplets, si ce n'est que l'ordre est différent. Dans le Grec, Clytemnestre parle la première : elle éclate en reproches contre Agamemnon, qui ne répond rien. C'est déjà un défaut à mon avis ; car il ne convient pas qu'il ait l'air de n'avoir rien à répondre. Sa fille prend la parole : il réplique alors et se retire. J'ai déjà remarqué que cette sortie ne devait pas faire un bon effet, et que la marche de Racine me semblait plus heureuse. Chez lui, c'est Iphigénie qui parle la première après que sa mère a dit avec une indignation ironique et concentrée :

Venez, venez, ma fille, on n'attend plus que vous.
Venez remercier un père qui vous aime,
Et qui veut à l'autel vous conduire lui-même,

Et après qu'Agamemnon, voyant sa fille pleurer et baisser les yeux, s'est écrié :

Ah! malheureux Arcas! tu m'as trahi!

elle se hâte de lui dire :

         Mon père,
Cessez de vous troubler, vous n'êtes point trahi.
Quand vous commanderez, vous serez obéi.

Et le reste, comme on vient de l'entendre. Il me paraît très naturel qu'Iphigénie, qui connaît toute la violence de Clytemnestre, et qui en a déjà été témoin devant Achille ; qui même a eu soin de dire à son amant :

On ne connaît que trop la fierté des Atrides.
Laissez parler, seigneur, des bouches plus timides.

se hâte de prévenir les emportements de sa mère, et d'assayer ce que peuvent sur Agamemnon la pitié et la nature. D'un autre côté, il n'est pas moins vraisemblable que Clytemnestre, qui a eu le temps de revenir de ses premiers transports, se contienne encore jusqu'au moment où elle aura entendu, de la bouche même de son époux, ce qu'en effet elle ne doit croire entièrement que lorsqu'il l'aura lui-même avoué. Après qu'Iphigénie a parlé, Clytemnestre doit d'autant plus attendre la réponse d'Agamemnon, qu'elle a tout lieu d'espérer qu'il n'aura pu résister aux pleurs de sa fille. Il s'explique cependant de manière à ne laisser aucune espérance. C'est alors que l'orage commence, et avec d'autant plus d'effet, que le spectateur l'a vu s'amasser dans le cœur de Clytemnestre pendant qu'Agamemnon parlait, et qu'elle ne se livre à toute sa fureur qu'après qu'elle a perdu tout espoir. Aussi perd-elle en même temps tout ménagement, et finit par se jeter sur sa fille comme une forcenée, et l'entraîne avec elle hors du théâtre. Cette marche me paraît en tout celle de la nature : on y observe ce progrès si essentiel à l'effet théâtral, et qui manque à la scène d'Euripide; et non-seulement je n'y trouve rien à reprendre, mais je n'y vois rien qu'on ne doive admirer.

Ensuite je demande aux critiques où ils auraient voulu placer ce dialogue coupé, qui leur semble préférable, et comment il pouvait trouver place dans une pareille situation. Prétendre que tout l'art du dialogue consiste dans un conflit de réparties rapidement multipliées, c'est une grande erreur. Il doit toujours être conforme à la situation; et dès que ce rapport existe, toutes les formes qu'il prend sont également bonnes. « Mais » trois grands couplets qui forment une scène, » c'est bien long, et cela ressemble à trois ha-- » rangues qui se succèdent, » disent les critiques qui se paient de mots, et qui s'imaginent qu'il ne peut y avoir de chaleur que dans les traits et dans les saillies. Je réponds : il y a tel moment où un couplet de quatre vers est long, parce qu'il est inutile, et tel moment où soixante, quatre-vingts, cent vers, ne sont point une longueur, parce qu'il n'y a rien de trop. Dans les scènes de bravades ou de passions, dans une crise pressante et instantanée, le dialogue doit être vif et coupé. Voyez la scène de Néron et de Britannicus, quand ils se bravent tous les deux; celle d'Agamemnon et d'Achille, dont je parlerai tout à l'heure; elles sont de ce genre : alors l'explosion est continuelle. Mais, quand il y a des combats intérieurs, quand il en coûte de parler ou de répondre, quand ce qui s'offre à dire ne peut s'appuyer que sur une suite d'idées liées entre elles, quand celui qui parle est tellement animé, qu'il est comme impossible de l'interrompre, alors chacun ne doit parler que pour tout dire, et tous ces cas différents se trouvent dans la scène dont il s'agit. D'abord Agamemnon est dans l'état le plus violent et le plus pénible : on vient lui reprocher de faire ce qu'il ne fait que malgré lui : il est comme surpris par sa fille et par sa femme, qui viennent lui livrer un assaut imprévu. Dira-t-on qu'il soit fort pressé d'interrompre les prières et les larmes d'Iphigénie? Cela ne peut même se supposer. Il souffre; et il lui faut du temps pour recueillir toutes ses forces et rassembler toutes ses raisons. Il l'écoute donc, et doit l'écouter. Quand il parle à son tour, est-ce Iphigénie qui lui coupera la parole? Elle a dit ce qu'elle devait dire : s'il est inflexible, elle est résignée. Ira-t-elle lutter de reparties contre lui? Rien ne serait plus opposé à la décence et au caractère noble que le poète lui donne. Mais Clytemnestre, dira-t-on, comment n'éclate-t-elle pas d'abord? Elle fait bien plus : elle se contient quelque temps; elle a l'air de se dire à elle-même : Voyons comment un père trouvera des raisons pour immoler sa fille. A mesure qu'elle l'écoute, la rage la suffoque : elle a besoin de rappeler tout ce qu'elle a de force; et le poète l'a si bien senti, qu'elle commence par quatre vers pleins d'une fureur sourde et interne, pleins d'une ironie amère et sanglante :

Vous ne démentez point une race funeste;
Oui, vous êtes le sang d'Atrée et de Thyeste.
Bourreau de votre fille, il ne vous reste enfin
Que d'en faire à sa mère un horrible festin.
Barbare ! etc.

Soulagée par cette première éruption, c'est alors que cette âme, tourmentée et embrâsée comme un volcan, répand des torrents de reproches, d'invectives, de douleurs, de fureurs; et c'est ici, plus que jamais, que je demande à tous ceux qui l'ont entendue, s'ils imaginent quelque moyen humain de l'interrompre ou de l'arrêter, à moins de la tuer sur la place. Agamemnon, nécessairement étourdi de cette tempête, est-il même en état de répondre? Y pense-t-il? Elle a cessé de parler, elle est sortie, elle a entraîné sa fille, qu'il ne sait encore où il en est. Il demeure consterné, épouvanté, abîmé dans son malheur.... Oh! qu'il faut y regarder de bien près avant d'attaquer, sur l'exacte imitation de la nature, l'homme qui en a été le peintre le plus fidèle!

Iphigénie soutient jusqu'au bout le caractère également sensible et généreux qu'elle a montré. Sûre de la tendresse de son père, qui vient de faire un dernier et inutile effort pour la faire partir secrètement avec Clytemnestre, voyant toute l'armée conjurée contre elle, elle se résout à mourir; elle console sa mère désespérée; elle la fait souvenir de l'enfance d'Oreste; elle exprime les sentiments les plus aimables.

Sur-tout si vous m'aimez, par cet amour de mère
Ne reprochez jamais mon trépas à mon père.

Elle résiste à son amant même qui veut la défendre. Elle lui met devant les yeux la gloire dont il doit se couvrir devant Troie.

Songez, seigneur, songez à ces moissons de gloire
Qu'à vos vaillantes mains présente la victoire.
Ce champ si glorieux, où vous aspirez tous,
Si mon sang ne l'arrose, est stérile pour vous.
Telle est la loi des dieux à mon père dictée :
En vain, sourd à Calchas, il l'avait rejetée;
Par la bouche des Grecs contre moi conjurés,
Leurs ordres éternels se sont trop déclarés.

Partez. A vos honneurs j'apporte trop d'obstacles.
Vous-mêmes dégagez la foi de vos oracles;
Signalez ce héros à la Grèce promis;
Tournez votre douleur contre ses ennemis.
Déjà Priam pâlit; déjà Troie, en alarmes,
Redoute mon bûcher et frémit de vos larmes.
Allez, et, dans ces murs vides de citoyens,
Faites pleurer ma mort aux veuves des Troyens.
Je meurs dans cet espoir satisfaite et tranquille.
Si je n'ai pas vécu la compagne d'Achille,
J'espère que du moins un heureux avenir
A vos faits immortels joindra mon souvenir.
Et qu'un jour mon trépas, source de votre gloire,
Ouvrira le récit d'une si belle histoire.

Ce mélange d'héroïsme et de sensibilité, qui est propre à la tragédie, quoiqu'il n'entre pas dans tous les sujets, est fort heureux, sur-tout dans ceux dont le fond aurait par lui-même quelque chose de trop affligeant, tel, par exemple, que celui d'Iphigénie, où les dieux ont ordonné la mort de l'innocence. C'est dans ce cas que l'admiration tempère par des idées consolantes un sentiment fait pour consterner le cœur et le flétrir. Elle ne diminue pas la pitié, elle la rend plus douce. C'est un des plus précieux avantages de la tragédie, d'élever l'âme en l'attendrissant, ou même en l'effrayant; et c'est en ce sens que l'admiration peut être un ressort tragique, non pas capital, mais accessoire. J'en dirai là-dessus davantage dans le résumé général sur Corneille et Racine, où j'expliquerai qu'elle part peut avoir dans la tragédie ce ressort de l'admiration, sur lequel, depuis vingt ans, on a, comme sur tout le reste, débité tant d'inepties.

Nous avons vu ce qu'étaient, dans Racine, Agamemnon, Clytemnestre, Iphigénie, et sur-tout cet Achille, si supérieur à ce qu'il est dans Euripide; et il a fallu reconnaître que, dans tous ces rôles, si le poète français est obligé de laisser au poète grec la gloire d'être original, il la balance au moins par celle d'une exécution bien plus parfaite. Jusqu'ici nous les avons considérés l'un auprès de l'autre : mais dans la scène entre Achille et Agamemnon, Racine ne doit rien à Euripide; et quel chef-d'œuvre que cette seule scène! Quel ton d'élévation! Quel feu dans le dialogue! Quelle progression! ce n'est pas seulement un combat de fierté entre deux héros; c'est Achille défendant son amante, demandant raison de sa propre injure, et réclamant son épouse; Achille prêt à lever le bras sur Agamemnon, s'il ne s'arrêtait à la seule pensée que c'est le père d'Iphigénie. On ne saurait joindre ensemble plus d'intérêt et de grandeur. « Mais comment louer tant de beautés sans redire faiblement ce que tout le monde a si bien senti? Quel tribut stérile! quel froid retour que des louanges pour toutes ces impressions si vives et si variées, ces frémissements, ces transports qu'excitent en nous ces productions sublimes du premier des arts! Pour en juger tous les effets, c'est au théâtre qu'il faut se transporter; c'est là qu'il faut voir les tendres pleurs d'Iphigénie, les larmes jalouses d'Eriphile et les combats d'Agamemnon; qu'il faut entendre les cris si douloureux et si déchirants des entrailles maternelles de Clytemnestre; qu'il faut contempler d'un côté le roi des rois, de l'autre Achille, ces deux grandeurs en présence, prêtes à se heurter, le fer prêt à étinceler dans la main du guerrier, et la majesté royale sur le front du souverain. Et quand vous aurez vu la foule immobile et en silence, attentive à ce spectacle, suspendue à tous les ressorts que l'art fait mouvoir sur la scène; lorsque, dans d'autres moments, vous aurez entendu, de ce silence universel, s'échapper tout à coup les sanglots de l'attendrissement, les cris de l'admiration ou de la terreur, alors, si vous vous méfiez des surprises faites à vos sens par le prestige de l'optique théâtrale, revenez à vous-même dans la solitude du cabinet, interrogez votre raison et votre goût, demandez-leur s'ils peuvent appeler des impressions que vous avez éprouvées, si la réflexion condamne ce qui a ému votre imagination; si, revenant au même spectacle, vous y porteriez des objections et des scrupules; et vous verrez que tout ce que vous avez senti n'était pas de ces illusions passagères qu'un talent médiocre peut produire avec une situation heureuse et la pantomime des acteurs, mais un effet nécessaire, constant et infaillible, fondé sur une étude réfléchie de la nature et du cœur humain, effet qui doit être à jamais le même, et qui, loin de s'affaiblir, augmentera dans vous à mesure que vous saurez mieux vous en rendre compte. Vous vous écrierez alors dans votre juste admiration : Quel art que celui qui domine si impérieusement, que je ne puis y résister sans démentir mon propre cœur ; qui force ma raison même de s'intéresser à des fictions ; qui, avec des douleurs feintes, exprimées dans un langage harmonieux et cadencé, m'émeut autant que les gémissements d'un malheur réel ; qui fait couler pour des infortunes imaginaires ces larmes que la nature m'avait données pour des infortunes véritables, et me procure une si douce épreuve de cette sensibilité dont l'exercice est souvent si amer et si cruel ! » *Éloge de Racine.*

Cette scène immortelle a pourtant de nos jours trouvé des censeurs ; car de quoi ne s'avise-t-on pas ? On a dit que ce n'était qu'un malentendu ; qu'au lieu de se quereller, Agamemnon et Achille n'auraient rien de mieux à faire que de s'accorder ; que l'un devrait dire à l'autre : De quoi s'agit-il ? De sauver Iphigénie ? J'en ai autant d'envie que vous : réunissons-nous pour en venir à bout. A cet arrangement de scène il n'y a qu'une petite difficulté : c'est qu'il faudrait que les personnages d'une tragédie fussent des hommes parfaits, sans passions, sans défauts, et doués d'une souveraine raison. C'est une fort belle spéculation ; mais par malheur elle n'est pas plus possible dans la tragédie que dans le monde. Il faut donc en attendant cette réforme, permettre qu'Achille n'endure pas tranquillement qu'on se serve de son nom pour immoler la femme qu'on lui a promise, et qu'il s'en explique en homme outragé ; ce qu'en vérité tout autre que lui ferait dans le même cas, sans être un Achille. Il faut aussi permettre que le général des Grecs, et le chef de tant de rois, ne trouve pas bon qu'on veuille lui faire la loi. C'est ainsi que les hommes sont faits ; et c'est parce qu'il y a des passions et des querelles parmi les hommes, qu'il a des tragédies sur la scène comme dans l'histoire. Il n'y en aura plus dès que nous serons tous devenus des êtres parfaits ; ce qui peut faire espérer que nous en aurons encore long-temps.

Il nous reste à examiner deux personnages qui ne sont pas dans la pièce grecque, Ulysse et Ériphile. Ulysse est substitué à Ménélas, et ce changement est très judicieux. D'abord il est peu convenable de faire paraître Ménélas, la première cause de tous les malheurs qui sont le sujet de la pièce : il ne peut y jouer qu'un rôle désagréable au spectateur. On serait blessé de le voir combattre la juste répugnance que montre Agamemnon à sacrifier sa fille, qui est en même temps la nièce de Ménélas. Celui-ci, en défendant les intérêts de la Grèce, aurait trop l'air de n'écouter que ceux de la vengeance, et de plaider sa propre cause. Ulysse, au contraire ne pouvant avoir d'autre intérêt que celui de tous les Grecs, est bien plus autorisé à combattre la résistance d'Agamemnon. Cette correction, si bien fondée, est encore une preuve de l'excellent esprit de Racine, et un avantage de plus sur Euripide.

J'ai fait voir que les personnages de ce dernier laissaient tous plus ou moins à désirer : chez Racine, celui d'Ériphile est le seul qui puisse prêter un peu à la critique. On ne peut nier qu'il ne soit en lui-même épisodique : à la rigueur, c'est un défaut; mais jamais défaut n'eut tant de bonnes excuses pour se justifier, ni tant de beautés pour le couvrir. Ce rôle d'Ériphile est continuellement lié à la pièce autant qu'il peut l'être. Il était nécessaire pour amener un dénouement sans le merveilleux de la Fable; car on sent bien que l'auteur français ne pouvait pas, comme le poète grec, substituer une biche à Iphigénie, par l'entremise de Diane. Notre tragédie peut quelquefois adopter le merveilleux; mais ce n'est pas celui-là. Eriphile a donc fourni à Racine un dénouement tel qu'il devait être, et son rôle est conçu avec une telle adresse, qu'il a le degré d'intérêt que doit avoir chaque personnage, et qu'en même temps sa conduite, motivée par la passion, est assez odieuse pour qu'on la voie volontiers périr, au lieu d'Iphigénie qu'elle a voulu perdre. Le poète satisfait le spectateur de toutes les manières, et c'est la perfection d'un cinquième acte quand le dénouement doit être heureux.

Des censeurs, dit le commentateur de Racine, *ont regardé avec raison le personnage d'Ériphile comme inutile à la pièce.* Non, il n'est pas *inutile*, puisque l'auteur a su le rendre nécessaire. Un personnage n'est inutile que lorsqu'il ne sert à rien, et qu'on pourrait le retrancher sans que la pièce en souffrît. Il est démontré que le rôle d'Ériphile n'est point de ce genre; et le commentateur lui-même, dans son examen, admire *l'art avec lequel Racine a su faire dépendre ce personnage de son sujet.* Il ne devait donc pas approuver un avis qu'il dément, ni donner raison à des censeurs qui confondent un personnage épisodique, c'est-à-dire ajouté à l'action principale, avec un personnage *inutile*, c'est-à-dire qui ne sert en rien à cette action. C'est confondre deux choses très différentes ; c'est une méprise et une injustice.

C'en est une encore, ce me semble (mais celle-ci est du commentateur), de dire à propos de l'amour qu'Ériphile a pour Achille : « Jamais » amour n'est né si subitement ni dans des circons- » tances si singulières. Il n'est pas naturel que » celui qui fit Ériphile prisonnière lui ait inspiré » une passion si vive en détruisant Lesbos. » Ce n'est pas sans doute parce qu'il a *détruit Lesbos*, qu'il lui a *inspiré de la passion*. Mais depuis quand n'est-il pas *naturel* qu'une jeune princesse aime un jeune héros, le fils d'une déesse, Achille enfin, dont tous les Anciens ont vanté la beauté ? Il y a beaucoup d'exemples de captives qui ont aimé leurs vainqueurs, et ce vainqueur n'était pas toujours un Achille. Enfin voyons si la manière dont Ériphile raconte que cet amour a pris naissance nous paraîtra si peu vraisemblable.

Rappellerai-je encor le souvenir affreux
Du jour qui dans les fers nous jeta toutes deux ?
Dans les cruelles mains par qui je fus ravie,
Je demeurai long-temps sans lumière et sans vie.
Enfin mes tristes yeux cherchèrent la clarté ;
Et, me voyant presser d'un bras ensanglanté,
Je frémissais, Doris, et d'un vainqueur sauvage
Craignais de rencontrer l'effroyable visage.
J'entrai dans son vaisseau, détestant sa fureur,
Et toujours détournant ma vue avec horreur.

Je le vis : son aspect n'avait rien de farouche.
Je sentis le reproche expirer dans ma bouche,
Je sentis contre moi mon cœur se déclarer;
J'oubliai ma colère et ne sus que pleurer.
Je me laissai conduire à cet aimable guide ;
Je l'aimais à Lesbos, et je l'aime en Aulide.

On voit qu'elle a trouvé son vainqueur fort aimable, et d'autant plus qu'elle s'y attendait moins. Qu'y a-t-il là de si étrange ?

On retrouve dans ce rôle d'Ériphile cette science particulière à Racine, de tirer parti de tous les mouvements de la passion, et d'en faire les principes naturels de la conduite des personnages et les moyens de son intrigue. La jalousie d'Ériphile, aigrie par le spectacle du bonheur qui semble d'abord attendre Iphigénie, et de l'amour qu'Achille a pour elle, la porte à des actions de méchanceté, d'ingratitude et de perfidie, très admissibles dans un personnage sur lequel l'intérêt de la pièce ne s'arrête point, et qui doit être puni à la fin. Mais de plus l'auteur sait leur donner quelque excuse, en offrant sous les couleurs les plus frappantes le contraste du sort d'Ériphile et de celui d'Iphigénie. Quand ces deux princesses arrivent ensemble, Doris, confidente de la première, s'étonne de la tristesse où elle est plongée, tandis que l'amitié qu'elle lui suppose pour Iphigénie devrait lui faire partager sa félicité.

Ériphile répond :

Eh quoi ! te semble-t-il que la triste Ériphile
Doive être de leur joie un témoin si tranquille ?

Crois-tu que mes chagrins doivent s'évanouir
A l'aspect d'un bonheur dont je ne puis jouir?
Je vois Iphigénie entre les bras d'un père;
Elle fait tout l'orgueil d'une superbe mère;
Et moi, toujours en butte à de nouveaux dangers,
Remise dès l'enfance en des bras étrangers,
Je reçus et je vois le jour que je respire,
Sans que mère ni père ait daigné me sourire!

Vient ensuite l'aveu de sa passion pour Achille, qu'elle voit prêt à épouser sa rivale. Elle ne dissimule pas que cet hymen, s'il s'achève, sera l'arrêt de sa mort. Elle ne cache rien de sa haine pour Iphigénie; mais ses malheurs et son amour suffisent pour l'excuser.

Observons à cette occasion, comme un principe général, que l'espèce d'intérêt que nous prenons souvent au théâtre à des personnages coupables et passionnés, intérêt qui ne va jamais plus loin qu'à les excuser et à les plaindre, ne blesse point l'équité naturelle, qui veut toujours que le crime soit puni. Et pourquoi? C'est que celui à qui une passion violente fait commettre un crime, en est déjà puni par cette passion même qui le tourmente, et souvent même puni plus cruellement qu'il ne le serait de tout autre manière. C'est ainsi qu'en y regardant de près, nous trouverons toujours dans l'effet théâtral cet accord entre les principes de l'art et ceux de la morale, que l'artiste ne doit jamais perdre de vue.

Ériphile a un moment d'espérance sur le faux bruit qu'a fait courir Agamemnon, qu'Achille ne presse plus son mariage; prétexte dont il se servait dans la lettre qui devait empêcher le départ de son épouse et de sa fille. Mais elle est bientôt cruellement détrompée par Achille, qui lui montre toute son indignation de ce bruit calomnieux, et toute la tendresse qu'il a pour Iphigénie. La rage d'Ériphile redouble : instruite bientôt du péril de sa rivale, elle ne voit que l'intérêt qu'y prend Achille, et tout ce qu'il est capable de faire pour elle ; et dans quel style elle exhale ses fureurs et sa jalousie !

N'as-tu pas vu sa gloire et le trouble d'Achille?
J'en ai vu, j'en ai lui les signes trop certains.
Ce héros, si terrible au reste des humains,
Qui ne connaît de pleurs que ceux qu'il fait répandre,
Qui s'endurcit contre eux dès l'âge le plus tendre,
Et qui, si l'on nous fait un fidèle discours,
Suça même le sang des lions et des ours,
Pour elle, de la crainte a fait l'apprentissage :
Elle l'a vu pleurer et changer de visage.
Et tu la plains, Doris! Par combien de malheurs
Ne lui voudrais-je point disputer de tels pleurs?
Quand je devrais, comme elle, expirer dans une heure...
Mais que dis-je expirer! ne crois pas qu'elle meure.
Dans un lâche sommeil, crois-tu qu'enseveli,
Achille aura pour elle impunément pâli ?
Achille à son malheur saura bien mettre obstacle.
Tu verras que les dieux n'ont dicté cet oracle
Que pour croître à la fois sa gloire et mon tourment,
Et la rendre plus belle aux yeux de son amant.
. . . .
Non, te dis-je, les dieux l'ont en vain condamnée.
Je suis et je serai la seule infortunée.

Elle est tentée dès ce moment de divulguer l'oracle de Calchas contre Iphigénie, qui n'est pas connu du reste de l'armée. Un autre motif semble encore autoriser sa perfide vengeance.

> Ah! Doris, quelle joie!
> Que d'encens brûlerait dans les temples de Troie,
> Si, troublant tous les Grecs et vengeant ma prison,
> Je pouvais contre Achille armer Agamemnon,
> Si leur haine, de Troie oubliant la querelle,
> Tournait contre eux le fer qu'ils aiguisent contre elle,
> Et si, de tout le camp, mes avis dangereux
> Faisaient à ma patrie un sacrifice heureux!

Une princesse élevée à Lesbos, qu'Achille vient de ravager, semble fondée à tenir ce langage. Elle se contient pourtant, et attend l'évènement ; mais, au quatrième acte, lorsqu'elle est témoin de l'ordre que donne en secret Agamemnon pour faire évader Iphigénie avec Clytemnestre, rien ne l'arrête plus. Elle s'écrie :

> Ah! je succombe enfin;
> Je reconnais l'effet des tendresses d'Achille.
> Je n'emporterai point une rage inutile.
> Plus de raison : il faut ou la perdre ou périr.
> Viens, te dis-je : à Calchas je vais tout découvrir.

Et en effet l'armée, instruite par la trahison d'Ériphile de tout ce qu'on médite pour éluder les oracles, se soulève contre des projets qui lui paraissent sacrilèges, et s'oppose à force ouverte à la fuite de la mère et de la fille. On conçoit que cette horrible méchanceté d'Ériphile, et son ingratitude envers une princesse qui l'a comblée de bontés, doivent recevoir leur punition. Il se trouve à la fin qu'elle est fille d'Hélène et de Thésée, qu'elle a été élevée dans son enfance sous le nom d'Iphigénie, et qu'enfin c'est elle que les dieux demandent pour victime. Cette révolution est en même temps imprévue, et pourtant préparée ; ce qui remplit les deux conditions de ces sortes de catastrophes. Ériphile passe pour être venue en Aulide dans le dessein de consulter Calchas sur sa naissance, qu'elle ne connaît pas. Elle dit dès le commencement de la pièce :

J'ignore qui je suis, et, pour comble d'horreur,
Un oracle effrayant m'attache à mon erreur,
Et, quand je veux chercher le sang qui m'a fait naître,
Me dit que sans périr je ne me puis connaître.

Voilà l'événement annoncé : l'auteur ne s'en tient pas là. Agamemnon dit à Achille dès le premier acte, en parlant d'Ériphile :

Que dis-je ? les Troyens pleurent une autre Hélène
Que vous avez, captive, envoyée à Mycène ;
Car, je n'en doute point, cette jeune beauté
Garde en vain un secret que trahit sa fierté ;
Et son silence même, accusant sa noblesse,
Nous dit qu'elle nous cache une illustre princesse.

C'étaient là sans doute des préparations suffisantes ; mais Racine attachait tant d'importance à ces précautions de l'art, aujourd'hui si négligées, qu'il a même été trop loin, et qu'il revient encore au même sujet dans un endroit où ce détail a paru déplacé. C'est au milieu de ce discours si pathétique de Clytemnestre à son époux, dans la scène IV du quatrième acte, qu'il lui fait dire :

Que dis-je? Cet objet de tant de jalousie,
Cette Hélène qui trouble et l'Europe et l'Asie,
Vous semble-t-elle un prix digne de vos exploits?
Combien nos fronts pour elle ont-ils rougi de fois?
Avant qu'un nœud fatal l'unit à votre frère,
Thésée avait osé l'enlever à son père.
Vous savez, et Calchas mille fois vous l'a dit,
Qu'un hymen clandestin mit ce prince en son lit.
Et qu'il en eut pour gage une jeune princesse
Que sa mère a cachée au reste de la Grèce.

Ce petit récit épisodique, quoique fort court, ne peut que refroidir, au moins un moment, une scène d'ailleurs si vive : c'est à mon gré le seul défaut sensible de cette tragédie. Le commentateur prétend que l'épisode d'Ériphile rendait ce défaut *nécessaire*. Je ne le crois pas. Le discours de Calchas aux Grecs, quand il leur révèle le sort d'Ériphile au cinquième acte, était suffisamment préparé par les deux endroits que j'ai cités. Tout était clair et motivé, et Racine n'était point obligé de commettre cette petite faute. Mais apparemment il faut bien qu'il n'y ait pas un seul ouvrage qui soit tout-à-fait exempt de ce tribut que l'homme doit à sa faiblesse.

Racine a su partout lier à sa pièce ce rôle dont il avait besoin. Lorsque Iphigénie paraît pour la première fois devant son père, et qu'elle voit avec surprise l'accueil froid et triste qu'elle en reçoit, elle lui dit :

Vous n'avez devant vous qu'une jeune princesse
A qui j'avais pour moi vanté votre tendresse.
Cent fois lui promettant mes soins, votre bonté,
J'ai fait gloire à ses yeux de ma félicité.
Que va-t-elle penser de votre indifférence?
Ai-je flatté ses vœux d'une fausse espérance?

 Il se sert aussi de ce qu'il y a d'odieux dans le caractère d'Ériphile pour faire paraître celui d'Iphigénie plus aimable et plus intéressant. Quand celle-ci reconnaît le tort qu'elle a eu de soupçonner de l'intelligence entre Ériphile et Achille, à l'instant même où elle marche à l'autel pour épouser son amant, elle l'arrête pour lui demander la liberté de cette captive dont il lui avait fait hommage, et qu'il avait envoyée près d'elle à Mycène.

La reine permettra que j'ose demander
Un gage à votre amour, qu'il me doit accorder.
Je viens vous présenter une jeune princesse.
Le Ciel a sur son front imprimé sa noblesse.
De larmes tous les jours ses yeux sont arrosés :
Vous savez ses malheurs : vous les avez causés.
Moi-même, (où m'emportait une aveugle colère?)
J'ai tantôt sans respect affligé sa misère.
Que ne puis-je aussi bien, par d'utiles secours,
Réparer promptement mes injustes discours!
Je lui prête ma voix, je ne puis davantage.
Vous seul pouvez, seigneur, détruire votre ouvrage.
Elle est votre captive, et ses fers que je plains,
Quand vous l'ordonnerez, tomberont de ses mains.
Commencez donc par-là cette heureuse journée,
Qu'elle puisse à nous voir n'être plus condamnée.

Montrez que je vais suivre au pied de nos autels
Un roi, qui, non content d'effrayer les mortels,
A des embrâsements ne borne point sa gloire,
Laisse aux pleurs d'une épouse attendrir sa victoire,
Et, par les malheureux quelquefois désarmé,
Sait imiter en tout les dieux qui l'ont formé.

Ces sentiments sont aussi nobles que ce style est ravissant. Dans le récit de la dernière scène, lorsqu'Ulysse raconte la mort d'Ériphile, le poète lui fait dire :

La seule Iphigénie,
Dans ce commun bonheur, pleure son ennemie.

Ce n'est pas perdre l'occasion de faire valoir un caractère et de placer un trait intéressant.

Achevons de faire voir les autres avantages de Racine sur Euripide, dans les moyens et les situations. On a regardé, dans la pièce française, l'égarement de Clytemnestre comme un petit moyen pour empêcher que la lettre d'Agamemnon ne lui parvînt. Cette critique me paraît beaucoup trop sévère : elle porte sur un fait de l'avant-scène, qui par lui-même est naturel, vraisemblable, et n'a rien qui soit indigne de la tragédie. Il est tout simple que Clytemnestre ait pris un autre chemin que le courrier d'Agamemnon, et je ne vois pas qu'il y ait là de quoi faire un reproche à l'auteur. Aime-t-on mieux l'invention d'Euripide qui fait arracher le billet par Ménélas, à l'officier d'Agamemnon? Cette conduite est peu noble dans un prince, et produit ensuite une altercation, qui ne l'est pas davantage, entre son frère et lui.

On connaît cette scène déchirante ou Iphigénie accable de caresses un père malheureux dont ces mêmes caresses percent le cœur. Assurément je n'ai rien à dire d'Euripide sur une scène si bien conçue et si bien remplie, si ce n'est qu'il faut le plaindre d'avoir été si cruellement défiguré par Brumoy. Mais doit-on blâmer Racine de ne l'avoir pas imité jusque dans les petits détails de naïveté que peut-être permettaient les mœurs du théâtre grec, sans que ce soit une raison pour qu'on les aimât sur le nôtre ? Quand Agamemnon dit à sa fille : « Plus vous montrez de raison dans toutes » vos réponses, plus vous m'affligez, » elle répond : « Je vous dirai des folies, si cela peut vous amu- » ser. » Une jeune fille telle qu'Iphigénie a pu laisser échapper cette saillie qui est de son âge ; mais tout l'art de Racine pouvait-il la faire passer ? Je n'ose le décider ; mais je crois qu'on peut en douter. En suivant de trop près la nature, on s'expose quelquefois à en manquer l'effet sur la scène, et il ne faut qu'un mot pour mêler le rire aux larmes. A tout prendre, les deux scènes me paraissent également belles dans les deux pièces ; mais celle de Racine, à mon avis, finit mieux.

IPHIGÉNIE.

Verra-t-on à l'autel votre heureuse famille ?

AGAMEMNON.

Hélas !

IPHIGÉNIE.

Vous vous taisez !

AGAMEMNON.

Vous y serez, ma fille.

Adieu.

et il sort, laissant une atteinte cruelle et profonde dans l'âme du spectateur. Ce trait est indiqué dans Euripide*, mais il n'y est pas détaché de manière à frapper un coup si juste, et qui soit le dernier.

AGAMEMNON.

Il faut que je fasse un sacrifice.

IPHIGÉNIE.

C'est avec les prêtres qu'il faut vous en occuper.

AGAMEMNON.

Vous le saurez. Vous y serez près du lavoir.

IPHIGÉNIE.

Chanterons-nous des hymnes autour de l'autel?

AGAMEMNON.

Plus heureuse que moi, vous ignorez ce que je sais.

Il s'attendrit encore sur elle, puis il la renvoie retrouver ses compagnes, et reste avec Clytemnestre, qui s'étonne de sa douleur. Il s'en excuse

---

* Nous croyons sur-tout qu'il y a ici quelque réminiscence d'un ouvrage que Racine avait beaucoup lu quand il était à Port-Royal. Dans Héliodore, Hydaspe, roi d'Éthiopie, demande à Chariclée sa fille, qu'il ne connaît pas encore et qui va être immolée, où sont ses parents. Chariclée lui répond : « Ils sont ici, et ils assisteront au sacrifice. » (*Amours de Théagène et de Chariclée*, Liv. XI.)

J. V. Le Clerc.

sur le chagrin de se séparer de sa fille en la mariant. Je ne sais si j'ai raison ; mais il me semble qu'après une scène si douloureuse, il valait mieux faire sortir Agamemnon, qui dans cet instant ne doit guère avoir la force de tromper. Racine termine la scène et éloigne le père quand il a dit le mot terrible : *Vous y serez;* et je crois qu'en cela il a connu la mesure exacte des forces de la nature et de l'effet théâtral.

Il y a une autre scène où il est évidemment supérieur, en conséquence du plan qu'il a suivi ; celle où Arcas vient révéler le fatal secret d'Agamemnon. Dans Euripide, cette nouvelle foudroyante n'est apportée que devant Clytemnestre et Achille : dans Racine, c'est devant Clytemnestre, Achille, Iphigénie, Ériphile; c'est au moment d'aller à l'autel que se prononcent ces mots :

Il l'attend à l'autel pour la sacrifier.

Quel coup de théâtre ! et quelle foule d'impressions il produit à la fois sur une mère, sur sa fille, sur un amant, sur une rivale ! Combien de cris divers s'élèvent en même temps ! *Lui ! Sa fille ? Mon père !* et la joie cruelle d'Ériphile, qui dit à part : *O Ciel! quelle nouvelle!* forme le contraste de ce tableau de désolation. Voltaire cite ce coup de théâtre comme le plus beau qu'il connaisse, et *Iphigénie*, comme la tragédie la plus parfaite qui existe. Il s'écrie, après avoir relevé l'excellence de cet ouvrage : « O véritable tragédie ! beauté de
» tous les temps et de tous les lieux ! malheur aux
» barbares qui ne sentiraient pas jusqu'au fond du
» cœur ce prodigieux mérite ! »

Ce ne sont pas toujours les juges les plus éclairés qui sont les plus difficiles, ils se contentent de voir les fautes où il y en a; d'autres en cherchent où il n'y en a point. Le commentateur de Racine a fait sur *Iphigénie* plusieurs critiques qui n'ont aucun fondement. Il commence ainsi l'examen de cette pièce : « Le principal reproche qu'on ait fait » à Racine, est de n'avoir point motivé la colère » des dieux. On a prétendu avec justice qu'un père » ne peut pas, sans les raisons les plus puissantes » se déterminer à immoler sa fille. Le plan que » Racine s'était tracé rendit sa faute nécessaire. » Son dessein étant de faire tomber sur Ériphile » l'explication de l'oracle, il aurait été injuste de » faire supporter à cette princesse la peine d'un » crime commis par Agamemnon. » Tout cela n'est qu'un tissu d'assertions fausses et de raisonnements contradictoires. D'abord il n'est pas vrai que Racine ait été obligé de *motiver la colère des dieux.* Rien n'est plus fréquent dans l'ancienne mythologie, que des oracles dont le motif n'est point expliqué. Les oracles n'étaient le plus souvent que les arrêts d'une fatalité invincible, de ce *destin* qui, selon les idées reçues dans l'antiquité païenne, commandait aux dieux comme aux mortels. Et comment, par exemple, justifier l'oracle qui condamnait OEdipe à être le mari de sa mère et le meurtrier de son père? OEdipe est le plus honnête homme du monde, et pourtant telle est sa destinée. De plus, le sacrifice d'une victime exigée pour le salut de tous n'est pas une chose rare, ni dans la Fable, ni même dans l'histoire. Le dévouement de Codrus, roi d'Athènes, fut la suite d'un oracle qui déclarait que l'armée dont le chef périrait, serait victorieuse. Dans l'histoire romaine, le dévouement des deux frères Décius n'eut pas d'autre cause que la persuasion où l'on était que ces sortes de sacrifices étaient agréables aux dieux. Il n'est donc point du tout extraordinaire que les dieux disent aux Grecs, par la bouche de Calchas :

Pour obtenir les vents que le Ciel vous dénie,
  Sacrifiez Iphigénie.

Et comme en écoutant la pièce, nous devons nous mettre à la place des Grecs, nous ne devons pas plus qu'eux demander compte aux dieux de leurs volontés.

 Mais, quand ces principes ne seraient pas aussi reconnus qu'ils le sont par tous ceux qui ont étudié l'antiquité, Racine n'en serait pas plus répréhensible, et il est bien étonnant que le critique lui-même, qui en fournit la raison, n'en ait pas vu la conséquence. En effet, dans le plan de Racine, ce n'est pas Iphigénie qui périt, c'est Ériphile; et l'on doit avouer qu'elle mérite son sort. Donc, puisque ce n'est pas Iphigénie, fille d'Agamemnon, qui est sacrifiée, il n'était nullement nécessaire, il eût même été très déraisonnable qu'Iphigénie ou Agamemnon eût été coupable de quelque crime. Où est donc *l'imperfection causée par le rôle d'Ériphile?* Ou il n'y a plus de logique au monde, ou ce même rôle d'Ériphile ôterait *l'imperfection*, si elle pouvait exister.

 Le critique nous apprend qu'*un père ne peut*

pas, sans les plus puissantes raisons, se déterminer à immoler sa fille. Personne ne le lui contestera. Mais si jamais on eut de *puissantes raisons* pour ce sacrifice, c'est quand un oracle des dieux, rendu au général des Grecs, a mis à ce prix une vengeance pour laquelle toute la Grèce est en armes. Je crois que, si l'on demandait au censeur de meilleures raisons, il serait embarrassé de les trouver.

Les critiques que je viens de réfuter n'ont d'autre défaut que d'être mal raisonnées : en voici de bien plus extraordinaires; elles portent sur des suppositions absolument fausses, et font dire à Racine, ou ce qu'il n'a pas dit, ou le contraire de ce qu'il a dit. Rien n'est plus commun, il est vrai, que cette espèce de mensonge dans les écrivains à la journée ou à la semaine, à qui la haine du talent et le sentiment de leur bassesse ont fait perdre toute pudeur; mais cette animosité ne peut pas exister contre les morts : il faut donc croire que le commentateur n'a pas entendu Racine. On va voir s'il était possible de ne pas l'entendre.

Agamemnon, après avoir rapporté dans l'exposition l'oracle funeste prononcé par Calchas, continue ainsi :

Surpris, comme tu peux penser,
Je sentis dans mon cœur tout mon sang se glacer.
Je demeurai sans voix, et n'en repris l'usage
Que par mille sanglots qui se firent passage.
Je condamnai les dieux, et, sans plus rien ouïr,
Fis vœu sur leurs autels de leur désobéir.

RACINE.

Sur quoi voici la note du commentateur :

« Racine n'a pas réfléchi qu'il rendait Aga-
» memnon plus odieux en lui ôtant le bandeau de
» la superstition, et qu'il y a une espèce de dé-
» mence et de fureur à immoler sa fille à un oracle
» auquel il ne croit pas. »

Les termes manquent pour exprimer l'étonnement où l'on doit être d'une pareille observation. Si Racine avait été capable d'une faute si grossièrement absurde, et que le dernier des auteurs ne commettrait pas, son ouvrage ne serait pas supportable. Mais où donc le commentateur a-t-il pu voir dans les vers cités qu'Agamemnon ne croit pas à l'oracle? Est-ce parce qu'il *condamne les dieux* et qu'il *fait vœu de leur désobéir?* Mais, s'il les condamne, ce ne peut être que de lui ordonner une cruauté : il croit donc qu'ils l'ont ordonnée *S'il fait vœu de leur désobéir*, il croit donc qu'ils ont parlé. Ce premier transport de la nature qui se revolte, loin de tenir en rien à la moindre apparence d'incrédulité, prouve au contraire la conviction la plus complète. S'il ne croyait pas à l'oracle, il s'en moquerait et serait tranquille. On ne saurait concevoir ce qui a pu induire le critique dans une bévue si étrange. Quand ces vers ne seraient pas clairs comme le jour, tous ceux qui suivent auraient dû le détromper :

Pour comble de malheur, les dieux, toutes les nuits,
Dès qu'un léger sommeil suspendait mes ennuis,
Vengeant de leurs autels le sanglant privilège,
Me venaient reprocher ma pitié sacrilège,

> Et présentant la foudre à mon esprit confus,
> Le bras déjà levé, menaçaient mes refus.

Est-ce là le langage d'un homme qui ne croit pas aux oracles.

Le commentateur dit ailleurs : « La gloire ne » devait pas balancer dans son cœur les sentiments » de la nature. Il ne devait pas convenir ouverte- » ment que l'ambition était l'unique mobile de sa » conduite. » Cet exposé est infidèle. C'est après beaucoup d'autres motifs très puissants qu'Agamemnon avoue que l'intérêt de son rang y entre aussi pour quelque chose. Mais peut-on dire que cet intérêt soit *son unique mobile?* Quoi ! la vengeance des dieux qui le menace, le soulèvement de l'armée qu'il doit craindre, la honte de trahir l'intérêt de toute la Grèce à laquelle il commande, ne sont-ce pas là des motifs du plus grand poids? ne sont-ce pas ceux qui se trouvent énoncés dans vingt endroits de la pièce? Il ne se présentait qu'un moyen apparent d'échapper à l'oracle : c'était d'abdiquer sa dignité et de se retirer chez lui. Mais ce parti même était honteux dans les idées patriotiques des Grecs, et, de plus, n'était pas sûr. Il était à craindre que les Grecs, avertis par Calchas, ne réclamassent et ne poursuivissent leur victime, et Ulysse le lui dit assez clairement :

> Et qui sait ce qu'aux Grecs, frustrés de leur victime,
> Peut permettre un courroux qu'ils croiront légitime?
> Gardez-vous de réduire un peuple furieux,
> Seigneur, à prononcer entre vous et les dieux.

Cela est-il assez positif? Il est vrai que Clytemnestre, dans ses fureurs, reproche à son époux de ne sacrifier sa fille qu'à son ambition. Ce langage peut convenir à une mère désespérée; mais un critique ne doit pas raisonner comme Clytemnestre.

Il finit son examen par regretter que l'auteur d'*Iphigénie* n'ait pas fait la pièce dans un temps où la forme de notre théâtre lui aurait permis de mettre son dénouement en action. Si le commentateur eût réfléchi que celui d'*Athalie*, qui ne demande pas moins d'appareil, est tout entier en spectacle, il n'aurait peut-être pas énoncé son vœu d'une manière si positive; il aurait pu croire que Racine avait eu ses raisons pour préférer un récit. Il est probable que ses raisons étaient bonnes; car, depuis cette édition de Racine, on s'est permis de faire une fois le changement que le commentateur désirait, et l'on a représenté en action le dénouement d'*Iphigénie*, qui n'a produit aucun effet. On peut en donner des raisons plausibles. Il y a des choses qui font plus d'effet, présentées à l'imagination, que mises sous les yeux, et de ce genre est le sacrifice d'Iphigénie. Agamemnon, la tête voilée, est beau dans un tableau ou dans un récit : il est froid sur la scène. Quand le poète met, dans des vers sublimes, d'un côté l'armée, et de l'autre Achille, l'imagination exaltée soutient ce contraste; mais sur la scène le spectateur ne voit qu'un homme, et l'expérience a prouvé que Racine savait bien ce qu'il faisait.

Le commentateur dit, en finissant, *qu'il serait peut-être très difficile de repousser toutes les cri-*

tiques qu'on a faites d'Iphigénie. Si l'on en juge par celles qu'il a faites, on voit que rien n'est plus aisé.

SECTION VII.

Phèdre.

J'ai peu de choses à dire ici des deux pièces anciennes, l'une grecque et l'autre latine, dont Racine s'est aidé dans sa *Phèdre;* et les pièces modernes, faites avant la sienne sur le même sujet et d'après les mêmes originaux, ne méritent pas qu'on en parle.

Il doit à l'auteur grec l'idée du sujet, la première moitié de cette belle scène de l'égarement de Phèdre, celle de Thésée avec son fils, et le récit de la mort d'Hippolyte. Dans tout le reste, si l'on veut se rappeler ce que j'ai dit de l'*Hippolyte*, à l'article d'Euripide, on verra que Racine a remplacé les plus grandes fautes par les plus grandes beautés.

La tragédie de Sénèque, ainsi que celle d'Euripide, est intitulée *Hippolyte*, et non pas *Phèdre;* d'où l'on peut inférer que tous deux ont eu dessein de porter le principal intérêt sur la mort de l'innocent Hippolyte plutôt que sur la malheureuse passion de Phèdre; et l'exécution paraît conforme à ce dessein. Chez tous les deux, Phèdre est à peu près également odieuse, et ni l'un ni l'autre n'a songé à rendre sa conduite excusable, ni à faire plaindre sa faiblesse. C'est donc à lui seul que

Racine doit cette idée si heureuse et si dramatique, de faire naître d'une passion coupable, un grand intérêt; et cette idée seule, quand il n'aurait pas tant d'autres avantages, suffirait pour l'élever bien au-dessus des deux Anciens. La marche de sa pièce se rapproche plus de celle de Sénèque que de celle d'Euripide. C'est d'après le poète latin qu'il a conçu la scène où Phèdre déclare son amour à Hippolyte, au lieu que dans Euripide c'est la nourrice qui se charge de parler pour la reine. Sénèque eut donc le mérite d'éviter un défaut de bienséance, et de risquer une scène très délicate à manier; et Racine l'a suivi dans ces deux points. Il lui doit aussi la supposition que Thésée est descendu aux enfers pour servir Pirithoüs, et qu'il n'en doit pas revenir, et l'idée de faire servir l'épée d'Hippolyte, restée entre les mains de Phèdre, de témoignage contre lui; idée admirable et bien heureusement substituée à la lettre calomnieuse imaginée par Euripide. C'est aussi à l'exemple de Sénèque que Racine amène Phèdre à la fin de la pièce pour confesser son crime et attester l'innocence d'Hippolyte en se donnant la mort. Enfin (et ce n'est pas la moindre gloire de Sénèque), il a fourni à Racine cette fameuse déclaration, l'un des plus beaux morceaux de la *Phèdre* française. Voici la traduction littérale du latin, qui fera voir ce que Racine a emprunté de Sénèque, et ce qu'il a su y ajouter. Phèdre se plaint d'un feu secret qui la dévore. Hippolyte lui dit : « Je le vois bien votre amour pour Thésée
« vous tourmente et vous égare. »

PHÈDRE.

Oui, Hippolyte, il est vrai, j'aime Thésée tel qu'il était dans les jours de son printemps, lorsqu'un léger duvet couvrait à peine ses joues, lorsqu'il vint attaquer le monstre de Crète dans les détours du labyrinthe, et qu'un fil lui servait de guide. Quel était alors son éclat! Je vois encore ses cheveux renoués, son teint brillant du coloris de la jeunesse et de la pudeur, ce mélange de force et de beauté. Il avait le visage de cette Diane que vous adorez, ou du Soleil mon aïeul; ou plutôt il avait votre air. C'est à vous, oui, à vous qu'il ressemblait quand il charma la fille de son ennemi. C'est ainsi qu'il portait sa tête; mais sa grâce négligée brille encore plus dans son fils. Votre père respire tout entier en vous, et vous tenez de votre mère l'Amazone je ne sais quoi d'un peu farouche qui mêle des grâces sauvages à la beauté d'un visage grec. Ah! si vous fussiez venu dans la Crète, c'est à vous que ma sœur aurait donné le fil secourable, etc.

Ici finit ce que Racine a imité. Quatre vers après, Phèdre parle sans ambiguité, et se jette aux genoux d'Hippolyte. On va voir combien Racine a perfectionné ce morceau en l'imitant, et les changements qu'il a cru y devoir faire d'après les convenances différentes du théâtre d'Athènes et du nôtre.

HIPPOLYTE.

Je vois de votre amour l'effet prodigieux.
Tout mort qu'il est, Thésée est présent à vos yeux.
Toujours de son amour votre âme est embrâsée.

PHÈDRE.

Oui, prince, je languis, je brûle pour Thésée.
Je l'aime, non point tel que l'ont vu les enfers,
Volage adorateur de mille objets divers,
Qui va du dieu des morts déshonorer la couche....

Elle commence par montrer sous un jour odieux les infidélités de Thésée : c'est une excuse indirecte de sa faute ; ce tour adroit n'est point de Sénèque.

Mais fidèle, mais fier, et même un peu farouche,
Charmant, jeune, traînant tous les cœurs après soi,
Tel qu'on dépeint nos dieux ou tel que je vous vois.
Il avait votre port, vos yeux, votre langage ;
Cette noble pudeur colorait son visage
Lorsque de notre Crète il traversa les flots,
Digne sujet des vœux des filles de Minos.

Il y a ici beaucoup moins de détails que dans Sénèque sur la beauté d'Hippolyte : ils auraient été beaucoup moins bien placés pour nous, qui ne rendons pas à la beauté, dans les deux sexes, un culte aussi déclaré et aussi général que les Grecs et les Latins. Phèdre, dans Sénèque, donne plus de louanges à la beauté d'Hippolyte, et dans Racine elle a plus de mouvements passionnés. Les vers qui suivent ne sont point dans le latin.

Que faisiez-vous alors ? Pourquoi sans Hippolyte
Des héros de la Grèce assembla-t-il l'élite ?
Pourquoi, trop jeune encor, ne pûtes-vous alors
Entrer dans le vaisseau qui le mit sur nos bords ?
Par vous aurait péri le monstre de la Crète,
Malgré tous les détours de sa vaste retraite.

Pour en développer l'embarras incertain,
Ma sœur du fil fatal eût armé votre main.

Tout ce qui suit est entièrement de Racine, et c'est ici qu'il enchérit le plus sur son modèle.

Mais non, dans ce dessein je l'aurais devancée :
L'amour m'en eût d'abord inspiré la pensée.
C'est moi, prince, c'est moi dont l'utile secours
Vous eût du labyrinthe enseigné les détours,
Que de soins m'eût coûté cette tête charmante !
Un fil n'eût point assez rassuré votre amante.
Compagne du péril qu'il vous fallait chercher,
Moi-même devant vous j'aurais voulu marcher ;
Et Phèdre, au labyrinthe avec vous descendue,
Se serait avec vous retrouvée ou perdue.

Elle ne finit pas ici, comme dans Sénèque, par un aveu formel de son amour, et par un mouvement qui en est la plus humiliante expression. L'égarement est porté à son comble, et son secret qui lui échappe n'est que le dernier degré du délire de la passion. On dirait que toutes les fois que Racine se sert de ce qu'un autre a fait, c'est pour montrer comment il fallait faire.

Il a fait usage de quelques autres traits de Sénèque ; le plus remarquable est celui-ci :

OENONE.

Il a pour tout le sexe une haine fatale.

PHÈDRE.

Je ne me verrai point préférer de rivale.

Ce qui peut donner en passant, une idée de la précision latine : ces deux vers sont une traduction d'un seul vers de Sénèque :

Genus omne profugit. — Pellicis careo metu.

Une observation plus importante, c'est que ces deux vers, qui ne sont dans Sénèque qu'un trait de passion, sont dans Racine le germe d'une situation. Cette femme, qui attache un si grand prix à n'avoir point de rivale, dans quel état sera-t-elle lorsqu'un moment après elle apprendra qu'elle en a une !

J'ai indiqué à peu près tout ce que Racine devait aux Anciens : il est temps de le suivre lui-même ; et puisque j'ai commencé à parler du rôle de Phèdre, continuons l'examen de ce rôle, qui d'ailleurs est prédominant dans la pièce, et à qui tout est subordonné. Il est regardé généralement par les connaisseurs, et par Voltaire, le premier de tous, comme le plus parfait du théâtre. En effet, il réunit à lui seul, au plus haut degré, tous les genres de beautés dramatiques, le feu de la passion, la profondeur des sentiments, le combat le plus terrible du crime et du remords, la morale la plus frappante, et, ce qu'il est rare de pouvoir allier à tant de qualités, le plus grand éclat de couleurs poétiques. Il doit ce dernier avantage aux accessoires si riches et si variés de la mythologie, dont ce sujet était susceptible. Mais si la palette était brillante, jamais on n'y trempa un pinceau plus sûr et plus vigoureux. Dans les ouvrages d'imagination, l'on ne connaît que la *Phèdre* de Racine et la *Didon* de Virgile qui mêlent à l'intérêt de la passion la magie du coloris fabuleux, et ce double effet passe avec raison pour le chef-d'œuvre de la poésie.

> A peine au fils d'Égée
> Sous les lois de l'hymen je m'étais engagée,
> Mon repos, mon bonheur, semblait être affermi :
> Athènes me montra mon superbe ennemi.
> Je le vis, je rougis, je pâlis à sa vue ;
> Un trouble s'éleva dans mon âme éperdue.
> Mes yeux ne voyaient plus, je ne pouvais parler ;
> Je sentis tout mon corps et transir et brûler.

Voilà la peinture la plus vraie de toutes les ardeurs de l'amour : voici ce que la Fable permettait d'y ajouter :

> Je reconnus Vénus et ses feux redoutables,
> D'un sang qu'elle poursuit tourments inévitables.
> Par des vœux assidus je crus les détourner :
> Je lui bâtis un temple et pris soin de l'orner.
> De victimes moi-même à toute heure entourée,
> Je cherchais dans leurs flancs ma raison égarée.
> D'un incurable amour remèdes impuissants !
> En vain sur les autels ma main brûlait l'encens.
> Quand ma bouche implorait le nom de la déesse,
> J'adorais Hippolyte, et, le voyant sans cesse,
> Même au pied des autels que je faisais fumer,
> J'offrais tout à ce dieu que je n'osais nommer.

La poésie a-t-elle jamais parlé un plus beau langage à l'âme et à l'imagination ? Nous avons vu ce même accord dans la déclaration de Phèdre ; nous avons vu tout ce que le labyrinthe et Ariane

avaient fourni au poète. La Fable n'a pas moins embelli ce délire si intéressant de la première scène où Phèdre mourante se rappelle tout ce que dans sa famille l'amour a fait de victimes. Mais c'est sur-tout dans le quatrième acte, quand la honte et la rage d'avoir une rivale la jettent dans le dernier excès du désespoir, c'est alors que notre poésie s'élève, sous la plume de Racine, à des beautés vraiment sublimes, dont il n'existait aucun modèle chez les Anciens ni chez les Modernes, et au-delà desquelles on ne conçoit rien.

Misérable! et je vis! et je soutiens la vue
De ce sacré Soleil dont je suis descendue!
J'ai pour aïeul le père et le maître des dieux;
Le ciel, tout l'univers est plein de mes aïeux.
Où me cacher? Fuyons dans la nuit infernale.
Mais que dis-je? Mon père y tient l'urne fatale.
Le sort, dit-on, l'a mise en ses sévères mains;
Minos juge aux enfers tous les pâles humains.
Ah! combien frémira son ombre épouvantée,
Lorsqu'il verra sa fille, à ses yeux présentée,
Contrainte d'avouer tant de forfaits divers,
Et des crimes peut-être inconnus aux enfers!
Que diras-tu, mon père, à ce spectacle horrible?
Je crois voir de ta main tomber l'urne terrible;
Je crois te voir, cherchant un supplice nouveau,
Toi-même de ton sang devenir le bourreau.
Pardonne : un dieu cruel a perdu ta famille!
Reconnais sa vengeance aux fureurs de ta fille.
Hélas! du crime affreux dont la honte me suit,
Jamais mon triste cœur n'a recueilli le fruit.
Jusqu'au dernier soupir de malheurs poursuivie,
Je rends dans les tourments une pénible vie.

Je ne connais rien dans aucune langue au-dessus de ce morceau : il étincelle de traits de la première force. Quelle foule de sentiments et d'images ! quelle profonde douleur dans les uns ! quelle pompe à la fois magnifique et effrayante dans les autres ! Et quel coup de l'art, quel bonheur du génie, d'avoir pu les réunir ! L'imagination de Phèdre, conduite par celle du poète, embrasse le ciel, la terre et les enfers. La terre lui présente tous ses crimes et ceux de sa famille ; le ciel, des aïeux qui la font rougir ; les enfers, des juges qui la menacent : les enfers, qui attendent les autres criminels, repoussent la malheureuse Phèdre. Et quelle inimitable harmonie dans les vers ! quelle énergie de diction ! Je me suis souvent rappelé qu'un jour, dans une conversation sur Racine, Voltaire, après avoir déclamé ce morceau avec l'enthousiasme que lui inspiraient les beaux vers, s'écria : *Non, je ne suis rien auprès de cet homme-là.* Ce n'est pas qu'il faille voir dans cette exclamation presque involontaire un aveu d'infériorité : c'était l'hommage d'un grand génie, dont la sensibilité était en proportion de sa force, et à qui l'admiration faisait tout oublier, jusqu'au sentiment de l'amour-propre. Nous verrons dans la suite que l'auteur de *Zaïre*, sans avoir rien qui soit en ce genre, balance tant de perfections par d'autres avantages. Mais quel homme que celui qui a pu seul arracher à Voltaire le cri que vous venez d'entendre !

Il prophétisait, Despréaux, lorsqu'il disait à son ami, dans une épître digne de tous les deux :

Eh ! qui, voyant un jour la douleur vertueuse
De Phèdre, malgré soi perfide, incestueuse,
D'un si noble travail justement étonné,
Ne bénira d'abord le siècle fortuné
Qui, rendu plus fameux par tes illustres veilles,
Vit naître sous ta main ces pompeuses merveilles?

Voltaire a observé quelque part que ces *merveilles étaient plus touchantes que pompeuses*. Il me semble qu'elles sont l'un et l'autre, et ce que je viens d'en citer le prouve assez. Mais en effet, ce qu'il y a de *touchant*, ce qu'il y a d'unique dans le rôle de Phèdre, c'est l'horreur qu'elle a pour elle-même. Jamais la conscience n'a parlé si haut contre le crime, et jamais aussi une passion criminelle n'inspira une plus juste pitié. Ce contraste est marqué dans la *Phèdre* d'Euripide ; il l'est même aussi dans celle de Sénèque, malgré la déclamation qui étouffe si souvent toute vérité ; mais qu'il l'est bien plus fortement dans Racine ! Il a su lui donner en même temps et plus de passion et plus de remords. Qu'on en juge par ce morceau qui appartient tout entier à l'auteur français, parce qu'il est le seul qui ait supposé que Phèdre avait fait d'abord exiler Hippolyte pour l'éloigner de sa vue.

Eh bien ! connais donc Phèdre et toute sa fureur.
J'aime. Ne pense pas qu'au moment que je t'aime,
Innocente à mes yeux, je m'approuve moi-même,
Ni que du fol amour qui trouble ma raison,
Ma lâche complaisance ait nourri le poison.
Objet infortuné des vengeances célestes.
Je m'abhorre encor plus que tu ne me détestes.

> Les dieux m'en sont témoins, ces dieux qui dans mon flanc
> Ont allumé le feu fatal à tout mon sang;
> Ces dieux qui se sont fait une gloire cruelle
> De séduire le cœur d'une faible mortelle.
> Toi-même en ton esprit rappelle le passé.
> C'est peu de t'avoir fui, cruel, je t'ai chassé.
> J'ai voulu te paraître odieuse, inhumaine;
> Pour mieux te résister, j'ai recherché ta haine.
> De quoi m'ont profité mes inutiles soins?
> Tu me haïssais plus, je ne t'aimais pas moins,
> Tes malheurs te prêtaient encor de nouveaux charmes.
> J'ai langui, j'ai séché dans les feux, dans les larmes.
> Il suffit de tes yeux pour t'en persuader,
> Si tes yeux un moment pouvaient me regarder.

Le dernier vers est un de ces traits profondément sentis, qui sont si fréquents dans Racine; et ce trait est si naturellement placé, qu'il semble comme impossible qu'il ne fût pas là; et ce trait, lorsqu'on y réfléchit, paraît si heureux, qu'on se demande comment l'auteur l'a trouvé.

On raconte que Racine soutint un jour, chez madame de La Fayette, qu'avec du talent on pouvait, sur la scène, faire excuser de grands crimes, et inspirer même pour ceux qui les commettent plus de compassion que d'horreur. On ajoute qu'il cita Phèdre pour exemple; qu'il assura qu'on pouvait faire plaindre Phèdre coupable, plus qu'Hippolyte innocent, et que cette tragédie fut la suite d'une espèce de défi qu'on lui porta. Soit que le fait se soit passé de cette manière, soit qu'il travaillât déjà à la pièce lorsqu'il établit cette opinion, il est sûr que ce ne pouvait être que celle d'un homme qui, après avoir réfléchi sur le cœur humain et sur la tragédie qui en est la peinture, avait conçu que le malheur d'une passion coupable était en raison de son énergie, et que par conséquent elle portait avec elle et son excuse et sa punition. C'était un problème de morale à résoudre, et que sa *Phèdre* décide. Mais il fallait, pour y réussir, tout l'art dont lui seul était capable; car, je le répète, Euripide et Sénèque n'avaient point considéré ce sujet sous le même point de vue, et tous deux ont rendu Phèdre aussi odieuse dans sa conduite que Racine l'a rendue excusable. A la vérité, dans les deux poètes anciens elle combat sa passion; mais pourtant c'est elle qui accuse décidément Hippolyte, dans Euripide, par une lettre qu'elle écrit avant de mourir, ce qui est à peine concevable; dans Sénèque, par la bouche d'OEnone, dont elle ne contredit pas un instant le dessein pervers, et enfin de sa propre bouche, en parlant à Thésée, à qui même elle dit en propres termes qu'elle a été *violée* : *vim tamen corpus tulit*. Voyons quelle marche différente Racine a suivie; et l'examen des ressorts qu'il emploie nous donnera lieu de considérer en même temps comment les autres personnages de la pièce ont été faits pour concourir à son but.

Rappelons-nous d'abord les vers qui terminent la première scène de Phèdre avec OEnone :

J'ai conçu *pour* mon crime une juste terreur;
J'ai pris la vie en haine, et ma flamme en horreur.
Je voulais, en mourant, prendre soin de ma gloire,

> Et dérober au jour une flamme si noire.
> Je n'ai pu soutenir tes larmes, tes combats,
> Je t'ai tout avoué; je ne m'en repens pas,
> Pourvu que, de ma mort respectant les approches,
> Tu ne m'affliges plus par d'injustes reproches,
> Et que tes vains secours cessent de rappeler
> Un reste de chaleur tout prêt à s'exhaler.

Dans ce même instant on lui apporte la nouvelle de la mort de Thésée : cette nouvelle doit bientôt après se trouver fausse; mais alors elle est d'autant plus vraisemblable, qu'il est dit, dès les premiers vers de la pièce, qu'on ne sait depuis six mois ce que Thésée est devenu. Ce moyen est indiqué par Sénèque; mais il est bien plus adroitement employé par Racine. Dans la pièce latine, Thésée, dès le commencement, est supposé mort; ce qui fait qu'entre les remords de Phèdre et sa déclaration d'amour, il ne se passe rien qui doive la conduire de l'un à l'autre. Dans la pièce française, au contraire, elle entre sur la scène, résolue à mourir.

> Soleil, je te viens voir pour la dernière fois.

Et quand elle a tout dit à OEnone, elle renouvelle encore, comme on vient de le voir, la même résolution. Il fallait donc un incident qui changeât l'état des choses, et rendît à la reine quelques motifs de vivre et d'espérer. Racine en a rassemblé de bien puissants dans le discours qu'il prête à OEnone lorsqu'on apprend que Thésée est mort.

> Madame, je cessais de vous presser de vivre :
> Déjà même au tombeau je songeais à vous suivre;

Pour vous en détourner je n'avais plus de voix ;
Mais ce nouveau malheur vous prescrit d'autres lois,
Votre fortune change et prend une autre face.
Le roi n'est plus, Madame, il faut prendre sa place.
Sa mort vous laisse un fils à qui vous vous devez,
Esclave s'il vous perd, et roi si vous vivez.
Sur qui, dans son malheur, voulez-vous qu'il s'appuie ?
Ses larmes n'auront plus de main qui les essuie ;
Et ses cris innocens, portés jusques aux cieux,
Iront contre sa mère irriter ses aïeux.
. . . .
Hippolyte pour vous devient moins redoutable,
Et vous pouvez le voir sans vous rendre coupable.
Peut-être, convaincu de votre aversion,
Il va donner un chef à la sédition.
Détrompez son erreur, fléchissez son courage.
Roi de ces bords heureux, Trézène est son partage.
Mais il sait que les lois donnent à votre fils
Les superbes remparts que Minerve a bâtis ;
Vous avez l'un et l'autre une juste ennemie :
Unissez-vous tous deux pour combattre Aricie.

PHÈDRE.

Eh bien ! à tes conseils je me laisse entraîner.
Vivons, si vers la vie on peut me ramener,
Et si l'amour d'un fils, en ce moment funeste,
De mes faibles esprits peut ranimer le reste.

Cet incident, ménagé avec art, termine parfaitement le premier acte. Il engage Phèdre à vivre par le plus louable de tous les motifs, la tendresse maternelle. Il lui donne une raison plausible pour voir Hippolyte ; ce qu'elle ne pouvait pas faire convenablement après la manière dont elle venait de s'exprimer. Il donne au spectateur, comme à Phèdre, un intervalle de soulagement et une lueur d'espérance. Il amène la déclaration, et en fournit en même temps l'excuse lorsque Phèdre peut dire à Hippolyte :

Que dis-je ? cet aveu que je te viens de faire,
Cet aveu si honteux, le crois-tu volontaire ?
Tremblante pour un fils que je n'osais trahir,
Je te venais prier de ne le point haïr.
Faibles projets d'un cœur trop plein de ce qu'il aime !
Hélas ! je ne t'ai pu parler que de toi-même !

Enfin, cet incident prépare une révolution terrible lorsque Phèdre apprendra le retour de Thésée. Combien de choses dans un moyen qui paraît si simple ! Que de bienséances théâtrales réunies dans un seul fait ! Telle est la science de l'intrigue, et l'on ne saurait trop le redire, elle n'a été approfondie que par les Modernes.

Comparez à cette marche celle d'Euripide. A peine la confidente a-t-elle appris le secret de Phèdre, qu'elle l'exhorte, sans aucune retenue, à se livrer à son penchant, à étouffer ses remords. La reine a beau repousser ses conseils avec horreur : « Cesse de m'empoisonner par tes horribles » discours ; » elle répond : « Tout horribles qu'ils » sont, ils valent mieux que votre farouche vertu. » Elle lui propose un philtre qui apaise les fureurs de l'amour, mais pour lequel il faut, dit-elle, *un morceau des habits d'Hippolyte;* et Phèdre veut savoir si ce philtre est *un signe extérieur ou un breuvage.* La confidente demande seulement qu'on la laisse faire, et va trouver Hippolyte. Avouons-le : il y a loin d'une pareille conduite à l'art de Racine.

On lui a reproché (tant nous sommes plus sévères sur les bienséances que les Anciens!) d'avoir fait dire à OEnone, dans la scène que je viens de citer :

Vivez, vous n'avez plus de reproche à vous faire :
Votre flamme devient une flamme ordinaire.
Thésée, en expirant, vient de rompre les nœuds
Qui faisaient tout le crime et l'horreur de vos feux.

Je conviens que c'est aller un peu loin, et que l'amour de Phèdre pour le fils de son mari est encore assez condamnable, même quand ce n'est plus un adultère. Mais il faut se souvenir qu'une esclave, suivant les mœurs anciennes, n'est pas obligée d'être, dans ses sentiments, aussi scrupuleuse qu'une reine; que celle-ci n'entre point dans la pensée de sa confidente, et qu'elle ne paraît se rendre qu'à l'intérêt d'un fils. Il est vrai qu'après avoir parlé à Hippolyte, elle s'abandonne plus ouvertement à sa passion, et cherche avec OEnone les moyens de le fléchir; elle espère de le séduire par l'offre du sceptre d'Athènes. Il me semble que la nature et le théâtre demandaient cette progression. D'abord il est sûr que, croyant son époux mort, elle doit voir son amour pour Hippolyte avec beaucoup moins d'effroi. De plus elle s'est déclarée, elle a fait le premier pas, et ce premier pas doit nécessairement en entraîner un autre : c'est la marche des passions. Racine le fait bien sentir : OEnone conseille à sa maîtresse de régner et de fuir Hippolyte qui la dédaigne. Elle répond :

Il n'est plus temps. Il sait mes ardeurs insensées :
De l'austère pudeur les bornes sont passées.
J'ai déclaré ma honte aux yeux de mon vainqueur,
Et l'espoir, malgré moi, s'est glissé dans mon cœur.
Toi-même, rappelant ma force défaillante
Et mon âme déjà sur mes lèvres errante,
Par tes conseils flatteurs tu m'as su ranimer;
Tu m'as fait entrevoir que je pouvais l'aimer.
. . . .
OEnone, il peut quitter cet orgueil qui te blesse.
Nourri dans les forêts, il en a la rudesse.
Hippolyte, endurci par de sauvages lois,
Entend parler d'amour pour la première fois.
. . . .
Il oppose à l'amour un cœur inaccessible :
Cherchons pour l'attaquer quelque endroit plus sensible.
. . . .
Va trouver de ma part ce jeune ambitieux,
OEnone; fais briller la couronne à ses yeux.
Qu'il mette sur son front le sacré diadème :
Je ne veux que l'honneur de l'attacher moi-même,
Cédons-lui ce pouvoir que je ne puis garder.
Il instruira mon fils dans l'art de commander;
Peut-être il voudra bien lui tenir lieu de père;
Je mets sous son pouvoir et le fils et la mère.
Pour le fléchir enfin tente tous les moyens :
Tes discours trouveront plus d'accès que les miens.
Presse, pleure, gémis, peins-lui Phèdre mourante,
Ne rougis point de prendre une voix suppliante.
Je t'avoûrai de tout, je n'espère qu'en toi.
Va; j'attends ton retour pour disposer de moi.

Il faut toujours, au théâtre, que la situation la plus violente soit mêlée de quelque espérance qui la tempère et la varie, sans quoi une douleur toujours la même et toujours désespérée deviendrait monotone, et serait plus affligeante qu'intéressante, deux choses qu'il faut soigneusement distinguer. En conséquence de ce principe, Racine abandonne Phèdre à tous les emportements de l'amour, après l'avoir livrée à tous les combats du remords. Il prend le moment où elle est le plus excusable, et, ce qui est plus important que tout le reste, il ne lui donne quelque espoir que pour la frapper d'un revers plus affreux. OEnone revient, et lui annonce le retour de Thésée. Quel coup de théâtre! Ces suspensions, ces alternatives, ces révolutions sont les merveilles de la magie théâtrale, et Racine ne les a point trouvées dans ses modèles.

La plus grande difficulté du plan de sa tragédie, tel qu'il l'avait conçu, était de motiver une accusation atroce sans rendre Phèdre trop odieuse, et la situation qu'il vient de ménager lui en fournit les moyens. Euripide et Sénèque ne s'étaient pas embarrassés que leur *Phèdre* fût sans excuse; mais celle de Racine tombait, si elle eût ressemblé à la leur. On n'eût jamais supporté qu'une femme pour qui l'on s'était intéressé jusque-là, devînt un objet d'exécration. Il fallait pourtant accuser Hippolyte : c'était le sujet de la pièce. Que fait-il? Il conduit sa *Phèdre* par un flux et reflux d'évènements opposés jusqu'à un moment de crise si terrible, qu'il doit lui bouleverser l'âme et lui ren-

verser la tête, au point de se laisser aller à tout ce qu'on proposera pour sauver son honneur. Elle ne commettra pas le crime; elle en est incapable; elle en témoigne même une juste horreur; mais le poète la mène au point de laisser agir OEnone. Elle ne dit pas comme dans Euripide : « Je mour-
» rai, mais cette mort même me vengera, et mon
» ennemi ne jouira pas du triomphe qu'il se pro-
» met. L'ingrat sera traité en coupable à son tour. » Elle est bien loin de penser à la vengeance; elle est accablée de sa honte et de son désespoir.

> Juste Ciel! qu'ai-je fait aujourd'hui?
> Mon époux va paraître, et son fils avec lui.
> Je verrai le témoin de ma flamme adultère
> Observer de quel front j'ose aborder son père,
> Le cœur gros de soupirs qu'il n'a point écoutés,
> L'œil humide de pleurs par l'ingrat rebutés.
> Penses-tu que, sensible à l'honneur de Thésée,
> Il lui cache l'ardeur dont je suis embrâsée?
> Laissera-t-il trahir et son père et son roi?
> Pourra-t-il contenir l'horreur qu'il a pour moi?
> . . . .
> Je connais mes fureurs, je les rappelle toutes.
> Il me semble déjà que ces murs, que ces voûtes
> Vont prendre la parole, et, prêts à m'accuser,
> Attendent mon époux pour le désabuser.
> Mourons : de tant d'horreurs qu'un trépas me délivre.

C'est alors qu'OEnone ose risquer la proposition de rejeter le crime sur Hippolyte. Phèdre s'écrie :

> Moi! que j'ose opprimer et noircir l'innocence!

La réponse d'OEnone est de la plus grande adresse.

Mon zèle n'a besoin que de votre silence.
Tremblante, comme vous, j'en sens quelque remords :
Vous me verriez plus prompte affronter mille morts ;
Mais puisque je vous perds sans ce triste remède,
Votre vie est pour moi d'un prix à qui tout cède.
Je parlerai. Thésée, aigri par mes avis,
Bornera sa vengeance à l'exil de son fils.
Un père, en punissant, Madame, est toujours père.

On voit que du moins elle rassure Phèdre sur les jours du prince. Il paraît dans cet instant avec Thésée.

PHÈDRE.

Ah ! je vois Hippolyte :
Dans ses yeux insolents je vois ma perte écrite.
Fais ce que tu voudras, je m'abandonne à toi.
Dans le trouble où je suis, je ne puis rien pour moi.

Son époux veut se jeter dans ses bras.

Arrêtez, Thésée ;
Et ne profanez point des transports si charmants.
Je ne mérite plus ces doux empressements.
Vous êtes offensé : la fortune jalouse
N'a pas en votre absence épargné votre épouse.
Indigne de vous plaire et de vous approcher,
Je ne dois désormais songer qu'à me cacher.

Elle ne dit pas un mot qui soit contraire à la vérité, pas un qui parte d'un cœur qui s'excuse. Je ne crois pas qu'il soit possible d'observer mieux toutes les convenances de l'art.

Un moment après, au bruit de la colère du roi, elle accourt éperdue ; elle est prête à s'accuser elle-même ; mais ce qu'elle entend de la bouche de Thésée étouffe dans la sienne la vérité qui allait en sortir : elle apprend qu'Hippolyte se vante d'aimer Aricie. Thésée ne le croit pas, mais l'infortunée ne le croit que trop ; elle sent jusqu'au fond du cœur d'où venaient les mépris et les rebuts d'Hippolyte. Qu'on se représente sa douleur, sa confusion, sa rage !

Hippolyte est sensible, et ne sent rien pour moi !
Aricie a son cœur, Aricie a sa foi !
Ah dieux ! lorsqu'à mes vœux l'ingrat inexorable
S'armait d'un œil si fier, d'un front si redoutable,
Je pensais qu'à l'amour son cœur toujours fermé,
Fût contre tout mon sexe également armé,
Une autre cependant a fléchi son audace !
Devant ses yeux cruels une autre a trouvé grâce ?
Peut-être a-t-il un cœur facile à s'attendrir :
Je suis le seul objet qu'il ne saurait souffrir.
Et je me chargerais du soin de le défendre !....

Ce sentiment est-il assez profond et assez amer ? La jalousie a-t-elle des traits plus poignants et plus cruels ? Quels transports dans celle de Phèdre !

OEnone, qui l'eût cru ! j'avais une rivale...
. . . . . Hippolyte aime, et je n'en puis douter,
Ce farouche ennemi qu'on ne pouvait dompter,
Qu'offensait le respect, qu'importunait la plainte ;
Ce tigre que jamais je n'abordai sans crainte,
Soumis, apprivoisé, reconnaît un vainqueur.
Aricie a trouvé le chemin de son cœur. . . . .
. . . . Ah ! douleur non encore éprouvée !
A quel nouveau tourment je me suis réservée !

Tout ce que j'ai souffert, mes craintes, mes transports,
La fureur de mes feux, l'horreur de mes remords,
Et d'un refus cruel l'insupportable injure,
N'étaient qu'un faible essai du tourment que j'endure.
Ils s'aiment! Par quel charme ont-ils trompé mes yeux?
Comment se sont-ils vus? depuis quand? dans quels lieux?
Tu le savais. Pourquoi me laissais-tu séduire?
De leur furtive ardeur ne pouvais-tu m'instruire?
Les a-t-on vus souvent se parler, se chercher?
Dans le fond des forêts allaient-ils se cacher?
Hélas! ils se voyaient avec pleine licence;
Le Ciel de leurs soupirs approuvait l'innocence.
Ils suivaient sans remords leurs penchants amoureux.
Tous les jours se levaient clairs et sereins pour eux.
Et moi, triste rebut de la nature entière,
Je me cachais au jour, je fuyais la lumière.
La mort est le seul dieu que j'osais implorer;
J'attendais le moment où j'allais expirer.
Me nourrissant de fiel, de larmes abreuvée,
Encor dans mon malheur de trop près observée,
Je n'osais dans mes pleurs me noyer à loisir;
Je goûtais en tremblant ce funeste plaisir;
Et sous un front serein déguisant mes alarmes,
Il fallait bien souvent me priver de mes larmes.

Qui croirait que le commentateur de Racine trouve cette scène *assez inutile?* Quoi! une scène qui achève la punition de Phèdre, qui joint les horreurs de la jalousie à tous les maux qu'elle a soufferts, qui l'empêche de déclarer l'innocence d'Hippolyte, cette scène est *inutile!* Elle suffirait seule pour justifier l'épisode d'Aricie, qui a essuyé tant de reproches, et qu'il est temps d'examiner. En voilà assez sur le rôle de Phèdre: nous avons vu qu'il réunit tout; c'est une de ces productions achevées, uniques dans leur genre, qui sont la gloire des arts et l'effort de l'esprit humain.

Il n'en est pas de la tragédie de *Phèdre* comme de celle d'*Iphigénie*, où presque tous les rôles sont d'une force à peu près égale, et se balancent les uns les autres. Celui de Phèdre éclipse tout, et cela devait être; mais il n'en est pas moins vrai que les autres personnages sont à peu de chose près, ce qu'ils doivent être aussi. Je n'ignore pas combien l'amour d'Hippolyte a été censuré depuis le janséniste Arnauld, qui, exceptant la tragédie de *Phèdre* de la proscription générale où la sévérité de ses principes enveloppait toutes les pièces de théâtre, reconnaissait hautement que cet ouvrage respirait la morale la plus pure, et donnait l'exemple le plus effrayant des malheurs attachés aux penchants illégitimes, mais qui en même temps reprochait à l'auteur d'avoir fait Hippolyte amoureux. On sait la réponse de Racine : *Et sans cela qu'auraient dit nos petits-maîtres ?* Elle prouve l'opinion générale où l'on était alors, que la tragédie ne pouvait jamais se passer d'une intrigue d'amour. Ce préjugé était fortifié par l'exemple de Corneille, qui, plus capable qu'un autre de traiter des sujets où l'amour ne devait pas entrer, lui avait donné dans tous les siens une place presque toujours bien mal remplie. Mais faut-il conclure des paroles de Racine que lui-même condamnait l'amour d'Hippolyte? Cet amour est-il en effet un défaut? Je croirais volontiers que Racine, ne voulant pas disputer contre Arnauld, trouvait plus court de rejeter sur les spectateurs ce qu'il aurait pu justifier. Personne n'est plus convaincu que moi qu'il faut bannir l'amour de tous les sujets où il n'est pas naturellement appelé, et avec lesquels il forme une sorte de disparate. Le sujet de *Phèdre* est-il de ce genre? L'amour d'Hippolyte a-t-il refroidi la pièce, comme il ne manque jamais d'arriver quand l'amour est mal placé? Je n'ai point remarqué cet effet au théâtre. Il me semble même que la tendresse innocente du sévère Hippolyte pour la jeune Aricie, dernier rejeton d'une race proscrite, offre un contraste agréable avec la passion funeste et forcenée de Phèdre. Je crois respirer un air plus pur lorsque je me trouve entre lui et son amante. J'aime à l'entendre dire à Thésée :

Non, mon père, ce cœur, c'est trop vous le celer,
N'a point d'un chaste amour dédaigné de brûler.

Et après tout, pourquoi serait-ce une vertu dans Hippolyte de n'avoir point les penchants de la nature et de son âge? ce ne serait qu'une singularité. Rien ne l'oblige à être insensible : ce n'est ni un sage apathique, ni un conquérant féroce, ni un politique ambitieux; en un mot, il n'a rien de ce qui doit exclure l'amour. L'aimera-t-on mieux tel qu'il est dans Euripide et dans Sénèque, qui lui ont donné une dureté orgueilleuse et révoltante? On a vu ses ridicules déclamations dans le poète grec : dans l'auteur latin, il veut tuer Phèdre; il la saisit par les cheveux et lève le fer sur elle. Il s'exhale en de longues imprécations, et appelle la foudre et les enfers. Est-ce là le moyen de rendre la vertu aimable en même temps que l'on rend le vice odieux? Dans Racine, à peine peut-il proférer une parole; il a presque autant de honte de ce qu'il vient d'entendre que Phèdre en a de ce qu'elle vient de dire. On voit sur son front la rougeur de l'innocence, comme celle du crime est sur le front de sa belle-mère. Revenu à lui, il s'écrie :

Phèdre!... Mais non grands dieux! qu'en un profond oubli
Cet horrible secret demeure enseveli.

Ce silence n'est-il pas cent fois plus intéressant que tous les éclats de l'indignation ou les lieux communs de la morale? Il y a des idées sur lesquelles une âme honnête ne saurait s'arrêter. Il cache ce secret affreux même à Théramène, il ne le découvre qu'à la seule Aricie, et dans quel moment? Après la cruelle scène où il est si injustement banni par son père, dans cet état d'oppression si douloureux et si peu mérité, n'a-t-on pas quelque plaisir à lui voir trouver des consolations dans le cœur d'Aricie? Et quels sentiments il épanche en son sein! Tremblante pour sa vie, elle veut l'engager à révéler la vérité; elle lui reproche de ne l'avoir pas fait. Quelle est sa réponse?

Devais-je, en lui faisant un récit trop sincère,
D'une indigne rougeur couvrir le front d'un père?
Vous seule avez percé ce mystère odieux:
Mon cœur, pour s'épancher, n'a que vous et les dieux.
Je n'ai pu vous cacher, jugez si je vous aime,
Tout ce que je voulais me cacher à moi-même.
Mais songez sous quel sceau je vous l'ai révélé.
Oubliez, s'il se peut, que je vous ai parlé,

Madame, et que jamais une bouche si pure
Ne s'ouvre pour conter cette horrible aventure.
Sur l'équité des dieux osons nous confier :
Ils ont trop d'intérêt à me justifier ;
Et Phèdre, tôt ou tard de son crime punie,
N'en saurait éviter la juste ignominie.
C'est l'unique respect que j'exige de vous ;
Je permets tout le reste à mon libre courroux :
Sortez de l'esclavage où vous êtes réduite ;
Osez me suivre, osez accompagner ma fuite ;
Arrachez vous d'un lieu funeste et profané,
Où la vertu respire un air empoisonné.

Dans Euripide il a la même réserve, il est vrai, et les mêmes égards pour son père, mais il est lié par un serment qu'OEnone, avant de s'expliquer, avait exigé de lui. Il montre même du regret de ce serment qui le force au silence. Combien l'Hippolyte de Racine est plus noble et plus aimable ! Il n'est lié que par son cœur : et devant qui ce cœur se serait-il ouvert avec tant d'intérêt, s'il n'avait pas aimé Aricie ? C'est devant celle à qui l'on ne cache rien, qu'il est beau de n'avoir pas un seul sentiment qui ne soit digne d'admiration, de n'avoir pas même un mouvement de colère contre un père aveuglé et furieux, de l'épargner aux dépens de sa propre réputation et au péril de sa vie, à l'instant qu'il nous accable, et de ne penser qu'au déshonneur de Thésée, et non pas à son injustice.

Aricie, toute sensible qu'elle est à son amour, n'ose suivre un jeune prince qui n'est point son époux. Il la rassure :

L'hymen n'est pas toujours entouré de flambeaux.

Aux portes de Trézène, et parmi ces tombeaux.
Des princes de ma race antiques sépultures,
Est un temple sacré, formidable aux parjures.
C'est là que les mortels n'osent jurer en vain.
Le perfide y reçoit un châtiment soudain;
Et craignant d'y trouver la mort inévitable,
Le mensonge n'a point de frein plus redoutable.
Là, si vous m'en croyez, d'un amour éternel
Nous irons confirmer le serment solennel.
Nous prendrons à témoin le dieu qu'on y révère,
Nous le prirons tous deux de nous servir de père.
Des dieux les plus sacrés j'attesterai le nom;
Et la chaste Diane, et l'auguste Junon,
Et tous les dieux enfin, témoins de mes tendresses,
Garantiront la foi de mes saintes promesses.

Toutes ces circonstances locales ont un air d'antiquité qui sied bien au sujet. C'est dans ce temple que devait jurer celui qui disait un moment auparavant :

Le jour n'est pas plus pur que le fond de mon cœur.

Je ne sais pas pourquoi Arnauld était si mécontent de cet amour; il me semble que l'austérité la plus rigoureuse n'en pourrait être alarmée.

Je ne dissimulerai pas que la scène d'Aricie, qui ouvre le second acte avec sa confidente, qu'elle entretient de son amour pour Hippolyte, doit produire peu d'effet, après la superbe scène de Phèdre avec Œnone. C'est peut-être le seul inconvénient de cet épisode. Le commentateur relève ce défaut avec raison; mais est-il aussi bien fondé à nous dire que la scène dont je viens de

RACINE. 431

rendre compte, entre Hippolyte et Aricie, est *froide et inutile!* Elle n'est sûrement ni l'un ni l'autre; elle contient une action, puisq'Hippolyte y résout Aricie à le suivre et à s'unir avec lui; et je laisse à juger s'il y a de la froideur dans le développement du caractère d'Hippolyte, tel que nous venons de le voir.

Il porte le même jugement de la scène suivante entre Aricie et Thésée, et avec aussi peu de justice. Il prétend qu'*elle ne prépare point Thésée à la justification de son fils*. C'est nier l'évidence; il suffit ici de citer. Voici comme Aricie parle à Thésée :

Et comment souffrez-vous que d'horribles discours
D'une si belle vie osent noircir le cours?
Avez-vous de son cœur si peu de connaissance.
Discernez-vous si mal le crime et l'innocence?
Faut-il qu'à vos yeux seuls un nuage odieux
Dérobe sa vertu qui brille à tous les yeux!
Ah! c'est trop le livrer à des langues perfides.
Cessez : repentez-vous de vos vœux homicides.
Craignez, seigneur, craignez que le Ciel rigoureux
Ne vous haïsse assez pour exaucer vos vœux.
Souvent dans sa colère il reçoit nos victimes;
Ses présents sont souvent la peine de nos crimes.

THÉSÉE.

Non, vous voulez en vain couvrir son attentat;
Votre amour vous aveugle en faveur de l'ingrat.
Mais j'en crois des témoins certains, irréprochables :
J'ai vu, j'ai vu couler des larmes véritables.

ARICIE.

Prenez garde, seigneur, vos invincibles mains

Ont de monstres sans nombre affranchi les humains ;
Mais tout n'est pas détruit, et vous en laissez vivre
Un.... Votre fils, seigneur, me défend de poursuivre.
Instruite du respect qu'il veut vous conserver,
Je l'affligerais trop si j'osais achever.
J'imite sa pudeur, et fuis votre présence,
Pour n'être pas forcée à rompre le silence.

Je demande si l'on peut en dire davantage, à moins de dire tout, si ce n'est pas là *préparer la justification* d'Hippolyte. Cela est si vrai, que Thésée, demeuré seul, commence dès ce moment à sentir des doutes et des craintes. Il veut interroger OEnone ; il ordonne qu'on la fasse venir. Qu'on juge à présent de l'équité du critique ! Il a tant d'envie de trouver des *inutilités*, qu'il reproche à Théramène d'être *inutile*. C'est pousser les chicanes un peu loin. Jamais on n'exigea d'un confident qu'il fût nécessaire aux ressorts qui font mouvoir la pièce ; c'est même une faute de les placer dans la main de ces personnages subalternes ; ils ne doivent servir en général qu'aux scènes de développements et de confidence, et à raconter les événements. C'est ce que fait Théramène ; il annonce à Hippolyte qu'Athènes a choisi Phèdre pour reine, et il apprend à Thésée la mort de son fils ; c'est tout ce qu'il devait faire.

Le même censeur traite un peu durement Hippolyte et Aricie, et répète les critiques qu'on en a faites. J'en ai hasardé l'apologie ; je ne donne point mon avis pour une décision. Il y a dans tous les ouvrages des parties qui peuvent être considérées sous plusieurs faces, et que l'on peut, jusqu'à un certain point, condamner ou justifier, selon le point de vue sous lequel on les considère. Tout n'est pas également irréprochable : je ne prétends point que cet épisode le soit absolument; mais enfin il a produit la jalousie de Phèdre, c'est-à-dire une des plus belles choses qu'il y ait au théâtre. Je demanderai, pour dernier résultat, à ceux qui blâment le plus cet épisode, s'ils voudraient qu'on le retranchât, et avec lui le quatrième acte qui en est la suite. Quoi! l'on pardonne à Corneille les fautes les plus révoltantes, les plus monstrueuses, parce qu'elles amènent des beautés, et l'on ne pardonnera pas à Racine un épisode qui n'a rien de vicieux en lui-même, et auquel on ne peut reprocher que d'être d'un moindre effet que le rôle de Phèdre, c'est-à-dire d'être au-dessous de ce qu'il est impossible d'égaler! C'est un excès de rigueur que je n'ai pas le courage d'imiter; et ce que j'y vois de plus prouvé, c'est qu'on a trop communément deux poids et deux mesures; qu'il y a des écrivains que l'on voudrait toujours justifier, parce qu'ils en ont très souvent besoin, et d'autres que l'on voudrait toujours reprendre, parce qu'ils sont très rarement dans le cas d'être repris.

On a écrit des volumes pour et contre le récit du cinquième acte : je crois qu'on a été trop loin de part et d'autre. On prétend que Théramène, dans le saisissement où il doit être, ne peut pas avoir la force d'entrer dans aucun détail : c'est beaucoup. On oublie qu'il est naturel et même nécessaire que Thésée s'informe du moins des principales circonstances de la mort de son fils; et que

Théramène, encore tout plein de ce qu'il a vu, doit satisfaire autant qu'il est en lui cette curiosité. Mais je conviens aussi que le récit est trop étendu et trop soigneusement orné. Il brille d'un luxe de poésie quelquefois déplacé : plus simple et plus court, il eût été conforme aux règles du théâtre. Tel qu'il est, c'est un des plus beaux morceaux de poésie descriptive qui soient dans notre langue. C'est la seule fois de sa vie que Racine s'est permis d'être plus poète qu'il ne fallait, et d'une faute il a fait un chef-d'œuvre : on ne doit pas craindre trop que cet exemple soit contagieux.

Enfin, le rôle de Thésée n'a pas été non plus à l'abri de la critique ; on l'a taxé de trop de crédulité et de précipitation. Je crois que si quelque chose peut fonder ce reproche, c'est la manière admirable dont le poète fait parler Hippolyte à son père pour sa justification. Il a surpassé Euripide en l'imitant dans cette scène, dont je ne rapporterai rien pour ne pas trop multiplier les citations. Il est sûr que tout ce que dit Hippolyte porte un caractère de vérité qui semblerait devoir faire plus d'impression sur Thésée, et l'empêcher de prononcer si promptement ses fatales imprécations. Mais, d'un autre côté, le poète peut se justifier en disant que Thésée est dans le premier transport de sa colère ; que le trouble de la reine en l'abordant, ses paroles équivoques, le rapport d'Œnone, l'épée d'Hippolyte demeurée entre les mains de Phèdre, doivent faire sur lui d'autant plus d'impression, que, pour ne pas croire tant d'indices, il faut qu'il suppose un crime beaucoup plus atroce encore que celui qu'on lui dénonce ; et cette dernière raison est si forte, que je n'y connais point de réplique. Ajoutez que cette crédulité de Thésée est consacrée par les traditions mythologiques, qui nous sont si familières, et il se trouvera que si Thésée nous paraît trop crédule c'est qu'au fond nous sommes très fâchés qu'il le soit, et c'est précisément ce que veut de nous le poète tragique.

Il résulte de toute cette analyse une dernière observation qui fait également honneur à l'esprit de Racine et au cœur humain. Ce grand homme avait pris sur lui d'inspirer plus de pitié pour Phèdre coupable que pour Hippolyte innocent, et il en est venu à bout. Pourquoi? En voici, je crois, les raisons. C'est que Phèdre est à plaindre pendant toute la pièce, par sa passion, ses remords et ses combats, et qu'Hippolyte n'est à plaindre que par sa mort. Jusque-là l'on voit et l'on sent que, tout calomnié, tout proscrit qu'il est par son père, il a pour lui le témoignage de sa conscience et l'amour d'Aricie. Phèdre au contraire est malheureuse par son cœur, malheureuse par son crime et par conséquent malheureuse sans consolation et sans remède ; en sorte qu'il n'y a personne qui, dans le fond de son âme, ne préférât le sort d'Hippolyte au sien, et d'autant plus que l'un paraît toujours calme, et l'autre toujours tourmentée. C'est un tableau des malheurs du crime et de ceux de la vertu, et le peintre a mis au bas : Choisissez.

APPENDICE
A LA SECTION VII.

Phèdre de Pradon. Voyez PRADON.

SECTION VIII.

Esther.

Le temps, qui fait justice, mit bientôt la *Phèdre* de Racine à sa place; mais son parti était pris de renoncer au théâtre, et même, douze ans après, il ne crut pas y revenir, quand il fit pour madame de Maintenon, et pour Saint-Cyr, *Esther* et *Athalie;* car *Esther*, malgré le grand succès qu'elle eut à Saint-Cyr, ne parut jamais sur la scène, du vivant de l'auteur; et lorsqu'il imprima *Athalie*, il fit insérer dans le privilège une défense expresse aux comédiens de la jouer. Toutes deux ne furent représentées qu'après sa mort, et eurent alors un sort bien différent de celui qu'elles avaient eu au moment de leur naissance. Tout semble nous avertir de ne pas précipiter nos jugements, et rien ne peut nous en corriger.

Depuis que les représentations de 1721 eurent fait connaître tous les défauts du plan d'*Esther*, on s'étonna de la vogue qu'elle avait eue dans sa nouveauté, et c'est pourtant la chose du monde la plus facile à concevoir. Il faut voir chaque chose à sa place; et si le théâtre n'était pas celle d'*Esther*, il faut avouer qu'elle parut à Saint-Cyr dans le cadre le plus favorable. Qu'on se représente de jeunes personnes, des pensionnaires que leur âge, leur voix, leur figure, leur inexpérience même, rendaient intéressantes, exécutant dans un couvent une pièce tirée de l'Écriture sainte, récitant des vers pleins d'une onction religieuse, pleins de douceur et d'harmonie, qui semblaient rappeler leur propre histoire et celle de leur fondatrice; qui la peignaient des couleurs les plus touchantes, sous les yeux d'un monarque qui l'adorait, et d'une cour qui était à ses pieds; qui offrait à tous moments les allusions les plus piquantes à la flatterie où à la malignité; et l'on concevra que cette réunion de circonstances dans un spectacle qui par lui-même n'appelait pas la sévérité devait être la chose du monde la plus séduisante, et qu'il n'était pas étonnant que la phrase à la mode, celle qu'on répétait sans cesse, et que nous retrouverons dans les lettres et les mémoires du temps, fût celle ci de madame de Sévigné : *Racine a bien de l'esprit*. Madame de Sévigné en avait aussi beaucoup (car il y en a de bien des sortes), mais elle n'avait pas celui de cacher son faible pour la cour et pour tout ce qui tenait à la cour. Il perce à toutes les pages; et le ravissement où elle est d'avoir vu *Esther* à Saint-Cyr, faveur alors excessivement briguée et devenue une distinction, paraît avoir influé un peu sur le jugement qu'elle en porte. Si l'on veut prendre, en passant, une idée des changements qui arrivent d'un siècle à l'autre, il n'y qu'à faire attention à une de ces expressions employées sans dessein, et qui suffisent à peindre l'époque où l'on écrit : « Huit Jésuites dont était le père Gaillard, » ont *honoré ce spectacle de leur présence.* » Cela est un peu fort : voici le revers de la médaille. Nous avons vu il y a deux ans, et moi j'ai vu de mes yeux, à la représentation d'une pièce qui avait paru *contre-révolutionnaire*, parce qu'on y disait que *des accusateurs ne pouvaient pas être juges* (c'était dans le temps du procès des vingt-deux) j'ai vu quatre *Jacobins*, appelés officiellement, et siégeant *gratis* au premier banc du balcon, avec toute la dignité que des *Jacobins* pouvaient avoir, pour juger si les corrections que l'auteur et les acteurs avaient promises aux *Jacobins* étaient suffisantes pour permettre que l'on continuât de représenter la pièce ; et le lendemain, les journaux annoncèrent que les commissaires *jacobins* avaient été contents de la docilité de l'auteur et des changements qu'il avait faits.

L'établissement de Saint-Cyr, le choix des jeunes élèves qui remplissaient cette maison, le vif intérêt qu'y prenait madame de Maintenon, les soins qu'elle y donnait, les retraites fréquentes qu'elle y faisait, tous ces rapports pouvaient-ils manquer de se présenter à l'esprit lorsqu'on entendait ces vers de la première scène ?

Cependant mon amour pour notre nation
A rempli ce palais de filles de Sion,
Jeunes et tendres fleurs, par le sort agitées,
Sous un ciel étranger comme moi transplantées.
Dans un lieu séparé de profanes témoins,
Je mets à les former mon étude et mes soins ;
Et c'est là que, fuyant l'orgueil du diadème,

Lasse de vains honneurs, et me cherchant moi-même,
Aux pieds de l'Éternel je viens m'humilier,
Et goûter le plaisir de me faire oublier.

Ce personnage d'Esther paraissait tellement adapté à la favorite, que trois ans après, Déspréaux renouvela ce même parallèle.

J'en sais une chérie et du monde et de Dieu,
Humble dans les grandeurs, sage dans la fortune,
Qui gémit comme Esther de sa gloire importune,
Que le vice lui-même est contraint d'estimer,
Et que, sur ce tableau, d'abord tu vas nommer.

Le caractère de madame de Montespan, le long attachement de Louis XIV pour elle, les efforts qu'il avait faits sur lui pour s'en séparer, pouvaient-ils échapper au souvenir de toute la cour, devant qui Esther disait :

Peut-être on t'a conté la fameuse disgrâce
De l'altière Vasthi dont j'occupe la place,
Lorsque le roi, contre elle enflammé de dépit,
La chassa de son trône, ainsi que de son lit.
Mais il ne put sitôt en bannir la pensée :
Vasthi régna long-temps dans son âme offensée.

On sait assez avec quel plaisir malin l'on retrouvait Louvois dans Aman; la proscription des Juifs rappelait, dit-on, la révocation de l'édit de Nantes. Mais cette allusion ne fut certainement pas celle qui marqua le plus : il s'en fallait de beaucoup que l'on vît alors cette proscription du même œil dont on l'a vue depuis; et l'adulation et le fanatisme (c'était bien alors le fanatisme, et je parle la langue du bon sens, et non pas la langue révolutionnaire) célébraient comme un triomphe cette fatale erreur de Louis XIV, qu'il faut bien appeler ainsi, puisqu'il fut trompé, mais qui en elle-même est, aux yeux de la politique et de l'humanité, une grande faute qui a eu de longues et funestes suites.

Les défauts du plan d'*Esther* sont connus et avoués : le plus grand de tous est le manque d'intérêt. Il ne peut y en avoir d'aucune espèce. Esther et Mardochée ne sont nullement en danger, malgré la proscription des Juifs; car assurément Assuérus, qui aime sa femme, ne la fera pas mourir parce qu'elle est Juive, ni Mardochée, qui lui a sauvé la vie, et qui est comblé, par son ordre, des plus grands honneurs. Il ne s'agit donc que du peuple juif; mais on sait que le danger d'un peuple ne peut pas seul faire la base d'un intérêt dramatique, parce qu'on ne s'attache pas à une nation comme à un individu : il faut, dans ce cas, lier au sort de cette nation celui de quelques personnages intéressants par leur situation; et l'on voit que celle d'Esther et de Mardochée n'a rien qui fasse craindre pour eux. Les caractères ne sont pas moins répréhensibles, si l'on excepte celui d'Esther, qui est d'un bout à l'autre ce qu'elle doit être, et dont le rôle est fort beau. Zarès, femme d'Aman, est entièrement inutile, et ne tient en rien à la pièce : c'est un remplissage. Mardochée n'est guère plus nécessaire. Assuérus n'est pas excusable : c'est un fantôme de roi, un despote insensé, qui proscrit tout un peuple sans le plus léger examen, et en abandonne la dépouille au ministre qui en a proposé la destruction. La haine d'Aman a des motifs trop petits, et l'on ne peut concevoir que le maître d'un grand empire soit malheureux parce qu'un homme du peuple ne s'est pas prosterné devant lui comme les autres, et qu'il aille jusqu'à dire :

. . . Mardochée, assis aux portes du palais,
Dans ce cœur malheureux enfonce mille traits,
Et toute ma grandeur me devient insipide
Tandis que le soleil éclaire ce *perfide*.

Mardochée n'est point *perfide*, et si ce Juif fait une pareille impression sur Aman, il faut qu'Aman soit fou. On prétend que ces petitesses de l'orgueil sont dans la nature : il se peut qu'elles aillent jusque-là ; mais alors elles ne doivent pas faire le fondement d'une action et d'un caractère : il est trop difficile de s'y prêter. Je sais que Racine a trouvé le moyen de les revêtir des couleurs les plus imposantes. Aman, quand il avoue que c'est Mardochée qui attire sur les Juifs l'arrêt qui les condamne, ajoute :

Il faut des châtiments dont l'univers frémisse ;
Qu'on tremble en comparant l'offense et le supplice ;
Que les peuples entiers dans le sang soient noyés.
Je veux qu'on dise un jour aux siècles effrayés :
Il fut des Juifs ; il fut une insolente race ;
Répandus sur la terre ils en couvraient la face :
Un seul osa d'Aman attirer le courroux,
Aussitôt de la terre ils disparurent tous.

J'admire de si beaux vers ; mais si Aman était un

grand personnage, un homme extraordinaire, qu'il eût reçu une offense grave, je pourrais entrer jusqu'à un certain point dans ses ressentiments, et alors son rôle serait théâtral. Tel qu'il est, je ne vois en lui, malgré tout l'art du poète, que l'orgueil extravagant et féroce d'un favori enivré de sa fortune, qui veut exterminer une nation parce qu'un homme ne l'a pas salué.

La vraisemblance est aussi trop blessée. Après la scène où Esther l'a dénoncé au roi comme un calomniateur et un assassin, lorsqu'il a vu toute l'impression que faisaient les discours de la reine sur Assuérus, et tout le pouvoir qu'elle avait sur lui, lorsque la connaissance qu'il a du caractère de ce prince doit lui faire voir qu'il est perdu, il offre *son crédit* à Esther en faveur des Juifs.

Princesse, en leur faveur employez mon crédit.
Le roi, vous le voyez, flotte encore interdit.
Je sais par quels ressorts on le pousse, on l'arrête,
Et fais comme il me plaît le calme et la tempête.
Parlez....

Il est trop maladroit de supposer qu'Esther soit assez aveugle pour croire que ce soit encore lui qui puisse *faire le calme et la tempête*, ni qu'elle puisse le ménager après avoir éclaté à ce point contre lui. Elle rejette ses offres avec dédain ; alors il se jette à ses pieds et lui demande la vie. Cette bassesse le rend vil, après que sa confiance l'a rendu ridicule.

Il ne faut pas s'étonner qu'un drame qui n'a rien de théâtral n'ait eu aucun succès au théâtre lorsqu'il y parut dépouillé de tous les accessoires qui en avaient fait la fortune. Mais si l'on ne savait de quoi Racine était capable, on serait surpris de lire avec tant de plaisir, comme ouvrage de poésie, ce qui est si défectueux comme ouvrage dramatique. Le style d'Esther est enchanteur : c'est là que Racine commence à tirer de l'Écriture sainte le même parti qu'il avait tiré des poètes grecs. Il s'était pénétré de l'esprit des livres saints, et en fondit la substance dans *Esther* et dans *Athalie*. L'usage qu'il en fit frappe d'autant plus les connaisseurs, que transporter dans notre poésie les beautés de la *Bible* et des prophètes, était tout autrement difficile que de s'approprier celle d'Homère et d'Euripide. Il fallait un goût aussi sûr que le sien, et une élocution aussi flexible, pour que ces beautés qu'il apportait dans notre langue n'y parussent pas trop étrangères. Combien, au contraire elles y paraissent naturelles! Élise, parente d'Esther et compagne de son enfance, lui raconte dans la première scène, comment elle est venue la trouver à la cour du roi de Perse.

Au bruit de votre mort, justement éplorée,
Du reste des humains je vivais séparée,
Et de mes tristes jours n'attendais que la fin ;
Quand tout à coup, Madame, un prophète divin :
C'est pleurer trop long-temps une mort qui t'abuse ;
Lève toi, m'a-t-il dit, prends ton chemin vers Suze.
Là tu verras d'Esther la pompe et les honneurs,
Et sur le trône assis le sujet de tes pleurs.
Rassure, ajouta-t-il, tes tribus alarmées.
Sion, le jour approche où le dieu des armées

Va de son bras puissant faire éclater l'appui,
Et le cri de son peuple est monté jusqu'à lui.
Il dit : et moi, de joie et d'horreur pénétrée,
Je cours. De ce palais j'ai su trouver l'entrée,
O spectacle! ô triomphe admirable à mes yeux!
Digne en effet du bras qui sauva nos aïeux!
Le fier Assuérus couronne sa captive,
Et le Persan superbe est aux pieds d'une Juive.

On croit entendre le langage des prophètes, et c'est une confidente qui parle ; et le ton, tout élevé qu'il est, paraît naturel. C'est qu'une illusion soutenue vous transporte au lieu de la scène, qu'il n'y a pas un mot qui sorte de l'unité de ton et qui en rappelle un autre. Le vrai poëte est de tous les pays ; Racine est Grec avec Andromaque et Iphigénie, Romain avec Burrhus et Agrippine, Turc avec Roxane et Acomat, Juif avec Esther et Athalie.

Quel coloris et quel intérêt dans le tableau que trace Esther, d'après l'Écriture, de ce concours des plus belles femmes de l'Asie, parmi lesquelles Assuérus devait choisir une épouse !

De l'Inde à l'Hellespont ses esclaves coururent;
Les filles de l'Égypte à Suze comparurent;
Celles même du Parthe et du Scythe indompté
Y briguèrent le sceptre offert à la beauté.
On m'élevait alors, solitaire et cachée,
Sous les yeux vigilants du sage Mardochée;
Tu sais combien je dois à ses heureux secours.
La mort m'avait ravi les auteurs de mes jours;
Mais lui, voyant en moi la fille de son frère,
Me tint lieu, chère Élise, et de père et de mère
Du triste état des Juifs jour et nuit agité,

Il me tira du sein de mon obscurité ;
Et sur mes faibles mains fondant leur délivrance,
Il me fit d'un empire accepter l'espérance :
A ses desseins secrets, tremblante, j'obéis :
Je vins ; mais je cachai ma race et mon pays.
Qui pourrait cependant t'exprimer les cabales
Que formait en ces lieux ce peuple de rivales,
Qui toutes, disputant un si grand intérêt,
Des yeux d'Assuérus attendaient leur arrêt?
Chacune avait sa brigue et de puissants suffrages.
L'une, d'un sang fameux vantait les avantages.
L'autre, pour se parer de superbes atours,
Des plus adroites mains empruntait le secours ;
Et moi, pour toute brigue et pour tout artifice,
De mes larmes au Ciel j'offrais le sacrifice.

Enfin, on m'annonça l'ordre d'Assuérus.
Devant ce fier monarque, Élise, je parus.
Dieu tient le cœur des rois entre ses mains puissantes ;
Il fait que tout prospère aux âmes innocentes,
Tandis qu'en ses projets l'orgueilleux est trompé :
De mes faibles attraits le roi parut frappé.

Cette piété qui rapporte tout à la protection divine est conforme aux mœurs, et cette modestie d'Esther contraste bien avec l'ambition de ses rivales. Déterminée par le péril des Juifs et les exhortations de Mardochée à se présenter devant Assuérus malgré la loi qui défend, sous peine de la vie, de paraître devant le souverain sans son ordre, Esther adresse au Tout-Puissant une prière qui partout ailleurs pourrait paraître longue, mais qui tient essentiellement à l'action, dans un sujet où il est censé que les évènements sont conduits par la main de Dieu même. Cette prière est d'une éloquence touchante, animée de l'enthousiasme des écrivains sacrés, et l'auteur a su y placer en images et en mouvements les faits principaux qui peuvent intéresser au sort des Juifs; ce qui est un mérite dans son plan.

O mon souverain roi!
Me voici donc tremblante et seule devant toi.
Mon père mille fois m'a dit, dans mon enfance,
Qu'avec nous tu juras une sainte alliance,
Quand, pour te faire un peuple agréable à tes yeux,
Il plut à ton amour de choisir nos aïeux.
Même tu leur promis, de ta bouche sacrée,
Une postérité d'éternelle durée.
Hélas! ce peuple ingrat a méprisé ta loi:
La nation chérie a violé sa foi.
Elle a répudié son époux et son père
Pour rendre à d'autres dieux un honneur adultère.
Maintenant elle sert sous un maître étranger;
Mais c'est peu d'être esclave, on la veut égorger.
Nos superbes vainqueurs, insultant à nos larmes,
Imputent à leurs dieux le bonheur de leurs armes,
Et veulent aujourd'hui qu'un même coup mortel
Abolisse ton nom, ton peuple et ton autel.
Ainsi donc un perfide, après tant de miracles,
Pourrait anéantir la foi de tes oracles,
Ravirait aux mortels le plus cher de tes dons,
Le saint que tu promets et que nous attendons!
Non, non, ne souffre pas que ces peuples farouches,
Ivres de notre sang, ferment les seules bouches
Qui dans tout l'univers célèbrent tes bienfaits;
Et confonds tous ces dieux qui ne furent jamais.
Pour moi, que tu retiens parmi ces infidèles,

Tu sais combien je hais leurs fêtes criminelles,
Et que je mets au rang des profanations
Leur table, leurs festins et leurs libations;
Que même cette pompe où je suis condamnée,
Ce bandeau, dont il faut que je paraisse ornée,
Dans ces jours solennels à l'orgueil dédiés,
Seule et dans le secret, je le foule à mes pieds;
Qu'à ces vains ornements je préfère la cendre,
Et n'ai de goût qu'aux pleurs que tu me vois répandre.
J'attendais le moment marqué dans ton arrêt,
Pour oser de ton peuple embrasser l'intérêt.
Ce moment est venu : ma prompte obéissance
Va d'un roi redoutable affronter la présence.
C'est pour toi que je marche : accompagne mes pas
Devant ce fier lion qui ne te connaît pas.
Commande, en me voyant, que son courroux s'apaise,
Et prête à mes discours un charme qui lui plaise.
Les orages, les vents, les cieux te sont soumis.
Tourne enfin sa fureur contre nos ennemis.

Parmi cette foule d'expressions élégantes et poétiques dont abonde ce morceau, il n'y en a qu'une qui puisse peut-être laisser quelques scrupules : *et n'ai de goût qu'aux pleurs.* Je la crois naturelle et vraie, mais est-elle assez noble pour la tragédie ?

Avec quel plaisir secret madame de Maintenon devait retrouver les sentiments que lui témoignait souvent Louis XIV dans ceux qu'exprime Assuérus en présence d'Esther, sentiments dont la vérité reçoit encore un nouveau charme de l'harmonie si douce et si flatteuse des vers de Racine !

Croyez moi, chère Esther, ce sceptre, cet empire,

Et ces profonds respects que la terreur inspire,
A leur pompeux éclat mêlent peu de douceur,
Et fatiguent souvent leur triste possesseur.
Je ne trouve qu'en vous je ne sais quelle grâce
Qui me charme toujours, et jamais ne me lasse.
De l'aimable vertu, doux et puissants attraits!
Tout respire en Esther l'innocence et la paix.
Du chagrin le plus noir elle écarte les ombres,
Et fait des jours sereins de mes jours les plus sombres.

On lisait un jour devant Louis XIV cette strophe d'un cantique de Racine :

Mon Dieu! quelle guerre cruelle!
Je trouve deux hommes en moi :
L'un veut que, plein d'amour pour toi,
Mon cœur te soit toujours fidèle;
L'autre, à tes volontés rebelle,
Me révolte contre ta loi.

Voilà, dit le roi, *deux hommes que je connais bien*. Il est probable qu'en écoutant les vers d'Assuérus, il disait aussi, mais tout bas : Je sentais comme lui le besoin d'une Esther, et je l'ai trouvée.

Rapprocher deux grands écrivains quand ils ont à rendre à peu près les mêmes idées, est toujours un objet de curiosité et d'instruction. Gengiskan, dans l'*Orphelin de la Chine*, éprouve auprès d'Idamé ce vide des grandeurs et ce besoin d'un sentiment qu'on vient de voir dans Assuérus.

Tant d'états subjugués ont-ils rempli mon cœur?
Ce cœur lassé de tout demandait une erreur
Qui pût de mes ennuis chasser la nuit profonde,
Et qui me consolât sur le trône du monde.

L'expression des vers d'Assuérus est plus douce, celle de Gengiskan est plus forte : cette différence est fondée sur celle de leur situation. L'un parle d'un bonheur qu'il a, l'autre de celui qu'il voudrait avoir, et le désir va toujours plus loin que la jouissance. En étudiant les grands écrivains, on remarquera partout ce rapport du style avec le sentiment et la pensée, rapport qui existe sans qu'on y prenne garde, mais qui donne l'âme et la vie à tout un ouvrage, comme le sang qui circule dans nos veines nous fait vivre sans qu'on aperçoive son cours.

Allons plus loin, et, quoique cela nous écarte un peu d'*Esther*, voyons encore la même idée dans un sujet d'un ton tout différent, dans un conte, celui de la belle Arsène.

> Seule elle demeura
> Avec l'orgueil, compagnon dur et triste,
> Bouffi, mais sec, ennemi des chats;
> Il renfle l'âme, et ne la nourrit pas.

Ici la gaieté se mêle au sentiment, et c'est un autre rapport à saisir, celui du ton avec le sujet. Il y aurait là-dessus beaucoup de choses à dire : mais je reviens vite à *Esther*.

C'est revenir à Louis XIV; car on retrouve encore ce prince dans ces deux vers, qui n'étaient pas faits sans intention.

> Seigneur, je n'ai jamais contemplé qu'avec crainte
> L'auguste majesté sur votre front empreinte.

On sait que ce prince, qui avait la figure imposante, n'était pas fâché de voir quelquefois l'effet qu'elle produisait, et combien il traita favorablement cet officier qui avait paru si fort intimidé devant lui.

L'élévation et la majesté des prophètes brillent dans la scène où Esther expose devant Assuérus la croyance, les fautes, la punition et les espérances de la nation dont elle plaide la cause, et sur-tout la puissance du Dieu qu'elle adore.

Ce Dieu, maître absolu de la terre et des cieux,
N'est point tel que l'erreur le figure à vos yeux.
L'Éternel est son nom : le monde est son ouvrage.
Il entend les soupirs de l'humble qu'on outrage,
Juge tous les mortels avec d'égales lois,
Et du haut de son trône interroge les rois.
Des plus fermes états la chute épouvantable,
Quand il veut, n'est qu'un jeu de sa main redoutable.
. . . .
N'en doutez point, seigneur, il fut votre soutien :
Lui seul mit à vos pieds et le Parthe et l'Indien,
Dissipa devant vous les innombrables Scythes,
Et renferma les mers dans vos vastes limites.

Mardochée, dans une autre scène, ne le peint pas avec moins de grandeur.

Que peuvent contre lui tous les rois de la terre ?
En vain ils s'uniraient pour lui faire la guerre.
Pour dissiper leur ligue il n'a qu'à se montrer :
Il parle, et dans la poudre il les fait tous rentrer.
Au seul son de sa voix la mer fuit, le ciel tremble :
Il voit comme un néant tout l'univers ensemble :
Et les faibles mortels, vains jouets du trépas,
Sont tous devant ses yeux comme s'ils n'étaient pas.

Ce dernier vers est traduit mot à mot d'Isaïe :
Omnes gentes, quasi non sint, sic sunt coram eo.

Racine, à l'imitation des Anciens, introduisit des chœurs dans *Esther* et dans *Athalie;* mais au lieu de les laisser, comme eux, sur le théâtre pendant toute la durée de l'action, ce qui était souvent contraire à la vraisemblance, il a soin qu'il y ait toujours une raison pour les faire entrer sur la scène, et pour les en faire sortir. Une partie de ces chœurs est chantée; dans l'autre, c'est un coryphée qui parle pour tous. C'est là que Racine a déployé un nouveau genre de talent, étranger à notre poésie dramatique; mais pour ne pas séparer des choses analogues entre elles, je me propose de parler en même temps des chœurs d'*Esther* et de ceux d'*Athalie*. C'est maintenant cette pièce, le dernier et le plus étonnant des chefs-d'œuvre de Racine, qui doit nous occuper.

SECTION IX.

Athalie.

La conception la plus étendue et la plus riche dans le sujet le plus simple, et qui paraissait le plus stérile; le mérite unique d'intéresser pendant cinq actes avec un prêtre et un enfant, sans mettre en œuvre aucune des passions qui sont les ressorts ordinaires de l'art dramatique, sans amour, sans épisodes, sans confidents; la vérité des caractères, l'expression des mœurs empreinte dans chaque vers, la magnificence d'un spectacle auguste et religieux qui montre la tragédie dans toute la dignité qui lui appartient; la sublimité d'un style également admirable dans un pontife qui parle le langage des prophètes, et dans un enfant qui parle celui de son âge; la beauté soutenue d'une versification où Racine a été au-dessus de lui-même; un dénouement en action, et qui présente un des plus grands tableaux qu'on ait jamais offerts sur la scène ; voilà ce qui a placé *Athalie* au premier rang des productions du génie poétique, voilà ce qui a justifié Boileau lorsque, seul contre l'opinion générale et représentant la postérité, il disait à son ami découragé : « *Athalie* est votre plus bel » ouvrage. » Développons, s'il se peut, tous ces différents mérites, et voyons d'abord comment l'auteur s'y est pris pour exciter un grand intérêt en faveur de Joas, et légitimer les moyens que le grand-prêtre emploie contre Athalie. Je ne dois pas dissimuler qu'il ne s'agit ici de rien moins que de combattre une autorité que j'ai souvent invoquée en fait de goût, celle de Voltaire. Mais heureusement le respect que j'ai toujours témoigné pour son génie et ses lumières m'a justifié d'avance, en faisant voir qu'il ne peut céder chez moi qu'à celui que l'on doit à la vérité. Voltaire, pendant quarante ans, n'a parlé d'*Athalie* que pour la nommer le chef-d'œuvre de la scène. Cependant, sur la fin de sa vie, il en a fait des critiques qui tendent à détruire l'ouvrage dans ses fondements ; critiques que l'ascendant de son nom et de son autorité a pu seul faire paraître spécieuses, et qui, sous les rapports de la morale et de l'art du théâtre, sont également mal fondées. Je crois même que, si l'on voulait expliquer cette contrariété dans ses opinions, et chercher pourquoi il a changé d'avis sur *Athalie*, on trouverait que la véritable raison, c'est qu'*Athalie* est un sujet juif, et l'on sait que Voltaire n'a jamais eu de goût pour cette nation. Cette antipathie l'a emporté sur son amour pour Racine, et *Athalie* a été enveloppée dans la proscription générale. Quoi qu'il en soit, je vais citer ce qu'il en dit, et ma réponse sera en même temps l'exposé que j'annonçais tout à l'heure, des ressorts que Racine a si habilement employés.

» Je demande de quel droit Joad arme ses lé-
» vites contre la reine, à laquelle il a fait serment
» de fidélité. De quel droit trompe-t-il Athalie en
» lui promettant un trésor? De quel droit fait-il
» massacrer sa reine? Était-il permis à Joad de
» conspirer contre elle et de la tuer? Il était son
» sujet; et certainement dans nos mœurs et dans
» nos lois il n'est pas plus permis à Joad de faire
» assassiner la reine qu'il n'eût été permis à l'ar-
» chevêque de Cantorbéry d'assassiner Élisabeth
» parce qu'elle avait fait condamner Marie Stuart. »

Si cet exposé était vrai, le sujet d'*Athalie* serait essentiellement vicieux : l'auteur aurait péché contre la première règle du théâtre, qui ne doit jamais blesser la morale ni consacrer la révolte et le crime. Mais cet exposé est infidèle dans tous les points, et détruit entièrement par les faits : il suffira de les détailler.

Depuis la division des douze tribus, sous le règne de Roboam, le peuple juif était partagé en deux royaumes. Les deux tribus de Juda et de Benjamin composaient le royaume de Juda; et les dix autres, celui d'Israël. Mais il faut observer que les rois de Juda étaient de la famille de David; qu'ils avaient conservé l'ordre de la succession et le culte légitime; qu'ils avaient dans leur partage Jérusalem, la ville sainte, et le temple de Salomon; et qu'enfin c'était d'eux que devait naître le Messie, l'espérance de la nation juive. Les tribus d'Israël, au contraire, la plupart tombées dans l'idolâtrie, étaient regardées dans Juda comme coupables d'un schisme sacrilège, et comme une race réprouvée que Dieu même avait maudite. Samarie était pour Jérusalem ce que Genève est pour Rome. L'auteur d'*Athalie* rappelle cette malédiction dans plusieurs endroits de la pièce, particulièrement dans celui-ci :

Dieu, qui hait les tyrans, et qui dans Jézraël
Jura d'exterminer Achab et Jézabel :
Dieu qui, frappant Joram, le mari de leur fille,
A jusque sur son fils poursuivi leur famille;
Dieu dont le bras vengeur, pour un temps suspendu,
Sur cette race impie est toujours étendu.

Ailleurs, en parlant de Jéhu, roi d'Israël, il fait dire à Joad :

Jéhu qu'avait choisi sa sagesse profonde,
Jéhu sur qui je vois que votre espoir se fonde,
D'un oubli trop ingrat a payé ses bienfaits;
Jéhu laisse d'Achab l'affreuse fille en paix,
Suit des rois d'Israël les profanes exemples,
Du vil dieu de l'Égypte a conservé les temples.

Jéhu sur les hauts lieux, enfin, osant offrir
Un téméraire encens que Dieu ne peut souffrir,
N'a pour servir sa cause et venger ses injures,
Ni le cœur assez droit ni les mains assez pures.

Ces notions générales n'ont pas un rapport direct à la question que je traite en ce moment, mais elles sont nécessaires pour donner une idée juste du sujet, et réfuter le même auteur sur d'autres observations critiques que je me propose d'examiner. Maintenant un précis très court des faits historiques sur lesquels la pièce est fondée, fera voir si Joad est en effet un rebelle, et s'il devait regarder Athalie comme sa *reine*.

Athalie était fille d'Achab et de Jézabel, qui régnaient dans Israël : elle avait épousé Joram, roi de Juda, fils de Josaphat, et le septième roi de la race de David. Son fils Ochosias, entraîné dans l'idolâtrie, ainsi que Joram, par l'exemple d'Athalie, ne régna qu'un an, et fut tué, avec tous les princes de la maison d'Achab, par Jéhu, que Dieu avait fait sacrer par ses prophètes, pour régner sur Israël et pour être le ministre de ses vengeances. Athalie, irritée du massacre de sa famille, voulut, de son côté, exterminer celle de David, et fit périr tous les enfants d'Ochosias ses petits-fils. Joas au berceau échappa seul à cette barbarie, sauvé par Josabeth, sœur du roi Ochosias, mais d'une autre mère qu'Athalie, et femme du grand-prêtre Joad.

D'après ces faits, tous énoncés et répétés dans la pièce, je demande à mon tour si Joas n'était pas l'héritier légitime du royaume de Juda et si l'on pouvait lui disputer le droit de succéder à son père? Je demande si Athalie n'était pas évidemment une usurpatrice, et si elle avait d'autres droits que ses crimes! Je demande s'il est permis d'avancer si gratuitement que Joad a pu lui faire *serment de fidélité?* C'est supposer un fait, non-seulement faux, mais impossible. Il suffit d'entendre, dès la première scène, de quelle manière Joad parle d'Athalie :

Huit ans déjà passés, une impie étrangère
Du sceptre de David usurpe tous les droits,
Se baigne impunément dans le sang de nos rois,
Des enfants de son fils détestable homicide,
Et même contre Dieu lève son bras perfide.

Supposons qu'après la mort de Henri II, Catherine de Médicis eût fait assassiner tous les princes de la branche de Valois et ceux de la branche de Bourbon, et que François II, encore enfant, cru mort comme les autres, eût été, par un coup du hasard, dérobé au glaive des assassins et caché dans une cour étrangère ou dans quelque ville du royaume; qu'il fût parvenu ensuite à se faire reconnaître pour ce qu'il était, lui aurait-on contesté son droit à la couronne? C'est précisément la situation où se trouve Joas. Il est donc bien évidemment roi de Juda; Joad est son *sujet*, et non pas celui d'Athalie. Joad n'a donc fait ni pu faire *serment de fidélité* à une usurpatrice meurtrière, souillée de sang et de forfaits. Il n'est dit nulle part qu'il lui ait fait ce serment, et son caractère et sa religion ne permettent pas plus de le présumer dans une tragédie que dans l'histoire. Athalie qui ne régnait que par la force, n'ignorait pas les sentiments de Joad et de ses lévites, mais elle ne les craignait pas. Elle dit elle-même :

Vos prêtres, je veux bien, Abner, vous l'avouer,
Des bontés d'Athalie ont lieu de se louer.
Je sais sur ma conduite et contre ma puissance,
Jusqu'où de leurs discours ils portent la licence.
Ils vivent cependant, et leur temple est debout.

Elle les regarde donc comme ses ennemis, mais comme des ennemis faibles et impuissants, et l'on peut penser que si elle les épargne, c'est pour ne pas commettre des cruautés inutiles. Il en résulte que Joad, bien loin de *conspirer contre sa reine*, défend son légitime souverain contre une marâtre barbare qui lui a ravi le trône, et qui a voulu lui arracher la vie. On voit par-là combien est faux dans tous ses rapports le parallèle hypothétique qu'on établit entre Élisabeth et Athalie, entre Joad et l'archevêque de Cantorbéry. Celui-ci était sujet d'Élisabeth, et Joad ne l'était pas d'Athalie. Le prélat anglais ne devait rien à Marie Stuart, que de la pitié : le pontife de Jérusalem devait servir de tout son pouvoir le dernier rejeton de ses rois, sauvé par son épouse, et nourri dans le temple : la disparité est complète.

Mais ce n'est pas assez que la cause de Joad soit juste ; il faut justifier les moyens qu'il emploie. La manière dont on les attaque offre un côté spécieux : un prêtre qui trompe ! un prêtre qui assassine! Ce seul énoncé présente une sorte de contraste dans les termes, qui a quelque chose de trop odieux; mais en dépouillant un fait de toutes les circonstances qui l'accompagnent, il est aussi trop facile de le dénaturer. C'est ici qu'il faut en revenir d'abord à ce principe incontestable, qu'un poète dramatique doit faire agir et parler ses personnages conformément aux mœurs du pays où ils vivent, à moins qu'il n'y ait un tel excès d'atrocité, de bizarrerie ou de bassesse, qu'il ne soit pas possible de s'y prêter; et dans ce cas il faut ou adoucir ces mœurs sans les contredire trop formellement, ou rejeter un sujet qui répugnerait trop aux nôtres. La question est donc de savoir si l'auteur d'*Athalie*, dans tout le cours de la pièce, nous a montré les objets sous un tel point de vue, que la conduite de Joad nous paraisse irréprochable, et que l'intérêt de cet enfant, son pupille et son roi, devienne celui du spectateur. Cet examen sera le plus grand éloge de l'ouvrage. Il n'y en a pas un seul où l'on ait porté aussi loin cet art dont la multitude n'aperçoit que le résultat, et dont les connaisseurs sentent tout le mérite, cet art si essentiellement théâtral, de mettre sans cesse dans la bouche de chacun des acteurs tout ce qui peut fonder, nourrir, accroître l'intérêt unique qu'il faut inspirer, et ranger les spectateurs du parti que le poète veut qu'ils embrassent; art d'autant plus difficile, qu'il ne faut pas en laisser voir l'intention : l'effet est manqué, si le besoin est trop aperçu. L'auteur doit toujours nous mener, mais de manière que nous nous imaginions aller tout seuls. Plus on réfléchit sur le sujet, le plan, l'exécution d'*Athalie*, plus on est effrayé des difficultés qui durent frapper un auteur qui avait tant de connaissance du théâtre, et du talent infini qu'il lui fallait pour les surmonter. *Phèdre* était sans doute un sujet très délicat à manier; mais aussi que de ressources! La passion, que Racine savait si bien traiter; la fable, qui apportait sous son pinceau ce que la poésie a de plus brillant. Il était là comme sur son terrain : ici, rien de tout cela. Point de passion d'aucune espèce : un sujet austère, et pour ainsi dire nu, le péril d'un enfant, qui par lui-même n'a rien de bien vif, à moins qu'on ne puisse y joindre le ressort puissant de la nature dans le cœur d'un père ou d'une mère, comme dans *Andromaque*, dans *Iphigénie*, dans *Mérope*, dans *Idamé*. Joas est orphelin; il est le neveu de Josabeth : c'est un lien de parenté, mais qu'il est loin de ce grand sentiment de la maternité, auquel rien ne peut se comparer! Aussi Josabeth n'est-elle qu'un personnage secondaire, qui se laisse conduire en tout par Joad. Il fallait pourtant nous attacher au sort de cet enfant pendant cinq actes. Ce n'est pas tout : quel est le défenseur de cet enfant? Quel est celui qui entreprend de le remettre sur le trône? Ce n'est point un de ces personnages toujours avantageux à montrer sur la scène, un guerrier, un héros vengeur de sa patrie et de ses rois, un politique habile méditant une grande révolution : c'est un pontife enfermé dans un temple avec une tribu consacrée au service des autels. Il fallait le faire triompher de la force et du pouvoir sans blesser la vraisemblance, et le rendre ministre d'une vengeance rigoureuse et sanglante sans dégrader ni faire haïr le caractère du sacerdoce. Tout autre personnage pouvait être, sans aucun inconvénient, l'instrument du salut de Joas et de la perte d'Athalie. Rétablir l'héritier du trône, venger la faiblesse opprimée, et punir l'ennemi et le bourreau de ses rois, était pour tout autre une entreprise non-seulement légitime, mais glorieuse. Cependant, telles sont les idées de convenance attachées à chaque état, que faire répandre par les ordres d'un prêtre le sang d'une reine, quoique coupable et usurpatrice, était en soi-même difficile et dangereux. Tant d'obstacles nés du sujet n'étaient balancés que par une seule ressource, l'intervention divine. A la vérité elle se présentait d'elle-même, et l'homme le plus médiocre pouvait la saisir. Mais c'est un de ces moyens qui n'ont qu'une valeur proportionnée à la force de celui qui s'en sert : mis en œuvre par une main moins habile, il ne pouvait tout au plus que faire excuser Joad, et alors la pièce était manquée; elle ne pouvait produire que très peu d'effet. Il était absolument nécessaire de tirer de ce moyen tout le parti possible : il fallait faire entendre la voix de Dieu dans chaque vers, rendre cet enfant, que le ciel protège, aussi cher aux spectateurs qu'aux Israélites (puisque enfin c'est là toute la pièce), le leur montrer sur la scène, et faire agir sur tous les cœurs le charme de l'enfance; ce qui était sans exemple, et placé, s'il le faut dire, entre le sublime et le ridicule. Et quel autre qu'un grand maître, allons plus loin, quel autre que Racine pouvait en venir à bout? Sans la magie d'un style divin, qui s'élève jusqu'à l'enthousiasme d'un pontife avec autant de succès qu'il descend à la naïveté d'un enfant, la scène française n'avait point d'*Athalie*. C'est un de ces tableaux qui ne peuvent exister que par un prestige unique de coloris, et que sans cela la plus belle ordonnance, le plus beau dessin, ne pourraient sauver. Il y a des sujets où l'on est forcé d'être sublime, sous peine de n'être rien : Racine s'est bien acquitté de ce devoir ; il l'est depuis le premier vers jusqu'au dernier. *

La théocratie, particulièrement établie chez les Juifs, etait donc le principal objet que devait développer l'auteur d'*Athalie*. Aussi, dès la première scène il fonde puissamment toutes les idées qui doivent gouverner l'esprit des spectateurs ; il rappelle tous les faits qui doivent influer sur le reste de la pièce ; il prépare tout ce qui doit arriver. Il choisit pour le jour qu'il a destiné à la proclama-

* Qnand le célèbre Lekain vint, à l'âge de dix-huit ans, chez Voltaire, faire devant lui l'essai de ce talent trop tôt perdu pour le théâtre dont il a été la gloire, il voulut d'abord lui réciter le rôle de Gustave. *Non, non*, dit le poète, *je n'aime pas les mauvais vers*. Le jeune homme lui offrit alors de répéter la première scène d'*Athalie* entre Joad et Abner. Voltaire l'écoute, et, l'ouvrage lui faisant oublier l'acteur, il s'écrie avec transport : *Quel style! quelle poésie, et toute la pièce est écrite de même ! Ah ! Monsieur ! Quel homme que Racine !* C'est Lekain qui rapporte, dans des Mémoires manuscrits, ce fait dont il fut d'autant plus frappé, que dans ce moment il aurait bien voulu que Voltaire s'occupât un peu plus de lui et un peu moins de Racine.

tion de Joas une des principales fêtes des Juifs, celle où l'on célébrait l'anniversaire de la publication de la loi, et qu'on appelait aussi la fête des Prémices, parce qu'on y offrait à Dieu les premiers pains de la nouvelle moisson. Il introduit avec le grand-prêtre un guerrier qui a servi avec distinction sous les rois de Juda, également attaché à leur mémoire et au culte de ses pères. Dans tout autre sujet, il semblerait que ce fût à un homme tel qu'Abner d'être le vengeur et l'appui d'un roi orphelin, et de travailler à son rétablissement. Mais ici c'est Dieu qui doit tout faire :

Dieu, qui de l'orphelin protège l'innocence,
Et fait dans la faiblesse éclater sa puissance

C'est de cette faiblesse même que l'auteur a tiré l'intérêt qu'il sait répandre sur la cause du grand-prêtre et de Joas. On lui a reproché de n'avoir pas fait le rôle d'Abner plus agissant : s'il l'eût fait, sa pièce ressemblait à tout; elle n'avait plus ce caractère religieux qui la distingue, et la rend à la fois si originale et si conforme aux mœurs théocratiques. A quoi donc lui a servi Abner? A présenter dans un homme de cette importance, dans un guerrier vertueux, dans un serviteur fidèle des rois de Juda, les sentiments que la plus saine partie de la nation a conservés pour la famille de David; sentiments qui seraient suspects de quelque intérêt particulier, si l'auteur ne les eût montrés que dans le grand-prêtre et ses lévites; à balancer auprès d'Athalie, qui ne peut lui refuser son estime, le crédit et les suggestions de

Mathan; à former entre l'humanité d'un soldat et la cruauté d'un prêtre ce beau contraste qui met du côté de Joad tout ce qu'il y a de plus intéressant, et du côté d'Athalie tout ce qu'il y a de plus odieux; enfin à relever la fermeté d'âme et la pieuse confiance de Joad, qui, pouvant se servir d'un homme si brave et si accrédité, ne s'en sert pas parce qu'il attend tout de Dieu seul. Et quoi de plus propre à rendre une cause respectable, à en persuader la justice, que de la présenter toujours comme la cause de Dieu lui-même? Je le répète : sans cet art, que peut-être on n'a pas assez senti, la pièce échouait. Quand Josabeth dit au grand-prêtre :

Abner, le brave Abner viendra-t-il nous défendre?

Joad répond :

Abner? quoiqu'on se puisse assurer sur sa foi,
Ne sait pas même encor si nous avons un roi.

JOSABETH.

Mais à qui de Joas, confiez-vous la garde?
Est-ce Obed? est-ce Amnon que cet honneur regarde?
De mon père sur eux les bienfaits répandus...

JOAD.

A l'injuste Athalie ils se sont tous vendus.

JOSABETH.

Qui donc opposez-vous contre ses satellites?

JOAD.

Ne vous l'ai-je pas dit? nos prêtres. nos lévites.

JOSABETH.

. . . .
Peut-être dans leurs bras Joas percé de coups....

JOAD.

Et comptez-vous pour rien Dieu qui combat pour nous?

Toujours Dieu ; et quand Athalie périra, c'est le bras de Dieu qui l'aura frappée, et qui cachera celui de Joad, qu'il était si essentiel de ne pas montrer. Ce sujet a quelque chose de si particulier, que le rôle d'Abner me paraît louable par une raison tout opposée à celle qui fait louer d'autres rôles : ceux-ci ne valent ordinairement qu'en raison de ce qu'ils font dans une pièce : celui d'Abner vaut en raison de ce qu'il n'y fait pas.

Avec quelle dignité s'ouvre cette première scène, où l'auteur a disposé tous les ressorts de son drame !

Oui, je viens dans son temple adorer l'Éternel.
Je viens, selon l'usage antique et solennel,
Célébrer avec vous la fameuse journée
Où sur le Mont-Sina la loi nous fut donnée.
Que les temps sont changés! Sitôt que de ce jour
La trompette sacrée annonçait le retour,
Du temple, orné partout de festons magnifiques,
Le peuple saint en foule inondait les portiques ;
Et tous, devant l'autel avec ordre introduits,
De leurs champs dans leurs mains portant les nouveaux
       fruits,
Au Dieu de l'univers consacraient ces prémices;
Les prêtres ne pouvaient suffire aux sacrifices.
L'audace d'une femme, arrêtant ce concours,

En des jours ténébreux a changé ces beaux jours.
D'adorateurs zélés à peine un petit nombre
Ose des premiers temps nous retracer quelque ombre.
Le reste pour son Dieu montre un oubli fatal,
Ou même, s'empressant aux autels de Baal,
Se fait initier à ses honteux mystères,
Et blasphème le nom qu'ont invoqué leurs pères.
Je tremble qu'Athalie, à ne vous rien cacher,
Vous-même de l'autel vous faisant arracher,
N'achève enfin sur vous ses vengeances funestes,
Et d'un respect forcé ne dépouille les restes.

On a déjà vu dans ce peu de vers les sentiments religieux d'Abner, la solennité du jour faite pour sanctifier l'entreprise de Joad, le culte de Baal opposé à celui du Dieu de Jérusalem, l'impiété d'Athalie et le péril du grand-prêtre. Il répond :

D'où vous vient aujourd'hui ce noir pressentiment.

ABNER.

Pensez-vous être saint et juste impunément?
Dès long-temps elle hait cette fermeté rare
Qui rehausse en Joad l'éclat de la tiare.
Dès long-temps votre amour pour la religion
Est traité de révolte et de sédition.
Du mérite éclatant cette reine jalouse
Hait surtout Josabeth votre fidèle épouse.
Si du grand prêtre Aaron Joad est successeur,
De notre dernier roi Josabeth est la sœur.
Mathan d'ailleurs, Mathan, ce prêtre sacrilège,
Plus méchant qu'Athalie, à toute heure l'assiège;
Mathan de nos autels infâme déserteur,
Et de toute vertu zélé persécuteur.
C'est peu que, le front ceint d'une mitre étrangère,

Ce lévite à Baal prête son ministère ;
Ce temple l'importune, et son impiété
Voudrait anéantir le Dieu qu'il a quitté.
Pour vous perdre, il n'est point de ressorts qu'il n'invente.
Quelquefois il vous plaint, souvent même il vous vante.
Il affecte pour vous une fausse douceur,
Et par-là de son fiel colorant la noirceur,
Tantôt à cette reine il vous peint redoutable,
Tantôt, voyant pour l'or sa soif insatiable,
Il lui feint qu'en un lieu que vous seul connaissez,
Vous cachez des trésors par David amassés.

Voilà le contraste de Joad et de Mathan établi de manière à inspirer autant de vénération pour l'un que d'horreur pour l'autre. Cette supposition d'un trésor renfermé dans le temple est une préparation adroite et inaperçue d'un des principaux moyens du dénouement : *c'est l'insatiable soif de l'or* qui fera tomber Athalie dans le piège.

Enfin, depuis deux jours la superbe Athalie
Dans un sombre chagrin paraît ensevelie.
Je l'observais hier, et je voyais ses yeux
Lancer sur le lieu saint des regards furieux,
Comme si dans le fond de ce vaste édifice
Dieu cachait un vengeur armé pour son supplice.

Autre préparation du dénouement : on voit déjà le *vengeur caché* dans le temple et *armé pour le supplice* d'Athalie. Elle-même croit le voir : Dieu et sa conscience la menacent en même temps.

Croyez-moi : plus j'y pense et moins je puis douter
Que sur vous son courroux ne soit près d'éclater,
Et que de Jézabel la fille sanguinaire
Ne vienne attaquer Dieu jusqu'en son sanctuaire.

Attaquer Dieu! c'est entre *Dieu* et Athalie que la guerre est déclarée. Abner ne parle de Joad que pour montrer les dangers qui l'environnent. On connaît la réponse du grand-prêtre : il n'y a point d'enfant au collège qui ne la sache par cœur; et il n'y a point de connaisseur qui ne l'admire. Jamais on ne fut sublime avec plus de simplicité :

Celui qui met un frein à la fureur des flots,
Sait aussi des méchants arrêter les complots.
Soumis avec respect à sa volonté sainte,
Je crains Dieu, cher Abner, et n'ai point d'autre crainte.

Mais ce n'était pas assez de peindre cette fermeté qui l'ennoblit, il fallait annoncer ce saint enthousiasme qui caractérise l'homme capable de tout faire pour la cause de Dieu et de ses rois.

Cependant je rends grâce au zèle officieux
Qui sur tous mes périls vous fait ouvrir les yeux.
Je vois que l'injustice en secret vous irrite,
Que vous avez encor le cœur israélite.
Le Ciel en soit béni.

Voyez ce que c'est que le style du sujet : partout ailleurs cet hémistiche serait plat et trivial : à l'endroit où il est, il a de l'onction.

     Mais ce secret courroux,
Cette oisive vertu, vous en contentez-vous ?
La foi qui n'agit point, est-ce une foi sincère ?

Est-ce une foi sincère ? En prose on dirait *est-elle une foi sincère ?* Le pronom démonstratif donne à la phrase une tournure bien plus vive. C'est le sentiment de la poésie qui inspire ces modifications du langage, que la grammaire nomme des licences, et que le goût appelle des découvertes.

Huit ans déjà passés, une impie étrangère
Du sceptre de David usurpe tous les droits,
Se baigne impunément dans le sang de nos rois,
Des enfants de son fils détestable homicide,
Et même contre Dieu lève son bras perfide.

Huit ans déjà passés, manière poétique de dire par l'ablatif absolu, *il y a huit ans*. Racine a enrichi la langue des poètes d'une foule de constructions de cette espèce. *

Et vous, l'un des soutiens de ce tremblant État,
Vous, nourri dans les camps du saint roi Josaphat,
Qui sous son fils Joram commandiez nos armées,
Qui rassurâtes seul nos villes alarmées,
Lorsque d'Ochosias le trépas imprévu
Dispersa tout son camp à l'aspect de Jéhu :
Je crains Dieu, dites-vous, sa vérité me touche.
Voici comme ce Dieu vous répond par ma bouche :
Du zèle de ma loi que sert de vous parer ?
Par de stériles vœux pensez-vous m'honorer ?
Quel fruit me revient-il de tous vos sacrifices ?
Ai-je besoin du sang des boucs et des génisses ?
Le sang de vos rois crie, et n'est point écouté.
Rompez, rompez tout pacte avec l'impiété ;
Du milieu de mon peuple exterminez les crimes,
Et vous viendrez alors m'immoler vos victimes.

* Malherbe commence ainsi sa *Prosopopée d'Ostende* :
  Trois ans déjà passés, théâtre de la guerre, etc.

C'était donc à lui que La Harpe aurait dû faire honneur de cette construction.

F.

Tous ses vers sont traduits de l'Écriture : c'est ainsi que parlaient les prophètes, et que doit parler celui qui *exterminera* Athalie.

ABNER.

Hé! que puis-je au milieu de ce peuple abattu ?
Benjamin est sans force et Juda sans vertu.
Le jour qui de leurs rois vit éteindre la race
Éteignit tout le feu de leur antique audace.
Dieu même, disent-ils, s'est retiré de nous.
De l'honneur des Hébreux autrefois si jaloux,
Il voit sans intérêt leur grandeur terrassée,
Et sa miséricorde à la fin s'est lassée.
On ne voit plus pour nous ses redoutables mains
De merveilles sans nombre effrayer les humains.
L'arche sainte est muette et ne rend plus d'oracles.

Cette réponse d'Abner représente l'état de faiblesse et d'abattement où sont les Juifs et fait attendre et désirer leur délivrance et leur salut : on s'intéresse toujours pour le faible et pour l'opprimé. Mais avec quel feu le grand-prêtre lui retrace toutes les merveilles qui doivent rendre l'espérance *à ce peuple abattu*, et faire pressentir aux spectateurs que le Dieu des Juifs peut encore s'armer pour eux!

Et quel temps fut jamais si fertile en miracles!
Quand Dieu par plus d'effets montra-t-il son pouvoir?
Auras-tu donc toujours des yeux pour ne point voir,
Peuple ingrat! Quoi! toujours les plus grandes merveilles,
Sans ébranler ton cœur, frapperont tes oreilles?
Faut-il, Abner, faut-il vous rappeler le cours
Des prodiges fameux accomplis en nos jours?

Des tyrans d'Israël les célèbres disgrâces,
Et Dieu trouvé fidèle en toutes ses menaces;
L'impie Achab détruit, et de son sang trempé
Le champ que par le meurtre il avait usurpé;
Près de ce champ fatal Jézabel immolée,
Sous les pieds des chevaux cette reine foulée;
Dans son sang inhumain les chiens désaltérés,
Et de son corps hideux les membres déchirés;
Des prophètes menteurs la troupe confondue,
Et la flamme du Ciel sur l'autel descendue;
Élie aux éléments parlant en souverain,
Les cieux par lui fermés et devenus d'airain,
Et la terre trois ans sans pluie et sans rosée;
Les morts se ranimant à la voix d'Élisée?
Reconnaissez, Abner, à ces traits éclatants,
Un Dieu tel aujourd'hui qu'il fut dans tous les temps.
Il sait, quand il lui plaît, faire éclater sa gloire,
Et son peuple est toujours présent à sa mémoire.

Racine ouvre ici tous les trésors de la poésie pour peindre ce que le sujet a de merveilleux, et emploie tout l'art de l'expression pour sauver ce qu'il pouvait y avoir de révoltant dans quelques détails nécessaires à la vérité des couleurs locales. Il fallait parler de la mort affreuse de la mère d'Athalie, afin de répandre de l'horreur sur tout ce qui appartient à cette reine, et de lui conserver un caractère de réprobation. L'Écriture dit que *les chiens léchèrent le sang de Jézabel*. Cette image était dégoûtante; le poète a dit:

Dans son sang inhumain les chiens désaltérés,

et l'élégance et l'harmonie ont ennobli *les chiens*.

Je ne m'explique point ; mais, quand l'astre du jour
Aura sur l'horison fait le tiers de son tour,
Lorsque la troisième heure aux prières rappelle,
Retrouvez-vous au temple avec ce même zèle.
Dieu pourra vous montrer, par d'importants bienfaits,
Que sa parole est stable et ne trompe jamais.

Le spectateur connaît à présent tout le zèle d'Abner pour ses rois, les promesses que Dieu a faites à la race de David, et Joad en a dit assez pour faire espérer que ces promesses seront accomplies. On attend un grand événement dirigé par une main toute-puissante, et dès cette première scène, comme dans toutes les autres, le poète nous montre toujours le Très-Haut derrière le voile qui couvre le sanctuaire. Cette exposition, celle d'*Iphigénie*, celle de *Bajazet*, me paraissent les plus belles du théâtre ; c'est une des parties où Racine a excellé.

Dans la scène suivante, Joad annonce sa résolution à Josabeth :

Montrons ce jeune roi que vos mains ont sauvé,
Sous l'aile du Seigneur dans le temple élevé,
De nos princes hébreux il aura le courage,
Et déjà son esprit a devancé son âge.

Ce vers dispose le spectateur a entendre sans étonnement les réponses du petit Joas dans la scène avec Athalie. Si Joad est intrépide, Josabeth est tremblante, et cette différence fondée sur la nature, entre deux personnages qui ont la même foi et la même piété, donne à chacun d'eux le degré d'intérêt qu'il doit avoir. L'un nous attendrit, l'autre nous élève, et nous les voyons tous deux en danger. Mais quel morceau que celui qui termine cette scène et le premier acte !

Vos larmes, Josabeth, n'ont rien de criminel ;
Il ne recherche point, aveugle en sa colère,
Sur le fils qui le craint l'impiété du père.
Tout ce qui reste encore de fidèles Hébreux
Lui viendront aujourd'hui renouveler leurs vœux.
Autant que de David la race est respectée,
Autant de Jézabel la fille est détestée.
Joas les touchera par sa noble pudeur,
Où semble de son sang reluire la splendeur,
Et Dieu, par sa voix même appuyant notre exemple,
De plus près à leur cœur parlera dans son temple.
Deux infidèles rois tour à tour l'ont bravé.
Il faut que sur le trône un roi soit élevé,
Qui se souvienne un jour qu'au rang de ses ancêtres,
Dieu l'a fait remonter par la main de ses prêtres,
L'a tiré par leurs mains de l'oubli du tombeau,
Et de David éteint rallumé le flambeau.
Grand Dieu ! si tu prévois qu'indigne de sa race
Il doive de David abandonner la trace,
Qu'il soit comme le fruit en naissant arraché,
Ou qu'un souffle ennemi dans sa fleur a séché.
Mais si ce même enfant, à tes ordres docile,
Doit être à tes desseins un instrument utile,
Fais qu'au juste héritier le sceptre soit remis.
Livre en mes faibles mains ses puissants ennemis ;
Confonds dans ses conseils une reine cruelle ;
Daigne, daigne, mon Dieu, sur Mathan et sur elle
Répandre cet esprit d'imprudence et d'erreur,
De la chute des rois funeste avant-coureur.

Il n'y a point d'expressions pour louer un pareil style, que le transport et le cri de l'admiration. Ce langage, cette harmonie, ont quelque chose au-dessus de l'humain : tout est céleste, tout est d'inspiration. Rien dans notre langue n'avait eu ce caractère, et rien ne l'a eu depuis. Tous les amateurs ont remarqué la beauté particulière de ce vers :

Et de David éteint, etc.

A quoi tient-elle ! à la transposition d'une épithète. *Le flambeau éteint de David* n'était qu'une figure ordinaire : *David éteint* est une expression de génie. Un autre vers qu'on n'a point remarqué, c'est celui-ci :

Livre en mes faibles mains ses puissants ennemis.

On peut observer que Racine emploie assez rarement l'antithèse ; elle n'est le plus souvent qu'une figure de mots : ici c'est l'histoire de toute la pièce en un seul vers, qui montre d'un côté la puissance, et de l'autre la faiblesse : c'est le germe de l'intérêt.

Les approches du péril commencent avec le second acte. Le jeune Zacharie, le fils du grand-prêtre et de Josabeth, vient apprendre à sa mère que l'entrée d'Athalie dans le temple a interrompu le sacrifice. Ce commencement d'acte, plein de vivacité et de trouble, est d'un effet théâtral après le calme majestueux du premier acte, et les détails sont remplis de cet esprit religieux qui entretient partout l'illusion, et nous place dans le temple de Jérusalem.

Déjà, selon la loi, le grand-prêtre mon père,
Après avoir, au Dieu qui nourrit les humains,
De la moisson nouvelle offert les premiers pains,
Lui présentait encore, entre ses mains sanglantes,
Des victimes de paix les entrailles fumantes :
Debout à ses côtés, le jeune Éliacin,
Comme moi le servait en long habit de lin ;
Et cependant, du sang de la chair immolée,
Les prêtres arrosaient l'autel et l'assemblée.
Un bruit confus s'élève, et du peuple surpris
Détourne tout à coup les yeux et les esprits.
Une femme.... peut-on la nommer sans blasphème?
Une femme.... c'était Athalie elle-même....

JOSABETH.

Ciel!

ZACHARIE.

Dans un des parvis aux hommes réservé,
Cette femme superbe entre le front levé,
Et se préparait même à passer les limites
De l'enceinte sacrée, ouverte aux seuls lévites.
Le peuple s'épouvante et fuit de toutes parts.
Mon père... Ah! quel courroux animait ses regards!
Moïse à Pharaon parut moins formidable.
Reine, sors, a-t-il dit, de ce lieu redoutable,
D'où te bannit ton sexe et ton impiété.
Viens-tu du Dieu vivant braver la majesté?
La reine, alors sur lui jetant un œil farouche,
Pour blasphémer sans doute ouvrait déjà la bouche.
J'ignore si de Dieu l'ange se dévoilant
Est venu lui montrer un glaive étincelant ;
Mais sa langue en sa bouche à l'instant s'est glacée ;
Et toute son audace a paru terrassée.

Ses yeux, comme effrayés, n'osaient se détourner ;
Surtout Éliacin paraissait l'étonner.

JOSABETH *se récrie avec frayeur.*

Quoi donc ! Éliacin a paru devant elle !

ZACHARIE.

Nous regardions tous deux cette reine cruelle,
Et d'une égale horreur nos cœurs étaient frappés ;
Mais les prêtres bientôt nous ont enveloppés,
On nous a fait sortir. J'ignore tout le reste,
Et venais vous conter ce désordre funeste.

JOSABETH.

Ah ! de nos bras sans doute elle vient l'arracher,
Et c'est lui qu'à l'autel sa fureur va chercher.

Il n'y a pourtant jusqu'ici aucune raison de craindre pour lui ; mais ce pressentiment est très naturel, et il va être justifié par l'évènement : c'est la marche dramatique.

Bientôt Athalie vient occuper la scène avec Abner et Mathan. Le songe dont elle fait le récit est un morceau achevé : jamais on n'a su narrer et peindre une foule d'objets différents avec des traits plus vrais, plus variés, plus énergiques, et ces traits expriment non-seulement les choses, mais le caractère du personnage. C'est peu de tant de perfection : ce songe a un mérite unique, que Voltaire le premier a relevé il y a long-temps. Tous les autres songes qui se rencontrent dans nos tragédies ne sont que des hors-d'œuvre plus ou moins brillants : celui d'Athalie seul est le principal mobile de l'action. Il motive la venue d'Athalie dans le temple, le désir qu'elle a de voir Joas, et les frayeurs qui l'engagent ensuite à demander cet enfant. Il amène cette discussion où la bassesse féroce de Mathan est mise en opposition avec la bonté courageuse et compatissante d'Abner. Enfin, il donne lieu à cette scène aussi neuve que touchante où Athalie interroge Joas. Elle a été si souvent louée, elle est toujours si universellement sentie, que tout détail serait superflu. J'observerai que rien n'est ni plus adroit ni mieux placé que le mouvement de pitié que donne l'auteur à Athalie, lorsqu'elle dit :

Quel prodige nouveau me trouble et m'embarrasse ?
La douceur de sa voix, son enfance, sa grâce,
Font insensiblement à mon inimitié
Succéder.... Je serais sensible à la pitié !

Ce mouvement est si naturel, si involontaire et si rapide, qu'Athalie peut l'éprouver sans sortir de son caractère; et d'ailleurs le reproche qu'elle s'en fait la rend sur-le-champ à elle-même. Mais ce qu'il y a de plus heureux, c'est que l'impression qu'elle manifeste confirme celle du spectateur en la justifiant. Bien des gens seraient peut-être tentés de se reprocher l'effet que produit sur eux la naïveté du langage d'un enfant; mais lorsque Athalie elle-même n'y résiste pas, qui pourrait avoir honte d'y céder? Ici Voltaire fait une nouvelle critique. « Je ne vois pas, dit-il, pour quelle » raison Joad s'obstine à ne vouloir pas qu'Athalie » adopte le petit Joas. Elle dit en propres termes :

» *Je n'ai point d'héritier... Je prétends vous traiter*
» *comme mon propre fils.* Athalie n'avait certaine-
» ment alors aucun intérêt à faire tuer Joas : elle
» pouvait lui servir de mère, et lui laisser son
» petit royaume. Il est très naturel qu'une vieille
» femme s'intéresse au seul rejeton de sa famille. »
En conséquence il voudrait que Josabeth la prît au
mot, et lui dît : « Cet enfant est votre petit-fils.
» Soyez donc sa mère. » Il me semble que des raisons péremptoires, prises dans les mœurs, dans
la religion, dans le caractère des personnages et
dans la situation, ne permettaient pas que Racine
fît prendre ce parti à Josabeth et à Joad. C'est ici
qu'il faut se rappeler cette aversion réciproque,
cette horreur mutuelle entre la maison d'Achab et
celle de David, dont l'une était l'objet de la protection du Ciel, et l'autre de ses vengeances, et se
souvenir en même temps de ces vers que dit Mathan
en parlant de Joad :

Plutôt que dans mes mains par Joad soit livré
Un enfant qu'à son Dieu Joad a consacré,
Tu lui verras subir la mort la plus terrible.

Ce n'est pas un homme de ce caractère qui doit
livrer Joas *entre les mains* d'Athalie. Voilà une raison de convenance : en voici une de nécessité. Joad
et Josabeth pouvaient-ils être sûrs, pouvaient-ils
même supposer raisonnablement qu'Athalie aurait
pour Joas, pour l'héritier légitime du trône qu'elle
occupe, les mêmes sentiments qu'elle montre pour
un orphelin dont la naissance est inconnue ? Ce
qu'elle avait fait était-il fort rassurant sur ce

qu'elle pouvait faire? Était-il *très naturel* qu'elle n'eût aucune inquiétude, aucune frayeur d'un enfant dont le Ciel l'avait menacée, d'un enfant qui lui présageait un si funeste avenir? Pouvait-elle se croire sans danger dès que Joas serait reconnu! Et alors n'avait-elle pas lieu de craindre que le seul rejeton de David qui fût échappé à la proscription ne servît de motif et de moyen pour venger tous les autres? Enfin quels sont les sentiments qu'elle manifeste dans cette même scène, après qu'elle a entendu les réponses de Joas?

Enfin de votre Dieu l'implacable vengeance
Entre nos deux maisons rompit toute alliance.
David m'est en horreur, et les fils de ce roi,
Quoique nés de mon sang, sont étrangers pour moi.

Et Joad et Josabeth auraient dû remettre Joas à cette femme! En vérité, plus je réfléchis sur cet assemblage des motifs les plus puissants, qui font d'Athalie l'ennemie naturelle de Joas, sa religion sa politique, son ambition, sa sûreté, moins je conçois que Voltaire ait eu une opinion si peu conforme à cette supériorité de lumières et de jugement qui lui était naturelle. Quand nous verrons quelques autres paradoxes aussi peu soutenables, avancés dans ses dernières années, il faudra nous dire à nous-mêmes que le plus grand esprit peut errer, et même gravement, quand il est vieux et qu'il a de l'humeur.

Le grand-prêtre, lorsque Abner lui remet Joas après son entretien avec Athalie, soutient un caractère bien différent de celui qu'on voulait lui donner ici : il finit l'acte par ces vers :

Que Dieu veille sur vous, enfant dont le courage
Vient de rendre à son nom ce noble témoignage.
Je reconnais, Abner, ce service important.
Souvenez-vous de l'heure où Joad vous attend.
Et nous, dont cette femme impie et meurtrière
A souillé les regards et troublé la prière,
Rentrons, et qu'un sang pur, par mes mains épanché,
Lave jusques au marbre où ses pas ont touché.

Si la reine, après avoir interrogé Joas, eût exigé sur-le-champ qu'on le lui remît, il n'eût pas été possible de prolonger l'action jusqu'au cinquième acte. Il était essentiel de conduire le second de manière qu'Athalie pût, sans invraisemblance, ne pas faire alors cette demande que son caractère et les alarmes qu'elle a montrées pouvaient naturellement faire attendre : c'est à quoi le rôle d'Abner a servi. Il fait à la reine une sorte de honte de la frayeur que lui inspiraient un songe et un enfant; quand il la voit émue un instant et comme malgré elle, de l'innocente candeur de Joas, il se hâte de lui dire :

Madame, voilà donc cet ennemi terrible!
De vos songes menteurs l'imposture est visible.

L'effet de cette observation d'Abner est d'autant plus sûr, que cette femme altière montre elle-même quelque confusion du trouble et de l'inquiétude qu'elle éprouve. Aussi ne prend-elle aucun parti dans ce moment; mais son orgueil se console en s'applaudissant de tout le sang qu'elle a versé, en insultant avec dédain à l'abjection et à l'impuissance de ses ennemis, aux frivoles espérances dont ils se repaissent.

Ce Dieu depuis long-temps votre unique refuge,
Que deviendra l'effet de ses prédictions?
Qu'il vous donne ce roi promis aux nations,
Cet enfant de David, votre espoir, votre attente....
Mais nous nous reverrons. Adieu. Je sors contente.
J'ai voulu voir : j'ai vu.

Elle soutient la hauteur de son caractère; mais remarquez que ces bravades, ces insultes au Dieu des Juifs font pressentir avec quelque plaisir que ce Dieu sera vengé. Le spectateur sait qu'il existe, cet enfant de David qu'elle croit avoir fait périr : il est dans le secret des vengeances célestes, des desseins du pontife et du sort de Joas, et n'en est que plus porté à se ranger de leur parti, contre une femme coupable et odieuse, qui se vante de ses forfaits et de leur impunité. Remarquez encore que cette expression familière, *nous nous reverrons*, qui pourrait faire rire ailleurs, ici ne fait point un mauvais effet, parce qu'elle succède à une figure familière, à l'ironie; et que de plus, dans la bouche d'une femme telle qu'Athalie, elle ne peut annoncer rien que de sinistre. A peine est-elle sortie, que l'auteur a soin de faire sentir au spectateur tout le danger que Joas a couru, et tout ce qu'on peut redouter d'Athalie. Josabeth encore effrayée, dit à Joad :

Avez-vous entendu cette superbe reine,
Seigneur?

JOAD.

J'entendais tout et plaignais votre peine.
Ces lévites et moi, prêts à vous secourir,
Nous étions avec vous résolus de périr.

Une des difficultés du sujet que traitait Racine, c'est que, dans son plan nécessairement donné, le secret de la naissance de Joas, caché jusqu'au dénouement, rend son danger moins prochain, moins direct que celui d'Astyanax dans *Andromaque*. Le glaive est levé sur celui-ci dès le commencement de la pièce, et sa mère seule peut le détourner : Joas n'est menacé que dans le cas où il sera reconnu par Athalie, et livré entre ses mains. C'était donc ce qu'il fallait faire craindre sans cesse, et il fallait en même temps accroître le danger d'acte en acte, et pourtant le balancer et le suspendre jusqu'à la dernière scène, quoique l'action, renfermée dans l'intérieur d'un temple, ne permît aucune de ces révolutions violentes qui servent à varier une intrigue. L'auteur, obligé de tirer tous ses moyens du caractère des personnages, s'est habilement servi de celui de Mathan, qui a essuyé beaucoup de critiques, et qui me paraît mériter beaucoup d'éloges. Sa haine personnelle pour Joad, sa malignité cruelle et avide de vengeance, excite sans cesse la cruauté d'Athalie, éveille ses soupçons, et par conséquent augmente le péril.

On apprend, à l'ouverture du troisième acte, tout ce qu'il vient de mettre en usage pour irriter Athalie, et la porter aux résolutions les plus violentes; et en même temps il achève d'expliquer la conduite indécise qu'elle vient de tenir.

Ami, depuis deux jours je ne la connais plus.
Ce n'est plus cette reine éclairée, intrépide,

Elevée au-dessus de son sexe timide,
Qui d'abord accablait ses ennemis surpris,
Et d'un instant perdu connaissait tout le prix.
La peur d'un vain remords trouble cette grande âme;
Elle flotte, elle hésite; en un mot, elle est femme.

Voilà encore une expression familière et méprisante, qui pourrait déplaire dans un autre personnage et dans d'autres circonstances. Je n'ai jamais observé que ce trait de satire, qui paraît fait pour la comédie, fît rire au théâtre. C'est qu'il ne signifie rien autre chose, si ce n'est qu'Athalie n'est pas aussi méchante que Mathan le voudrait : c'est toujours la situation qui détermine le caractère et l'effet des expressions.

Mais ce n'est pas seulement pour mettre dans tout son jour la perversité de Mathan que le poète le fait parler ainsi : cette peinture du changement qui s'est fait dans Athalie rappelle la prière de Joad qui demandait à Dieu de répandre sur cette reine *l'esprit d'imprudence et d'erreur*. Cette prière n'était pas une vaine déclamation : tout est moyen, tout est ressort dans la machine du drame, quand elle est construite par un véritable artiste. Le spectateur comprend pourquoi cette reine outragée par Joad, cette femme si terrible, à qui le sang et le crime ne coûtent rien, ne se sert pas de tout son pouvoir, et ne précipite pas des violences qui lui sont si faciles. Il voit, au gré du poète, l'arbitre invisible qui dirige tout : il le reconnaîtra lorsqu'il entendra, au cinquième acte, Athalie s'écrier dans son désespoir :

Impitoyable Dieu ! toi seul as tout conduit !
C'est toi qui, me flattant d'une vengeance aisée,
M'as vingt fois en un jour à moi-même opposée ;
Tantôt pour un enfant excitant mes remords,
Tantôt m'éblouissant de tes riches trésors
Que j'ai craint de livrer aux flammes, au pillage.

Telle est la chaîne des rapports secrets qui doit embrasser et lier toute une pièce : c'est ainsi que tout se tient, que tout s'explique, que toutes les parties d'un drame se correspondent et s'affermissent les unes par les autres, et produisent cette illusion complète, qui est la vérité dramatique. Mais ce mérite des grands artistes n'est jamais connu que quand ils ne sont plus : comme il prouve la supériorité de l'esprit et du talent, ceux qui sont le plus à portée de le sentir ont le plus d'intérêt à le dissimuler, ou même à le nier, et les autres l'ignorent.

Mathan continue :

J'avais tantôt rempli d'amertume et de fiel
Son cœur déjà saisi des menaces du Ciel.
Elle-même, à mes soins confiant sa vengeance,
M'avait dit d'assembler sa garde en diligence.
Mais soit que cet enfant devant elle amené,
De ses parents, dit-on, rebut infortuné,
Eût d'un songe effrayant diminué l'alarme,
Soit qu'elle eût même en lui vu je ne sais quel charme,
J'ai trouvé son courroux chancelant, incertain,
Et déjà remettant sa vengeance à demain.
Tous ses projets semblaient l'un l'autre se détruire.
Du sort de cet enfant je me suis fait instruire,
Ai-je dit : on commence à vanter ses aïeux.

Joad de temps en temps le monstre aux factieux,
Le fait attendre aux Juifs comme un autre Moïse,
Et d'oracles menteurs s'appuie et s'autorise.
Ces mots ont fait monter la rougeur sur son front :
Jamais mensonge heureux n'eut un effet si prompt.

Ce *mensonge* est une vérité, et Mathan a deviné sans le savoir. L'impression qu'il fait sur Athalie va remplacer la découverte du secret que le poète devait cacher.

Est-ce à moi de languir dans cette incertitude?
Sortons, a-t-elle dit, sortons d'inquiétude.
Vous même à Josabeth prononcez cet arrêt :
Les feux vont s'allumer, et le fer est tout prêt.
Rien ne peut de leur temple empêcher le ravage,
Si je n'ai de leur foi cet enfant pour otage.

Le danger est donc ici dans sa progression naturelle, grâces au rôle de Mathan, que des critiques n'ont pas trouvé assez *essentiel*. On voit qu'il l'est assez ; et quel autre personnage aurait pu avoir un intérêt plus particulier et plus probable à imaginer tout ce qui peut hâter la perte de Joad, la ruine du temple et des dernières espérances du peuple juif?

On lui a reproché, avec plus d'apparence de raison, de dire trop de mal de lui-même ; mais ce reproche, bien examiné, ne me paraît pas avoir plus de fondement. Il n'est pas naturel qu'un homme, quel qu'il soit, parle de lui de manière à s'avilir à ses propres yeux ni aux yeux d'autrui ; et si Racine avait commis cette faute contre les bienséances morales et dramatiques, elle serait d'autant plus remarquable, qu'aucun auteur ne les a plus parfaitement observées. Mais on n'a pas fait attention qu'il y a des choses odieuses et basses par elles-mêmes, et qu'un personnage peut dire de lui sans s'avouer ni vil ni odieux, pourvu qu'il les montre sous un point de vue différent, et analogue à son caractère, à ses prétentions, à ses desseins. Ainsi, l'ambition, la politique, la haine, peuvent faire des aveux que la morale condamne, mais dont ces mêmes passions tirent une sorte d'orgueil, malheureusement très concevable et très commun. Voyons sous ce rapport quelle peut être l'intention de Mathan dans ce qu'il dit à Nabal : il me semble qu'elle n'est pas équivoque. Nabal lui demande si c'est le zèle de la religion qui l'anime contre Joad et contre les Juifs : Mathan commence par repousser cette idée avec mépris :

Ami, peux-tu penser que d'un zèle frivole
Je me laisse aveugler pour une vaine idole,
Pour un fragile bois que, malgré mon secours,
Les vers sur un autel consument tous les jours?
Né ministre du Dieu qu'en ce temple on adore,
Peut-être que Mathan le servirait encore,
Si l'amour des grandeurs, la soif de commander,
Avec son joug étroit pouvaient s'accommoder.

Certainement, en bonne morale, rien n'est plus méprisable que l'hypocrisie d'un prêtre qui professe un culte auquel il ne croit pas. Mais l'orgueil et l'ambition qui dominent Mathan lui font voir les choses bien différemment. Il se croirait offensé au contraire si son ami le jugeait capable d'une crédulité imbécille : il met son amour propre à lui paraître ce qu'il est, c'est-à-dire un homme uniquement occupé de son élévation, et fort au-dessus des préjugés de son sacerdoce. C'est son intérêt qui l'a fait apostat; c'est son intérêt qui l'a fait pontife de Baal. Ce caractère, l'opposé de celui de Joad, est très bien adapté au plan de l'auteur. Il convenait que Joad fût rempli de la crainte de son Dieu, et que Mathan méprisât le sien. C'est mettre d'un côté la vérité, et de l'autre le mensonge; et c'est par conséquent un moyen de plus de décider les affections du spectateur; c'est ôter toute excuse à Mathan, qui n'en doit point avoir dans ses crimes, et en préparer une à Joad, qui peut dans la suite en avoir besoin, malgré la justice de sa cause. Jusqu'ici tout rentre dans les vues de l'auteur : le reste du discours de Mathan n'y est pas moins conforme, et ne s'éloigne pas davantage des convenances.

Qu'est-il besoin, Nabal, qu'à tes yeux je rappelle
De Joad et de moi la fameuse querelle,
Quand j'osai contre lui disputer l'encensoir;
Mes brigues, mes combats, mes pleurs, mon désespoir?
Vaincu par lui, j'entrai dans une carrière,
Et mon âme à la cour s'attacha tout entière.
J'approchai par degrés de l'oreille des rois,
Et bientôt en oracle on érigea ma voix.
J'étudiai leur cœur, je flattai leurs caprices,
Je leur semai de fleurs le bord des précipices.
Près de leurs passions rien ne me fut sacré :
De mesure et de poids je changeais à leur gré.
Autant que de Joad l'inflexible rudesse

De leur superbe oreille offensait la mollesse ;
Autant je les charmais par ma dextérité,
Dérobant à leurs yeux la triste vérité,
Prêtant à leurs fureurs des couleurs favorables,
Et prodigue surtout du sang des misérables.
Enfin, au dieu nouveau qu'elle avait introduit,
Par les mains d'Athalie, un temple fut construit.
Jérusalem pleura de se voir profanée.
Des enfants de Lévi la troupe consternée
En poussa vers le Ciel des hurlements affreux.
Moi seul, donnant l'exemple aux timides Hébreux,
Déserteur de leur loi, j'approuvai l'entreprise,
Et par-là de Baal méritai la prêtrise.
Par-là je me rendis terrible à mon rival ;
Je ceignis la tiare, et marchai son égal.

 Qui peut méconnaître à ce langage la satisfaction intérieure d'un homme qui se félicite de ses succès, qui se vante d'être l'artisan de sa fortune, d'être un politique habile, un homme profond dans la science de la cour ; qui oppose avec orgueil son adresse et ses talents à la *rudesse* d'un rival devant qui d'abord il avait été humilié, dont il est depuis devenu *l'égal?* Tout cela n'est-il pas dans le cœur humain? Sans doute il y a un côté très odieux, et si c'était celui-là qu'il eût présenté, c'est alors qu'on pouvait l'accuser de dire trop de mal de lui ; mais il n'envisage et ne fait envisager que ce qui l'élève à ses propres yeux, et ce qui n'empêche pas que le spectateur ne condamne tout ce dont Mathan s'applaudit : c'est faire précisément tout ce que l'art exige. Ce qui suit achève de développer le caractère de Mathan et le principe de ses fureurs.

Toutefois, je l'avoue, en ce comble de gloire,
Du dieu que j'ai quitté l'importune mémoire
Jette encor en mon âme un reste de terreur,
Et c'est ce qui redouble et nourrit ma fureur.
Heureux si sur son temple achevant ma vengeance,
Je puis convaincre enfin sa haine d'impuissance,
Et parmi les débris, le ravage et les morts,
A force d'attentats perdre tous mes remords!

Voltaire semble regarder ces vers comme une espèce de déclamation. Ils me paraissent la peinture instructive et fidèle du cœur d'un méchant, toujours mal avec lui-même au milieu de ses succès, et cherchant à étourdir ses remords par de nouveaux crimes. C'est une vérité que le théâtre ne saurait trop souvent remettre sous nos yeux, et qui de plus a ici un but particulier à la pièce, celui de donner une idée terrible du pouvoir de ce Dieu qu'a trahi Mathan, et qui le punit déjà par sa conscience avant l'instant de son supplice. Plus Mathan est accusé par son propre cœur, plus le spectateur est contre lui, parce que ses remords sont d'une âme absolument perverse, et ne servent qu'à le rendre plus furieux. Voltaire reproche à Joad *un fanatisme trop féroce*, lorsque, apercevant Mathan avec Josabeth, il s'écrie :

Où suis-je? De Baal ne vois-je point le prêtre?
Quoi! fille de David, vous parlez à ce traître!
Vous souffrez qu'il vous parle, et vous ne craignez pas
Que du fond de l'abîme entr'ouvert sous ses pas
Il ne sorte à l'instant des feux qui vous embrâsent,
Ou qu'en tombant sur lui ces murs ne vous écrâsent?

Que veut-il? De quel front cet ennemi de Dieu
Vient-il infecter l'air qu'on respire en ce lieu?

Ce n'est pas là, dit Voltaire, parler *avec la bienséance convenable*. Il me semble que Joad ne devait pas parler autrement. Il faut songer que le poète a dû supposer dans tous les spectateurs la même croyance que celle de Joad, et non pas une philosophie à qui tous les cultes sont indifférents. Dans cette supposition, Joad peut-il montrer trop d'horreur pour un lâche apostat, à qui l'ambition a fait quitter le vrai Dieu pour sacrifier à l'idole de Baal? Un apostat est odieux dans toutes les religions, à plus forte raison dans celle des Juifs, qui faisaient profession de détester tout autre croyance que la leur. Le langage de Joad n'est-il pas celui des livres saints, et doit-il en avoir un autre? A Dieu ne plaise que je prétende justifier le fanatisme! mais il ne faut pas le confondre avec l'esprit religieux, qui s'en distingue par ses motifs comme par ses effets. Si Joad avait pris le ton d'un inspiré pour abuser la crédulité, outrager la vertu, ou commander le crime, il eût été *un fanatique féroce*. Mais à qui a-t-il affaire? A un scélérat reconnu pour tel. Sa cause est légitime, ses motifs sont purs, ses projets sont nobles et généreux. Cet enthousiasme qu'on lui reproche, et qui est si bien soutenu dans tout son rôle, est ce qui en fait la principale beauté : il est l'âme de la pièce, l'espèce de passion qui seule y tient lieu de toutes les autres, et sans laquelle tout serait froid.

Combien ce feu divin, cette élévation de sentiments, se communiquent aux spectateurs ! lorsqu'à l'approche du danger, au milieu des alarmes de Josabeth, qui dit à son époux :

     L'orage se déclare.
Athalie en fureur demande Éliacin....

à la vue d'une troupe de femmes et de lévites qui se résignent à la mort, le grand-prêtre adresse au Tout-Puissant cette sublime apostrophe :

Voilà donc quels vengeurs s'arment pour ta querelle ?
Des prêtres, des enfants ! ô sagesse éternelle !
Mais si tu les soutiens, qui peut les ébranler ?
Du tombeau, quand tu veux, tu sais nous rappeler.
Tu frappes et guéris, tu perds et ressuscites.
Ils ne s'assurent point en leurs propres mérites,
Mais en ton nom sur eux invoqué tant de fois,
En tes serments jurés au plus saint de leurs rois,
En ce temple où tu fais ta demeure sacrée,
Et qui doit du soleil égaler la durée.

Cette espèce d'invocation amène le morceau fameux des prophéties, dont un écrivain qu'on n'a pas accusé d'être enthousiaste de Racine, M. Marmontel, a dit dans sa *Poétique*, que *notre langue n'a rien dans le genre lyrique qui puisse en approcher.* Le commentateur remarque aussi que *rien n'est mieux amené que ce transport prophétique de Joad, qui sert à prévenir le découragement des lévites.* On peut ajouter qu'annonçant les hautes destinées attachées au salut de Joas, il étale toute la grandeur du sujet et en fortifie l'intérêt. Un ouvrage où l'auteur a trouvé le moyen de faire entrer des beautés si neuves et de les rendre dramatiques, ne porte-t-il pas en tout l'empreinte du génie ? Ces détails si imposants ont un autre avantage, celui de remplir et de soutenir ce troisième acte, le seul où le manque d'action se fasse un peu sentir. La demande que fait Mathan du petit Joas, au nom d'Athalie, est le seul pas que fasse la pièce dans cet acte : c'est un défaut, je l'avoue ; mais je crois qu'il était inévitable dans un sujet qui fournissait si peu par lui-même. L'auteur a su d'ailleurs le couvrir, autant qu'il était possible, par des beautés d'un genre unique ; enfin, sans ce défaut, *Athalie* démentirait l'axiome malheureusement incontestable, que la perfection absolue n'appartient point aux ouvrages de l'homme.

Dans les deux derniers actes, l'auteur enchérit encore sur-tout ce qui a précédé, et déploie plus que jamais toutes les ressources et toute la richesse de son talent. L'ouverture du quatrième est de la dignité la plus auguste. Salomith, la sœur de Zacharie, s'adresse aux jeunes filles qui composent le chœur :

D'un pas majestueux, à côté de ma mère,
Le jeune Éliacin s'avance avec mon frère.
Dans ces voiles, mes sœurs, que portent-ils tous deux ?
Quel est ce glaive enfin qui marche devant eux.

Josabeth dit à son fils Zacharie :

Mon fils, avec respect posez sur cette table
De notre sainte loi le livre redoutable.

Et vous aussi, posez, aimable Éliacin.
Cet auguste bandeau près du livre divin.
Lévite, il faut placer, Joad ainsi l'ordonne,
Le glaive de David auprès de sa couronne.

JOAS.

Princesse, quel est donc ce spectacle nouveau?
Pourquoi ce livre saint, ce glaive, ce bandeau?
Depuis que le Seigneur m'a reçu dans son temple,
D'un semblable appareil je n'ai point vu d'exemple.

Il n'y en avait point non plus sur le théâtre français; et ce n'est pas, comme il arrive trop souvent, une vaine décoration qui ne parle qu'aux yeux. Celle-ci parle au cœur; elle tient à l'action, et la pompe religieuse du style répond à celle des objets C'est le couronnement de Joas, qui se prépare au moment où ses ennemis conspirent sa perte : ce bandeau, c'est celui de David, que Josabeth essaie, en pleurant, sur le front de son jeune héritier. C'est à cet enfant, dérobé à la mort, que la couronne et l'épée de David sont destinées. Ce livre est celui de la loi de Dieu, sur lequel on va jurer de défendre le dernier rejeton de Juda, sur lequel il va jurer lui-même d'être fidèle à cette loi. Ce n'est qu'après ce serment que le pontife tombe à ses pieds, le reconnaît pour son roi, et lui apprend ce qu'il est, de quel péril il a été sauvé dans son enfance, et quel péril nouveau le menace encore. Il fait rentrer alors les lévites qui étaient sortis.

Roi, voilà vos vengeurs contre vos ennemis.
Prêtres, voilà le roi que je vous ai promis.

On s'écrie :

Quoi ! c'est Éliacin... Quoi ! cet enfant aimable !

JOAD.

Est des rois de Juda l'héritier véritable,
Dernier né des enfans du triste Ochosias,
Nourri, vous le savez, sous le nom de Joas.

Il répète en ce moment à la tribu sacrée tout ce qui était jusqu'alors un secret entre Josabeth et lui, et ce que le spectateur sait depuis le premier acte. La légitimité des droits de Joas, et la justice de ce qu'entreprend le grand-prêtre, au péril de sa vie, est-elle assez constatée dans cette proclamation solennelle? Et a-t-on pu dire que Joad était un *rebelle qui donnait un dangereux exemple?* Un archevêque de Cantorbéry, qui aurait couronné de cette manière Charles II dans la cathédrale de Saint-Paul, du temps de l'usurpation de Cromwel, et qui, après avoir fait jurer au jeune roi de conserver les droits de la nation, aurait armé le clergé anglais contre l'assassin de Charles Ier, eût-il donc été un *rebelle* ou un citoyen respectable, vengeur du trône et de la patrie?

La harangue du pontife montre à la fois tous ses dangers et tout son courage, le glaive d'Athalie levé pour frapper cet enfant royal, et le bras de Dieu levé pour le protéger.

Voilà donc votre roi, votre unique espérance.
J'ai pris soin jusqu'ici de vous le conserver :
Ministres du Seigneur, c'est à vous d'achever,
Bientôt de Jézabel la fille meurtrière,

Instruite que Joas voit encore la lumière,
Dans l'horreur du tombeau viendra le replonger;
Déjà, sans le connaître, elle veut l'égorger.
Prêtres saints, c'est à vous de prévenir sa rage.
Il faut finir des Juifs le honteux esclavage,
Venger vos princes morts, relever votre loi,
Et faire aux deux tribus reconnaître leur roi.
L'entreprise, sans doute, est grande et périlleuse.
J'attaque sur son trône une reine orgueilleuse,
Qui voit sous ses drapeaux marcher un camp nombreux
De hardis étrangers, d'infidèles Hébreux.
Mais ma force est au Dieu dont l'intérêt me guide.
Songez qu'en cet enfant tout Israël réside.
Déjà ce Dieu vengeur commence à la troubler;
Déjà, trompant ses soins, j'ai su vous rassembler.
Elle nous croit ici sans armes, sans défense :
Couronnons, proclamons Joas en diligence.
De là, du nouveau prince intrépides soldats,
Marchons en invoquant l'arbitre des combats;
Et, réveillant la foi dans les cœurs endormie,
Jusque dans son palais cherchons notre ennemie.
Et quels cœurs si plongés dans un lâche sommeil,
Nous voyant avancer dans ce saint appareil,
Ne s'empresseront pas à suivre notre exemple?
Un roi que Dieu lui-même a nourri dans son temple,
Le successeur d'Aaron, de ses prêtres suivi,
Conduisant au combat les enfants de Lévi,
Et dans ces mêmes mains des peuples révérées,
Les armes au Seigneur par David consacrées!
Dieu sur ses ennemis répandra sa terreur.
Dans l'infidèle sang baignez-vous sans horreur;
Frappez et Tyriens, et même Israélites.
Ne descendez-vous pas de ces fameux lévites
Qui, lorsqu'au dieu du Nil le volage Israël

Rendit dans le désert un culte criminel,
De leurs plus chers parents saintement homicides,
Consacrèrent leurs mains dans le sang des perfides,
Et par ce noble exploit vous acquirent l'honneur
D'être seuls employés aux autels du Seigneur?
Mais je vois que déjà vous brûlez de me suivre.
Jurez donc avant tout, sur cet auguste livre,
A ce roi que le Ciel vous redonne aujourd'hui,
De vivre, de combattre, et de mourir pour lui.

Il semble qu'il n'y ait rien au-dessus de ce spectacle et de cette éloquence ; mais enfin cette action intéressante et majestueuse, c'est le sujet même fourni par l'Écriture, et que le talent de Racine n'a fait qu'embellir : ce qui suit est au-dessus de tout, et il ne le doit qu'à lui-même.

Le grand-prêtre demande à Joas s'il promet d'observer les préceptes contenus dans le livre divin. L'enfant répond :

Pourrais-je à cette loi ne me pas conformer?

Alors Joad reprend la parole :

O mon fils! de ce nom j'ose encor vous nommer,
Souffrez cette tendresse, et pardonnez aux larmes
Que m'arrachent pour vous de trop justes alarmes,
Loin du trône nourri, de ce fatal honneur,
Hélas! vous ignorez le charme empoisonneur.
De l'absolu pouvoir vous ignorez l'ivresse,
Et des lâches flatteurs la voix enchanteresse.
Bientôt ils vous diront que les plus saintes lois,
Maîtresse du vil peuple, obéissant aux rois;
Qu'un roi n'a d'autre frein que sa volonté même ;
Qu'il doit immoler tout à sa grandeur suprême ;

Qu'aux larmes, au travail, le peuple est condamné,
Et d'un sceptre de fer veut être gouverné ;
Que, s'il n'est opprimé, tôt ou tard il opprime.
Ainsi de piège en piège, et d'abîme en abîme,
Corrompant de vos mœurs l'aimable pureté,
Ils vous feront enfin haïr la vérité ;
Vous peindront la vertu sous une affreuse image :
Hélas! ils ont des rois égaré le plus sage.
Promettez sur ce livre, et devant ces témoins,
Que Dieu sera toujours le premier de vos soins ;
Que, sévère aux méchants, et des bons le refuge,
Entre le pauvre et vous, vous prendrez Dieu pour juge,
Vous souvenant, mon fils, que, caché sous ce lin,
Comme eux vous fûtes pauvre, et comme eux orphelin.

Et c'est un ministre des autels, aux pieds d'un enfant de huit ans, son élève et son roi, qui, dans la situation la plus périlleuse, quand les moments sont comptés, quand le fer est sur sa tête, s'occupe, avant tout, à retracer ces leçons si grandes et si simples, que répéterait l'humanité entière, si elle pouvait ne former qu'un même cri pour se faire entendre aux arbitres des nations! A-t-on présenté aux hommes rassemblés un spectacle plus auguste, plus instructif et plus touchant? Joad est sublime, et il n'est pas au-dessus d'un enfant! C'est à un enfant qu'il parle, et il instruit tous les rois! Ce prodige n'a été réservé qu'à Racine, et je ne pense pas que jamais rien de plus beau soit sorti de la main des hommes.

Quand on se souvient que le principe de la disgrâce de Racine et des chagrins qui le conduisirent au tombeau, fut un Mémoire sur l'état malheureux des peuples, qu'il eut la courageuse imprudence de confier à une favorite, et dont la vérité offensa le souverain qu'elle n'aurait dû qu'affliger, on reconnaît que la même âme conçut et dicta ce mémoire patriotique et le morceau que nous venons d'admirer. L'on comprend qu'un talent supérieur dans les arts de l'imagination est inséparable d'une sensibilité vive qui se porte sur tous les objets, et l'on a une raison de plus pour honorer la mémoire d'un grand écrivain, victime de cette sensibilité qui produisit sa gloire et ses chagrins, ses chefs-d'œuvre et sa mort.

Le couronnement de Joas, les serments qu'on exige de lui, le pouvoir du grand-prêtre, la conformité de toutes ces circonstances avec ce que nous savons des anciennes mœurs des Juifs, tout contribue à prouver que Racine a fait de Joad ce qu'il devait en faire. Joad était le protecteur naturel d'un roi orphelin et opprimé, chez une nation qui avait eu plusieurs fois ses pontifes pour chefs et pour conducteurs, qui les regardait comme les organes des volontés du Ciel, comme des hommes divins, dont les rois mêmes devaient écouter la voix, parce que c'était pour eux la voix de Dieu. Ce n'est donc point, comme on l'a prétendu, *un esprit factieux et entreprenant;* c'est un homme qui remplit les devoirs de sa place; et si quelque chose est capable de les faire respecter et chérir, c'est de mettre au nombre de ces devoirs celui de plaider la cause des peuples au moment où il leur donne un roi.

A l'instant même où Joas est proclamé, le péril

redouble, et le temple est assiégé, comme on doit s'y attendre, après que Joad a refusé de livrer l'enfant qu'Athalie demandait.

> L'airain menaçant frémit de toutes parts,
> On voit luire des feux parmi des étendarts,
> Et sans doute Athalie assemble son armée.
> Déjà même au secours toute voie est fermée.
> Déjà le sacré mont où le temple est bâti,
> D'insolents Tyriens est partout investi.
> L'un deux en blasphémant vient de nous faire entendre
> Qu'Abner est dans les fers et ne peut nous défendre.

Joad, au commencement du cinquième acte, voit avec surprise ce même Abner mis en liberté et envoyé vers lui par Athalie. On peut s'étonner en effet qu'elle ait délivré sitôt ce guerrier, dont elle connaît les sentiments et dont elle doit se défier; et des critiques l'ont reproché à l'auteur. On peut le justifier en disant que la reine, suivant toutes les vraisemblances, ne doit rien craindre de lui ni de personne : elle doit croire ses ennemis dans l'épouvante et dans l'abandon. On a dit, dès le troisième acte, que tout avait déserté le temple, excepté les lévites.

> Tout a fui, tous se sont séparés sans retour :
> Misérable troupeau qu'a dispersé la crainte;
> Et Dieu n'est plus servi que dans la tribu sainte.

Dans cette consternation générale, elle veut tirer des mains de Joad ces trésors qu'elle croit cachés dans le temple, et dont on lui a dit que le grand-prêtre seul avait connaissance. Ces trésors peuvent périr dans la destruction et le pillage du temple, ou n'être pas découverts : elle veut se les assurer ; et connaissant l'inflexible fermeté de Joad, elle lui envoie l'homme qu'elle croit le plus capable de l'ébranler. Elle l'envoie désarmé, et ne doit pas supposer même qu'il puisse trouver des armes chez les lévites; car ils n'en auraient pas, si Joad ne leur avait distribué celles que David avait consacrées au Seigneur après les avoir enlevées aux Philistins, et qui étaient cachées dans le temple. C'est un moyen que l'Écriture a fourni à Racine, et dont il nous instruit dans ces vers qui terminent le troisième acte :

Et vous, pour vous armer, suivez-moi dans ces lieux
Où se garde caché, loin des profanes yeux,
Ce formidable amas de lances et d'épées
Qui du sang philistin jadis furent trempées,
Et que David vainqueur, d'ans et d'honneurs chargé,
Fit consacrer au Dieu qui l'avait protégé.
Peut-on les employer pour un plus noble usage?
Venez, je veux moi-même en faire le partage.

Athalie ignore cette ressource ; et quand elle la connaîtrait, pourrait-elle la redouter, ayant à ses ordres une armée nombreuse et aguerrie? Pourrait-elle craindre ces ministres des autels, dont Josabeth a dit au premier acte :

Suffira-t-il de vos ministres saints,
Qui, levant au Seigneur leurs innocentes mains,
Ne savent que gémir et prier pour nos crimes,
Et n'ont jamais versé que le sang des victimes?

Tout concourt à prouver qu'Athalie doit être

dans une pleine sécurité; que l'auteur a prévu toutes les objections, et sur-tout qu'il s'est constamment occupé de mettre d'un côté tous les moyens de la puissance humaine armée pour le crime, et de l'autre la faiblesse et l'innocence n'ayant d'appui que Dieu seul. Aussi, dans la première scène du cinquième acte, l'auteur a représenté la confiance d'Athalie et l'effroi de Josabeth. Il fait dire à Zacharie :

Cependant Athalie, un poignard à la main,
Rit des faibles remparts de nos portes d'airain.
Pour les rompre elle attend les fatales machines,
Et ne respire enfin que sang et que ruines.
. . . .
Ma mère, auprès du roi, dans un trouble mortel,
L'œil tantôt sur ce prince, et tantôt vers l'autel,
Muette et succombant sous le poids des alarmes,
Aux yeux les plus cruels arracherait des larmes.

Tel est l'état des choses lorsque Abner vient porter au grand-prêtre les dernières propositions de la reine :

Elle m'a fait venir, et, d'un air égaré :
Tu vois de mes soldats tout ce temple entouré
Dit-elle; un feu vengeur va le réduire en cendre,
Et ton Dieu contre moi ne le saurait défendre.
Ses prêtres toutefois, mais il faut se hâter,
A deux conditions peuvent se racheter,
Qu'avec Éliacin on mette en ma puissance
Un trésor dont je sais qu'ils ont la connaissance,
Par votre roi David autrefois amassé,
Sous le sceau du secret au grand-prêtre laissé.
Va, dis-leur qu'à ce prix je leur permets de vivre.

Abner voit la perte des Juifs tellement inévitable, qu'il ne balance pas à conseiller à Joad de consentir à tout pour les sauver. Celui-ci répond :

Mais siérait-il, Abner, à des cœurs généreux
De livrer au supplice un enfant malheureux,
Un enfant que Dieu même à ma garde confie,
Et de nous racheter aux dépens de sa vie?

Cette réponse de Joad est très noble, et le commentateur fait à ce sujet une remarque très juste. » C'est ici, dit-il, que le caractère de Joad est » dans toute sa beauté. Il est sur le point d'être » brûlé dans son temple, s'il ne livre Joas : rien » ne peut l'engager à cette perfidie; voilà sans » doute le parfait héroïsme. » Cependant Abner insiste; il emploie les supplications et les larmes, et c'est ici l'endroit le plus délicat de la pièce. Voici la réponse de Joad, qui a donné lieu à tant de critiques, à la vérité spécieuses, mais auxquelles la pièce entière sert de réponse :

Il est vrai, de David un trésor est resté :
La garde en fut commise à ma fidélité.
C'était des tristes Juifs l'espérance dernière,
Que mes soins vigilants cachaient à la lumière.
Mais puisqu'à votre reine il faut le découvrir,
Je vais la contenter, nos portes vont s'ouvrir,
De ses plus braves chefs qu'elle entre accompagnée,
Mais de nos saints autels qu'elle tienne éloignée
D'un ramas d'étrangers l'indiscrète fureur.
Du pillage du temple épargnez-moi l'horreur.
Des prêtres, des enfants lui feraient-ils quelque ombre
De sa suite avec vous qu'elle règle le nombre.

Et quand à cet enfant si craint, si redouté,
De votre cœur, Abner, je connais l'équité,
Je vous veux, devant elle, expliquer sa naissance.
Vous verrez s'il le faut remettre en sa puissance
Et je vous ferai juge entre Athalie et lui.

On peut remarquer d'abord que Joad ne dit rien de contraire à la vérité : il ne promet point de livrer le trésor, il s'engage seulement à le faire voir : il ne promet point de livrer l'enfant, mais il prendra Abner pour arbitre entre lui et Athalie. Cependant on ne peut disconvenir qu'il n'y ait de l'artifice dans ces paroles, et tout artifice, a-t-on dit, est condamnable : c'est un moyen fait pour avilir celui qui s'en sert. Je réponds : Oui, si Joad était un héros, obligé de se conduire par les principes ordinaires, mais quatre actes nous ont accoutumés à le regarder comme le ministre d'un Dieu vengeur, comme l'instrument de la juste punition d'une reine coupable, que la soif de l'or et du sang précipite dans le piège. Il semble qu'elle s'y jette d'elle-même, comme aveuglée par le Dieu qui la poursuit; et Joad a plutôt l'air de l'y laisser tomber que l'y conduire. Enfin, l'extrême disproportion des forces, le salut du jeune roi et de tout son peuple, l'intérêt que le poète nous y a fait prendre, toutes les idées, tous les sentiments dont il nous a remplis, tant de motifs réunis et mis dans toute leur valeur, par un art d'autant plus puissant qu'il ne se montre jamais, ne nous permettent pas de voir autre chose dans ce dénouement que l'accomplissement des désirs du spectateur et la fin de toutes ses craintes. Quel spectacle ce dénouement présente! Comme il paraît en tout l'ouvrage du Ciel! A peine Abner est sorti, que Joad s'écrie :

Grand Dieu! voici ton heure : on t'amène ta proie!

Et Josabeth :

       Puissant maître des cieux,
Remets-lui le bandeau dont tu couvris ses yeux,
Lorsque, lui dérobant tout le fruit de son crime,
Tu cachas dans mon sein cette tendre victime.

JOAD.

Vous, enfants, préparez un trône pour Joas.
Qu'il s'avance suivi de nos sacrés soldats.
Faites venir aussi sa fidèle nourrice,
Princesse, et de vos pleurs que la source tarisse.
. . . .
Roi, je crois qu'à vos yeux cet espoir est permis,
Venez voir à vos pieds tomber vos ennemis.
Celle dont la fureur poursuivit votre enfance
Vers ces lieux à grands pas pour vous perdre s'avance.
Mais ne la craignez point : songez qu'autour de vous
L'ange exterminateur est debout avec nous.
Montez sur votre trône...

Quoi de plus intéressant que de placer sur le trône ce jeune roi, au moment même où sa plus mortelle ennemie s'approche! Que cette situation est théâtrale! que Joad paraît imposant lorsqu'il dit :

Voilà ton roi, ton fils, le fils d'Ochosias.
Peuples, et vous, Abner, reconnaissez Joas.

. . . .
Des trésors de David voilà ce qui me reste.
. . . .
Soldats du Dieu vivant, défendez votre roi.

Depuis le cinquième acte de *Rodogune*, on n'avait point mis sur la scène une plus grande action, un tableau plus frappant.

Dieu des Juifs, tu l'emportes! s'écrie Athalie, et ce mot énergique contient toute la substance de la pièce. Les quatre derniers vers en contiennent toute la morale.

Par cette fin terrible, et due à ses forfaits,
Apprenez, roi des Juifs, et n'oubliez jamais
Que les rois dans le ciel ont un juge sévère,
L'innocence un vengeur et l'orphelin un père.

C'est en effet le résultat de tout ce qu'on a vu et entendu pendant cinq actes, et l'on ne pouvait terminer plus dignement un ouvrage où la tragédie a paru dans toute sa majesté.

J'oserai avancer pour dernier résultat, qu'*Athalie*, bien loin de blesser la morale, montre la religion dans son plus beau jour, protectrice de l'innocence et de la faiblesse, et vengeresse du crime; comme *Mahomet* montre le fanatisme tel qu'il est, destructif de toute humanité, et principe de tous les forfaits.

Je remets à parler des chœurs d'*Esther* et d'*Athalie*, des *Plaideurs* et de quelques autres productions, dans un Résumé général sur Corneille et Racine, où j'examinerai, entre autres choses, combien ce dernier joignit de talents différents à celui de la tragédie.

On convient aujourd'hui assez généralement, que jamais le talent de Racine ne s'était élevé si haut, et malheureusement on sait que jamais il ne fut plus méconnu. Ce ne fut pas, comme à *Phèdre*, une injustice passagère, et bientôt réparée; ce fut un aveuglement universel et durable, et les yeux du public ne s'ouvrirent que long-temps après que ceux de Racine furent fermés. On demande quelquefois avec surprise comment on put se méprendre à ce point, pendant plus de vingt ans, sur un ouvrage d'une beauté unique. Cela paraît d'abord inconcevable; cependant, lorsqu'on y réfléchit, deux causes réunies peuvent en rendre raison : la nature même de la pièce, et le malheur qu'elle eut de ne pas être représentée. *Athalie* était une production absolument originale, et qui ne ressemblait à rien de ce que l'on connaissait. Quand les créations du génie déconcertent toutes les idées reçues, il commence par ôter aux hommes la mesure la plus ordinaire de leurs jugements, la comparaison. En effet, à quoi comparer ce qui ne se rapproche de rien? Il ne reste d'autre règle que le sentiment; mais dans la poésie dramatique, le sentiment ne peut guère prononcer qu'au théâtre, et *Athalie* ne fut pas jouée. Si c'eût été un de ces sujets qui ont un grand intérêt de passions, et qui ouvrent une source abondante de larmes, ce mérite, à la portée de tout le monde, eût pu être senti, même à la lecture; mais ce n'est pas celui d'*Athalie*. Il fallait qu'elle fût placée dans son cadre, pour que la multitude sentît que ce tableau religieux pouvait être touchant, et les connaisseurs mêmes ne pouvaient voir que sur la scène tout ce qu'il a d'auguste et d'admirable. Arnauld, qui aimait Racine et qui estimait *Athalie*, la plaçait pourtant au-dessous d'*Esther*, à qui elle est si supérieure. Le grand succès qu'*Esther* avait eu à Saint-Cyr nuisait encore à *Athalie* : soit que ce succès eût irrité les ennemis de Racine, soit qu'un scrupule réel fît parler ceux qui trouvaient peu convenable que de jeunes personnes se montrassent sur la scène aux yeux de toute la cour, on alarma la piété de madame de Maintenon, et la pièce qu'elle avait demandée à l'auteur ne fut pas représentée. On profita de cette circonstance pour le blâmer d'avoir fait une seconde tentative de ce genre; on prétendit que ces sortes de choses ne réussissaient pas deux fois. * Personne ne concevait alors qu'une pièce sans amour pût être théâtrale. On répandit dans le public que Racine avait voulu faire une tragédie avec un prêtre et un enfant, et l'on décida qu'un semblable ouvrage ne pouvait être fait que pour des enfants. Quand la pièce fut imprimée, la prévention était déjà établie, et il était convenu qu'*Athalie* devait ennuyer. On n'ignore pas combien ces sortes de préjugés sont rapides et contagieux quand il y a des gens intéressés à leur donner le mouvement, et il n'y en avait que trop. On connaît l'épigramme attribuée à Fontenelle :

> Gentilhomme extraordinaire,
> Et suppôt de Lucifer,

---

* Voyez les *lettres* de madame de Sévigné.

Pour avoir fait pis qu'*Esther*,
Comment diable as-tu pu faire?

Il n'est pas fort étonnant que Fontenelle fût injuste envers Racine : il n'est que trop reconnu que l'amour-propre offensé peut égarer même un philosophe, et d'ailleurs Fontenelle n'était pas un excellent juge en poésie. Mais qu'un homme distingué d'ailleurs par la modération de son caractère, qui le rendit pendant une longue vie, moins sensible aux critiques qu'aucun autre écrivain, qu'un esprit sage et modéré appelle l'auteur d'*Athalie* un *suppôt de Lucifer*, et souille sa plume de ces expressions grossières, faites pour la populace des fanatiques, c'est ce dont on peut douter; ou, si l'épigramme est en effet de lui, c'est une preuve de plus, parmi tant d'autres, qu'il faut peu compter sur la sagesse humaine. Racine, il est vrai, avait fait aussi une épigramme sur *Aspar*; mais elle est d'un genre un peu différent, et il y a aussi loin de l'épigramme de Fontenelle à celle de Racine, que d'*Aspar* à *Athalie*.

Boileau seul lutta contre le torrent qui avait entraîné tout, jusqu'à Racine lui-même; car les mémoires du temps nous apprennent qu'il parut croire un moment qu'il s'était trompé. Au moins est-il certain qu'il se reprocha avec amertume sa complaisance pour madame de Maintenon, et qu'il se repentit d'avoir fait *Athalie*. Despréaux le rassura, et prédit que le jour de la justice arriverait. Il arriva; mais ni l'un ni l'autre ne l'a vu.

Une anecdote très connue, c'est que, dans plusieurs sociétés, on avait établi par forme de plaisanterie, de donner pour pénitence la lecture d'un certain nombre de vers d'*Athalie*. Ainsi donc Racine fut traité une fois en sa vie comme Chapelain! Un jeune officier, condamné à lire la première scène, lut toute la pièce, et la relut sur-le-champ une seconde fois; ensuite il remercia la compagnie de lui avoir donné un plaisir auquel il ne s'attendait guère. Ce petit événement, qui fit du bruit par sa singularité, commença la révolution. Ce fut en 1716 que la voix des connaisseurs parvint jusqu'au Régent, qui était fait pour l'entendre, et qui donna ordre de jouer *Athalie;* elle eut quinze représentations suivies avec affluence et applaudies avec transport, et depuis elle s'est soutenue sur la scène avec le même éclat.

SECTION X.
Resumé sur Corneille et Racine.

Plusieurs écrivains on dit, et l'on a répété après eux, que l'esprit factieux qui régna en France sous le ministère de Richelieu et pendant les troubles de la Fronde avait déterminé le choix et la nature des sujets que Corneille a traités; et que la politesse et la galanterie, qui dominèrent ensuite sous un règne heureux et brillant, avaient conduit la plume de Racine. On a été jusqu'à dire de ce dernier, qu'il *avait fait la tragédie de la cour de Louis XIV*. C'est restreindre étrangement un génie tel que le sien. Je sais qu'il fit *Bérénice* pour madame Henriette; mais j'ose croire que ce fut pour les bons esprits de toutes les nations éclairées qu'il fit *Britannicus, Andromaque, Iphigénie, Phèdre,* et *Athalie*. Il n'a point fait la *tragédie de la cour*; il a fait celle du cœur humain. Tout homme supérieur reçoit de la nature un caractère d'esprit plus ou moins marqué, et c'est cela même qui fait sa supériorité; c'est dans ce caractère qu'il faut d'abord chercher celui de ses ouvrages. Sans doute l'esprit général et les mœurs publiques y ont aussi quelque influence, et le modifient plus ou moins; mais le type originel s'y trouve toujours. Les grands écrivains agissent beaucoup plus sur leur siècle que leur siècle n'agit sur eux, et lui donnent beaucoup plus qu'il n'en reçoivent.

Corneille avait une trempe d'esprit naturellement vigoureuse, et une imagination élevée. Le raisonnement, les pensées, les grands traits d'éloquence dominent dans sa composition, et il aurait porté ces mêmes qualités dans quelque genre d'écrire qu'il eût choisi. Il eût été un grand orateur dans le sénat romain ou dans le parlement d'Angleterre, mais il aurait plus ressemblé à Démosthène qu'à Cicéron. Comme l'art dramatique est le résultat d'une foule de talents réunis, il a donné le premier modèle de ceux qui tiennent à l'élévation de l'âme et des idées, à la force des combinaisons, et il a eu des défauts qui en sont voisins. Ses lectures de préférence, ses études de prédilection étaient, si l'on veut y prendre garde, analogues à la tournure de son esprit. On sait que ses auteurs favoris furent Lucain, Sénèque et les poètes espagnols. Comme Lucain, l'amour du grand le conduisit jusqu'à l'enflure; comme Sénèque, il fut raisonneur jusqu'à la subtilité et la sécheresse; comme les tragiques espagnols, il força les vraisemblances pour obtenir des effets. Mais les beautés qu'il ne devait qu'à son talent naturel le placèrent pendant trente ans si fort au-dessus de ses contemporains, qu'il lui fut impossible de revenir sur lui-même, et d'apercevoir ce qui lui manquait. Rien n'est si dangereux que de n'avoir pour objets de comparaison que ses propres ouvrages et des ouvrages applaudis : c'est à la fois le malheur et l'excuse d'un artiste qui se trouve tout à coup au-dessus de tout ce qui l'a précédé. Dans ces circonstances, il est assez naturel au génie d'aller d'abord en fort peu de temps aussi loin qu'il peut aller. Mais arrivé à cette hauteur, où veut-on qu'il porte la vue lorsque rien n'est plus haut que lui, lors même que personne n'est en état de lui faire soupçonner qu'il y a quelque chose au delà? C'est sur-tout en comparant l'époque d'un siècle naissant à celle d'un siècle formé, que l'on peut comprendre les rapports et les dépendances entre l'homme supérieur qui crée et la multitude qui juge. Dans la première époque, le génie est seul, et ses juges mêmes tiennent de lui tout ce qu'ils savent : dans la seconde, un certain nombre de différents modèles a déjà composé une masse de lumières et de connaissances, nécessairement supérieure à ce que peut produire l'esprit le plus vaste. Ce qui a été fait apprend tout ce qu'on peut faire, et, pour apprécier les productions de l'art, toutes les forces de l'esprit humain sont dans la balance en contre-poids avec celui d'un seul homme. La première de ces époques est la plus avantageuse pour la gloire; la seconde, pour le talent. Jamais il ne va plus loin dans la carrière des arts, que lorsqu'il voit toujours le but au delà de sa course. Jamais il ne s'accoutume à marcher plus ferme, que lorsqu'il ne peut faire impunément un faux pas. C'est peu d'effacer ses comtemporains, il faut qu'il songe à lutter contre le passé et à répondre à l'avenir. S'il fait mieux que ses concurrents, ses juges en savent plus que lui. Ils peuvent toujours lui demander plus qu'il n'a fait, parce que d'autres ont fait davantage. S'il excelle dans quelques parties, on lui marque celles qui lui manquent. On lui révèle toutes ses fautes, on discute toutes ses beautés; on inquiète sans cesse la confiance de ses forces, et cet aiguillon continuel l'oblige à les déployer toutes.

Ce fut l'avantage de Racine · né avec cette imagination vive, cette sensibilité tendre, cette flexibilité d'esprit et d'âme, qualités les plus essentielles pour la tragédie, et que n'avait pas Corneille; né avec le sentiment le plus vif et le plus délicat de l'harmonie et de l'élégance, avec la plus heureuse facilité d'élocution, qualités les plus essentielles à toute poésie, et que Corneille n'avait pas non plus, il eut affaire à des juges que Corneille avait instruits pendant trente ans par ses succès et par ses fautes; il écrivit dans un temps où tous les genres de littérature se perfectionnaient, où le goût s'épurait en tous genres; enfin, il eut pour ami et pour censeur l'esprit le plus judicieux et le plus sévère de son siècle,

Despréaux. Ainsi la nature et les circonstances avaient tout réuni pour faire de Racine un écrivain parfait, et il le fut.

La marche progressive de son talent prouve ses réflexions et ses efforts, et ce travail continuel sur lui-même, si nécessaire à quiconque veut avancer vers la perfection. Les deux premiers essais de sa jeunesse, imitations faibles de Corneille, ne sont que les tributs excusables que devait un auteur de vingt-quatre ans à une renommée qui avait tout effacé. Hors le talent de la versification, rien encore n'annonçait Racine. J'ai reconnu, et j'ai dû reconnaître que c'était un de ses avantages d'être venu après Corneille; mais je ne saurais convenir que ce soit le génie du premier qui ait formé le second; le contraire est démontré par les faits. Nous avons vu que si Racine parut d'abord fort au-dessous de ce qu'il devint dans la suite, c'est qu'il commença par vouloir imiter son prédécesseur. Nous avons vu que l'amour d'Alexandre pour Cléofile était peint précisément des mêmes traits que celui de César pour Cléopâtre; c'est cette insipide galanterie qu'on croyait alors devoir mêler à l'héroïsme, et qui le dégradait. Une affectation de grandeur, qui tient au faste des paroles, et qui se mêle dans *Alexandre* à des raisonnements sur l'amour, était encore une imitation des défauts introduits sur la scène à la suite des beautés de Corneille, et que ce cortège imposant ne rendait que plus contagieux. Si quelque chose prouve la pente irrésistible d'un génie particulier à Racine, c'est la force qu'il eut de revenir à la vérité et à lui-même, malgré l'exemple de Corneille et le succès d'*Alexandre*, et c'est alors qu'il fit *Andromaque*, et qu'il s'éleva successivement jusqu'à *Iphigénie*, *Phèdre*, et *Athalie*. On voit qu'alors il avait enfin pris le parti de ne plus étudier que la nature et les Grecs ; qu'il prit un essor nouveau dans lequel les Modernes ne pouvaient lui servir de guides. Alors, pour la première fois, la passion de l'amour fut peinte avec toute son énergie et toutes ses fureurs dans Hermione, Roxane, et Phèdre ; et l'éloquence simple et pathétique des Grecs se fit entendre dans les rôles admirables d'Andromaque, de Clytemnestre et d'Iphigénie. L'étude réfléchie de la langue et des auteurs d'Athènes fut sans doute une source de lumières pour un homme qui avait tant de goût, et qui sentait si vivement cette vérité d'imitation, qui est le principe des beaux-arts; mais ce n'est pas d'eux qu'il apprit à être un si savant peintre de l'amour. Il ne dut qu'à lui-même ce grand ressort dramatique, devenu si puissant dans ses mains, et dont Voltaire s'est emparé depuis avec tant de succès. Cette découverte, en même temps qu'elle enrichissait notre théâtre, a influé jusqu'à l'abus sur la tragédie française, et nous a exposés à des reproches qui ne sont pas sans fondement; et puisque je m'occupe de développer dans ce moment les obligations que nous avons à Racine, je crois devoir prouver d'abord que c'est un rigorisme outré de regarder l'amour comme une passion indigne de la tragédie; et dans la suite de ce résumé je ferai voir que c'est un autre excès non moins condamnable et beaucoup plus commun, de vouloir qu'il y domine exclusivement.

Les Anciens n'avaient point imaginé que la passion de l'amour pût faire le sujet d'une tragédie : le rôle de Phèdre même n'est pas une exception à ce principe. La pièce d'Euripide, comme je l'ai remarqué en son lieu, est intitulée *Hippolyte* : le sujet est la mort injuste d'un jeune prince innocent, sacrifié à la vengeance de Vénus. L'amour de Phèdre, à le bien considérer, n'est point une passion ordinaire et spontanée. Un prologue apprend au spectateur que Vénus n'a inspiré à Phèdre un amour furieux et incurable que pour perdre Hippolyte, qui a dédaigné et insulté hautement la puissance de cette déesse, et voué à Diane un culte exclusif. La morale même de la pièce, expressément énoncée, est qu'il ne faut jamais offenser un dieu. L'amour de Phèdre n'est donc, à proprement parler, qu'une espèce de maladie, une sorte de fléau céleste qui sert à venger une divinité.

Nos intrigues amoureuses n'entraient même pas dans la comédie ancienne. Aristophane n'en a point ; et si Plaute et Térence, après Ménandre, ont peint des jeunes gens amoureux, c'est toujours de courtisanes ou de filles esclaves, reconnues ensuite pour être de condition libre. Les intrigues avec les filles bien nées, et ce commerce de galanterie qui remplit nos pièces, n'étaient point au nombre des ressorts dramatiques employés par les Anciens. La raison en est sensible ; c'est que les femmes plus retirées ne vivaient pas dans la société comme aujourd'hui. Il paraît que c'est de la chevalerie des Arabes et des romans, qu'elle fit naître dans le midi de l'Europe, que l'amour passa d'abord sur les théâtres, où il a rempli une si grande place. L'influence que les femmes ont eue depuis sur la société, sur les mœurs, sur les sentiments, sur les opinions, introduisit par degrés sur notre scène ce langage délicat, noble et passionné, dont Corneille donna la première idée dans Chimène et dans Pauline, et que Racine, et après lui, Voltaire, ont embelli de tous les charmes de leur style. Le génie théâtral s'est emparé de ce moyen, parce qu'il a senti tout ce qu'on en pouvait faire quand il est supérieurement manié, et tous les auteurs l'ont employé plus ou moins, parce que c'est en même temps celui de tous qu'il est le plus facile de traiter médiocrement. Comme l'amour est le penchant le plus universel, il est toujours aisé d'intéresser à un certain point, en parlant aux spectateurs de ce qui les occupe le plus. Voltaire disait, à propos de la différence d'effet qui se trouve entre *Zaïre* et *Rome sauvée* : « Tout le monde aime, et personne ne conspire. » Si le but de tout auteur est de plaire, comment réprouver le moyen le plus facile et le plus sûr d'y parvenir ? Le sévère Despréaux a dit lui-même :

De l'amour la sensible peinture
Est pour aller au cœur la route la plus sûre.

Les femmes, qui donnent le ton au théâtre comme partout ailleurs, ont contribué plus que tout le reste à faire de l'amour le principal sujet de nos pièces. Pour peu qu'une actrice ait la voix touchante, c'est l'amour qu'elle exprime le mieux. Les femmes pleurent, et tout le monde pleure avec elles; et comment ne se livrerait-on pas de préférence à un genre qui réunit toutes les facilités et toutes les séductions? Il a d'ailleurs produit tant de belles choses, qu'en le condamnant on condamnerait le génie et nos plaisirs.

De cette différence entre notre théâtre et celui des Anciens, les amateurs outrés de l'antiquité ont conclu que leur tragédie valait mieux que la nôtre, puisqu'elle était plus sévèrement héroïque. Ce dernier point est vrai; mais est-il vrai que nous ayons tort si la nôtre est généralement plus touchante? Y a-t-il trop de moyens d'intéresser au théâtre? Et faut-il s'en refuser un dont l'effet est si universel? Nous avons d'autres mœurs que les Grecs : pourquoi notre théâtre, qui doit se ressentir de cette différence, n'en aurait-il pas profité? Si Sophocle et Euripide eussent vécu parmi nous, croit-on qu'ils n'eussent pas traité l'amour, croit-on qu'ils eussent rougi d'avoir fait *Andromaque* ou *Zaïre*? De quoi s'agit-il donc en dernier résultat? Ce n'est pas d'exclure l'amour de la tragédie, c'est de l'en rendre digne; c'est de lui donner sur le théâtre les effets tragiques qu'il n'a eus que trop souvent en réalité; c'est de substituer aux froideurs de la galanterie vulgaire toute l'énergie de la passion. Cet art créé par Racine, et porté encore plus loin par Voltaire, est-il indigne de Melpomène quand il agrandit son empire et augmente sa puissance? Nous metil au-dessous des Anciens quand il nous fournit des beautés qu'ils n'ont pas connues ? Si cela pouvait faire une question, on la trancherait bientôt par un principe incontestable : toute imitation de la nature, qui est vraie en elle-même, intéressante par ses effets, et susceptible de couleurs nobles, est de l'essence des beaux-arts. La peinture de l'amour réunit tous ces caractères : donc elle n'est point étrangère à la tragédie.

Cette peinture a été un des mérites propres à Racine : elle avait fourni à Corneille des tableaux intéressants dans *le Cid* et dans *Polyeucte* : partout ailleurs elle est chez lui froide et fausse. Ceux de Racine sont toujours vrais, toujours parfaits dans les convenances, touchants ou terribles dans les effets. Le rôle de Phèdre est bien plus fortement tracé qu'il ne l'est dans Euripide ; ceux de Roxane et d'Hermione ont tous les caractères de l'amour, quand il est éminemment tragique, ses emportements, ses crimes, ses remords. Si les personnages secondaires de ses pièces, Iphigénie, Ériphyle, Aricie, Monime, Bérénice, n'ont pas la même force, ils n'ont pas moins de vérité : ils sont ce qu'ils doivent être. S'ils ne constituent pas la tragédie, ils ne la déparent point. Je ne connais qu'Atalide et Bajazet dont le langage paraisse former une sorte de disparate dans la pièce où ils sont placés ; encore le charme du style et la délicatesse des sentiments leur ont-ils obtenu grace, s'ils ne les ont pas justifiés. Voltaire a relevé le premier l'absurde injustice du préjugé qui imputait à Racine d'avoir énervé la tragédie en la livrant à l'amour. Il a démontré que c'était Corneille qui l'avait affadie par la galanterie, en même temps qu'il l'élevait, dans d'autres parties, à la plus grande hauteur. La foule le suivit dans ses erreurs, sans l'imiter dans ses beautés. Le seul Racine, au moment où il fut lui-même, s'éloigna également des unes et des autres. Il ne commit point les mêmes fautes, et trouva des beautés différentes. Il fut, dans le genre qu'il choisit, autant au-dessus de Corneille que de tous les autres poètes dramatiques.

On a dit que Corneille avait un esprit plus créateur : l'a-t-on bien prouvé? En s'expliquant sur le mot, on pourra douter du fait. Si l'on veut dire qu'il a tiré la scène française du chaos, et qu'il a fait le premier de très belles choses, on a raison. Mais s'ensuit-il qu'il y ait plus de création dans ses ouvrages que dans ceux de Racine? Ce n'est pas, ce me semble, une conséquence nécessaire. On ne peut pas dire de lui qu'il a fait Racine, comme on a dit qu'Homère avait fait Virgile. Virgile a fidèlement suivi les traces d'Homère; Racine a suivi une route toute différente de celle de Corneille. « Mais celui-ci a ouvert le chemin. » Oui, il a eu l'avantage de venir le premier; mais our être sûr que Racine n'en eût pas fait autant, il faudrait prouver qu'il n'y a pas la même force d'invention dans ses ouvrages, et, en revenant à cette comparaison, l'examen ne sera pas à son désavantage. Ceux qui lui refusent le génie (et il y a encore de ces gens-là), répètent fort légèrement qu'il n'a fait qu'imiter les Grecs. A les entendre on dirait que Corneille a tiré tout de son propre fonds. Voyons les faits. *Le Cid* et *Héraclius* sont aux Espagnols. La belle scène du cinquième acte de *Cinna* est tout entière dans Sénèque. Il lui reste donc en propre, les trois premiers actes des *Horaces*, *Polyeucte*, *Pompée*, *Rodogune*, et *Nicomède*. *Andromaque*, *Britannicus*, *Bajazet*, *Mithridate* et *Athalie* sont absolument à Racine. Je ne parle pas de *Bérénice* : ce n'est qu'un ouvrage enchanteur, qui n'est pas une tragédie. Mais aussi *Nicomède* est-il une tragédie, ou bien une comédie héroïque? Dans *Phèdre* même et dans *Iphigénie*, il s'en faut bien que les plus grandes beautés soient prises aux Grecs : ce qu'il y a de plus beau dans *le Cid*, dans *Héraclius* et dans *Cinna*, est d'emprunt. Maintenant, fallait-il un talent plus original, plus inventeur, pour faire *les Horaces* que pour faire *Andromaque*, ou pour *Polyeucte*, que pour *Athalie?* Ceux qui trancheraient sur cette question auraient beaucoup de confiance ; quant à moi, j'en suis très éloigné, et je me contenterai d'observer la différence de caractère et d'effet qui se trouve entre les productions de ces deux grands hommes.

Je crois voir dans tous les deux la même force de conception ; mais l'un, dans ses compositions, a plus consulté la nature de son talent; l'autre, celle de la tragédie. Le premier, naturellement porté au grand, a subordonné l'art à son génie ; il l'a établi sur un ressort qu'il maniait supérieurement, l'admiration. L'autre, plus souple et plus flexible, a vu dans la terreur et la pitié les ressorts naturels de la tragédie, et a su y appliquer toutes les ressources de son esprit. Aussi le premier n'a-t-il guère employé la terreur que dans le cinquième acte de *Rodogune*, et la pitié que dans *le Cid* et dans les scènes de Sévère et de Pauline. L'autre, dans toutes ses pièces, a tiré des effets plus ou moins grands de ces deux moyens qu'il n'a jamais négligés : c'est un avantage sans doute. Mais est-il vrai, comme on l'a dit de nos jours, et comme on l'a répété à tout moment dans le Commentaire de Racine, que l'admiration soit *toujours froide* et ne soit *jamais un ressort théâtral ?* Cette proscription générale et absolue est un abus de mots, une hérésie moderne, fondée, comme toutes les autres, sur des intérêts du moment. Ce n'est pas à Corneille qu'on en voulait ; mais on oubliait que cet arrêt, s'il était fondé, serait la condamnation de ses pièces les plus admirées. J'ai promis de combattre cette erreur, et le moment est venu de venger la vérité et Corneille.

Il faut de nouveaux mots pour de nouvelles doctrines : aussi a-t-on créé nouvellement cette appellation très impropre de *genre admiratif ;* car il n'en coûte pas plus à certains critiques de faire des *genres* que des mots. D'abord il n'y a point de *genre admiratif* : cela signifierait en français *le genre qui admire*, comme on dit un accent *admiratif*, un ton *admiratif* un style *admiratif ;* ce qui ne veut dire autre chose que le ton, l'accent, le style de l'admiration. Le genre qui l'inspire, et qu'on a voulu désigner par ce terme d'*admiratif*, est donc très mal dénommé : première erreur dans les mots. C'en est une autre dans la chose même, de prétendre faire un genre particulier des pièces qui excitent l'admiration : l'admiration est un sentiment que doit inspirer plus ou moins toute tragédie, puisque toute tragédie tend plus ou moins au sublime, ou de passion, ou de sentiment. Dans quel sens est-il donc vrai que *l'admiration n'est point un ressort théâtral?* C'est quand le personnage qui l'inspire est sans passion, ou sans malheur, ou sans dangers, comme Nicomède dans la pièce de ce nom, comme Pompée et Viriate dans *Sertorius*, comme Othon et la plupart des personnages principaux des mauvaises pièces de Corneille. Mais, quand l'admiration tient à un grand effort que l'homme fait sur soi-même, comme le pardon accordé à Cinna, malgré les plus justes motifs de vengeance; comme le patriotisme du vieil Horace, qui l'emporte sur l'amour paternel; comme la conduite de Chimène, qui poursuit par devoir l'époux qu'elle a choisi par inclination; comme Pauline, qui emploie, pour sauver son mari, l'amant qu'elle lui préfère au fond du cœur; quel est alors l'homme insensible, ou plutôt l'homme insensé qui oserait dire que l'admiration que nous éprouvons est *froide,* qu'elle n'est pas *théâtrale?* Comment oserait-on proférer ce blasphême devant la statue du grand Corneille, démentir les larmes du grand Condé, et celles que nous versons tous les jours au cinquième acte de *Cinna?* Telle est pourtant la conséquence de ces opinions erronées : il ne s'agit de rien moins que de condamner les plaisirs les plus purs des âmes bien nées. Mais heureusement la nature et l'expérience réfutent tous ces systèmes exclusifs, toutes ces poétiques d'un jour, que l'on fait pour ses amis ou contre ses ennemis. Le public, sans écouter ces prétendus Aristarques, se laisse toujours pénétrer au sentiment de la grandeur et de la générosité, quand il se mêle à l'attendrissement qu'excitent les passions et les sacrifices. Il laisse couler ses larmes, sans songer si ces douces larmes qu'il verse en coûteront d'amères à l'envie.

Je sais que les Grecs n'ont point connu cette espèce de tragique. J'avoue que la pitié qui naît de l'extrême infortune, la terreur qui naît d'un danger pressant, affectent plus fortement notre âme. Mais que s'ensuit-il? Que Corneille a trouvé un ressort dramatique de plus; et, en fondant notre théâtre, a créé un genre qui est à lui : c'est à coup sûr un titre de gloire. Ce genre est inférieur pour l'effet, j'en conviens : on peut douter qu'il le soit pour le mérite. Ne voulons-nous reconnaître qu'une sorte de talent, et n'éprouver au théâtre qu'une sorte de plaisir? Il n'y a jamais trop de l'un et de l'autre. Il faut admettre des degrés dans tout, et ne rejeter rien de ce qui est bon. L'effet des pièces de Corneille est moins touchant, moins profond, moins soutenu, moins déchirant que celui des pièces de Racine et de Voltaire, mais il est quelquefois plus vif; il arrache moins de larmes, mais il excite plus de transports; car les transports sont proprement l'effet de l'admiration, quand elle vient de l'âme, et non pas seulement de l'esprit; et c'est ce que j'ai toujours observé dans les premiers actes des *Horaces* et dans le dernier de *Cinna*. Ces pièces ne serrent pas le cœur, elles élèvent l'âme ; et quel reproche peut-on faire à ceux qui préfèrent même cette impression à tout autre? Assurément aucun. Une impression qui transporte n'est donc pas *froide ;* une admiration qui fait pleurer est donc *théâtrale*. — Mais ces transports sont nécessairement passagers ; mais ces larmes ne coulent pas long-temps, et l'émotion est continuelle à la représentation d'*Andromaque* et d'*Iphigénie,* et l'on étouffe de sanglots à *Zaïre* ou à *Tancrède*. — Eh bien ! préférez, si vous voulez, cette sorte de plaisir, et ne condamnez pas celui des autres. — Mais enfin, lequel des deux genres vaut le mieux? — On pourrait répondre comme Voltaire : celui qui est le mieux traité. Peut-être au fond la question serait douteuse, si l'exécution avait été aussi parfaite dans Corneille que dans Racine. Mais les nombreux défauts de l'un et la perfection continue de l'autre font un grand poids dans la balance. Si Corneille, au lieu de mettre si souvent le raisonnement à la place du sentiment, avait soutenu dans les détails de ses pièces le degré d'émotion dont elles étaient susceptibles, s'il eût travaillé davantage ses vers, peut-être serait-il assez difficile de décider entre le genre de ses sujets et celui des pièces de Racine. Mais l'un refroidit souvent le spectateur après l'avoir transporté, l'autre l'émeut et l'intéresse toujours ; l'un s'adresse souvent à l'esprit, l'autre va toujours au cœur ; l'un blesse souvent l'oreille et le goût, l'autre flatte sans cesse tous les deux; et comme on ne peut douter que le besoin le plus général des hommes rassemblés au théâtre ne soit celui de l'émotion continuelle, il faut bien en conclure que le genre de tragédie qui satisfait le plus ce besoin est aussi le plus théâtral. Il faut pourtant faire ici une observation essentielle : les hommes, en jugeant les productions de l'art ne règlent pas toujours exactement leur estime sur leur plaisir, et ce n'est de leur part ni injustice ni ingratitude. Cette disproportion tient au plus ou moins de mérite qu'ils supposent dans ces productions; et cela est si vrai, que bien des gens, en avouant que Racine leur fait plus de plaisir que Corneille, et à la représentation, et à la lecture, ont cependant plus d'estime pour Corneille. Quelle en est la raison ? C'est que le genre de ses beautés les frappe davantage, et laisse en eux l'idée d'un homme plus extraordinaire. Telle est la prérogative du sublime, même lorsqu'il est mêlé de beaucoup de défauts : comme il nous enlève à nous-mêmes, il ne nous laisse pas une entière liberté de jugement; et tout autre impression est effacée par celle qu'il produit. Il fait alors à notre amour-propre une sorte d'illusion très flatteuse; il agrandit la nature à nos yeux, il nous agrandit nous-mêmes dans notre pensée, et nous porte à croire que celui qui a su nous élever à cette hauteur doit être au-dessus de tous les autres hommes. On se croit grand en admirant la grandeur. Que l'on cherche dans le cœur humain le principe de nos jugements, et il se trouvera que, si le plus grand nombre, en préférant dans le fait les pièces de Racine, préfère cependant Corneille dans l'opinion ; cette espèce de contrariété n'est autre chose qu'un combat entre le plaisir et l'amour-propre : l'un a jugé les ouvrages, l'autre a jugé les auteurs; et comme l'amour-propre en nous, l'emporte encore sur le plaisir en dernier résultat, la victoire paraît être restée à Corneille.

Je rends compte ici, comme on voit, de l'avis des autres, et non pas du mien, puisque sur cet article j'ai déclaré que je n'en avais pas. Ce qui importe à l'instruction, ce n'est pas de savoir lequel est le plus grand de ces deux poètes, mais lequel des deux a fait de meilleures tragédies, a su le mieux écrire, a mieux connu les principes de la nature et de l'art, a su le mieux parler au cœur et à l'oreille. Voilà ce qui m'a principalement occupé dans l'examen des deux théâtres, et sous ce point de vue le résultat n'est pas douteux : il est entièrement en faveur de Racine. J'ai tâché d'expliquer les motifs de la préférence personnelle accordée assez généralement à Corneille, de montrer d'où venait la disposition assez commune à lui supposer, d'après l'époque, le goût et l'effet de ses ouvrages, un mérite supérieur à celui de son rival. Quant à moi, je le répète : lorsque je considère que l'un a excellé dans quelques parties, et que l'autre les a réunies toutes, il m'est impossible de décider lequel des deux avait été le mieux partagé par la nature; et, continuant d'apprécier autant que je le puis leurs différents avantages, je réfuterai en passant quelques aveugles enthousiastes, qui m'ont paru s'y prendre fort maladroitement quand ils ont voulu motiver la prééminence qu'ils donnaient à Corneille.

J'ai déjà marqué la différence du point de vue général sous lequel tous deux ont aperçu la tragédie, et de l'effet que produit l'ensemble de leurs ouvrages. Si je les compare dans les caractères, je trouve à peu près la même disparité et la même balance. D. Diègue et les deux Horaces ont un degré d'énergie que Racine n'a pas égalé. Cornélie et Viriate sont, malgré leurs défauts, d'une hauteur de conception où Racine ne s'est pas élevé. Athalie est inférieure à la Cléopâtre de *Rodogune*. Monime, qui a quelque ressemblance avec Pauline, n'a rien d'aussi noble et d'aussi original que la scène où la femme de Polyeucte engage Sévère à prendre la défense de son mari. Mais, d'un autre côté, Acomat et Agrippine sont les deux rôles les mieux conçus en politique que l'on ait jamais tracés. Agrippine est fort au-dessus de Léontine et d'Arsinoë, qui ne sont que des intrigantes vulgaires; et rien ne ressemble à Acomat. Mithridate est fort supérieur à Sertorius : ce sont deux vieux guerriers, amoureux malgré leur âge; mais l'amour de Sertorius est ridicule : Racine a eu l'art de faire respecter et plaindre la faiblesse de Mithridate; Burrhus et Joad sont encore deux rôles originaux, également parfaits dans leur genre : l'un est le modèle de la vertu la plus pure et la plus courageuse au milieu de la corruption des cours; l'autre, celui d'un ministre des autels plein de l'inspiration divine. Corneille n'a rien que l'on puisse en rapprocher, comme il n'a rien à opposer à Hermione, à Roxane, à Phèdre, les trois rôles de passion les plus forts et les plus profonds qu'ait produits la tragédie.

On a fait souvent, pour vanter la fécondité de Corneille, un raisonnement qui est très peu concluant. « Quelle tête, que celle qui a conçu vingt-» trois plans dramatiques, tous différents les uns » des autres ! » Cette remarque serait juste si tous ces plans avaient plus ou moins de mérite ; mais si de vingt-trois tragédies il y en a douze absolument mauvaises, et aussi mal conçues que mal exécutées, je vois bien ce qu'une pareille fécondité peut avoir de déplorable, mais non pas ce qu'elle a d'admirable. Comment peut-on de bonne foi savoir gré à Corneille d'avoir produit le plan d'*OEdipe*, de *Pertharite*, de *Théodore*, d'*Andromède*, de *Tite et Bérénice*, de *Sophonisbe*, d'*Othon*, de la *Toison-d'or*, de *Suréna*, de *Pulchérie*, d'*Agésilas* et d'*Attila*? Y a-t-il quelque gloire à inventer si mal? Ne tenons compte que de ce qui est resté. Corneille, en quarante ans de travaux, a laissé au théâtre à peu près le même nombre de pièces que Racine en dix. Il faut plaindre l'un d'en avoir fait trop, et regretter que l'autre en ait fait trop peu.

On a donné à Corneille le titre de sublime, et il n'y en a pas de plus mérité. Mais nous avons vu dans l'analyse du Traité de Longin, qu'il y avait plusieurs espèces de sublime. L'auteur des *Horaces* et de *Cinna* est au-dessus de tout dans le sublime des idées et des caractères. L'auteur d'*Andromaque* et de *Phèdre* est fort au-dessus de lui dans le sublime de la passion et des images. Le contraste d'Abner et de Mathan est noble et touchant; mais celui d'Horace et de Curiace est d'un ordre bien supérieur. Il n'existe rien de comparable ni chez les tragiques anciens ni chez les modernes, et ils n'ont point de tableau théâtral plus vigoureusement combiné que celui du cinquième acte de *Rodogune*. Mais aussi ni les uns ni les autres n'ont rien à placer à côté d'*Athalie;* c'est un des poids les plus forts que Racine ait pu mettre dans la balance de la postérité. S'il est quelque chose que l'on puisse opposer au sublime du patriotisme républicain du vieil Horace, c'est le sublime moral et religieux dans Joad : l'un vous transporte davantage, l'autre vous pénètre plus. On ne peut entendre qu'avec une sorte de ravissement le grand-prêtre aux pieds de Joas, comme on ne peut écouter le vieil Horace sans enthousiasme; et c'est ici que les deux poètes ont par différents moyens rendu si dramatique ce ressort de l'admiration, sur lequel j'ai prouvé que des critiques inconsidérés se sont si étrangement mépris. Cette admiration fait couler des larmes dans les deux pièces, et l'on ne peut nier que ce sentiment, qui touche le cœur en élevant l'âme, ne soit un des plus délicieux que l'on puisse éprouver au théâtre, parce qu'alors le spectateur est aussi content de lui que du poète.

Il est glorieux pour les Modernes que ce genre de pathétique, qui ne se trouve point chez les tragiques grecs, ait été porté si loin par deux de nos plus grands maîtres. C'est dans tous les deux une véritable création, et une preuve que nous ne devons pas tout aux Anciens. L'amour de la liberté et les sentiments religieux sont également naturels à l'homme, et Corneille et Racine en ont tiré les effets les plus puissants. Mais laquelle de ces deux impressions a le plus de pouvoir sur nous? Il me semble que celle des Horaces est plus vive, et celle de Joad plus douce. On est fort heureux d'avoir à choisir : il serait fort difficile de préférer : jouissons, et ne faisons pas de nos plaisirs un sujet de guerre.

Un fait qu'on n'a point remarqué, et qui est pourtant fort singulier, c'est que Corneille, qui avait tant de raisons de se fier à son génie pour faire des tragédies sans amour, n'ait jamais songé à l'entreprendre, et que Racine, qui excellait à traiter cette passion, ait donné le premier ouvrage dramatique où elle n'entre pas. Ces sortes de pièces, selon Voltaire, *sont les plus difficiles à faire*. Peut-être en jugeait-il par l'étonnante facilité qui lui fit achever *Zaïre* en moins de trois semaines, et par le long travail que lui coûta *Mérope*. Quant à moi, je n'en sais pas assez pour avoir un avis sur cette assertion, que je ne veux ni adopter ni démentir. Je conviens, et je l'ai dit précédemment, que la médiocrité peut se tirer plus aisément d'un sujet d'amour que de tout autre : assez d'exemples l'ont prouvé; mais ce n'est pas sur elle qu'il faut se régler, c'est sur la perfection; et je n'oserais assurer qu'il soit plus facile d'y parvenir en traitant l'amour qu'en traitant tout autre passion. Je ne sais s'il y avait quelque chose de plus difficile à faire que Phèdre et Hermione. Il me semble que le plus ou moins de difficultés ne tient pas au genre mais au sujet, qui, de quelque nature qu'il soit, offre plus ou moins de ressources pour remplir cinq actes. Je sais qu'*Athalie*, *Mérope* et *Oreste*, à les prendre sous ce rapport, étaient excessivement difficiles, sur-tout la première : mais nous avons vu *Iphigénie en Tauride*, sujet fort simple, et dont l'auteur est venu à bout sans y mettre de l'amour; et quoique Guimond de La Touche eût un talent réel pour la tragédie, ce n'était pourtant pas, à beaucoup près un homme du premier ordre.

Je ne hasarderai donc point de décider sur le degré de difficulté d'aucun genre : je crois que dans tous il n'est donné qu'au talent supérieur d'approcher de la perfection. Racine, dans le sien, paraît avoir été aussi loin que l'esprit humain puisse aller : Corneille n'a excellé que dans quelques parties du sien. En général il a peint de grands sentiments, et Racine de grandes passions ; et quoique la clémence d'Auguste et l'âme romaine du vieil Horace, la vertu de Pauline et de Sévère, et la noble chaleur de D. Diègue, fassent naître ce mélange d'émotion et d'étonnement qui a tant de charmes, quoiqu'il donne même la plus haute opinion de l'homme qui le produit, il paraît cependant, à ne consulter que l'expérience, que ce n'est pas encore ce qu'il y a de plus tragique ; que les impressions les plus douloureuses sont celles que nous cherchons le plus au théâtre, où ce qui nous fait le plus de mal semble être ce qui nous plaît davantage ; que nous voulons sur-tout être tourmentés par la terreur ou la pitié, et que par conséquent des infortunes extrêmes, de grands dangers, des personnages passionnés qui font passer en nous les combats qu'ils éprouvent, sont les moyens les plus essentiels de la tragédie. C'est dire que le sublime de la passion et de la douleur est plus théâtral que celui des sentiments et des caractères : ce résultat, qu'on ne peut contester, est à l'avantage des pièces de Racine, et ce qui achève d'en prouver la vérité, c'est que dans ce siècle un écrivain moins parfait que lui, Voltaire, pour avoir su pousser encore plus loin les effets de la terreur et de la pitié, a été enfin reconnu, même de son vivant, pour le plus tragique de tous les poètes.

Saint-Foix, dans ses *Essais historiques sur Paris*, a inséré un article sur Corneille et Racine, où il s'exprime avec un ton d'humeur qui lui était assez naturel. « J'aurais, dit-il, une bien mau-
» vaise idée de ma nation, si les hommes de
» quarante ans ne mettaient pas une grande diffé-
» rence entre Corneille et Racine. » Le reste de l'article ne laisse aucun doute sur l'entière préférence qu'il donne au premier; et ce n'est pas ce que je prétends combattre. Mais, quand il suppose que Racine est plus fait pour être goûté par les jeunes gens, et Corneille par les hommes mûrs, je crois qu'il s'abuse entièrement. Je pense, au contraire, que le mérite de l'un, fondé sur une grande connaissance de la nature, demande, pour être bien senti, plus de réflexion et de maturité ; et que celui de l'autre, qui consiste sur-tout dans l'expression de la grandeur, doit être plus du goût

de la jeunesse, qui a plus d'élévation et d'énergie que de justesse et d'expérience. On est d'abord disposé à croire que la jeunesse, qui est l'âge de l'amour et des passions, doit en aimer la peinture par-dessus tout. Oui, elle l'aime; mais plus cette peinture est vraie, moins elle lui paraît étonnante, parce qu'elle ne lui rappelle que ce qui lui est très familier; et à cet âge, nous admirons moins ce qui est si proche de nous. Ce n'est qu'avec le temps qu'on peut s'apercevoir, que l'homme étant naturellement porté à la grandeur, il ne doit pas être plus difficile de se livrer tout entier à l'enthousiasme d'imagination qui nous élève que de pénétrer au fond des cœurs et d'y surprendre les secrets de nos penchants. Ce n'est pas d'ailleurs quand nous éprouvons le plus la violence des passions, que nous en jugeons le mieux la peinture; comme le moment où l'on aime le plus les femmes n'est sûrement pas celui où on les juge le mieux. Nous connaissons peu notre cœur quand il nous tourmente : c'est avec le calme des réflexions et l'intérêt des souvenirs que nous pouvons y lire notre propre histoire, et alors nous apprécions mieux que jamais le poète qui paraît la savoir aussi bien que nous : alors aussi les écrivains dramatiques savent la traiter. Il est très rare qu'un jeune auteur commence par une pièce où l'amour domine. Corneille avait trente ans quand il fit *le Cid*. Racine avait fait *les Frères ennemis*, et *Alexandre* avant *Andromaque*; et, ce qui est prodigieux, c'est de l'avoir fait à vingt-sept ans. Voltaire en avait près de quarante quand il donna *Zaïre*;

Thomas Corneille près de cinquante quand il composa son *Ariane*.

Je me souviens que ceux de mes compagnons d'étude qui montraient le plus d'esprit, lisaient Racine avec plaisir, mais admiraient dans Corneille jusqu'aux déclamations qui sont chez lui si fréquentes : j'en ai revu plusieurs depuis qui avaient bien changé d'avis. Mais cette méprise n'est pas seulement celle de la jeunesse; c'est dans tous les temps celle du plus grand nombre, et je dois faire observer ici à ceux qui sont trop exclusivement épris de la grandeur, que c'est de tous les genres, celui sur lequel il est le plus aisé et le plus commun d'en imposer à la multitude. Il suffit d'aller au théâtre pour s'en convaincre tous les jours. On y applaudit l'enflure et la déclamation à côté du vrai sublime, non-seulement dans les pièces de Corneille, que l'on peut croire consacrées par un vieux respect, mais même dans des pièces d'auteurs modernes, dont le nom n'impose pas. Tout ce qui a un air d'élévation et de force, fût-il faux, outré, déplacé, entraîne communément la foule et souvent même l'illusion dure long-temps. Souvent, après que les bons juges se fait entendre, on continue d'applaudir au théâtre ce qui d'ailleurs n'obtient point d'estime. Pourquoi? C'est qu'au théâtre on ne juge point par réflexion; et si les fautes ont de quoi éblouir un moment, c'est assez. Aussi Voltaire disait-il en parlant du parterre : « Il n'est pas nécessaire » de frapper juste sur lui; il suffit de frapper fort. » J'en citerai un exemple bien remarquable dans la tragédie de *Gaston et Bayard*; ce dernier, qui a eu avec son général un tort évident et inexcusable, reconnaît sa faute, et lui demande pardon à genoux. L'acteur alors ne manque pas de se tourner vers le public, et de lui dire avec emphase :

Contemplez de Bayard l'abaissement auguste;

et la salle retentit d'applaudissements. Cependant ce vers n'est qu'une fanfaronnade ridicule. Rien au monde n'est plus contraire à la vraie grandeur que de dire : *Contemplez* combien ce que je fais est beau! Ce langage, qu'un héros ne tint jamais, est un démenti formel à la nature et au bon sens. Mais qu'arrive-t-il? Le public ne voit rien que Bayard aux pieds de Gaston; il est frappé d'un spectacle imposant, et d'une pensée qui lui paraît grande et belle; il oublie que c'est Bayard qui parle : il bat des mains, et l'homme sensé sourit dans un coin, de la faute du poëte et de la méprise des spectateurs.

Que faudrait-il à ce vers pour qu'il fût à sa place? Un changement bien simple : il n'y a qu'à mettre dans la bouche de Gaston ce qui est dans celle de Bayard.

Je reviens à l'auteur des *Essais* : il finit par un argument fort extraordinaire. Il a observé que les partisans de Racine ne trouvaient point mauvais qu'on lui égalât Corneille, au lieu que les partisans de Corneille ne pouvaient souffrir qu'on lui égalât Racine, et ne voulaient pas entendre parler de comparaison. Il croit que cette observation est à l'avantage de Corneille; mais n'est-ce pas seulement une preuve que les uns sont plus raisonnables que les autres; que ceux-ci mettent dans leur cause quelque chose de personnel, et s'imaginent s'agrandir avec l'écrivain qu'ils défendent; et que ceux-là, ne cherchant que la vérité, ont assez réfléchi pour trouver très simple que la manière de Corneille soit plus analogue que celle de Racine au caractère de beaucoup de lecteurs, et sont assez tolérants dans la discusion pour laisser la liberté des avis? Cette disposition ne m'inspirerait que plus de confiance; et voir dans la disposition contraire un préjugé favorable, c'est dire que ceux qui se fâchent le plus et raisonnent le moins ont toujours raison. Pour répondre positivement à la première assertion de M. de Saint-Foix, je dirai qu'une nation qui, sans accorder de prééminence personnelle à aucun des deux, aurait une égale vénération pour celui qui a fondé le théâtre et pour celui qui l'a perfectionné; qu'une nation qui, en admirant les beautés de Corneille, préférerait les tragédies de Racine, serait une nation équitable et éclairée.

On a souvent loué Corneille de sa *variété* et accusé Racine de *monotonie*. Expliquons-nous sur ces mots, et nous pourrons fixer aisément la valeur de l'éloge et du reproche. Il y a deux sortes de variété: celle du sujet, et celle du ton général des ouvrages. *Le Cid*, *les Horaces*, *Cinna*, *Polyeucte*, *Pompée*, *Rodogune*, *Héraclius*, sont des sujets très différents les uns des autres; *Andromaque*, *Britannicus*, *Bajazet*, *Mithridate*, *Iphigé-*

nie, *Phèdre* et *Athalie* ne le sont pas moins. A l'égard du ton général, il tient aux caractères et au style. Dans Racine, de jeunes princes amoureux, Britannicus, Xipharès, Antiochus, Bajazet, Hippolyte, ont entre eux, je l'avoue, beaucoup de traits de ressemblance : dans Corneille, cette même ressemblance n'est pas moins frappante, mais chez des personnages qui tiennent le premier rang. Émilie, Rodogune, Cornélie, Viriate, Pulchérie ont à peu près le même esprit et partout le même langage. Elles sont, s'il faut le dire, plus hommes que femmes, ou plutôt elles ont tout l'esprit de Corneille. Il n'a point connu la différence de ton qu'exigent les convenances du sexe et celles du théâtre. Ce sont des *femmes*, comme a dit Racine, *qui font des leçons de fierté à des conquérants*, ou qui oublient celles qui leur convient à elles-mêmes. Cinna est avili par les hauteurs d'Émilie ; Sertorius, par celles de Viriate ; César est rabaissé devant Cornélie. Pulchérie, qui n'a pas le moindre droit à l'empire romain, dont jamais une femme n'a hérité, traite toujours Phocas comme un homme qui lui a ravi son *bien ;* elle va jusqu'à lui dire :

L'esclave le plus vil qu'on puisse imaginer
Sera digne de moi, s'il peut t'assassiner

D'un autre côté, Cléopâtre est avec César d'une coquetterie qui va jusqu'à l'indécence.

Pauline dit en parlant de Sévère :

Il est toujours aimable, et je suis toujours femme.

Émilie dit à Cinna : *Songe que mes faveurs l'attendent :* elle parle des *douceurs de sa possession.*

Ainsi, dans tous ces rôles, on voit toujours, ou une vigueur mâle, qui est celle de l'auteur plutôt que du personnage, ou un oubli des bienséances, qui montre que l'auteur ne les connaissait pas. À l'égard du ton général, c'est toujours de la force dans le raisonnement, et de l'élévation dans les idées ; souvent l'abus de l'un et de l'autre.

Dans Racine, les personnages principaux, Phèdre, Roxane, Hermione, Andromaque, Iphigénie, Monime, Clytemnestre, Agrippine, ont toutes un caractère et un ton différent, et toujours celui qui leur convient. Il est vraiment étrange qu'on ait pu méconnaître chez lui le don singulier de se plier à tout. Je ne vois qu'une cause de cette erreur : c'est qu'ayant dans tous les genres un langage toujours naturel, qui n'appartenait qu'à lui, on s'est accoutumé à croire qu'il n'y avait point de différence dans ses sujets, parce qu'il n'y en avait point dans l'exécution. On le trouvait toujours le même, parce qu'il était toujours parfait.

La peinture des mœurs est chez lui plus exacte et plus soutenue que dans Corneille. La Bruyère, qui, dans le parallèle qu'il a fait de tous les deux, paraît avoir tenu la balance assez égale, dit en parlant de celui-ci : « Il y a dans quelques» unes de ses meilleures pièces des fautes inexcusa» bles contre les mœurs. » Et il indique le même résultat dans cette phrase qu'on a tant de fois répétée depuis : « L'un peint les hommes comme » ils devraient être ; l'autre les peint tels qu'ils » sont. » C'est dire clairement que l'un est un peintre plus fidèle que l'autre. Mais d'ailleurs, je pense comme Voltaire, que ce jugement, qu'on a souvent cité comme une espèce d'axiome, énonce une généralité beaucoup trop vague et trop susceptible d'équivoque. Si La Bruyère entend par un *homme qui est ce qu'il doit être*, celui qui est sans passion et ne commet point de fautes, ces sortes de personnages sont admis, il est vrai, dans la tragédie, mais il est rare qu'ils puissent en fonder l'intérêt. Burrhus, Abner, Acomat, Joad, Auguste et Cornélie sont de ce genre. Si l'on entend ceux qui sacrifient leur passion à leur devoir, Corneille et Racine ont tous deux des personnages de ce caractère : si dans Pauline et Chimène, dans Séleucus et Antiochus, le devoir l'emporte sur l'amour, il l'emporte aussi dans Monime et dans Iphigénie, dans Xipharès et Titus. Voilà pour la morale. Mais dans la vérité dramatique ; un personnage *est ce qu'il doit être,* quand il ne fait rien que de conforme à ce qu'exigent le caractère qu'on lui a donné et la situation où il se trouve ; et sous ce point de vue Racine a représenté les hommes bien plus fidèlement que Corneille. Si l'on excepte *Bajazet*, l'un des deux poètes est dans cette partie à l'abri des reproches que l'on peut souvent faire à l'autre. Cinna ne *doit* point être, dans les derniers actes, tout différent de ce qu'il a été dans les premiers. Rodogune, annoncée comme un personnage intéressant, ne *doit* point demander à deux princes vertueux d'assassiner leur mère. Un héros tel que Pompée ne *doit* point être assez lâche pour se priver d'une épouse qu'il aime, par obéissance aux ordres de Sylla. Un vieux chef de parti, tel que Sertorius, ne *doit* point être un froid soupirant près de Viriate. Il n'est donc pas vrai qu'en général Corneille ait peint les hommes *tels qu'ils devraient être*.

Il faut laisser dire à Fontenelle que, dans la pièce intitulée *Pulchérie*, le caractère de cette princesse est un *de ceux que Corneille seul savait faire*, et que dans Suréna, il a fait *une belle peinture d'un homme que de trop grands services rendent criminel auprès de son maître*. Une preuve qu'il n'y a rien de *beau* dans ces pièces, c'est qu'il est impossible de les lire.

Je n'en croirai pas davantage Fontenelle, lorsqu'il décide que Néron et Mithridate sont deux caractère *bas et petits*, et que Prusias et Félix réussissent beaucoup mieux au théâtre. Le titre même de neveu de Corneille ne peut excuser des assertions si constamment démenties par la voix des connaisseurs, et par une expérience de tous les jours. Il est de fait qu'on a peine à supporter Félix, et que Prusias fait rire, au lieu que Néron et Mithridate produisent un grand effet. Le premier sur-tout est regardé comme un modèle unique du développement des caractères, et il y a peu de rôles aussi imposants que Mithridate. Fontenelle étaie son opinion d'un petit sophisme très frivole. Il dit que Néron et Mithridate sont *bas dans leurs actions*, et que Prusias et Félix ne le sont que *dans leurs discours*. D'abord cela n'est pas vrai dans le fait ; car rien n'est plus bas que la conduite de Prusias, d'un roi qui n'ose pas être le maître chez lui, et dont tout le rôle est contenu en substance dans ce vers trop connu :

Ah! ne me brouillez point avec la république.

De plus, Fontenelle se trompe beaucoup dans sa distinction entre les actions et les discours. Quand ceux-ci sont continuellement bas, il est impossible d'en pallier le mauvais effet. Au contraire, une petitesse momentanée, telle que celle de Mithridate et de Néron, peut être relevée par l'artifice du discours et des circonstances, et couverte par l'effet total du rôle. C'est précisément ce qui est arrivé à Néron et à Mithridate. Tous deux sont petits un moment; l'un quand il trompe Monime, l'autre quand il se cache pour écouter Junie; mais la noblesse du style et l'effet de la situation font passer ce qu'il y a de défectueux dans le moyen, et cette faute d'un instant se perd dans la foule des beautés qu'offre tout le reste du rôle. Ce ne sont pas là de simples spéculations ; ce sont des faits. Fontenelle conclut par un principe très vrai : « Il n'appartient qu'à un génie » du premier ordre, de nous donner un per- » sonnage bas. » Oui, et Racine l'a prouvé dans Narcisse.

Si nous en venons aux mœurs nationales, Corneille n'a su les peindre en maître que dans les tableaux de la grandeur romaine, qu'il a pourtant quelquefois exagérée, comme dans ce vers,

Pour être plus qu'un roi, tu te crois quelque chose,

qui marque un mépris beaucoup trop grand. Il n'est pas vrai que les Romains méprisassent tant la royauté : ils la haïssaient et se plaisaient tant l'abaisser; mais on ne cherche pas à humilier ce qu'on méprise. César n'eût pas ambitionné le titre de roi, s'il eût été un objet de dédain. Enfin, Corneille lui-même contredit cette exagération, lorsque Auguste dit à Cinna, en parlant d'Émilie qu'il lui offrait en mariage :

Le digne objet des vœux de toute l'Italie,
Et qu'on mise si haut mes bienfaits et mes soins,
Qu'en te couronnant roi, je t'aurais donné moins.

Il croit dire ce qu'il y a de plus fort : il ne pense donc pas qu'il eût fait si *peu de chose* de Cinna en le faisant *roi*, ni que ce fût si *peu de chose d'être roi*.

Racine a représenté avec fidélité les mœurs grecques dans *Andromaque* et *Iphigénie*, et avec énergie les mœurs turques dans les rôles de Roxane et d'Acomat. Mais il s'est surpassé dans la peinture des Juifs, au point de se mettre pour ainsi dire au rang de leurs prophètes; et dans *Britannicus* il a tracé la bassesse des Romains dégénérés avec les crayons de Tacite. Observons cependant que Corneille, choisissant de préférence ses sujets, chez le peuple qui a eu le plus d'éclat dans le monde, ses tableaux ont paru plus fiers et plus imposants à tous les ordres de spectateurs, au lieu que ceux de Racine, dont le principal mérite est la vérité du trait et la régularité du dessin, sont faits plus particulièrement pour les connaisseurs.

En reprochant à Corneille quelques traits d'exagération, je n'ai pas prétendu restreindre le juste éloge qu'on a fait de lui, lorsqu'on a dit qu'il faisait quelquefois parler les Romains mieux qu'ils ne parlaient eux-mêmes. Quand la ressemblance est conservée, embellir en imitant n'est qu'un mérite de plus. Il n'est pas sûr que César, en voyant la tête de Pompée, ait dit rien d'aussi beau que ces deux vers :

Reste d'un demi-dieu, dont à peine je puis
Égaler le grand nom, tout vainqueur que j'en suis!

Mais s'il ne l'a pas dit, il a pu le dire, et il est bien glorieux pour le poëte qu'on puisse douter si son génie n'a pas été au-dessus de l'âme de César.

Je me flatte que, dans les différentes observations que je hasarde, on reconnaîtra du moins une entière impartialité. Si telle eût été la disposition de Fontenelle, je ne serais pas obligé de le combattre si souvent. Il fait dans son *Histoire du Théâtre*, une remarque critique, dont l'intention est dirigée contre Racine, mais qui, dans l'application exacte, retombe sur Corneille. « Quand » nous voyons que l'on donne notre manière de » traiter l'amour à des Romains, à des Grecs, et » qui pis est, à des Turcs, pourquoi cela ne nous » paraît-il pas burlesque? C'est que nous n'en sa-

» vons pas assez; et comme nous ne connaissons
» guère les véritables mœurs de ces peuples, nous
» ne trouvons point étrange qu'on les fasse galants à
» notre manière : il faudrait, pour en rire, des gens
» plus éclairés. La chose est assez risible : mais il
» manque des rieurs. »

Rien n'est si prompt et si rapide que la censure et la satire : rien n'est si lent que la réfutation et l'apologie. C'est le trait qui vole et qui s'enfonce dans la blessure qu'il a faite; mais pour l'en retirer, il faut du temps, des efforts et de la précaution. D'abord, pour ce qui est des Grecs et des Romains, ils ne nous sont pas assez étrangers pour que leur manière de traiter l'amour nous soit inconnue. Virgile, Tibulle, Ovide, peuvent bien nous en donner quelque idée. Quand Ovide, dans ses *Héroïdes*, fait parler des femmes grecques, il leur donne à peu près le langage que nous leur donnerions aujourd'hui, et Ovide devait connaître les mœurs grecques. Quand on lit le quatrième livre de l'*Énéide*, Didon nous rappelle Hermione : ce sont les mêmes mouvements, les mêmes douleurs, les mêmes transports. Au contraire, quand on lit l'*Art d'aimer* d'Ovide, où il peint les mœurs de la jeunesse romaine, on voit qu'elles s'éloignent des nôtres dans beaucoup de circonstances. Pourquoi? C'est que chez les nations polies et lettrées, où les femmes ont conservé leur liberté, la galanterie, toujours ingénieuse, a pourtant un différent esprit, suivant la différence des usages et des modes : c'est une superficie qui varie suivant les lieux; mais le fond est dans le cœur humain, qui est le même partout où l'éducation et le gouvernement n'ont pas fait les femmes esclaves. Il n'y a donc nulle raison de nous persuader qu'Hermione, Oreste, Pyrrhus, Monime, Iphigénie, n'ont pas pensé et senti à peu près comme nous pourrions penser et sentir dans les mêmes situations. Les Turcs, quoique nos contemporains, nous sont moins connus; mais si Roxane a, jusque dans sa passion, tous les caractères d'une esclave barbare, l'auteur nous l'a donc montrée telle que nous pouvons nous la figurer sur ce que nous savons de l'histoire des Turcs; et si Fontenelle n'en sait pas là-dessus plus que nous, pourquoi veut-il que nous la trouvions *burlesque*? Pourquoi veut-il qu'elle nous fasse *rire*, au lieu de nous faire pleurer? J'ai bien peur que Fontenelle ne rie tout seul. Mais que dirait-il si nous lui demandions pourquoi il ne rit pas comme nous de la galanterie de César, de Sertorius, et de tant d'autres héros des pièces de Corneille? Certes il ne pourrait pas nous faire la même réponse. Nous savons positivement, lui dirait-on, que cette froide galanterie n'a jamais existé que dans les romans tracés avec une ridicule exagération, d'après l'esprit de l'ancienne chevalerie, qui sûrement n'était pas celui des Romains. Que lui resterait-il à répondre? Rien; et la conséquence serait que c'est mal entendre l'escrime, de montrer le côté faible à découvert, en croyant trouver celui de l'ennemi.

Une des choses qui font le plus d'honneur à Racine, c'est que non-seulement il a été le premier qui ait traité supérieurement l'amour dans la tragédie, mais qu'il a été en même temps le premier qui ait su s'en passer : c'est une double gloire qui lui a été particulière. Il est vrai que ce dernier exemple qu'il donna, et qui aurait dû faire une révolution, fut long-temps inutile, et n'a été, même depuis *Mérope*, que rarement suivi. Mais enfin, avec le temps, plusieurs pièces établies au théâtre ont réclamé contre le préjugé français, qui n'admettait point de pièces sans amour, et que je me suis proposé de combattre. Ce n'est pas qu'on refuse à ces sortes d'ouvrages une estime que le succès qu'ils ont ne permet pas de leur refuser; mais on prétend, ou l'on veut faire entendre qu'ils sont *froids*. Un bel esprit * de nos jours appelait *Athalie, la plus belle des pièces ennuyeuses*. Rien n'a plus contribué à accréditer cette prévention que le sens faussement exclusif qu'on a donné à ce mot de *sensibilité*, devenu le refrain de ceux qui n'en ont pas. Il semble, à entendre la plupart des critiques, qu'il n'y ait de *sensibilité* que dans l'amour. Ils ont taxé de *froideur* des pièces qui, s'étant soutenues sans la ressource facile des évènements et du spectacle, sans un grand intérêt d'amour, ou même sans aucune intrigue amoureuse, n'avaient nécessairement pu réussir que par un développement très puissant des autres passions de l'âme; et ce développement peut-il exister sans une sensibilité vraie ? Cette faculté morale qui s'étend à tout, et qui est le principe de l'imagination poétique, est-elle nulle dès qu'elle

* Dorat.

ne s'applique pas à la tendresse? La sensibilité forte n'est-elle pas tout aussi réelle que la sensibilité douce? Un caractère fortement passionné, soit dans l'amour de la patrie, soit dans les affections qui tiennent aux liens du sang, soit dans l'amitié, soit dans l'épreuve amère de l'injustice, de l'ingratitude, de l'oppression, n'est-il pas essentiellement dramatique, et susceptible de fonder l'intérêt d'une tragédie? L'expérience l'a heureusement démontré, non-seulement chez les Anciens, dont toutes les pièces n'ont point d'autres ressorts, mais même parmi nous. *Athalie*, *Mérope*, *Oreste*, *Iphigénie en Tauride*, *la Mort de César*, et (s'il m'est permis de rendre hommage à Sophocle, quoique je l'aie traduit) *Philoctète*, ont prouvé que l'on pouvait intéresser au théâtre sans l'amour, et ont commencé à nous justifier du reproche que nous font depuis cent ans toutes les nations éclairées, d'être trop exclusivement attachés à un moyen dramatique qui donne à nos pièces, sous ce seul rapport, une teinte d'uniformité. Il est temps plus que jamais de faire tomber entièrement ce reproche trop fondé, de relever notre caractère national chez les peuples voisins qui nous ont tant dit que les Français ne voulaient voir que des amants sur la scène. Il faut étendre le domaine de notre tragédie, et rendre à Melpomène tous ses avantages. Il ne faut plus regarder comme *froid* tout ce qui ne sera pas aussi déchirant que *Zaïre* et *Tancrède*. Ne peut-on pas être ému sans être déchiré? Et n'admettons-nous que les extrêmes? L'amour fait verser plus de larmes qu'aucune autre passion : soit; mais plus on s'en est servi, et plus il convient au talent de chercher d'autres moyens. La mine est riche et abondante, il est vrai; mais elle a été long-temps fouillée : c'est une raison pour en ouvrir de nouvelles, et d'autant plus qu'on a certainement tiré de l'ancienne ce qu'il y avait de plus précieux. Comment se flatter désormais de faire de l'amour ce qu'en ont fait Racine et Voltaire? Ne vaut-il pas mieux essayer s'ils ne nous auraient pas laissé d'autres effets dont il soit possible de faire un usage nouveau, et qui nous exposent moins à une dangereuse comparaison? Et qu'on ne dise pas que tout est à peu près épuisé : c'est le langage de la faiblesse ou de l'envie. Non, le champ des beaux-arts est immense; il n'a d'autres bornes que celles de la nature et de l'imagination; et qui osera les marquer? Une seule idée heureuse et neuve suffit pour produire un bel ouvrage. Je sais qu'il y a un certain nombre de moyens généraux qui seront toujours les mêmes; mais ils ne nécessitent pas plus la ressemblance des ouvrages que l'emploi des mêmes couleurs ne nécessite la ressemblance des tableaux. Le monde entier est ouvert à la tragédie, et l'on n'a pas encore été partout. Je crois cette observation d'autant mieux placée, que sans doute vous pensez comme moi, Messieurs, qu'après nous être occupés de deux hommes tels que Corneille et Racine, il faut que l'émulation relève le talent prosterné, et que l'admiration ne produise pas le désespoir.

Il me reste à comparer le style de ces deux

fameux concurrents, aussi différents dans cette partie que dans toutes les autres. D'abord, pour ce qui est du caractère général de la diction, il est assez reçu d'attribuer à l'un la force, à l'autre l'élégance, et ce partage en total est fondé. J'ai toujours cru que le style n'étant que l'expression des idées et des sentiments, la manière d'écrire était nécessairement conforme à celle de penser et de sentir. La pensée est ce qu'il y avait de plus fort dans Corneille : elle domine chez lui, et même trop. Presque tout ce qu'il conçoit s'arrange en raisonnement, en précepte, en maxime, et il arrive que cette qualité de son esprit, qui, considérée en elle-même, lui mérite des éloges, est souvent en contradiction avec l'esprit de la tragédie, qui exige que presque tout soit exprimé en sentiment. Cependant il faut se souvenir qu'ayant plus de grands caractères que de grandes passions, souvent le genre de son style se rapproche assez naturellement du genre de ses pièces. Alors, quand il pense juste, quand ses sentiments sont vrais, son expression a toute l'énergie possible. Mais d'un autre côté, n'étant pas né avec ce goût sûr qui donne à tout une mesure exacte, il pousse le raisonnement jusqu'à l'argumentation sophistique, la pensée jusqu'à la recherche et l'affectation, la grandeur jusqu'à l'emphase, et ces défauts ne sont jamais plus sensibles que dans les scènes où le cœur devrait parler. Je n'en citerai qu'un seul exemple, que je prends dans la scène entre Rodrigue et Chimène, où l'amant veut prouver à sa maîtresse qu'elle doit venger son père de sa propre main, et ne pas confier cette vengeance à un autre. Le fond du sentiment est vrai, et, dans la situation de Rodrigue, la douleur et l'amour persuadent à l'imagination passionnée qu'il est doux de mourir de la main qu'on aime. Mais vouloir réduire en démonstration ce désir exalté qui peut échapper au désespoir, c'est passer les bornes de la nature. On ne la reconnaît plus lorsque Rodrigue dit :

De quoi qu'en ma faveur notre amour t'entretienne,
Ta générosité doit répondre à la mienne ;
Et pour venger ton père emprunter d'autres bras,
Ma Chimène, crois-moi, c'est n'y répondre pas.
Ma main seule du mien osa venger l'offense,
Ta main seule du tien doit prendre la vengeance.

On sent qu'il n'y a plus de vérité, et que Rodrigue ne peut pas persuader sérieusement à Chimène, qu'il y aurait de la *générosité* à le tuer de sa propre main. La réponse n'est pas plus naturelle :

Cruel, à quel propos sur ce point t'obstiner ?
Tu t'es vengé sans aide et tu m'en veux donner !
Je suivrai ton exemple, et j'ai trop de courage
Pour souffrir qu'avec toi ma gloire se partage.

La douleur et l'amour ne font pas de distinctions si alambiquées : c'est que Corneille n'imitait guère le langage de l'amour qu'à force d'esprit. Mais lorsque, dans cette même pièce, il fait parler D. Diègue, c'est alors que son expression est puisée dans son âme, et qu'il a le style de son génie. Le vieillard a couru toute la ville pour trouver son fils, son vengeur. Il l'aperçoit, il se jette dans ses bras :

Rodrigue, enfin le Ciel permet que je te voie.

RODRIGUE.

Hélas!

D. DIÈGUE.

Ne mêle point de soupirs à ma joie,
Laisse-moi prendre haleine afin de te louer.
Ma valeur n'a point lieu de te désavouer.
Tu l'as bien imitée, et ton illustre audace
Fait bien revivre en toi les héros de ma race.
C'est d'eux que tu descends, c'est de moi que tu tiens.
Ton premier coup d'épée égale tous les miens,
Et d'une belle ardeur ta jeunesse animée
Par cette grande épreuve atteint ma renommée.
Appui de ma vieillesse et comble de mon heur,
Touche ces cheveux blancs à qui tu rends l'honneur.
Viens baiser cette joue, et reconnais la trace
Où fut empreint l'affront que ton courage efface.

Il n'y a pas ici jusqu'aux expressions familières, comme *laisse-moi prendre haleine, viens baiser cette joue*, qui ne soient admirables, parce qu'elles appartiennent à la nature et au sujet. « Quand une » expression commune est bien placée, dit Vol- » taire, elle tient du sublime. » C'est là ce qu'on peut appeler en effet la force du style dans le plus haut degré, et, comme on le voit, elle est inséparable de celle des idées et des sentiments. Le fond est tiré de l'auteur espagnol ; mais comme le poète français se l'est puissamment approprié ! combien même il y a ajouté ! Rien d'oiseux, rien de vague ; chaque mot porte ; tout est senti, tout est profond, tout est frappant. Voilà sans doute de ces morceaux qui faisaient dire à Racine : » Corneille fait des vers cent fois plus beaux que » les miens. » On ne sait auquel des deux ces paroles font le plus d'honneur. Nous avons vu que Voltaire parlait de même de Racine : il n'y a que les hommes supérieurs à ce point, en qui le sentiment de la perfection puisse l'emporter sur l'amour-propre.

Corneille n'est pas moins grand dans les scènes de discussion qui sont le champ de la pensée. Voyez Sertorius dans son entretien avec Pompée :

Je n'appelle plus Rome un enclos de murailles
Que ses proscriptions comblent de funérailles.
Ces murs, dont le destin fut autrefois si beau,
N'en sont que la prison, ou plutôt le tombeau.
Mais pour revivre ailleurs dans sa première force,
Avec les faux Romains elle a fait plein divorce ;
Et comme autour de moi j'ai tous ses vrais appuis,
Rome n'est plus dans Rome, elle est toute où je suis.

Quand ce même Sertorius veut différer son mariage avec Viriate, jusqu'à ce qu'il ait rendu à Rome sa liberté, cette fière Espagnole lui répond :

Eh ! que m'importe, à moi, si Rome souffre ou non ?
Quand j'aurai de ses maux effacé l'infamie,
J'en obtiendrai pour fruit le nom de son amie.
Je vous verrai consul m'en apporter les lois,

Et m'abaisser moi-même au rang des autres rois.
Si vous m'aimez, Seigneur, nos mers et nos montagnes
Doivent borner nos vœux ainsi que nos Espagnes.
Nous pouvons nous y faire un assez beau destin,
Sans chercher d'autre gloire au pied de l'Aventin.
Affranchissons le Tage, et laissons faire au Tibre.
La liberté n'est rien quand tout le monde est libre;
Mais il est beau de l'être, et voir tout l'univers
Soupirer sous le joug et gémir dans les fers.
Il est beau d'étaler cette prérogative
Aux yeux du Rhône esclave et de Rome captive,
Et de faire envier aux peuples abattus
Ce respect que le sort garde pour les vertus.

« Si tout le rôle de Viriate était de cette force, » dit Voltaire, la pièce serait au rang des chefs-» d'œuvre. » J'avoue que Racine n'a rien de ce genre. Ce n'est pas cependant qu'il manque de force, à beaucoup près. Nous en avons remarqué des traits nombreux dans le rôle d'Acomat, dans *Mithridate*, dans *Britannicus*. Mais il y a cette différence, que la force de Corneille a quelque chose de plus mâle, parce qu'elle est plus simple. Inculte et franche, elle paraît tenir tout entière, à la vigueur des conceptions, et ne devoir rien aux paroles. Celle de Racine, toujours plus ou moins ornée, se dérobe et se cache sous l'élégance des vers. Ce sont deux athlètes; mais l'un, tout nu, laisse voir ses os et ses muscles; l'autre, recouvert d'une draperie, a l'air moins robuste, et fait admirer de plus belles proportions.

Après avoir considéré le seul rapport sous lequel Corneille a de l'avantage quand il est Corneille, il faut bien convenir que sous tous les autres aspects le style de Racine est hors de comparaison. Celui-ci possède éminemment dans la diction toutes les qualités qui manquent à l'autre, et cette différence tient encore à celle de leur esprit. Corneille, toujours occupé de concevoir et de combiner, paraît n'avoir connu ni l'art ni le travail d'écrire en vers. On voit que ses plus beaux ne lui ont point coûté de peine ; ils semblent faits d'instinct : mais on voit aussi qu'il n'en a pris aucune pour embellir, par la tournure, ce qui ne peut pas briller par la pensée. Les grands traits lui échappent sans efforts ; mais il ignore les nuances, et c'est par les nuances qu'on excelle dans tous les arts d'imitation.

Racine, qui avait reçu de la nature l'oreille la plus sensible et le tact le plus délicat des convenances, a su le premier de quelle importance était la science du mot propre et des effets de l'harmonie, science sans laquelle l'homme même qui a le plus de génie ne peut pas être un grand écrivain, parce que le naturel le plus heureux ne produit rien de parfait, et que l'art seul lui donne ce qui lui manque. Racine étudia cet art avec Despréaux, et l'on sait que personne avant lui ne l'a porté aussi loin. « Son expression est toujours si
» heureuse et si naturelle, qu'il ne paraît pas qu'on
» ait pu en trouver une autre ; et chaque mot est
» placé de manière qu'on n'imagine pas qu'il ait été
» possible de le placer autrement. Le tissu de sa
» diction est tel, qu'on n'y peut rien déplacer, rien
» ajouter, rien retrancher ; c'est un tout qui semble

» éternel. Ses inexactitudes mêmes sont souvent
» des sacrifices faits par le bon goût, et rien ne
» serait si difficile que de refaire un vers de Ra-
» cine. Nul n'a enrichi notre langue d'un plus
» grand nombre de tournures; nul n'est hardi avec
» plus de bonheur et de prudence, ni métapho-
» rique avec plus de grace et de justesse; nul n'a
» manié avec plus d'empire un idiôme souvent
» rebelle, ni avec plus de dextérité un instru-
» ment toujours difficile; nul n'a mieux connu
» cette mollesse de style qu'il ne faut pas con-
» fondre avec la faiblesse, et qui n'est que cet air
» de facilité qui dérobe au lecteur la fatigue du
» travail et les ressorts de la composition; nul
» n'a mieux entendu la période poétique, la va-
» riété des césures, les ressources du rhythme,
» l'enchaînement et la filiation des idées. Enfin,
» si l'on considère que sa perfection peut être
» opposée à celle de Virgile, et qu'il parlait une
» langue moins flexible, moins poétique et moins
» harmonieuse, on croira volontiers que Racine
» est celui de tous les hommes à qui la nature
» avait donné le plus grand talent pour les vers. »
Éloge de Racine.

Ce talent fut toujours le même, non-seulement dans la tragédie, mais dans les autres genres que l'auteur n'a paru qu'essayer, dans la comédie et dans la poésie lyrique; car après des productions importantes, je compte pour peu de chose le mérite de bien tourner quelques épigrammes, mérite commun à tant de personnes qui n'ont eu que de l'esprit.

Si nous suivons Corneille hors de la tragédie, nous trouvons les scènes qu'il fournit à Molière pour le ballet de *Psyché*, et qui respirent en plusieurs endroits une délicatesse et une grace qu'on n'attendait pas de lui, mais dont la versification est souvent lâche et prosaïque. On a eu très grand tort de citer ces fragments imparfaits comme une preuve de ce qu'il aurait pu faire s'il eût voulu traiter l'amour comme Racine. Il n'y a rien de commun entre le style d'une comédie-ballet et le style tragique, et le langage de Psyché conversant avec l'Amour n'est pas celui de Melpomène. *Le Menteur* est une pièce de caractère, empruntée aux Espagnols : elle est faible de comique; l'intrigue en est vicieuse et un peu froide. Les récits de Dorante, qui ont de l'agrément, et quelques méprises amenées par ses mensonges, soutiennent l'ouvrage, et l'on reconnaît Corneille dans la scène entre le Menteur et son père, précisément parce que cette scène, toute sérieuse et morale, s'élève au-dessus du ton ordinaire à ce genre de drame.

Les Plaideurs de Racine sont remarquables en ce que la pièce n'est qu'une farce, et qu'elle est écrite d'un bout à l'autre du style de la bonne comédie. D'ailleurs, elle manque absolument d'intrigue et d'intérêt, et ne se soutient que par la gaieté des détails et le comique des personnages. Mais aussi jamais on n'a prodigué avec plus d'aisance et de goût le sel de la plaisanterie; presque tous les vers sont des traits; et tous sont si naturels et si gais, que la plupart sont devenus proverbes.

On ne peut cependant voir dans *les Plaideurs* qu'un badinage que l'auteur fit en se jouant, et qui montre ce qu'il aurait pu faire dans la comédie, s'il s'y était appliqué ; comme ses Lettres polémiques, son *Histoire de Port-Royal* et ses Discours à l'Académie prouvent seulement la facilité qu'il aurait eue à exceller dans la prose ainsi que dans les vers. Mais dans les chœurs d'*Esther* et d'*Athalie* il s'est mis, sans paraître y penser, au premier rang de nos poètes lyriques : personne aujourd'hui ne lui conteste ce titre. Son commentateur, que je crois devoir citer quand il a raison, puisque je le combats quand je crois qu'il a tort, compare souvent Racine et Rousseau dans ses notes sur *Athalie*, généralement plus judicieuses que celles des autres pièces. Il dit au sujet des chœurs : « Rousseau avait bien cette pompe et
» cette force dans ses vers ; mais il n'avait point
» ces passages heureux d'une peinture douce à un
» tableau terrible, d'un morceau touchant à des
» descriptions élevées ; enfin il manquait de cette
» variété qui fait le charme des vers de Racine. Il
» est sûr que, si cet illustre tragique eût travaillé
» dans le même genre que Rousseau, il eût mis
» dans ses odes plus de variété, de douceur et de
» grace. Il avait une flexibilité de génie qui savait
» se plier à tous les tons, un goût épuré qui
» mettait tout à sa place. Racine, en un mot, eût
» réussi dans tous les genres s'il eût voulu les em-
» brasser tous. »

C'était l'opinion de Voltaire : c'est celle de tous les hommes instruits. Ce grand homme a dit dans une épître adressée à Horace, et qui en est digne :

Est-ce assez en effet d'une heureuse clarté ?
Et ne péchons-nous pas par l'uniformité ?

Ce reproche n'est que trop souvent fondé : je n'y connais pas de meilleure réponse que les chœurs de Racine. Il est vrai que le genre s'y prêtait plus aisément que celui du drame, qui n'est pas susceptible de différentes mesures ; mais aussi l'on ne trouvera point dans notre langue une poésie plus véritablement lyrique, une harmonie plus diversifiée et plus musicale, et qui réunisse avec plus d'intérêt tous les tons, tous les sentiments et toutes les formes du rhythme. Écoutons un des chœurs d'*Esther* !

Pleurons et gémissons, mes fidèles compagnes,
   A nos sanglots donnons un libre cours.
   Levons les yeux vers les saintes montagnes,
   D'où l'innocence attend tout son secours.
     O mortelles alarmes !
Tout Israël périt. Pleurez, mes tristes yeux,
   Il ne fut jamais sous les cieux
   Un si juste sujet de larmes.

     Quel carnage de toutes parts !
On égorge à la fois les enfants, les vieillards,
     Et la sœur et le frère,
     Et la fille et la mère,
   Le fils dans les bras de son père.
Que de corps entassés ! que de membres épars,
     Privés de sépulture !
     Grand Dieu, tes saints sont la pâture
   Des tigres et des léopards.

UNE DES PLUS JEUNES ISRAÉLITES.

Hélas! si jeune encore,
Par quel crime ai-je pu mériter mon malheur?
Ma vie à peine a commencé d'éclore.
Je tomberai comme une fleur
Qui n'a vu qu'une aurore.
Hélas! si jeune encore,
Par quel crime ai-je pu mériter mon malheur?

Après ce tableau d'horreur, suivi d'un chant de plainte, le chœur reprend par un cantique plein d'une confiance religieuse, et finit par une invocation sublime.

Le Dieu que nous servons est le Dieu des combats:
Non, non, il ne souffrira pas
Qu'on égorge ainsi l'innocence.
Et quoi! dirait l'impiété,
Où donc est-il, ce Dieu si redouté,
Dont Israël nous vantait la puissance?
Ce Dieu jaloux, ce Dieu victorieux:
Frémissez, peuples de la terre,
Ce Dieu jaloux, ce Dieu victorieux,
Est le seul qui commande aux cieux.
Ni les éclairs ni le tonnerre
N'obéissent point à vos dieux.
Il renverse l'audacieux;
Il prend l'humble sous sa défense.
Le Dieu que nous servons est le Dieu des combats;
Non, non, il ne souffrira pas
Qu'on égorge ainsi l'innocence.

DEUX ISRAÉLITES.

O Dieu que la gloire couronne,

Dieu que la lumière environne,
Qui voles sur l'aile des vents,
Et dont le trône est porté par les anges;
Dieu, qui veux bien que de simples enfants
Avec eux chantent tes louanges!
Tu vois nos pressants dangers :
Donne à ton nom la victoire;
Ne souffre point que ta gloire
Passe à des dieux étrangers.
Arme-toi, viens nous défendre.
Descends tel qu'autrefois la mer te vit descendre.
Que les méchants apprennent aujourd'hui
A craindre ta colère.
Qu'ils soient comme la poudre et la paille légère
Que le vent chasse devant lui.

Le chœur qui finit la tragédie d'*Esther* est l'hymne d'allégresse le plus parfait qu'on puisse offrir à l'art du musicien. Toutes les circonstances les plus touchantes s'y trouvent réunies, et les images sont partout à côté du sentiment.

Ton Dieu n'est plus irrité;
Réjouis-toi, Sion, et sors de la poussière.
Quitte les vêtements de ta captivité,
Et reprends ta splendeur première.
Les chemins de Sion à la fin sont ouverts..
Rompez vos fers,
Tribus captives,
Troupes fugitives,
Repassez les monts et les mers.
Rassemblez-vous des bouts de l'univers.

UNE ISRAÉLITE SEULE.

Je reverrai ces campagnes si chères.

UNE AUTRE.

J'irai pleurer au tombeau de mes pères.

TOUT LE CHOEUR.

Repassez les monts et les mers.
Rassemblez-vous des bouts de l'univers.

UNE ISRAÉLITE SEULE.

Relevez, relevez les superbes portiques
Du temple où notre Dieu se plaît d'être adoré.
Que de l'or le plus pur son autel soit paré,
Et que du sein des monts le marbre soit tiré.
Liban, dépouille-toi de tes cèdres antiques.
Prêtres sacrés, préparez vos cantiques.

UNE AUTRE.

Dieu, descends, et reviens habiter parmi nous.
Terre, frémis d'allégresse et de crainte;
Et vous, sous sa majesté sainte,
Cieux, abaissez-vous.

C'est ici sur-tout que notre poésie peut être opposée à celle des Grecs et des Latins : elle en a la rapidité, les mouvements, l'effet, la magie. Le poète est ici véritablement inspiré; il voit les objets, me les fait voir, me transporte avec lui partout où il veut, et de la hauteur de son génie il domine le ciel et la terre.

En finissant cette longue discussion sur les deux célèbres rivaux qui ont répandu tant d'éclat sur le siècle passé, et élevé tant de débats dans le nôtre, je me suis rappelé, non pas sans quelque inquiétude, une épigramme que fit Voltaire en sortant d'une dispute sur le même sujet, avec un de ses amis nommé de Beausse.

De Beausse et moi, criailleurs effrontés,
Dans un souper clabaudions à merveille,
Et tour à tour épluchions les beautés
Et les défauts de Racine et Corneille.
A piailler serions encor, je croi,
Si n'eussions vu, sur la double colline,
Le grand Corneille et le tendre Racine
Qui se moquaient et de Beausse et de moi.

Il y a sans doute de quoi avoir peur. Mais je me suis un peu rassuré en songeant que cette matière est l'objet de tant de controverses, que la mienne pourrait se sauver dans la foule, et qu'après tout, ce qui était dans le monde un sujet si fréquent de conversation pouvait bien sans scandale, et même sans ridicule, nous occuper au Lycée.*

La Harpe, *Cours de Littérature.*

* On trouve dans l'*Éloge de Racine* par La Harpe le parallèle suivant entre Corneille et Racine :

« Corneille dut avoir pour lui la voix de son siècle dont il était le créateur; Racine doit avoir celle de la postérité dont il est à jamais le modèle. Les ouvrages de l'un ont dû perdre beaucoup avec le temps, sans que sa gloire personnelle doive en souffrir; le mérite des ouvrages du second doit croître et s'agrandir dans les siècles avec sa renommée et nos lumières. Peut-être les uns et les autres ne doivent point être mis dans la balance; un mélange de beautés et de défauts ne peut entrer en comparaison avec des productions achevées qui réunissent tous les genres de beautés dans le plus éminent degré, sans autres défauts que ces taches légères qui avertissent que l'auteur était homme.

« Quant au mérite personnel, la différence des époques peut le rapprocher malgré la différence des ouvrages; et si l'imagination veut s'amuser à chercher des titres de préférence pour l'un et pour l'autre, que l'on examine lequel vaut le mieux d'avoir été le premier génie qui ait brillé après la longue nuit des siècles barbares, ou d'avoir été le plus beau génie du siècle le plus éclairé de tous les siècles.

« Le dirai-je ? Corneille me paraît ressembler à ces Titans audacieux qui tombent sous les montagnes qu'ils ont entassées : Racine me paraît le véritable Prométhée qui a ravi le feu des cieux. »

Nous ne saurions trop recommander à nos lecteurs les excellentes éditions des *OEuvres complètes de J. Racine, avec les notes de tous les commentateurs*, dues aux recherches judicieuses, de M. Aimé Martin, et sur-tout l'édition de 1825, en 7 vol in-8°., vélin, qui font partie de la belle *collection des Classiques français*, publiée par M. Lefèvre.

F.

FIN DU VINGT-TROISIÈME VOLUME.

Contraste insuffisant
NF Z 43-120-14

www.ingramcontent.com/pod-product-compliance
Lightning Source LLC
Chambersburg PA
CBHW060755230426
43667CB00010B/1576